中国旅游业普通高等教育应用型规划教材

旅游文化基础导论

主　编　邓爱民　王子超

副主编　孙　琳　任　斐

中国旅游出版社

编委会

主　　编：邓爱民　王子超

副 主 编：孙　琳　任斐

编写分工：

邓爱民　孙　琳（第八章　第十二章）

任　斐　王子超（第十一章）

邓爱民　董志成（第四章　第五章）

邓爱民　武王英（第六章　第七章）

邓爱民　周梦琦（第三章　第十章）

邓爱民　喻春艳（第九章）

王子超（第一章　第二章）

前　言

　　文化是旅游的灵魂，中国古圣贤孔子"登泰山而小天下"；庄子"乘物以游心"，并且借"游"而体现出"逍遥"的哲学观。从中国传统文化历来重视"游观"，古希腊人游历地中海沿岸激发哲学思想，到中西旅行家们游历世界，促进中西思想交流与文化理解，及至当代旅游文化资源插上数字技术和创意体验的翅膀而备受大众欢迎，可以看出文化从来都影响并左右着人类的旅游活动。在未来，文化亦将是旅游观念、旅游产业及相关技术发展的重要推动力。

　　党的十九大强调，要推进中国的文化建设，坚定文化自信，推动社会主义文化的繁荣兴盛。要认识和推动中国的旅游文化发展，有必要纵观全球旅游文化，思考文化思想源流的差异性暨洞察旅游文化的发展历程，寻求文化的共识、理解与包容。本书正是以传承并弘扬中国传统优秀文化为宗旨，从中西文化对比、纵观历史与当代的视角设计的一本教材。

　　本书编写团队具有多年讲授《旅游文化》《旅游资源开发与管理》《世界遗产旅游》等高校课程的经验，在丰富的教学实践中，积累了大量的中西旅游文化史、中国古代旅游思想史、城市与乡村旅游文化、旅游文化产业化方面的研究与规划心得。在此基础上，引用不少学术界宝贵的最新研究成果，精心编写了此书。在编书的过程中，不免存在疏漏之处，恳请各位专家、读者指正。

编者

2018.12

前　言

目 录

第 一 章

旅游文化概述

第一节　旅游与文化的内涵

一、"旅游"概念的界定

"旅"在中国古代文献中有"旅客""寄居"等含义。过去有"军之五百人为旅"的说法。《周易正义》中曰："旅者，客寄之名，羁旅之称；失其本居，而寄他方，谓之为旅。"羁旅或客寄者，均失其本居而寄他方。这里就有一个离开原居住地的含义。杜甫《与严二归奉礼别》中提到："题书报旅人"，指的是旅行在外的人。"旅"也是"旅客，旅行的人"。韩愈《祭十二郎文》中说："故舍汝而旅食京师"，有外寄宿之意。旅行之人要求食于他乡，"旅"还常与商业贸易活动结合在一起，如《周礼·考工记》："通四方之珍异以资之，谓之商旅。"商旅，也就是流动行走贩卖之客的意思。

"游"的本义，乃水中浮行。《诗经·谷风》："就其浅矣，泳之游之"，即在水面上下游泳。"泳"，即在水面下游。《庄子》一书，将游观、游目之流览顾盼之实体观照如"游野"，引向哲学、美学之"游心"。如《庄子·田子方》：孔子问，"请问游是"。老聃曰："夫得是至美至乐也。得至美而游乎至乐，谓之至人。"又如《庄子·在宥》："入无穷之门，以游无极之野。"又《人间世》，"乘物以游心"。《庄子》首篇《逍遥游》，即说，应透破功名利禄权势尊卑的束缚，使精神活动臻于悠游自在、无牵无挂的境地。"游玩"为"游"的直接引申。《荀子·王霸》中载："游玩安燕之乐。"又《宥坐》中有曰："百仞之山，而竖子冯而游。"本泛指各种游乐，后多指游览风景。四处游山玩水，吃喝玩乐，有着空余的资金、资源、时间来进行旅游休闲娱乐，这样的活动已经具有现代意义的"游玩"意味。

汉语"旅游"一词已有近1500年的历史。南朝梁代的沈约（441—513）在他的《悲哉行》一诗中最先使用了"旅游"一词：

旅游媚年春，年春媚游人。徐光旦垂彩，和露晓凝津。时嘤起稚叶，蕙气动初萼。一朝阻旧国，万里隔良辰。[①]

这是迄今为止汉语"旅游"最早的出处。到了唐代，"旅游"一词开始被广泛运用。唐初王勃在《涧底寒松》、韦应物《送姚孙还河中》、张籍《岭表逢故人》、高适《别韦五》、白居易《宿桐庐馆同崔存度醉后作》等诗中均使用了这一概念。宋代，无名氏《异闻总录》卷一称"临川画工黄生，旅游如广昌"。直到明清时期，"旅游"这一词汇成为常用词语。综合古今"旅游"的含义，其概念可以界定为：旅游是人类的一种行为方式，是兼具劳作与休闲双重性质的人类非迁居性的旅行活动。偏重于劳作性的旅游叫价值创造性旅游，侧重于休闲性的旅游叫价值欣赏性旅游。

旅游是包括旅行、游览、参观等活动内容的一种暂时性的生活方式。旅行，从字面上理解是一个广泛的概念，即只要离开常住地，到异地逗留都可称旅行；游览比旅行的意义有明确的限制性，它除了包含"旅"的意思外，还有观光、观览、娱乐等特定含义；至于参观，则指人们在实地进行的观览考察活动。可见，旅游是以观光、娱乐等为目的，以"旅""行""游"为表现行为所进行的一种有益身心健康、增长知识、感受美景的活动。在我国古代，由于出游者和出游内容的差别，旅游这一概念常有不同的称谓：如皇帝外出巡视称"巡游""巡幸"；宦官吏使走马上任、探亲访友称"宦游"；文人墨客到郊野寻古探幽称"漫游"；和尚道士外出求法称"云游"。此外还有"冶游""遨游""壮游""周游""宸游""仙游""神游"等名词。

古今的"旅游"随着时代的变迁和经济的发展，逐渐有了一些差别。古代的旅游多有劳作性、政治外交、宗教活动等成分，娱乐休闲成分仅为附加内容；现代社会，随着大众旅游需求的迅速增长和审美认知能力的提升，是真正地在旅游景观中进行文化享受之旅。中外的"旅游"概念也有差别。著名旅游文化史学者谢贵安指出："中国的旅游较早地将劳作性与休闲性结合起来，而西方则长时期将旅游当作征服自然的劳作手段。"[②]

西方的旅游概念自20世纪70年代以来有很多种。目前国际旅游学界对于旅游仍无统一的定义，较为流行和较有代表性的定义有：奥地利学者施拉德（H.V. Schllard，1910）认为，旅游是外国或外地人口进入非定居地并在其逗留和移动所引起的经济活动的总和。英国经济学家奥格尔维（F.W. Ogilvie，1933）的旅游定义是，离家外出不超过一年，在外逗留期间进行的消费，且所用的支出并非是从旅游地赚取的。世界旅游组织

---

① （南朝梁）沈约.沈约集校笺［M］.杭州：浙江古籍出版社，1995.
② 谢贵安，华国梁.旅游文化学［M］.北京：高等教育出版社，1999.

（WTO，1991）的旅游定义是，一个人旅行到一个其惯常居住环境以外的地方并逗留不超过一定限度的时间的活动，这种旅行的主要目的是在到访地从事某种不获得报酬的活动。法国文化学者让·梅特森（1966）认为，旅游是一种消遣活动，它包括旅行或在离开定居地点较远的地方逗留。其目的在于消遣、休息或为了丰富他的经历和文化教养。美国文化人类学者贾法利（J. Jafari，1977）认为，旅游是离开常住地的游人、满足游人需要的产业，以及游人、产业和旅游地三者的社会交换给旅游地带综合影响的一种社会文化现象。澳大利亚地理学者利珀（N. Leiper，1981）将旅游定义为一个与五种因素互相作用的开放系统，这五种因素为环境、人文、旅游者、地理（客源区、交通路线和目的地）以及产业。这五种因素又与自然、技术、社会、文化、经济和政治等因素相互作用和影响。英国旅游文化学者克里斯·瑞安（C. Ryan，1991）将旅游（tourism）定义为一门学问，即关于为那些离开家逗留而引起的接待及支持性服务的需求和供给以及相关的消费组合模式、收入创造、就业方面的研究。从这些定义中可以看出，旅游是人的空间位置的移动（与一般货物贸易物的移动有很大不同），这种移动是暂时的，这是旅游消费区别于其他消费活动的一个显著特征；旅游整体的空间系统，不仅是一个经济系统，更是一个文化系统和社会系统。[①]

二、"文化"的溯源与"旅游"的关联

广义的文化包括众多领域，诸如认知的（语言、哲学、科学思想、教育）、规范的（道德、信仰、宗教、法律）、艺术的（文学、美术、音乐、戏剧、建筑的美学部分）、器用的（生产工具、衣食住行的器具，以及制造这些工具和器具的技术）、社会的（风土、机构、风俗习惯）等方面。每一社会都有与其相适应的文化，并随着社会物质生产的发展而变化、适应。文化的发展与社会及自然环境都有关联，社会物质生产发展的历史连续性，地理人文环境的稳定、闭合性或开放性是文化发展延续或演变的基础。文化具体包括以下四种类型。第一，物质型文化，人类曾经和正在作用其上的一切物质对象、人类物质生活的方式都是物质型文化，体现人类劳动的物质产品是物质型文化最本质的内容。结绳、算盘、计算机，代表了人类物质文化发展的不同层次；西服、和服、中山服，从物质形态上反映出不同民族的文化差异。饮食文化、衣着服饰文化、建筑文化、日用品文化等，从最外在的方面传递着整个文化的历史积淀水平和样式，是其他文化形式存在和发展的基础。第二，社会关系型文化。这是从家庭组织到社会组织、从社会分工结构到阶级结构乃至民族结构的总称。它处于物质文化与精神文化之间，既反映物质文化，又是精神文化的外在表现，同时给予两者强烈的影响。第三，经典型文化，它是以历史的形式凝固了的精神文化，是影响过历史，以至被称为传统的各种知识、价值观念、思想体系。巨大的历史惯性是经典型文化的主要特点。第四，心理型文化。它不是

---

① 张凌云.国际上流行的旅游定义和概念综述——兼对旅游本质的再认识［J］.旅游学刊，2008（1）.

凝固的，而是存在于人这个文化主体的各种行为之中的一种精神文化。它的核心是以价值观念和思维方式为主体的传统观念。[①]总的来说，广义的文化是指人类所创造的物质财富和精神财富的综合。狭义的文化仅指社会意识形态。

中国古代的"文化"一词，属于精神文明范畴，主指文治教化的综合，与野蛮形成反照。自从有了人，也就有了文化。人创造了文化的同时，文化也创造了人自身。"文化"的实质是"人类化"，是人类的价值观念在社会实践过程中的对象化，是人类创造的文化价值，经由符号这一介质在传播中的实现过程，而这种实现过程包括外在的文化产品的创制和人自身心智的塑造[②]。这一过程包括两个方面：一是文化产品的创制，例如向旅游消费者提供纪念商品、文化演出等服务；二是人自身心智的塑造，如人们在旅行前后，会产生对异域文化认知的变化，包括知识面的丰富和视野的开拓等方面。

在中国古代旅游史上，三皇五帝这些英雄时代的巨人们率领追随者们涉渡江河、攀登山岭、穿越丛林，成为中国古代旅游事业的揭幕人。传说中的皇帝作为中国旅游文化的始祖，亦有建设旅游的文化作用。旅游活动根植于人类文化创造的发展与进步之中，植根于人性的完善与追求之中。人类诞生之初的迁徙、狩猎、游牧、漂泊等为了生存和发展的文化创造，反映出人类转换生活空间和开拓生活领域的本质。[③]旅游活动中蕴含着丰富的文化意向。旅游促进了不同地区的物资与物品的交流，促进人们之间文化理念的交换和沟通，旅游促进了文化知识的传播，旅游者的到来使久居当地的居民感受到新鲜的思想与文化，从而促进了更多航海探险活动甚至是殖民掠夺活动的产生。旅游可以说是推动文化交流和创造生活必不可少的力量，旅游文化则是这种交流过程中产生的文化现象。

案例学习：

论文化与旅游开发[④]

所谓旅游开发，一般认为是通过适当的方式把旅游资源改造成吸引物，并使旅游活动得以实现的技术经济过程，其特点是经济性与技术性。笔者认为，旅游开发不仅是一个技术过程与经济过程，而且也是一个文化过程。文化性应是旅游开发不可忽视的一个重要特性。文化在某种意义上可以说是旅游开发的灵魂。游离文化发展起来的旅游，充其量只能是一种低层次的旅游；脱离文化搞旅游开发只能产生一批短生命周期的劣质品，最终会在旅游市场竞争中被淘汰。只有在"资源—市场—文化"三元理念指导下，

① 何新，王均，石夫，杨再立，等.中外文化知识辞典［M］.哈尔滨：黑龙江人民出版社，1989.
② 冯天瑜，何晓明，周积明.中华文化史［M］.上海：上海人民出版社，1990.
③ 章海荣.旅游文化学［M］.上海：复旦大学出版社，2004.
④ 曹诗图，袁本华.论文化与旅游开发［J］.经济地理，2003（5）.

将旅游开发根植于文化与市场的土壤之中，才能保证旅游的可持续发展。

旅游与文化的关系非常密切，这可以从旅游的三要素（旅游主体——旅游者，旅游客体——旅游资源，旅游介体——旅游业）来分析说明。

一、旅游与文化的关系

1. 文化是旅游者活动的本质属性

在具有了可自由支配的时间与收入的情况下，个人要成为旅游者还必须有旅游需求和旅游动机，而旅游需求与动机是一定文化背景的产物，是文化驱使的结果。旅游者出游主要是出于"乐生"的需要，出于了解异地文化的动机，旨在寻求一种"经历"或"体验"。旅游的本质是消遣和审美，其活动需要文化的参与。同时，旅游本身是一种文化交流活动，是两种地域文化的际遇与整合。旅游活动尽管具有经济色彩，但本质上是一种文化。享受"文化"和消费"文化"是旅游者旅游活动的出发点与归宿。因此，我们可以说：文化是旅游者活动的本质属性。

2. 文化是旅游资源的魅力所在

文化与旅游资源有着水乳交融的关系，旅游资源与文化关系紧密。

首先，从文化与人文旅游资源的关系看，文化孕育着人文旅游资源，人文旅游资源蕴含文化，人文旅游资源的鉴赏与开发都需要文化进行"解译"。人文旅游资源属于文化的范畴，许多文化产物都是人文旅游资源，不少文化资源只需通过略加开发就可以成为富有吸引力的旅游产品。大量的人文旅游资源都具有丰富而深邃的文化内蕴，游人要欣赏、感悟它，规划师、旅游商要开发利用它，必须具备一定的文化素养。其次，从文化与自然旅游资源的关系看，大好河山孕育文化，文化辉映大好河山，二者相得益彰。例如，众多的名山胜水成为佛寺道观建造之地，孕育、催化了灿烂的宗教文化。"山不在高，有仙则名；水不在深，有龙则灵"就是文化辉映河山的绝好写照。这里讲的"仙""龙"实质意味着"文化"或文化魅力。此外，许多自然旅游资源虽然本身不具有文化属性和叠加历史文化色彩，但自然美无疑需要从文化层面来鉴赏，需要科学知识来解释，而且，要将自然山水转化成为旅游产品必须通过旅游开发这一文化手段来实现。因此，从这种意义上讲，自然旅游资源同样也具有一定的文化特性，与文化密不可分。

3. 文化是旅游业的灵魂

旅游业可以说是文化性很强的经济事业，同时也可以说是经济性很强的文化事业。旅游发展的实践证明，旅游者出游的目的主要是出于审美与求知等精神生活的需求，其追求的主要是文化享受。现代旅游已不仅停留在游山玩水这样一种感官愉悦的观光旅游层次上，日益成为一种综合性的高品位审美文化活动。这就要求我们开发出的旅游产品应具有一定的文化含量与文化品位，能够满足旅游者的文化需求，也只有这样，才能使开发出的旅游产品具有吸引力与生命力。旅游的文化特性还渗透和表现在旅游业的多种行业的运作之中，比如旅游饭店，只有提高餐饮、住宿、娱乐等服务环节的文化品位，培养和提高管理人员的文化素养，加强企业文化建设，才能在市场竞争中立于不败之地。至于旅行社经营、跨文化营销、导游解说等在文化上的要求更是不言而喻。文化可以说是旅游业发展的支撑与灵魂。由上述可见，旅游与文化的关系非常密切。旅游是一种广义的特殊文化活动，它既是文化的消费过程，也是文化的创造过程。文化是旅游的内涵和深层表述。文化是旅游者旅游活动的出发点与归宿，是旅游资源吸引力的渊薮，是旅游开发与经营的灵魂。而旅游则是实现文化教化与娱乐功能的良好载体与途径，是对优秀文化的挖掘、提炼与弘扬。任何忽视文化理念的旅游开发都难以取得成功，甚至会误入歧途。

二、文化在旅游开发中的主要应用领域

旅游开发与规划在某种角度上是一种文化构建，文化在旅游开发中不但地位重要，而且运用领域广阔。

1. 旅游资源开发

研究文化，有利于旅游资源的科学评价与开发，只有准确把握旅游资源的文化内涵与外显方法以及掌握旅游文化的客观规律，将旅游开发根植于文化的土壤之中，才能使开发出来的旅游产品受到旅游消费者的欢迎，从而具有市场竞争力与生命力。作家张贤亮在银川西郊镇北堡策划经营的华夏西部影视城，把一片荒凉地、两座废古寨堡变成颇有吸引力的旅游精品，这是将文化与旅游开发有机结合的典范。在这里，文化起了点石成金和化腐朽为神奇的作用。这一事例启示我们，在市场经济与知识经济时代，只有牢牢把握文化内涵这一命题，才能开发出有强大吸引力与长久生命力的旅游产品。如何将文化与旅游资源开发结合，我们不妨以建筑文化旅游资源和宗教文化旅游资源开发为例简要说明。例如，建筑文化旅游资源的开发，关键在于用适当的方式来表现蕴藏其间的文化内涵或"意境"，追求应有的文化品位，在形式与内涵的统一和建筑与自然环境、历史文脉的和谐上做好文章，这就对规划师的文化素养提出了较高的要求。宗教文化旅游资源的开发，仅停留在寺庙、宫观、神祇修复的外在建设上是不够的，这只是一种浅层次的开发，更重要的是应在文化内涵的合理选择与科学发掘上下功夫。将宗教文化中最本质、最宝贵、最善美、最感人的精神品格发掘出来，将其外显，使之物化，并通过旅游解说系统的信息传递，使游客目睹、耳闻、心悟、神会。旅游资源开发尤其是人造景观的建造，还应充分重视地域文化背景与跨文化的分析，利用文化异同吸引原理进行市场营销，避免犯一些有悖文化常识的错误。将文化自觉地运用于旅游开发，具有开阔视野、发掘深度、把握文脉、创新产品以及更好发挥旅游开发效益等重要作用。而忽视文化，只能使旅游开发在质上徘徊于低层次、粗糙和浅薄状态。单纯从经济或技术的角度去搞旅游开发，路子只会越走越窄。

2. 旅游地形象设计与塑造

旅游地形象设计是旅游开发与规划中的重要内容之一，其关键是把握地方文脉，提炼出旅游地的整体形象并进行 CIS 导入。这项工作的完成，需要规划师具有较高的文化素养和一定的形象策划能力，否则，就难于对旅游地的历史、地理、文化现象与文化密码进行解读和破译，从而准确地把握文脉，提炼出应有的旅游形象和形成核心理念并科学定位。没有一定的文化修养，更谈不上进行 BI、VI 等系统的形象设计与塑造。在我国的旅游规划中，不少旅游地的形象定位与设计是比较成功的，如宁夏的"川奇秀美新宁夏，西夏神秘古文明"；湖北的"神奇浪漫之旅，绚丽多彩之游"；安徽宏村的"中国画里乡村"等。这些旅游形象的理念识别，若缺乏一定的文化功力显然是很难提炼出来的，但更多的旅游地形象策划与塑造是不尽如人意的，与文化品位上的要求相去甚远。此外，旅游地形象策划中宣传促销口号的拟定也是文化素养要求较高的领域。如深圳华侨城的"锦绣中华""世界之窗"推出的"一步跨进历史，一天畅游中国""您给我一天时间，我给您一个世界"的宣传促销口号，就充分显示了策划师深厚的文化知识涵养和对游客文化心理的准确把握。

3. 旅游景观设计

旅游景观设计是旅游开发规划中的硬件内容，它需要景观学、文化学、美学理论的支撑，是文化在旅游开发中的用武之地。优秀的旅游规划师除要具有较扎实的专业知识功底外，还要求具有较高的旅游文化素养与美学修养。作为一名合格的中国旅游规划师，应该了解我国"天人合一"等优秀传统文化，甚至包括建筑风水等知识，并自觉地将其精华部分运用于旅游景观设计之中。"天地人和"是旅游景观设计的最高境界追求。缺少旅游文化素养的规划师很难设计出有创意的、有生命力的旅游景观。

总之，旅游开发离不开文化。搞旅游开发，做旅游规划，在某种角度上讲就是请一批独具慧眼的高手用"文化"来"指点江山，激扬文字"。

三、"旅游文化"的定义探析

迄今为止学界对旅游文化有不少定义。"旅游文化"这一词最初是 1977 年由美国学者罗伯特·麦金托什等出版的《旅游学——要素·实践·基本原理》中提出的，认为旅游文化实际上是旅游的各个方面，人们可以借助它来了解彼此之前的生活和思想，它是在吸引和接待游客与来访者的过程中，游客、旅游设施、东道国政府和接待团体的相互影响所产生的现象和关系的总和。国内较早使用"旅游文化"概念的，则是 1984 年《中国大百科全书·人文地理学》，其相关释文表述为，旅游与文化有着不可分割的关系，旅游本身就是一种大规模的文化交流，包括绘画、雕刻、工艺品、戏剧、舞蹈、音乐、电影、诗词、散文、游记、传说、故事等方面的内容。[①] 晏亚仙（1987）指出："旅游文化，是根据发展旅游事业的规划和旅游基地的建设，以自然景观（名山、名水、名城、名景）和文化设施为依托，以包括历史文化、革命文化和社会主义精神文明为内

---

① 邵琪伟. 中国旅游大辞典［M］. 上海：上海辞书出版社，2012.

容，以文学、艺术、游乐、展览和科研等多种活动形式为手段，为国内外广大旅游者服务的一种特定的综合性事业。"[1] 魏小安（1987）认为，旅游文化是通过旅游这一特殊的生活方式，满足旅游者求新、求知、求乐、求美的欲望，由此形成的综合性现代文化现象。郝长海（1996）认为旅游文化是人类创造的有关旅游不同形态物质所构成的复合体，是古今中外不同文化环境下的旅游主体或旅游服务者，在旅游观赏或旅游服务中体现的观念形态及外在行为表现以及旅游景观、旅游文献等凝结的特色的文化价值观。喻学才（1997）认为，旅游文化指旅游主体和旅游客体之间各种关系的总和。旅游主体即旅游者，旅游客体指的是一切可供主体游览的对象。在旅游主体没有和旅游客体发生关系之前，旅游客体一如纯粹的自然景观，不能划入旅游文化的范畴。沈祖祥（1999）认为，旅游文化是一种文明所形成的生活方式系统，是旅游者这一旅游主体借助旅游媒介等外部条件，通过对旅游客体的能动的活动，碰撞产生的各种旅游文化现象的总和。[2] 谢贵安（1999）提出旅游文化是以旅游主体的本质完善为主线的综合性的文化样式，是旅游主体为了追求人性的自由和解放、塑造完善的文化人格及民族旅游性格，实现对自然的超越和回归，以及对社会的推进和发展，在旅游客体和旅游中介体的参与下，进行历史时段的永恒超越和文化空间的暂时跨越时，所形成的各种文化事项及其本质[3]。于海志（2006）提出，旅游文化是以一般文化的内在价值为依据，以食、住、行、游、购、娱六要素为依托，以旅游主体、旅游客体、旅游介体和旅游研究之间的相互关系为基础，在旅游活动过程中形成的观念形态及其外在表现的总和。[4] 章海荣（2004）给旅游文化的界定是：旅游文化是奠基于人类追求人性自由、完善人格而要求拓展和转换生活空间的内在冲动，其实质是文化交流与对话的一种方式。它是世界各区域民族文化创造基础上的后现代全球化趋势中大众的、民间的休闲消费文化。[5] 陈锋仪（2005）认为旅游文化是在旅游活动及旅游环境之中所诞生的一种文化类型。它因旅游者的活动而诞生，是由旅游经营共同体为实现旅游者对物象的感知，通过服务而形成的一种物态或非物态的文化现象的总和。[6]

以上学者们从旅游涉及的各个方面、主体的生活方式和对人性的追求、旅游活动与旅游环境之间的关系等角度，对旅游文化给出了不同的界定。他们或强调旅游活动中"人文化成"的过程和结果，或强调旅游价值文化观在旅游主体赏览旅游景观中的作用，或凸显文化思想与旅游发展密不可分的关系。本书综合这些定义，认为旅游文化是人类为了实现认知世界、完善人格、休闲度假等目的，而在异域发生的与自然或人文环境之间的互动文化关系。

---

① 晏亚仙.旅游文化管见［N］.中国旅游报, 1987.07.
② 沈祖祥.旅游文化概论［M］.福州：福建人民出版社, 1999.
③ 谢贵安, 华国梁.旅游文化学［M］.北京：高等教育出版社, 1999.
④ 于海志.旅游文化的特点及在旅游中的地位和作用［J］.边疆经济与文化, 2006（5）.
⑤ 章海荣.旅游文化学［M］.上海：复旦大学出版社, 2004.
⑥ 陈锋仪.中国旅游文化［M］.西安：陕西人民出版社, 2005.

旅游文化有着悠久的历史，其核心概念是与欣赏和体会旅游景观相关的旅游观念和精神。"旅游文化是人类通过旅游活动改造自然和化育自身的过程中所形成的价值观念、行为模式、物质成果和社会关系的总和。""旅游文化的本质取决于人的本质属性，人类超越自然、追求自由和完善的本质属性，是人类具有'出走'的动机和'超越'的愿望，从而导致了旅游活动的产生。"[①] 因此，旅游文化这一概念具有跨越地域范围的属性，人们出于特定的动机从自身居住和熟悉的环境出发到异域，感受不同的自然与人文风景。同时，旅游文化具有深刻而丰富的思想意识，游客本身的价值观、抵达目的地之后与当地族群发生文化交流从而产生的新价值观，都是值得关注的思想意识形态。

第二节　旅游文化与生态文明

一、地理、生态环境与文化创造

我们所赖以生存的地球有着丰富多样的地理与生态环境，而这与各个民族文化的形成有着密切的联系。一个民族所生存的地理环境、生态环境，对其文化的创造和发展有着重要的影响。地理环境对人类文化创造的影响，并非亘古不变，而是因时而迁的。人类的生活方式、人类创造的文化，也不是地理环境单方面决定的，而是环境因素与人文因素的复合创造物。自然环境本身并不是文化，却是文化赖以产生的基石。人类的一切活动，包括生产活动、生活活动，以及政治军事活动，尤其是旅游活动，都是在特定的地理环境中进行的，人与自然环境会发生各种各样的交互联系。人类的社会因素因为囊括经济、政治、心理等方面，具有强大的选择能力，使人类可以在同一自然环境内创造不同的文化事实。人文因素并不能天马行空地纵横驰骋，而必须以相对固定的自然因素为物质基础，把握自然因素提供的可能性，去创造文化的现实性。[②] 例如，养育中国古代文化（或传统文化）的是一种区别于开放性的海洋环境的半封闭的大陆——海岸型地理环境，是一种不同于工商业经济的家庭手工业与小农业相结合的自然经济并辅之以周边的游牧经济。中国 960 万平方公里的土地，气候类型多样，地形、地貌、流域繁复，为中华文化的滋生繁衍提供了广阔的天地。中华民族生活的东亚大陆，远离其他文明中心，周边又多有地理屏障，东濒茫茫无际的太平洋，北临漫漫戈壁和浩瀚的原始针叶林，西方则万里黄沙与高山雪峰相间，西南壁立着世界上最庞大而高峻的青藏高原。这种内部有回旋余地又相当开阔，四面有障壁的环境，对中国文化特质的形成和发展造成

---

① 谢贵安，华国梁．旅游文化学［M］．北京：高等教育出版社，1999．
② 冯天瑜．地理环境与文化创造［J］．理论与实践，1991（1）．

的影响,久远而深刻。① 这不仅有助于古老的中华文化延绵不辍,且有助于多样地貌上的各类人文活动蓬勃发展。文化与生态环境不可分离,它们之间相互影响、相互作用、互为因果。不同的生态环境造就不同的文化基础和文化模式,包括依托自然环境进行的生产活动、旅游开发、旅游审美、非物质遗产的产生和传承等很多方面。中国具有丰富多样的地貌环境,地域广阔,自古以来形成了充满生态之美的迷人旅游景观、神秘传奇的民间文化,亦孕育了思考人生哲学、传播交流思想的游学之旅,饱览山水之美、抒发个人情怀的适性之旅,克服恶劣气候、充满艰难困苦的边疆之旅……并萌发出体悟山水之美、充满哲学思考的各种旅游所思、所想,包括对祖国河山、对地域文化的热爱之情。

旅游文化所具有的一些特点恰好反映了环境的重要性。正如《中国旅游大辞典》中所列举,旅游文化有地域性。旅游文化都有着自己的生存环境,是在本地自然条件、生产生活方式中形成的,其形成离不开特定的地域,具有鲜明的地域特色。同时,旅游文化还有传承性。旅游文化是旅游长期发展的文化积累,是在特定地域历史传承中逐渐形成的,具有濡化的传承性。任何一种旅游文化都不是突然形成的,都是在不断积累的过程中形成的。② 因此旅游文化与环境是密切联系的,而生态环境不仅包括纯粹的自然要素,还包括非物质文化传承等人文要素,这与后文要谈到的生态文明包含自然与人文两个维度有一定的呼应。

环境与文化的互动关系,通过旅游文化灿烂地体现出来。人类在不同地域中创造了不同的文化并通过旅行传播和交流,例如在风景秀丽之地修建亭台楼榭、度假设施或宗教建筑,游客在充满生机的环境中感受自然与文化的交融、和谐之美,激发出对自然景观的各种审美感悟,萌生出对生态环境的多样保护思考。从旅游的角度来说,生态文明就处在"保护自然"这一环节上,人类对于自然环境的态度由原来的"自然为我服务"转变为"我与自然共赢""我与自然和谐相处",即旅游中的生态文明。这是人们在欣赏、体验客观物质世界的美的同时,不断克服人类活动的负面效应,积极改善人与自然、人与人之间的关系的一种意识形态。人类应该善待祖先和大自然留给我们的遗产。

二、生态文明及其思想

生态文明是人类的一种新文明,自20世纪中叶以来,生态危机成为威胁人类生存的全球性问题。生态文明涵盖价值观、消费观、伦理观、文明观等绿色精神,是促进自然与人、社会和谐协调、共生共荣、共同发展的动力。当代,自然资本已经成为制约经济增长的决定性因素,旅游产业也不例外。人类的生产改造活动,虽然极大提高了人类的生活水平,丰富了物质财富和精神财富,但也不可避免地带来了对自然的破坏,冲

① 冯天瑜,何晓明,周积明.中华文化史[M].上海:上海人民出版社,1990.
② 邵琪伟主编.中国旅游大辞典[M].上海:上海辞书出版社,2012.

击了人与自然的关系。发达国家 20 世纪 70 年代就已经进入了生态文明概念指导下的建设，开始改造传统工业、发展高技术产业和生态农业，并迅速修复生态系统。而发展中国家直到 20 世纪 90 年代以后才开始加强这方面的意识。20 世纪 80 年代以来，我国已有叶谦吉等生态学家开始研究生态文明，他认为生态文明是人类既获利于自然，又还利于自然，在改造自然的同时又保护自然，人与自然之间保持和谐统一的关系。陈洪波等[①] 总结认为，生态文明是人类既获利于自然，又还利于自然，在改造自然的同时又保护自然，人与自然之间保持和谐统一的关系。认为生态文明是一种发展理念，认为生态文明与"野蛮"相对，是在工业文明已经取得成果的基础上，用更文明的态度对待自然，建设和保护生态环境，改善与优化人与自然的关系，从而实现经济社会可持续发展的目标。

国外对于生态文明的思考从 20 世纪中叶以来已经在自然的报复下趋于成熟。西方文化具有的基因与特质帮助他们走上了一条与中国和东方文化截然不同的发展道路。如对科学运用的成功，日渐给予他们征服自然、战胜自然的信心，伴随着自然科学和技术发明的一次次胜利，人们越来越相信，人类越能征服自然便越能过得幸福快乐，于是，人类日益以征服者的姿态面对自然和一切生物，无止境地向自然索取一切自己的所需要之物。[②] 西方人由于较早尝到了向自然索取的苦果，觉醒也早，因此绿色发展、绿色革命、绿色经济、绿色文学、绿党等"绿色浪潮"的兴起与提倡，也是从西方发源，并逐步向其他地区推广。近半个世纪以来，西方的生态学家们已经在相关领域提出了很多新的思想，做出了许多富有成效的研究成果。他们提出了生态共同体的概念，强调人类与整个生态环境是一个统一的共同体关系，是一个联系的整体。人是自然的一部分，人孤立自然的结果只会是孤立人类自己。已经认识到工业文明对待价值问题的态度和出发点都是人类中心主义的。澳大利亚的约翰·锡德（J. Seed）认为人类中心主义其实就是人类沙文主义，例如把人看作一切生物的君主，是一切价值的来源。被誉为"环境伦理学之父"的美国学者霍尔姆斯·罗尔斯顿（Holmes Rolston）是西方环境伦理学的创始人，他认为，现代西方的主流价值理论是一种依赖于人的主体的价值理论，缺乏对价值问题的客观性解读。西方的深层生态主义的提出者挪威学者阿伦·奈斯（Arne Naess）则强调自然的内在价值，认为地球上的人和人以外的生物的发展兴旺是有它本身的价值，而不取决于它是否能够被人或人类所利用，同时，生命形式的繁荣多样是以上价值实现的基础，所以它本身也是一种价值。[③] 总之，对于如何改变过去的错误方法态度，尊重自然规律，学会更好地与自然环境融为一体，共生共荣，已经是未来的大势所趋。

在我国的传统文化中亦蕴含着丰富的生态文明思想，例如天人合一、道法自然、佛

---

① 陈洪波，潘家华. 我国生态文明建设理论与实践进展［J］.中国地质大学学报（社会科学版），2012（5）.
② 蔡毅. 西方文化与生态文明［J］.中华文化论坛，2013（11）.
③ 邬天启. 生态文明的一般价值论基础［J］.自然辩证法研究，2014（7）.

性统一、万物平等等，这些朴素的自然观及其生态实践观，对于建设当代旅游生态文明有重要的借鉴意义。

传统文化的生态旅游意识对于充分挖掘生态旅游意识的功能，厘定生态旅游发展原则有重要的意义。中国传统文化历来有着浓厚的生态意识，例如崇敬自然，视自然为审美最高准则，崇尚欣赏自然、亲近自然，尊重自然万物。这种意识和当今世界的生态伦理观念是相通的。古书《易传》中有："天地之大德曰生""生生之谓易"，就是草木生长，也就是生命之根。这种把生命当作大德的传统文化观，成为生态旅游的重要原则。中国传统文化的集大成者儒家学说认为，天地以"生"为道，认为"生"就是宇宙万物的根本规律。总之，我国传统文化对自然万物生命的热爱和尊重，体现了对生态系统中生物的爱惜，提供了一种重要的生态伦理观，成为指导当今生态旅游的重要理论依据。人与自然万物平等的生态旅游观念，宽容仁厚之心，是中国儒家传统文化的精华所在。中国传统文化强调，人类在自然万物面前，始终要具有一种博大的胸怀，要与自然万物平等相处。这种平等是超越西方文化中人类中心主义的，它始终认为自然万物和我们人类一样，也具有存在的合理性，因而它们的存在和个性也是应该得到尊重的，自然万物乃是人类平等的伙伴。[①]

道教的教义思想中蕴含了丰富的生态理念，挖掘并弘扬这些理念有利于当前的旅游生态环境建设。道教的生态思想体系中的核心观念包括：生态保护的价值前提如"仙道贵生"；生命平等的哲学依据如"皆含道性"；生态平衡的系统观如"道法自然"；生态良好的评价标准"有万不同"。[②]其中的"道法自然"，提出了保护自然环境的基本原则，要求人的行为顺应自然、保护自然。而道教的思想精髓"天人合一"，认为天地万物及人同根于"道"，强调人与自然之间的和谐性，这是东方哲学思想的基本出发点之一，其蕴含的丰富文人哲学思想是指导当代旅游行业建设的重要依据。

公元1世纪前后，佛教传入我国，逐渐与中国固有的文化相融合，演变成中国化的佛教，成了中国文化的重要组成部分。佛教中包含了很多有价值的生态伦理观。例如佛教认为"法"是宇宙万物的本源，无论是无生物、生物还是人，都存在于普遍的生命之法的体系中。宇宙间各种生命现象都是生命之法的安排，也是生命之法的体现。佛教的第一宗旨是要与宇宙和生命中存在的"法"一致，并寻求到人和自然走向融合、协调的道路。佛教生态观建立在"缘起论"基础上，对净化人心和保护生态环境有着积极的意义。[③]佛教强调人们感谢大自然的养育之恩，不能无度地占有、浪费和恣意地破坏。

三、生态文明与旅游发展

在中外各种生态智慧的指导下，诞生了生态旅游。1983年，国际自然保护联盟特

---

① 邓红艳.传统文化中生态旅游意识探微［J］.湖南社会科学，2010（3）.
② 分论坛三：道教的生态智慧［J］.中国道教，2014（12）.
③ 李明媚.论我国的宗教生态旅游［J］.边疆经济与文化，2011（9）.

别顾问谢贝洛斯·拉斯喀瑞（Ceballas Lascurain）首次提出了生态旅游（ecotourism）概念。他提出了生态旅游的两个条件：其一是生态旅游的物件是自然景物，是自然原生态；其二是生态旅游的物件不应受到损害，旅游要保护生态。原国家旅游局局长邵琪伟在全国生态旅游发展工作会议上指出，生态旅游强调促进人与自然和谐发展，倡导依托良好的自然生态环境和独特的人文生态系统，采取生态友好方式，开展生态体验、生态教育、生态认知并获得心身愉悦之感。旅游业本就是资源节约型、环境友好型的产业，尊重自然、保护环境、节约资源是旅游业发展的普遍共识，而生态旅游尤其以关爱生态、保护环境、追求人与自然和谐发展为目标，更加突出旅游者和从业人员的环境责任、社会责任和文化责任，更加强调资源节约型、环境友好型旅游发展方式和旅游消费模式。因此，生态旅游有利于自然文化资源和生态环境的永续利用，有利于形成资源节约、环境保护的产业结构。[①] 根据政府和学者们的多种定义，本书总结认为生态旅游是以生态学原则为指导，在游客观赏生态环境、领略自然风采的旅游活动中，重视普及生态知识、维护生态平衡。包括认识自然、享受自然和保护自然三个部分。生态旅游是人类亲近自然，使人性回归自然的过程，提升人的精神品格，确立健康的生存价值观，比传统的观光旅游更进一步。生态旅游还鼓励人们去亲自领略生态文化，例如参与旅游目的地居民的生产和生活，包括节庆仪式，体验与自然和谐生活方式的价值。生态旅游不仅是保护自然资源的旅游，还是保护人文资源、尊重地方文化的旅游。它强调保护旅游目的地文化的完整性，尊重原住民的文化价值理念。因此，生态旅游包括了文化意识在自然与人文环境中的融入，无论是对保护完好的自然景物的美的领略，还是对亲近自然的社会风俗的感悟。

尽管旅游业是一种"无烟工业"，但同样会产生污染。当存在不合理的旅游开发和游客消费时，也在影响着自然环境。例如近年来我国一些地区忽视生态环境保护，在开发旅游资源过程中，超出了生态环境的承载能力，导致大批游客在旅游旺季涌入名胜风景区，加上随处抛丢垃圾、废弃物，践踏草坪乱采花草等陋习，甚至违章采集，违章野炊、露营，随意给动物喂食，袭击动物、捕杀动物等频发现象，直接伤害到景区的自然生态，许多地方还存在旅游资源过度开发、基础设施过度使用等问题。如果有生态文明的引领，游客将持有绿色消费观念，适度消费，保护环境，节约资源和能源，并实现可持续消费。例如当游客出行时，尽量采取环保的方式抵达目的地，并注意自身的行为，避免造成旅游目的地的污染。

文明是相对于野蛮而言的，文明的本义指的是人类开化的状态和社会进步的程度。从旅游实践来看，游客在旅游过程中做出的某些行为，已经在文化层面上伤害了当地的物质与精神文化。例如，有的游客在旅游目的地刻画、涂污或者以其他方式故

---

① 邵琪伟.发展生态旅游 促进生态文明——在全国生态旅游发展工作会议上的讲话［N］.中国旅游报，2008-10-29.

意损坏旅游目的地社区保护的文物、名胜古迹。还有游客违背了旅游目的地的风俗习惯，在教堂、寺庙等宗教场所嬉戏、玩笑，不尊重当地居民风俗。游客的行为有时也是无意识地对旅游地的文化造成破坏，例如来自经济发达地区的游客，其高消费与当地的赤贫无疑会形成巨大的反差，这种文化的高势能必定会影响当地文化的低势能，从而产生文化的影响，例如当地传统文化的消逝或质朴人性的蜕变。这种对当地的生活方式甚至是社会结构的破坏，是旅游造成的负面的生态文明影响表现之一。还有游客对文物随意拍照、触摸，甚至在 3000 年的文物上乱写乱画，超越了法律能容忍的层面。

因此，无论是大部分工业产业还是本身较为环保的旅游产业，人类社会迫切需要运用生态智慧来解决面临的自然与文化受损的危机。生态智慧主要表现为生态文明思想，其作用于旅游发展的最根本结果是生态旅游的出现。生态旅游的终极效果是塑造一种生态文明。

案例学习：

梵净山生态文明建设与旅游开发研究 [①]

梵净山 [②] 既是"贵州第一名山"和中国弥勒菩萨道场，同时也是国家级重点自然保护区和联合国教科文组织"人与生物圈保护区网"成员。作为中国少有的佛教名山与自然保护区两者重合的双料名山，梵净山得天独厚的优势为人们提供了丰富的旅游资源。尽管梵净山旅游问题研究已经有 20 年左右的历史，但一直是将佛教文化和景观欣赏作为促进旅游发展的重要因素加以考察，将生态文明引入梵净山旅游领域并加以研究，在目前处于刚刚开始的起步阶段。1992 年，贵州铜仁地区成功举办"92 观光暨梵净山佛教恢复大典"活动，由此揭开了梵净山旅游开发的序幕。梵净山是一座野生动植物的天然乐园。据科学考察数据显示，目前梵净山区内有植物种类 2000 余种，其中国家级保护植物 31 种，而栖息的奇珍异兽有鸟类 191 种，兽类 69 种，两栖爬行类 75 种，昆虫 2000 余种，水生鱼类 48 种。贵州省受保护动植物总数半数以上集中在梵净山地区。梵净山国宝级的珍稀动植物分别以黔金丝猴、珙桐最具代表性。黔金丝猴为梵净山所特有，总数 700 只左右，数量比大熊猫还少，被誉为"世界独生子"。珙桐是恐龙时代的古老植物，在地球上几乎消失殆尽，但在梵净山地区，至今仍有十余片大面积的珙桐分布，总面积大约 13 平方公里，是中国最大的珙桐分布地。此外，在梵净山脚下的印

① 摘自：张明，张寒梅.梵净山生态文明建设与旅游开发研究［J］.广西民族大学学报（哲学社会科学版），2015（1）.

② 注：2018年7月2日，在巴林麦纳麦举行的第42届世界遗产大会上，联合国教科文组织世界遗产委员会审议通过将贵州省梵净山列入世界遗产名录，梵净山成为中国第53处世界遗产和第13处世界自然遗产。

江县永义乡，还有一棵30余米高的巨型紫薇，这是唐朝传下的名贵观赏树木，被当地人奉为"梵净神树"。它已被列入"中国珍稀名木古树目录"，被称为"中国紫薇王"。梵净山优良的生态环境和丰富的生物资源，不仅得益于得天独厚的地理优势，更得益于长期的生态环境保护实践，其生态环境保护的历史传统及其经验包括：

1. 佛教文化对生态环境的保护作用

作为贵州和西南地区一座重要的佛教名山和中国著名的弥勒菩萨道场，梵净山积淀了深厚的佛教文化，这对生态环境的保护起到重要作用和影响。通过在梵净山地区调查得知，当地民众绝不会随意伤害一鸟一兽，破坏一草一木。如作于康熙时期的《贵州通志》中就有关于黔金丝猴（"宗彝"）的记载，并称之为"孝兽"。梵净山地区民众对黔金丝猴的保护，使梵净山成为黔金丝猴在中国的唯一生存栖息地。在梵净山著名寺庙——天庆寺还保存一块清代乾隆初年的碑刻，这是僧人为保护梵净山而树立的界碑。

明清时期梵净山佛教鼎盛，不少寺庙都有大量的山林和土地，僧人进行农禅结合的山林佛教生活，与梵净山融为一体，如梵净山第五世住持明然和尚"不务巧异，不趋势，不衔名，一味守正持中，从容自得，冷座岩谷，煮藿餐藜。朝则枕白云于松头，夜则采明月于溪畔，相与猿偁鹤侣，不复问人间事"。梵净山生态在佛教的庇护下得到很好保护。但由于蕴藏着多种矿产，梵净山成为商人觊觎的财富，不少商人企图入山开挖矿产，僧人与商人进行了不妥协的斗争。以上只是梵净山众多寺庙界碑中的一块。天庆寺僧人以梵净山森林"关系合郡风水"的理由，通过三年的控告，最后在各级官府的支持之下取得胜利，有效保护了寺产和梵净山生态环境，并为后来其他类似破坏生态的案件提供了良好的借鉴。由此可见，佛教包含的生态理念和环保思想，以及僧人的实际行动有效保护了梵净山生态环境，梵净山良好的生态环境与珍稀动植物资源得以保持至今，梵净山佛教文化确实起到重要作用。

2. 少数民族信仰文化对生态环境的保护作用

梵净山作为武陵山脉的主峰，地理位置处于武陵五溪腹地，是古代"武陵蛮""五溪蛮"的世居之地，梵净山少数民族人口占铜仁地区总人口68.40%，是西南地区少数民族最多的地区之一，梵净山也因此成为周围各少数民族朝拜的"神山""圣山"和"灵山"。梵净山地区各少数民族都有自己悠久的传统信仰文化，比如万物有灵、祖先崇拜、鬼神、巫教、傩戏等民间信仰仪式至今仍然盛行。巫师、鬼师、土老师在村寨仍有一定地位。在梵净山朝山道上，山王庙、地母庙、土地庙、山神、树神、洞神随处可见，受到村民顶礼膜拜。朝山道上一路随处可见的红色布条，就是民众对所有神灵的虔诚祈祷，因此，梵净山地区所有动植物都被当作神圣之物精心保护。此外，在梵净山的每一个少数民族村寨都有一片茂密的树林，这是他们的神树林、护寨林，村寨里的任何人都不能攀摘树枝，即使枯枝也不能作为柴禾捡拾回家。梵净山西侧永义乡的1300多年的唐代紫薇古树，就被当地民众视为"神树"而顶礼朝拜。在梵净山以西的青杠坡干家山有两棵参天古树和一块题名为"法祖畏神"的碑刻，记载了当地吴氏家族禁砍古树的义举。现将该碑刻附录如下，以见民间信仰文化对生态环境保护的影响。

个案：咸丰四年三月四日思南青杠坡干家山禁砍古树碑（1854年）

法祖畏神

"此二树爱我先祖留种至今，子子孙孙勿替。前迨咸丰三年七月内，有人焉，将此树窃售吴姓，载价一千二百文。众意圣临凡，遂传此树不可欲也，欲不可砍也，莫偿吴姓之钱，监视砍之。又恐神灵之责，于是公议，将庙会之钱捐偿吴姓。……"

该碑在明显位置标明"法祖畏神"四字，碑文又强调"恐神灵之责""神灵之传命先道，哺先祖载保也。"可见"神灵""先祖"在民众心目中的强大信仰力量，让人不敢逾越，"怒座前不尤降灾"。正是在这样的信仰约束下，两棵古树得以完好保留。至今两棵树上的斧痕犹在，但其长势依然旺盛，见证了少数民族信仰文化对生态环境的保护作用。

梵净山作为一座传统的佛教文化名山，其佛教文化完全融入当地各少数民族的民俗文化之中，梵净山庙会和旅游活动成为当地最重要的民俗活动之一。如清初铜仁诗人徐闇《梵净山记》记载梵净山旅游朝拜云："揆溯有明迄今数百年，朝谒者呼声震天，靡有止息……每朝山，旦暮香风飘渺，散满下界里许……三郡朝谒者岁如蚁聚，即邻省西蜀、湖南亦络绎不绝。"光绪间印江诗人田宗润《朝山客》也有具体描述："为名为利为长生，许愿香客结队行。一步一声山谷应，南无声杂木鱼声。"光绪年间的《铜仁府志》载清末梵净山朝拜盛况云："佞佛者朝谒名山，号称进香，往往结党成群，携老扶幼……或百人，或数十人为一队，导之以旗，每人背黄袱，呜呜唱佛歌，前呼后应，举队若狂。"梵净山朝拜活动一直延续到民国时期。中华人民共和国成立后梵净山朝拜活动处于停滞的状况。改革开放以来，党和政府十分重视梵净山的保护和开发，除了将梵净山列为自然保护区之外，同时也有计划地逐渐完善交通等基础设施建设，适当恢复传统朝拜活动，以满足民众的信仰生活。1989年，梵净山慧松法师在中国佛教协会赵朴初会长支持下恢复梵净山明清古刹——太平寺，揭开了梵净山佛教在新的形势下复兴的第一页。1992年，贵州佛教协会会长慧海派弟子通灵举办了"92观光暨梵净山佛教恢复大典"，梵净山朝拜活动和旅游开发正式提上日程。1998年，铜仁地区举全区之力举办了"首届中国梵净山国际旅游节暨经贸洽谈会"，推出"梵净山原始生态环境之游""佛教文化之旅"等专题旅游活动，梵净山旅游进入加快发展阶段。2004年，"首届中国梵净山佛教文化研讨会"在梵净山护国寺隆重举行，盛况空前。李平（2005）的《论佛教旅游资源开发——以梵净山为例》详细论证了梵净山弥勒道场的独特地位和优势，指出佛教文化应该是梵净山开发的重要主题之一，自然环境和人文景观的营造必须以佛教文化为主要载体；梵净山必须开展多样化的旅游营销活动，在开发上要注意对人文和自然景观的保护，合理恰当地恢复和改建佛教寺庙，紧紧围绕佛教文化开展旅游项目，从观赏性开发向参与体验开发转变。2010年1月，贵州省旅游发展和改革领导小组会议在贵阳召开，会议强调"要大力支持铜仁地区把梵净山建设成为国内一流、世界知名的旅游目的地""要以梵净山为重点，围绕生态文化、佛教文化、民族文化，做好发展规划，完善基础设施，把梵净山旅游文化这篇文章做深、做透"。贵州省政府精心规划，将梵净山定位为国际生态旅游区，梵净山成为中国生态文明建设与佛教旅游开发相结合的一个品牌标志。

总之，梵净山生态文明建设和旅游开发取得了较好发展和一定的成就，但我们也不能否认两者之间存在的一些矛盾和问题。某些天然植被和原始景观因为大型工程开工受到一定程度的破坏，如梵净山旅游观光索道、梵净山环山旅游公路、黑湾河旅游度假村的建设，以及争议中停停建建的梵净山黑湾河高尔夫球场等，在一定程度上对梵净山生态环境造成不利影响，有些甚至是破坏性影响，引起政府、媒体和学者的高度关注。此外，在长期调查中还发现一些珍贵的佛教文物出现丢失和破坏的现象。在20世纪90年代曾亲眼看到山上保留有许多佛教文物，如石菩萨、石罗汉、寺庙铁瓦、石碑、墓塔，甚至万历皇帝和明清官员的多方碑位等，但这些文物在随后的实地考察中都消失无踪。在老金顶之上原来是明代的三清殿（清代称玉皇殿），现今重修后已改名为"燃灯寺"；然而梵净山历史上并无"燃灯寺"的相关记载。又如新金顶是梵净山朝拜的最盛处，极易见到佛光，古代只有通过铁链才能上下，新金顶绝壁还有明清两代的摩崖石刻十多处，从明代一直延续到民国时期，时间长达三四百年之久，20世纪80年代被列为贵州省级重点文物保护单位。后来有关部门曾在新金顶绝壁上进行过大型攀岩比赛，摩崖石刻受到一定影响。现在为了迎合更多游客登顶的要求，又重新在新金顶背山开辟了道路，设置了铁扶栏，改变了金顶古代防雷的设计，结果引起严重的雷击事故，这些都是值得人们思考的。

思考题：

1. 从世界文明的角度来看，文化对旅行、旅行对文化的影响各有哪些？
2. 人类的旅游活动为何要具有生态文明意识？
3. 对于当代旅游管理人才来说，学习旅游文化意义何在？

本章参考文献：

1. 谢贵安，华国梁. 旅游文化学［M］. 北京：高等教育出版社，1999.
2. 张复. 旅游文化［M］. 哈尔滨：北方文艺出版社，1991.
3. 冯天瑜，何晓明，周积明. 中华文化史［M］. 上海：上海人民出版社，1990.
4. 于海志. 旅游文化的特点及在旅游中的地位和作用［J］. 边疆经济与文化，2006（5）.

5. 马勇，余冬林，周霄．中国旅游文化史纲［M］.北京：中国旅游出版社，2008.

6. （战国）庄周著，胡仲平编．庄子［M］.北京：燕山出版社，1995.

7. （南朝梁）沈约．沈约集校笺［M］.杭州：浙江古籍出版社，1995.

8. 王子超．明清至近代旅游文化思想的转型研究［M］.武汉：中国地质大学出版社，2014.

9. 王子超．文化旅游管理［M］.北京：中国劳动与社会保障出版社，2017.

10. 李天元．旅游学概论［M］.天津：南开大学出版社，2009.

11. 章海荣．旅游文化学［M］.上海：复旦大学出版社，2004.

12. 王淑良．中国旅游史．古代部分［M］.北京：旅游教育出版社，1998.

13. 陈锋仪．中国旅游文化［M］.西安：陕西人民出版社，2005.

14. 魏小安．旅游文化和文化旅游［J］.旅游论丛，1987（2）.

15. 郝长海．旅游文化学概论［M］.长春：吉林大学出版社，1996.

16. 喻学才．中国旅游文化传统［M］.南京：东南大学出版社，1997.

17. 诸大建．生态文明与绿色发展［M］.上海：上海人民出版社，2008.

18. 陈洪波，潘家华．我国生态文明建设理论与实践进展［J］.中国地质大学学报（社会科学版），2012（5）.

19. 百光润．生态旅游［M］.福州：福建人民出版社，2002.

20. 曹敏鲁．中国生态旅游指南［M］.北京．经济日报出版社，1999.

21. 朱艳．生态文明视阈下的旅游发展模式变革［J］.商业经济研究，2012（10）.

22. 朱静．提升旅游文明素质的思考［J］.武汉船舶职业技术学院学报，2007（8）.

23. 邬天启．生态文明的一般价值论基础［J］.自然辩证法研究，2014（7）.

24. 邓红艳．传统文化中生态旅游意识探微［J］.湖南社会科学，2010（3）.

25. 王懿．生态文明背景下合肥乡村旅游提升策略研究［J］.绿色科技，2017（8）.

26. 李平．论佛教旅游资源开发——以梵净山为例［J］.贵州大学学报（社会科学版），2005（5）.

27. 曹诗图，袁本华．论文化与旅游开发［J］.经济地理，2003（5）.

第 二 章

文化史与旅游文化

第一节　旅游文化史的内涵与价值

　　旅游文化史是史学向旅游学领域拓展的产物，它以人类旅游文化发生、发展的过程为对象，注重于在环境的影响下人类创造各种旅游文化时主体意识的演变历史。人们在旅行的过程中会抒发多样的感怀，写下歌颂山水风景和人文习俗的诸多游记、诗歌，甚至创造出充满生动气韵的画作。研究旅游文化的变迁历史，有助于研究这些人文活动及艺术作品所负载的思想意识。文化史专家冯天瑜说，文化史不仅要研究文化的"外化过程"，即人类创制各种文化产品从而改造外部世界使其不断"人化"的过程，而且要研究文化的"内化过程"，即文化的"主体"——人自身在创造文化的实践中不断被塑造的过程。即，历史从哪里开始，思想进程也应当从哪里开始。[①] 人类的旅游文化史也是与人类社会的整个历史，包括物质文化与精神文化的历史交织在一起的。人类在跋涉、开拓、生存、物资交换等的旅途中，发明了各种有助于旅行的工具，开发了自然和人文相互渗透、映衬而令人赏心悦目的旅游景观，实现"人化"；同时，人类在山川沙漠海洋的旅行中，丰富了对自然界和社会的认知，知识更加丰富，并融入了观景中的思考，例如旅行所见与治国之策、与个人情感塑造的关系。

　　马勇等（2007）认为，旅游文化史不是停留在对旅游的编年式的描述上，而是从文化的视角切入其发生发展过程，并尽可能地从多向度对它进行考察。不仅应从纵向角度考察旅游文化的物态、制度、行为、心态等诸层面，而且应当从横向角度把握旅游主

---

① 冯天瑜.关于"文化"与"文化史"的思考［J］.湖北大学学报（哲学社会科学版），1988（5）.

体、旅游客体、旅游媒体之间的相互关系及其相互作用的动态过程。对各种旅游现象及其变迁做出合理性的阐释。邹本涛等（2015）认为，旅游文化史是旅游体验文化的发展史，例如现实旅游体验、虚拟旅游体验及相关的体验规范，又如现实旅游体验史、虚拟旅游体验史及相关的体验规范史，还有旅游介入文化发展史包括现实旅游介入文化、虚拟旅游介入文化。[①] 本书综合学术界的观点，结合旅游与文化史的深刻联系，总结认为旅游文化史是在人类在各个历史阶段或大的变迁时代下，旅游活动所体现的文化思想及旅游赏览对象具有的文化内涵、旅游服务及接待设施体现的文化特性，以及旅游艺术作品体现出的文化意向。它是基于不同的历史发展时期的背景所形成的人类围绕旅游创造出的意识形态及与之相适应的组织规范、风俗礼仪、文化艺术、宗教信仰、学术思想等方面。

研究旅游文化史，有助于厘清文化对于旅游发展的历史推动力，发现旅游文化的各个转型时期及影响，找出对当代及未来旅游文化业发展的启示。林永匡、王熹的《中国旅游文化史的研究》提出旅游文化的作用在于增加社会安定、和谐；陶冶人们的心性和情操；促进经济文化交流等。旅游文化活动的心态与价值观念是旅游文化活动的核心，也是研究中国旅游文化史的首要课题。[②] 发展旅游事业必须有旅游文化的指导，当代学术界有义务研究中国和域外的旅游文化史，归纳出旅游活动在发展历程中的演变规律，避免出现文化指引方面的失误，为旅游业寻找到符合人们需求的文化形态。

旅游活动的过程中贯穿着文化意识与文化表现。当代的旅游开发要求以生态文化作为发展的支撑，自古以来人们在旅游建设和旅行过程中的深刻思想，即有助于促进可持续旅游的发展。研究自古以来的旅游观念、旅游性格、旅游风尚、旅游制度及旅游影响，以及旅游服务与旅游设施蕴含的文化精神，有助于发现文化对旅游发展的影响价值之所在，亦有助于认知旅游文化的发展脉络、维系"文化的可持续性"。总之，研究旅游文化史，将促使我们在科技不断进步的时代背景下，思考如何传承优秀传统文化并寻找出新的开发路径。

第二节 中国旅游文化史的分期特色

一些考古学者认为，旅游起源于原始社会的人类迁徙，自从有了人类就有了迁徙活动，人类历史开始的开端就是中国旅游史的开端。在早期人类社会，社会生产力极其低下，人类为挣脱周边环境对自身的束缚，会采取不同的方式来拓展其生存空间及活动

---

① 邹本涛，曲玉镜.旅游文化史：内涵与分期的再探讨［J］.旅游学刊，2015（12）.

② 林永匡，王熹.中国旅游文化史的研究［N］.中国文化报，1989-02-19，转引自：喻学才.旅游文化研究二十年［J］.东南大学学报（哲学社会科学版），2004（1）.

范围，这种原始人类的反复迁移就是旅游的开端。① 在原始先民眼中，自然万物是充满奇异色彩的世界，他们不能解释闪电、打雷、冰雹等自然现象时，容易产生万物有灵的观念，从而滋生了与自然崇拜相关的一些旅游神话。为了获得生存的芳草地，原始先民们在山林中流浪，采摘野果，捕杀野兽，看到沿途的高山、溪水风光，产生了对山水的初步审美，在这样的过程中，孕育了旅游文化的萌芽，也是中国旅游文化史的序幕。例如从我国古代神话中，可以看到中华民族始祖的游历过程。如描述黄帝常去的地方有华山、首山、太室、泰山、东莱，游于赤水之北，登临昆仑之丘，但是在回来的路上遗失了玄珠——"道"。

在殷商时期，人们面临自然界的威力，不得不将自身幸福寄托在各种"神灵"的庇佑之下，社会文化中有着浓郁的宗教氛围，体现出以神为本的文化。人们认为殷王是天神上帝在人间的代表，因此商纣王对自身做出对各种"淫游"行为有着可以被谅解的理由。商王武乙常常狩猎于黄河与渭水，还在宫外修筑鹿台和宫苑供其尽情娱乐和游赏，最后也是在旅游的时候被暴雷劈死。

到了西周时期，人们开始注重世事，体现出以人为本的文化。周人的眼光开始从天上转到地下，从神界转向人界，整个社会呈现出人文色彩浓厚的礼乐文化，帝王巡游就是体现之一。帝王巡游作为中国古代旅游的重要现象，是指帝王到其统治地区巡视与游览，其目的或为巡视各地、或为拜祭，是以巩固政权为目的的旅行活动。帝王在巡视的同时也兼游山玩水，瞻仰前代帝王或名人遗迹。周代有三位天子喜欢旅游：周昭王、周宣公和周穆王。其中周穆王的旅游是周代帝王巡游的代表与典型，在我国古代旅游史上占重要地位，至今流传的《穆天子传》是我国最早的游记。② 《穆天子传》有一定的神话色彩，记述了周穆王从宗周出发，北征犬戎，继而出雁门，入河套，祭河伯，登昆仑，会见西王母，狩猎大旷原，然后返回宗周的经历，西征往返总计两万五千里。例如：

> 饮天子蠲山之上。戊寅，天子北征，乃绝漳水。庚辰，至于□③，觞天子于盘石之上。天子乃奏广乐。④

描述的就是在蠲山宴请周天子，以及横渡漳水，抵达皋落氏，命乐队演奏广乐的情景。

周代，各国诸侯每隔一定的时间，都要组成庞大的旅行团队前往天子所在之地朝觐，还有各诸侯国之间的相互朝觐，也是重要的旅游活动，比较弱小国家的诸侯会远赴霸主国朝见，以期保持良好的国与国之间的联系。

周代萌发的儒家思想，具有旅游的含义。儒家是一种关于伦理和政治学说的思想文

---

① 崔莹.中国古代旅游起源与发展简析［J］.艺术文化源流，2016（12下）.
② 韩笑.中国古代旅游活动类型及其特征［J］.科技信息（学术研究），2007（6）.
③ 注：□为文献出土时的缺文.
④ 王天海.穆天子传全译［M］.贵州：贵州人民出版社，1997.

化体系。用最扼要的语词评说儒家人生哲学、政治理想，则是：入世。这就决定了"旅游"是其内在素质。正因为儒家是积极入世的，所以游学、游宦等与其结下不解之缘，竟或成其特征。儒家以"为天地立心，为生民立命，为往圣继绝学，为万世开太平"为己任。积极的入世，就意味着积极地奔走于社会。不论是为政的，还是求仕的，抑或积极入世而不仕的，旅游往往成为儒家人生重要行为、内容。儒家祖师孔子即为大旅游家。之所以称孔子为中国旅游史上早期的大旅游家，主要在于其 55~68 岁作连续 14 年的列国之游，史称"孔子周游列国"。孔子的旅游活动，从性质上看，属于仕游、学游、文化旅游，孔子旅游活动的影响简而言之，是开了中国文化旅游与政治旅游的先河。亚圣孟子始而设教，继而周游，其性质同于孔子之游。[①]

儒家一方面主张"父母在，不远游"，另一方面，儒家也认为"志在四方"是男子汉应有的抱负和基本的形象特征。《礼记·内则》上："桑弧蓬矢，志在四方"，意思是说：小男孩一生下来，大人就应用桑枝做成的弓，蓬草做成的箭去射东西南北四方。这种仪式象征着一种美好的祝愿，希望孩子长大后志在四方，为君为国建功立业。儒家主张和看重近游，因为这种短途旅游既可达到健康身心和陶冶性情的目的，又可和家人同享天伦之乐。然而儒家并不是无条件反对远游，按孔子的表述分析，父母去世以后，儿子远游自然不在限制之列。[②]

周代萌发的老子、庄子思想，是道教的重要源流，其政治主张中的清静无为，其人生哲学中的功成身退，其理想人格——远避红尘的隐士，都决定着：道家热衷田园山水，山水旅游是其当然的、常选的生活方式。老子倡清净、无欲，"我无为而民自化，我好静而民自正，我无事而民自富，我无欲而民自朴"。庄子倡扬看破红尘、遁游世外，他的理想社会是"至德之世，同与禽兽居，族与万物并"，主张人当置身大自然。[③]

秦汉时期，在专制帝王的强权治理下，国家一统，都市繁荣，交通发达，旅游活动比夏商周时期更为壮观和普遍，旅游文化上升到了一个新的阶段。源自上古先民对山岳天地祭祀的"封禅"活动，在秦始皇、汉武帝等的实践下，成为旅游活动的一个代表性现象。

秦始皇是历史文献中记载的第一个到泰山行封禅大礼的人。公元前 219 年，他东巡郡县，召集儒生博士 70 余人来到泰山脚下，从泰山南坡上至山顶，立石颂其德，以明其得封；然后从山北坡下，禅于梁父山，其礼主要采用原秦国在雍祭祀天帝的仪典。秦始皇封禅泰山，不单纯为祭天祀地，而是假"封禅"之名，行夸耀震慑之实。在秦始皇看来，泰山之壮丽高大，恰好可借之宣扬秦之功德；而宣扬秦之功德，其典式莫过于在泰山上封禅与刻石立碑。公元前 219 年，秦始皇第二次东巡，举行封

①　许宗元.儒道佛与中国旅游文化［J］.上海师范大学学报（哲学社会科学版），2004（2）.
②　喻学才.儒家思想与中国旅游文化传统［J］.孔子研究，1990（7）.
③　许宗元.儒道佛与中国旅游文化［J］.上海师范大学学报（哲学社会科学版），2004（3）.

禅大典，刻石于泰山，以夸功于世，威慑天下，宣扬自己的威仪。①秦始皇虽已一统天下，然六国余威依然强大，对于帝国政权的威胁时时存在。而矗立于齐鲁大地上的泰山，又称岱宗，岱岳，其形象高大稳健，素有"泰山安则天下安""稳如泰山"的说法。人们对泰山的崇拜始于原始部落对于太阳和山川的崇拜和敬畏，泰山在五岳中又处于东方，对应着五行中的"木"，象征着春天，即万物生发，有国泰民安的良好寓意。因而秦始皇等历代多位帝王通过国家层面封禅祭祀以求"天下太平，江山永固"。

古代帝王的旅游活动除远距离的、长时间、大规模的帝王巡游，还包括在帝都附近地区的狩猎、避暑、观光等休闲活动。秦汉时期，帝王利用温泉开展旅游活动有了较大的拓展。秦始皇是中国封建帝王巡游的第一人，除远距离巡游外，秦始皇还大规模兴建具有游乐功能的行宫别馆，"骊山汤，初始皇砌石起宇"，秦始皇在骊山建有温泉旅游设施，并建立了温泉宫。至汉代，汉武帝时对骊山温泉宫"又加修饰"，温泉观光与疗养已成为帝王们休闲娱乐活动的组成部分。②

汉代的旅游文化，是我国传统文化的重要组成部分。以汉赋为例，其作品屡见"出游""游居""结旅"等用语，形成了大量的记游完篇，这是汉代赋家游观生活的真实写照。汉武帝在执政期间，"遍五岳与四渎，观沧海以周流"，游观天下四方而欲罢不能。汉武帝的巡游最有个性特征。首先是游踪之广，以长安为中心，北到长城、单于台，东至碣石、辽西，南至江陵、九江。其次是游乐的方式不拘一格，见山则登高，华山、嵩山、泰山、天柱山都有他的足迹，并封天柱山为南岳；遇水则荡舟，即兴赋诗，抒写游乐之情，横渡汾河而作《秋风辞》，破浪长江而作《盛唐枞阳之歌》；临海而迷恋神山，向往神仙长生之术。最后是赞颂自然的美，陶醉其中，登泰山而称颂其高大雄伟："高矣极矣，大矣特矣，壮矣赫矣，骇矣惑矣。"③

张骞是西汉杰出的外交家、探险家和旅行家，是丝绸之路的开拓者。西汉建元三年（前138），他从长安出发，奉命出使西域，历尽艰辛行程7000多公里。访问了大宛（今中亚费尔干盆地）、大月氏（今新疆西部伊犁河流域）、康居（今咸海以东）、大夏（今阿富汗北部）和乌孙的许多地方，历经13年，以亲身经历和实践，对山川地形、风土民情、政治军事做了介绍，考察了有关西域诸国的基本情况。张骞的出使加深了人们对西域地理和人文的了解和认识。使游扩大了人们的眼界和对西方的了解，并开辟了在东西方之间经过河西走廊、西域的举世闻名的"丝绸之路"，使中西文化交流进入一个崭新阶段，欧亚大陆之间的文化与经济交流更为频繁。④

魏晋南北朝时期，儒学暗淡，玄学逐渐兴起，道教获得了全面发展，佛教则大为流

① 王海霞.论秦汉时期泰山封禅制度的特点与文化意义［J］.改革与开放，2011（8）.
② 何小芊，刘宇.中国古代帝王温泉旅游活动初探［J］.旅游论坛，2013（3）.
③ 章沧授.汉赋与旅游文化［J］.古籍研究，2000（1）.
④ 闻丽.中国古代旅游概述［J］.兰台世界，2013（1）.

行。此时，南方的地主庄园经济十分发达，官僚地主利用手中的政治特权，大量侵占土地并招徕劳动人手，建立自己的庄园，有大量的农民依附其生存。西汉末年传入中国的佛教因为时局动荡，而迅速流行开来，寺院成为很多达官贵人乃至劳动人民寄托精神之地，寺院地主趁机收留了不少农民，形成了地主庄园经济。同时，因为这一阶段战乱频繁，不少文人志士对现实极度失望，开始到自然山水中去悠游，释放内心情怀，山水意识没有被功利化、道德化，山水意识得到了真正的觉醒，崇尚自然和"出世"的旅游观念得到了极大的发展。

魏晋南北朝时期道教旅游亦得到了很大的发展。因为社会急剧动荡，使人们产生了强烈的忧患意识，竭力寻找精神上的安身立命之所。这为宗教的滋生和盛行提供了适宜的气候与土壤。道教酝酿于东汉，向往神仙世界追求长生不老，重视人与自然和谐相处，认为神仙都是居住在风景秀美的洞天福地之中，道教徒向往 36 洞天 72 福地，也就是自然界最为美妙的山水，这种选择突出了自觉主体审美的意识，这就是"仙游"，即道士们和仰慕道教者会选奇山异水中居住、遨游，希望长生不老、羽化而登仙。

玄学，又有新道家之称，是中国魏晋时期出现的崇尚老庄的思潮，以《老子》《庄子》为玄宗。在这一中国历史上最为动荡的时代，名士、富豪和百姓们，都被现实世界等反复、残酷折磨得心灰意懒，只好在精神世界寻找自己的人生出路。加上佛道盛行，出世思想萌生。儒学在人们心目中的地位逐渐下降，人们纷纷坐而论道，推崇高情远致，思慕老庄式的逍遥之游，崇尚远离尘世、栖息山林的旅游之道。产生了隐居山林，寄情山水的情怀，在山水间寻求解脱。这种旅游审美的特点在于，自然山水为主要的审美对象，也是愉悦自我的媒介，追求在天地之中实现真实的审美倡神、怡情娱性。

山水画的兴起，也是在魏晋南北朝时期，在当时社会背景下，文人墨客寄情于山水，但多数文人是自画、自赏，比如宗炳，"善琴书，好山水""凡所游历，皆图于壁，坐卧向之"。对山水园林从单纯地模仿到简单地概括，但始终以"自然"为基本元素。[①]在南朝，画家宗炳提出了"卧游"的观念，这是除了古代地图以外，将山水画与旅游结合起来不可多得的路径。"卧游"旨在"澄怀观道"，即以山水画为凭借实现心灵的安顿与精神的逍遥。宗炳是"卧游"这一独特旅行方式的开创者。据《宋书·隐逸传》记载，宗炳才华出众，朝廷数次征召他做官，他却坚辞不就，死心塌地成为一名旅行家，足迹踏遍名山大川。后来他因病回到老家江陵，感叹自己因为筋力衰惫，不能再像青年时代那样四处游历，于是就将游历过的山水绘在墙壁之上，每日坐卧向之，对其抚琴，希望得到画中山水的回应。对于此举，宗炳自己的解释是："老疾俱至，名山恐难遍睹，唯当澄怀观道，卧以游之。"宗炳的这句话道出了"卧游"观念的两层内涵：第一，"卧

① 李占荣.中国古地图与山水画［J］.中国测绘，2008（7）.

游"的现实功用：可以突破物理空间的局限，当旅行的目的地遥远而跋涉艰难，身体和现实的状况（年老、疾病）难以如愿，图画可以作为一种弥补，给观看者带去慰藉。第二，"卧游"的精神功用：即"澄怀观道"，在山水画中寻找到心灵和精神的安顿。徐复观先生在《中国艺术精神》中指出宗炳的"澄怀"即庄子的虚静之心。"以虚静之心观物，即成为由实用与知识中摆脱出来的美的关照。"在卧游的过程中，卧游者自己的精神会融入美的对象中，获得自由解放。卧游可以使人忘却尘世间的功名利禄，"这是他能'澄怀'的原因，也是他能'澄怀'的结果"。简而言之，这种"逍遥游"既是一种自由的精神选择，同时也显示出选择者的精神境界：倘若没有一个超脱的灵魂和一颗审美的心灵，是无法踏上"卧游"之旅的。①

隋朝时期，国家一统，魏晋以来世人的清谈玄由之风归于寂缪。隋炀帝杨广时期国力强盛，为进行巡游奠定了坚实的物质基础，他也反复强调巡游自古就是治国安邦的重要措施，隋炀帝在位 14 年曾经四次北上巡游，一次西巡、三次南巡，将封建帝王的巡游推向高潮。隋炀帝北巡的主要目的是出塞外、陈兵耀武，希望通过北巡，加强北方的防御，切断高丽与突厥的联系。因此在中国旅游文化史上，隋炀帝可谓特色旅游家，因为他开创了龙舟巡游的先例，在旅游资源的开发上有很大的功劳。

唐朝的边塞之旅。这一时期人们积极追求建功立业，产生了慷慨激昂的边塞之旅，以及南北漫游的求仕之旅。面对北方少数民族的不断袭扰，唐政府只有不断派军队戍边，不少为戍边出力的文人志士，写下了丰富的以边塞、军旅、离情等作为题材的旅游文学作品。例如歌颂了边疆风光军旅生活，善写边疆风光之奇丽，山川形势之险恶，军旅生涯之艰苦等。因旅者在边疆的亲身经历，鞍马风尘，城障堡塞，极尽征行离别之情，在对边陲环境的感叹中凝结着对戍边将士的热爱。如王昌龄的"秦时明月汉时关，万里长征人未还。但使龙城飞将在，不教胡马度阴山。"另外，赴边塞者在写实、写景时，常常借以抒发自己的苍凉悲切的情感，以唤起人们对边疆将士的怀念和崇敬。如王之涣的《出塞》："黄河远上白云间，一片孤城万仞山。羌笛何须怨杨柳，春风不度玉门关。"其诗格调高远，气象雄伟，却又蕴含着一种悲凉之情，堪为绝唱。再如王翰的《凉州词》："葡萄美酒夜光杯，欲饮琵琶马上催。醉卧沙场君莫笑，古来征战几人回。"诗人在写尽西域风情的同时，既着力表现戍边将士的豪迈刚烈，又于高昂的格调中，隐隐带有悲凉的情调。②

唐朝时期国力强盛，经济繁荣，上至帝王将相下至平民百姓，都有不少的热爱旅行者。唐太宗李世民时期拒绝封禅；唐高宗李治时期在武则天的推动下，到泰山之南设祭祀坛；到了女皇武则天时代前往中岳嵩山封禅；唐玄宗时期励精图治群臣屡次上表请求封禅，于是，从东都出发，抵达泰山，封泰山神为天齐王，这是唐代历史上的最后

---

① 李晓愚.从"澄怀观道"到"旅游指南"——"卧游"观念在晚明旅游绘本中的世俗化转向［J］.南京大学学报（哲学·人文科学·社会科学），2017（11）.

② 童凤畅.唐代边疆诗的艺术风格及其影响［J］.青海师范大学学报（社会科学版），1992（1）.

一次封禅。唐代的佛教旅游得到了极大发展，和道教在地位上难分高下。唐代高僧玄奘从唐太宗贞观二年（628年）出发，西行五万里，历经艰辛到达印度佛教中心那烂陀寺取真经。贞观十九年（645年）回到长安，其从印度及中亚地区带回国的梵箧佛典非常丰富，共526箧、657部，对佛教原典文献的研究有很大的帮助。玄奘的译典著作有《大般若经》《心经》《解深密经》《瑜伽师地论》《成唯识论》等。还著有《大唐西域记》十二卷，记述了他西游亲身经历的110个国家及传闻的28个国家的山川、地邑、物产、习俗等。

北宋虽然结束了五代十国以来南北分裂的局面，但却未能恢复汉唐旧疆，而且北方的辽、金、西夏始终对宋朝构成严重威胁。北宋经济繁荣，文化发达，宋徽宗时全国人口达4670多万，但却不是军事强国。南宋失去中国大半壁河山，与金兵相战，败多胜少，最后虽与蒙古军南北夹击，灭金雪耻，但很快就亡在蒙古人手里。总的来说，两宋时期国势远不及汉朝和唐朝强盛，宋朝政府和少数民族政权签订了不少屈辱求自保的条约，对士大夫们造成了深刻的精神创伤。宋朝是中国文化的重要转型期，士大夫们与唐代不同，产生了强烈的忧患意识，"沉重的失落感导致逃遁、退避于现实世界之外，着意于心灵的安适与更为细腻的官能感受，将人生理想的追求方向由向外转为向内的心理取向，形成内倾、封闭的心理特征"。[①] 因而不少士大夫进行了忧国之旅，还有一些少数民族进行了西征之旅，帝王巡游非常少见。这一时期产生了忧国忧民之旅，在理学的影响之下士大夫的审美情趣也发生了改变，例如通过观赏山水风景而领悟其中的理趣。

宋朝的儒学大家朱熹的旅游思想既包含了儒家的思想传统，更有理学思想的精髓。朱熹的旅游思想也是对孔子山水"比德"思想的继承和发展。朱熹对此的解释是："且看水之为体，运用不穷，或浅或深，或流或激；山之安静笃实，观之尽有余味。""仁者一身浑然全是天理，故静而乐山，且寿，寿是悠久之意；智者周流万物之间，故动而乐水，且乐，乐是处得事理当然而不扰之意。"朱熹在《论语集注》中一语中的："知者达于事理而周流无滞，有似于水，故乐水。"把水这种自然现象完全道德化了。既然山水这两种自然物具有道德个性，那么知者、仁者要想获得山水的涵养和滋润，就必须"乐山"和"乐水"，到山水自然中去游观，从中受到启发。朱熹说："于理穷得愈多，则我之知愈广。只是这一件理会得透，那一件又理会得透，积累多，便会贯通。"由此可见，朱熹是主张通过游历来穷理，并以此提高自身的素质和修养，游历以广其见闻是朱熹穷理的重要源泉。在朱熹看来，大自然雄壮秀丽的景色风物，能激发人的创作激情和产生灵感。朱熹说："天有四时，春夏秋冬，风雨霜露，无非教也；地载神气，风霆流行，庶物露出，无非教也。"因此，观赏天地自然、山水林泉，可以从中悟出宇宙生机、天地之理和人生之乐。则山水自然不仅是伦理精神的象征，更是生命的象征。"比德"传

---

① 冯天瑜，何晓明，周积明.中华文化史［M］.上海：上海人民出版社，1990.

统之伦理境界由此提升为属伦理又超伦理，属审美又超审美的旅游美学之境界。无怪乎朱熹把旅游视为生命中极为重要的活动内容，自称"平生山水心"，把旅游视为扩大阅历、结交名流、增进学问、调解学习生活的重要途径，并将旅游视为个体人格发展的理想之路。①

元代是一个民族关系非常复杂的时期，游牧民族和农耕民族不断地发生冲突，又产生一定的融合。元帝国是一个世界性的帝国，欧亚的交通在元代空前的畅通，东西方的各种交往空间频繁，贸易、移民及文化传播与交流都与旅游息息相关。例如中东和中亚的穆斯林大规模迁往中国，伊斯兰教及清真寺建筑有了极大发展。儒家复苏，基督教开始进入中国。除了马可波罗来华，汪大渊等国人也开始了远航探险的行程。

商业经济萌动、心学的崛起及旅游观念更新带来了明朝中后期的旅游热，这一时期主要是一种自觉的旅游意识。在传统文化背景下，重视家庭观念，便会以漂泊在外为苦；重视故土家园，便会以客居他乡为苦。而明朝中后期以逐利为目的的商旅生涯的不稳定性，必然导致传统的家庭纽带越来越松弛，从而有利于突破家庭观念的束缚，在旅游中宣泄自己的主观性灵。② 更为重要的是，明清时期程朱理学逐渐衰微，新兴的心学倡导主体性的凸显和生命价值的实现，强调心与万物相通。在这种背景下，倡导回归人的自然天性、强调怡情怡性的山水旅游观念应运而生，为明清的旅游活动带来了一股清新之风。③

明代心学代表人物之一王阳明，强调"心外无理"，而"心"即"理"，人们应该"知行合一"和"致良知"；提倡人欲是合理的，强调人们的主体意识和生命价值，推崇"至乐"人生境界，使人回归自然本性。另一个代表人物湛若水，认为："道无内外，内外一道也；心无动静，动静一心也。"强调心的主观能动性：在实际活动中，心是无所不贯通、无所不包容的。李贽，是将自然人性论发挥到极致的代表人物。他强调对个性自由的追求、对私欲的肯定。随之，在山水遨游中独抒性灵，则成为旅游审美中调适心性的方式，好游者"甚或将自己的生命与自然山水融为一体，反映出超越道德和回归自然的倾向"，呈现出在天地万物中，山水与性情悄然融合的局面。明朝万历年间的王季重说："夫游之情在高旷，而游之理在自然，山川与性情一见而洽，斯彼我之趣通。"体现了文人对回归自然的怡性旅游的向往。"公安三袁"的"性灵"学说，强调在山水旅游中对风景的感觉注入主观情感，是明中叶以后的旅游思想、文学和审美中肯定"返本自然"个性的重大体现。明清之际的思想家唐甄的旅游思想则是最具代表性的自然人性论。其代表作《潜书》语："时有穷达，心无穷达；地有苦乐，心无苦乐；人有顺逆，心无顺逆。"指出心应顺乎自然，从天地中获得愉悦，要通天地之气，类万物之情，达到至乐怡情的境地。明中后期以来，在这样主流思潮的影响下，一种全新

① 李渌.中国古代旅游伦理思想述略[J].贵州大学学报（社会科学版），2006（9）.
② 陈来生.中国古代"旅游"观念及其民族文化心态探析[J].社会科学，2003（12）.
③ 王子超.明清时期山水怡性旅游的自然回归[J].南都学坛，2013（1）.

的山水观随之流行，人们认识到在山水中的赏析活动，应从世俗社会生活与理学观念的束缚下得到彻底放松，使"心"与山水贯通，尽情怡情悦性，回归到对自然人性的追求。

第三节　西方旅游文化史

　　西方旅游文化史，研究的是西方主要国家和地区民族旅游文化产生的自然与人文条件、社会历史背景和传播过程。这里的"西方"，一般是指欧美各国。旅游文化史作为人类旅游活动中观念意识形态发展的产物，具有深刻的地域特色和活跃性，以至于影响到今天世界旅游文化的互通理解与和谐发展。只有融贯东西，深刻领悟中国和西方的旅游文化源泉，才能更好地为现代旅游文化产业的国际化服务。

　　古希腊文明是西方历史的源头，对当今的西方世界及整个人类社会都有着深远的影响。古希腊文明从公元前 800 年开始，延续至公元前 146 年，在教育、哲学、艺术、建筑等方面都取得了辉煌的成就。古希腊所在的地中海流域有着悠久的航海和贸易传统，冶金、艺术品、矿物和纺织品等物资源源不断地输出到埃及、意大利甚至欧洲西北部地区，并带回来更为丰富的其他产品。在贸易的交往过程中，新的观念与方法得到了输入，逐渐摆脱了古老神话的控制，亦促进了科学和哲学的发展。航海和贸易使希腊人在文字和语言上得到了进步，视野亦变得开阔，天文、度量衡、国家治理、音乐和地理知识也不断增长。航海和贸易还带来了财富，从而带来了闲暇时间，为希腊人从事旅游活动提供了可能性。旅行活动促进了希腊哲学的产生，例如泰勒斯，他"曾经经商，从而有机会在各地旅游，将数学、几何和天文学带回了希腊，并最早提出世界的本原是水，从而开始了希腊哲学的'始基时代'"。柏拉图"曾经游历埃及和小亚细亚，访问意大利，由于广泛的旅游经历和接触不同的思想"，其哲学思想"具有那个时代流行于雅典的许多贤者的思想"，其对文化的多样性的认识是"因为他的旅游经历为此提供了丰富的思想基础"。[①]古希腊时期人们普遍信仰多神教，认为"神人同形同性"，因此产生了宗教朝觐旅游，例如与纪念雅典娜有关的泛雅典娜节，因祭祀宙斯神而发起的参与奥林匹亚运动会旅行。古希腊时期东西方亦发生了较为频繁的文化交流，并且互相影响，陆地和海上的旅行活动，对这些影响功不可没。

　　古希腊灭亡后，被古罗马人延续下去，从而成为整个西方文明的精神源泉。古罗马文明一般指从公元前 9 世纪至公元 1453 年。古罗马在建立和统治国家过程中，吸收和借鉴了先前发展的各古代文明的成就，并在此基础上创建了自己的文明。古罗马帝国与地中海周边国家乃至中国的贸易往来都很频繁，人们的外出游历直接承接了古希腊已

---

①　王永忠.西方旅游史［M］.南京：东南大学出版社，2004.

有的形式，旅行活动达到了全盛，与帝国疆域的空前广大、秩序相对稳定、手工业及农业生产技术进步迅速、海陆交通运输发达有关。"这一时期的商人之旅、宗教旅行、节庆旅行、教育旅行等都曾是希腊人的旅行经历。不过，罗马人的旅行大大跨越了古希腊人的范围和视野，依循古罗马的社会和文化特性，罗马人在消遣性的愉悦、休闲和享乐的旅游上历练出自己的特色。因此，在西方旅游史上，罗马人可谓真正地引入了旅游。"对外征服获得大量财富的奴隶主贵族热衷于进行狩猎旅行、竞技、节庆甚至是疗养旅行。罗马人建立旅游度假地通常与追求愉悦和休闲目的有密切关系，如沐浴、艺术和泡温泉浴等。当今世界遗产"巴斯城"位于英国，距离伦敦约100英里，就是征战的罗马人青睐当地的温泉而建立的浴场，成为欧洲著名的水疗度假胜地。罗马人"不分贫富，多有爱好自然的感性，到了夏季炎热的日子，贫民纷纷到郊外或河畔或丛林去避暑，而富人们则远赴环境优美的海湾度假村去度假。"① 总之，从旅游史的角度看，古罗马时期高度繁荣的经济、人们普遍产生的旅游欲望，使其旅游活动达到了西方古代世界的巅峰。

中世纪始于西罗马帝国灭亡（476年），最终融入文艺复兴和探索时代（地理大发现）中。中世纪早期由于封建割据、战争频繁，加上天主教对人民思想的禁锢，造成科技和生产力发展停滞，在欧美普遍被称作"黑暗时代"。因此中世纪早期主要是宗教旅行活动，农奴们没有足够的经济收入和人身自由，亦无法产生旅游行为。因此这一时期整体来说旅行活动不如罗马时期兴盛。"从15世纪末开始，西欧一些航海家远涉重洋寻找黄金，从而导致了远距离的国际商务旅行和大航海探险旅行热潮的兴起。16世纪的西欧，主要封建国家开始了建立统一国家的进程。英法两国君主建立起王权强大的统一的中央集权制国家，为中世纪旅行的发展提供了强有力的社会保障。16世纪也是西欧科技文化取得重大进展的时期，文艺复兴扩展到全欧洲，促成了近代文化的诞生，而且建筑、雕塑艺术和科学的发展，还促成了众多旅游吸引物——人文建筑、雕塑景观的产生。西欧旅行交通和设施也在16世纪得到了较大的改善。"② 整体来说，中世纪的西欧，人们冲破了宗教对人性的束缚，价值观念上开始具有追求现世的快乐，在旅游中开始欣赏具有文化艺术内涵的自然与人文景观，开始形成一定的趋势。

另外，根据学者赵炜（2004）③ 的划分，西方旅游文化史还可以划分为以下五个类别进行探讨：

第一，古代哲人的求真旅游。西方旅游文化的核心是欧洲，而古希腊、古罗马又是欧洲旅游文化之源。由于希腊人的理性精神和希腊实行的开放政策，促使希腊的学者经常到国外去旅行和游历。数学家毕达格拉斯游遍了地中海沿岸；阿基米德曾去亚历山大里亚和埃及游学；亚里士多德在小亚细亚地区旅游和讲演；著名的历史学家希罗多德

① 夏正伟，高峰.析古罗马的旅游现象［J］.上海大学学报（社会科学版），2008（1）.
② 鹏顺生.西欧中世纪旅行初探［J］.北京大学学报，2006（12）.
③ 赵炜.中西古代旅游文化类型比较［J］.新疆财经学院学报，2004（4）.

从 30 岁开始，进行了长时间的漫游，其足迹遍及当时的大希腊地区。古罗马时期，农学家科路美拉在西班牙和意大利都有庄园，在各地旅游考察和观察实验的基础上，写成《农业论》十二卷；史学家普鲁塔克和文学家奥维德都曾周游各地。阿拉伯帝国时期，穆罕默德曾教导信徒们："学问虽远在中国，亦当求之。"阿拉伯的旅行家和历史学家马苏第，曾游历埃及、巴勒斯坦、印度、锡兰、中国等地。

第二，古代商人的商务旅游。在地中海这个西方文明的摇篮里，古代的萨摩人和腓尼基人奔波于各地经商，他们算得上是最早的旅行者。早在公元前 3000 年，商业旅行就在腓尼基产生。被称为"海上民族"的腓尼基，很早就有发达的商业和手工业，造船业在当时世界领先，这为腓尼基人的商业旅行提供了条件。古罗马时期，罗马、亚历山大里亚等大城市成为商品集散地和内外贸易枢纽，地中海变成了"内湖"，海上航路、内陆河道、陆上通道和古老商道成为内外贸易的动脉，"条条道路通罗马"遂成为世界名谚。后面所提到的"古代冒险家的航海旅游"实际上是商务旅游的极端表现形式。

第三，古代使徒的传教旅游。基督教在西方的创立，使得一批忠实的信徒游走四方，传播教义。基督及其门徒就在亚非欧交界的广大地区宣传其信仰。"使徒"因游走四方，居无定所而得名。他们走到哪里，就在哪里讲道，随地而居，随处而食，乞食为生。随着罗马帝国的覆灭，基督教势力急剧扩张，使教士传教旅行得以迅猛发展。在漫长的中世纪里，基督教成为凌驾于世俗封建王权之上的政治力量，更加促进了教士传教旅行的超长发展。教皇专门组织了游乞僧团，宣传教义、压制异端，四处游荡布道。13世纪 40 年代，先后有教士普拉诺·卡尔比尼一行、古尔奥修·鲁布鲁克一行到达蒙古金帐汗国首都哈尔和林。1293 年，意大利教士约万尼·蒙迪科维诺到中国传 35 年；意大利教士鄂多立克于 1318—1330 年在亚洲游历 12 年，曾到杭州和北京；1342 年，法国教士约万尼·马里尼奥里穿过亚洲大陆抵达汗八里，居住传教四年后从刺桐（今泉州）通过海上丝绸之路回国。

第四，古代骑士的行侠旅游。骑士行侠仗义的旅游，是中世纪封建社会制度的产物。法兰西王国是骑士制度发展的中心。11 世纪末，骑士制度在此首先形成。欧洲盛行的长子继承制使那些次子们源源不断地加入骑士队伍。这些来自中小地主和富裕农民家庭却不能继承传位的次子们，不得不替大封建主打仗，从他们那里获得土地和其他报酬，成为小封建主。随着骑士土地成为世袭，固定的骑士阶层便形成了。骑士的道德标准是忠诚、荣誉和英勇。他们有为保卫崇高的事业而作战的义务，特别是作为教会的战士，有用矛和剑为促进教会利益而战斗的义务。在骑士身上，古希腊、古罗马时期形成的冒险旅游性格得到了充分的发挥。

第五，古代冒险家的航海旅游。毕菲是西方最早以旅游著名的古希腊人，公元前325—前 320 年，他领导的探险队从马西里亚（今法国马赛）出发，向西绕过直布罗陀海峡，向西北欧海岸作了首次航行。他穿过拉芒什海峡（今英吉利海峡），到达一个大岛的西南海角，他把这个岛命名为"不列颠"，是第一个考察并测绘了属于不列颠群岛的数十个岛屿的人。他在向北航行时还接近了"冰海"，因此被认为是历史上第一个极地旅行家。古罗马时期，航海旅游更加频繁。8—9世纪，居住在日德兰半岛的诺曼人经营海上贸易，从事远距离航行，他们不但进入伏尔加河，航行到拜占庭帝国，还是最早进行横跨北大西洋旅行的人。1487年，葡萄牙人迪亚斯航海发现了好望角；1492年，代表西班牙政府的哥伦布成为抵达美洲大陆的第一人。1498年，葡萄牙人达·伽马渡过印度洋到达印度。1519—1521年，麦哲伦越过大西洋，到达美洲南端的麦哲伦海峡，横跨太平洋。麦哲伦本人死在菲律宾，其船队中的一艘船，第一次完成了环球航海旅行。

案例学习：

中国古代文化对现代民族旅游性格的影响[①]

所谓性格是指表现在人对现实的态度和相应的行为方式中的比较稳定的、具有核心意义的个性心理特征，是一种与社会相关最密切的人格特征，在性格中包含有许多社会道德含义。性格表现了人们对现实和周围世界的态度，并表现在他的行为举止中。性格主要体现在对自己、对别人、对事物的态度和采取的言行上。民族旅游性格是指本民族在长期的生产活动中形成的稳定的在旅游方面的性格。比如：中国人喜欢内陆旅游，少海上游览，喜欢近距离走动，喜欢到没有危险的地方去旅游；中国人对于自然界强调"天人合一"，认为自然是神圣的不能征服的，中国人外出时对于社会责任很重视，比如单位是否走得开，家庭是否走得开，父母的身体状况如何，古代有"父母在不远游"之说，人们注重家庭环境，集体利益，很少一个人出去旅游；其旅游注重内心审美和道德修养，目的是观物、修身。中国人民族旅游性格的以上表现，受到古代文化的深远影响。

一、中国古代文化的特点

1. 以农业为主的静态文明

古老的华夏文明是从黄河、长江流域发源的，那里的沃土为中国先民从事精耕细作的农业生产提供了条件。中国人的先祖自新石器时代起就已经选择了农业作为基本的生产方式，大约在6000年前后，他们就逐渐超越狩猎和采集经济阶段，进入以种植经济为基本方式的农业社会。"禹，稷躬耕而有天下"，中原地区的古代部落能够统治天下，是农业发展的结果。最迟在战国时代，中原的牧地及林地逐渐变成农地。至汉代，农耕

---

① 王晓娟，中国古代文化对现代民族旅游性格的影响[J]．西北农林科技大学学报（社会科学版），2010（9）．

技术已经发展到精耕细作的水平，在人多地狭的核心地区，精耕农业伴随着畜牧业及工商业逐渐被排斥而发展起来。自汉代便形成的精耕农业与农舍手工业相结合的自给自足的农村自然经济在中国大地上延续了2000多年。其间，虽也出现过诸如元、清等朝代游牧民族入主中原在短时期内退耕还牧的状况，但终究无法抵御根深蒂固的农业经济传统的影响而被同化，而明朝中叶出现的城市手工业资本主义萌芽毕竟也未发展壮大成为中国社会经济的主流，农业经济一直在中国占统治地位。长期的农业经济影响、积淀了深厚的农业文化传统，也形成了独特的农业文化心态，归结起来，主要是中稳求实、持贵中和。中国农业经长期发展可以说是一种与众民寡土现象相伴的精耕农业，中国边陲土地广袤，理应有大量移民屯垦。但精耕制下的农田，往往是几代人辛苦经营的结果，农民不愿离开长期经营的良田。人离不开土地，农业文化就是一种以土地为对象的文化，农业文化熏陶下的中国人，把依赖于土地而进行生活当作唯一可信赖的生活方式，把农耕看作财富的根本来源，并导致了相应的价值趋向。离开土地去从事其他生计，大多是因为生活所迫。但是人们认为弃农经商是歪门邪道，工艺技术被贬为"雕虫小技"，只有固守本土、世不徙业才是正经生计。古代中国人所追求的是从事周而复始的自产自销的农业经济所必需的安宁和稳定，以"耕读传家"自豪，这与中亚、西亚多次崛起的游牧民族以军事征服、战争掠夺为荣耀的心理大相径庭，也与以商品交换和海外殖民为致富手段的民族对外拓展的意向迥然不同，体现出建立在自然经济基础上的大陆性农业民族重土避迁、平安求稳的文化心理。

2. 中国人是以家庭为主，用血缘远近来划分亲疏

中国传统文化中非常重要的社会根基是氏族宗法血亲传统遗风的强固力量和长期延续，它在很大程度上影响和决定了中国社会及其意识形态所具有的特征，即鲜明的以家庭为本的宗法集体主义倾向。所谓宗法制，是起源于氏族社会的一种家长制、嫡长子继承制为基本原则，以血缘关系的亲疏远近作为决定个人贫富贵贱根据的制度。长期以来中国受孔孟思想的影响，孔孟主张以"仁"来治理国与家，"仁"的观念形成了儒家最重要的理论基石，也成为中国封建社会永恒的、最高的道德理想。西方在中世纪，基督教成为社会主导意识形态，强调上帝绝对唯一性、兼爱同人、以上帝为父、人人皆如兄弟姐妹之亲、超脱世俗，这推翻了各家各邦的家神邦神，打破了家族小群体和阶级制度，人人均团结在超家族的组织——教会之中，这种风尚在城乡均表现得较明显。现代西方商业城市中，集团生活的趋向更加明显，家庭亲族的概念相当淡薄，个体均处在大至国家、小至公司的各种利益集团中。所以西方人外出旅游的阻碍较小，在个体的旅游条件具备时就可以出去旅游，不像中国人过多地考虑家庭、亲人的状况。

3. 中国人崇尚重人伦轻自然的传统文化

中国文化中，传统伦理思想、道德观念一向居于重要地位，它是传统文化的核心，规范和调整着人与人之间的关系，也维系着社会统治秩序，并渗透和贯穿于人们

的价值观、人生观、审美观、历史观乃至整个思想认知之中。哲学、政治、文学等各领域的许多观念的产生，都以伦理思想为起点、为核心，向外水波形扩散。高度重视伦理道德学说，不只是中国某一学派的观念，而且是整个中国文化系统的共同特征。《易经》最先出现"人文"一词，含有教化风化之意，显露出人伦至上、伦理经世的观念。中国传统文化中的人本主义与西欧14—16世纪文艺复兴时期兴起的人文主义存在着本质区别。中国人本主义以家庭为本位，以伦理为中心；西方人文主义以个人为本位，以法制为中心。中国文化重人，并非尊重个人价值和个体的自由发展，而是将个体融入群体，强调五伦，强调人对于宗族和国家的义务，是一种宗法集体主义人学，是一种以道德修养为宗旨的道德人本主义。西方文化中的人文主义重个体价值，强调个人的权利和自由，强调人与人之间的平等契约关系，实质是一种个性主义，是西方民主制度和法律体系的重要思想基础。中国古代思想家由于重视伦理轻视自然、重视伦理研究而不屑于对自然的研究，故存在明显的非科学主义倾向。不仅如此，对于自然科学知识的研究，尤其是生产技艺，被排斥于读书人的视野之外，成为"雕虫小技"，是世林不齿、社会藐视的行当。因此，走进自然、研究自然在中国的传统观念中没有了市场，到自然界中欣赏美景，和自然进行"亲密接触"的机会不是没有而是没有人愿意去做，远离自然、畏惧自然、崇拜自然成为中国华夏民族旅游性格的特点。

二、中国古代文化的特点对民族旅游性格的影响

1. 以农业为主的静态文明形成了旅游性格的"静态旅游"

所谓的"静态旅游"就是在旅游的整个过程中旅游者的行为多数为静态的。比如：选择旅游目的地是要求目的地的项目中没有危险，要风景优美、注重观光、修身养性，近几年的乡村旅游热就可以说明这点。再比如目的地的历史悠久，传统文化影响深远，这些地方对于中国旅游者有很强的吸引力，像王家大院、乔家大院、杨柳青等。另外一种静态的表现就是旅游者喜欢由旅行社来安排好旅行过程的生活细节，不能接受旅游过程中有任何的变动，如有的话，游客会投诉，就是说旅游过程只能按照原计划设施，如果有变动的话，游客会有不安全感。中国人本身是喜静厌变，外出旅游就怕有点什么闪失，心里的不安全感会油然而生，所以在旅游接待过程中尤其注意游客的心理变化。在几千年的农业传统文化影响下，中国人形成的是一种以内敛和稳健求实为主的旅游性格。所以中国人的旅游多是内陆性的、求稳的旅游模式，西方人则是以对外开发、对外扩张的民族旅游性格。

2. 以家庭为主的古代文化形成了旅游性格中"出游难"的情况，人们更愿意选择"周边游"

儒家最重家庭血缘关系，提出了以孝悌为核心的家庭伦理，古代有"父母在不出外"的说法。以家庭为主的民族旅游性格形成以后，中国人外出旅游考虑家庭的因素很多，比如：父母的身体、家庭的经济基础、孩子的照料、配偶的工作情况、自己要尽到的责任等。据有关资料显示，父母年龄在 70 岁左右，孩子的年龄在 3 岁以下的家庭外出旅游的概率很低，甚至没有出游的可能。家庭中"走不开""离不开"成了旅游限制因素。中国人家的范畴不仅仅指家庭，还有自己的单位、公司。以单位为家的这种责任感很强，单位上有一点事情放不下，处理不了的肯定不会外出旅游，单位上的事情也影响他们的出行，同样单位上要是有事，即使他们在旅游的过程中也会马上回单位从而中止旅游活动。如果有人家里的条件允许外出旅游，单位上条件不允许，在这种情况下外出旅游的话，会被人认为没有主人翁意识，会被单位其他人谴责。中国人旅游时一个人外出的情况很少，恋乡思家的情愫是中国游子内敛性格最集中的表现，如郭沫若在他的《登临》诗中便不可抑制地流露出思家的情感："山顶儿让我一人登着，我又感觉着凄楚，我的安娜！我的阿和！你们是在家中吗？你们是在市中吗？你们是在念我吗？终久怕要下雨了，我要归去。"旅游地大多是内陆地区，对于海洋有一种畏惧，因为我们祖先利用海洋主要是盐业和渔业，没有用于航运。家庭观念强形成的"周边游"，这一点很容易说明。在家庭条件允许旅游的情况下，又不放心家里（人、财产、其他事情），所以选择了到家乡的周边地区进行旅游，这里所说的周边指距离自己所在地区 200 公里以内。这种旅游方式的优点就是符合中国人的家庭观念强的要求，都市周边游的逐渐走俏正说明了这一点。

3. 重人伦"轻"[1]自然的传统文化形成了旅游性格中对待自然的态度

中国传统的农业文化心态的另一显著特征便是"持中和贵"，与西方文化形成强烈反差，这一差异在很大程度上反映了农耕文明与商业文明的区别。中国古代文明植根于"静态"的农业文明，表现为重视人与自然、人与社会的和谐，人与人之间的和谐以及人自身的身心和谐的和合精神，最典型的体现是"天人合一"思想传统。在中国古代文化中，天与人、天道与人道、天性与人性是相通的，故可致和谐统一。在人与自然的关系中，中国文化重视人与自然的和谐统一，西方文化强调人要征服自然和改造自然。这种"持中和贵"的特征对于旅游活动来说是一种屏障，阻止人们进入自然界。当然在封建社会人们也有一些在名山大川间的旅游，但大多数是帝王将相的封禅活动为主，普通人进入的机会很少。所以，中国人喜欢人文景观，喜欢已经开发、规划好的旅游景区，多是观光旅游，对于那种需要探索、有冒险因素的旅游模式中国人参与很少。

随着社会的发展和旅游意识文化的影响，在各民族中形成并成长起来的文化与环境的关系表现在：一方面相互学习、相互补充。各民族都在自觉不自觉地吸收、吸纳别的民族文化，另一方面仍保持自己的特色。自戊戌维新以来的国民性改造和民族旅游性格重塑运动，并没有也不可能完全改变中国"稳健内敛"的原生旅游性格。尽管近现代思想家在从事民族旅游性格重塑时，大多数以西方民族旅游性格——冒险外张来抨击中国

---

① 这里的"轻"应该理解为"不损害"，而不是"轻视"——编者。

的传统旅游性格，但实际上他们并没有完全摆脱华夏民族原生旅游性格的影响。西方人以征服自然表现自己的人生价值，而中国人以回顾家园表明自己的人生归宿。无论是冒险张扬还是稳健内敛，都是一个健全的民族所必需的民族旅游性格特征，动与静的平衡才是一个国家既保持活力又保持稳定的必由之路。

西夏历史文化旅游资源类型特征及利用的思考 [①]

宁夏旅游业发展中，对西夏历史文化资源的开发成绩显著。但持续开发利用这一资源，尚需更深地认识西夏历史文化资源的类型特点，以探求科学的开发利用方式。

一、空间分布的分散性特点

西夏历史文化资源没有集中分布在宁夏，这与西夏党项族的来源和西夏统治时曾经达到的疆域有关。党项族是中国古代北方民族之一，居青藏高原，后来逐步向东扩展。西夏是一个以党项族为主体，包括汉、吐蕃、回鹘等多民族的国家政权。随着党项政权从割据银夏二州的地方势力发展成为与宋、辽鼎立的国家，西夏统治者"足迹东尽黄河，西界玉门，南接萧关，北控大漠，地方万余里"，（吴广成，《西夏书事》卷12）疆域包括今宁夏、甘肃大部、陕西北部。特别是甘肃，至今仍保留有一些非常重要的西夏时期的文物古迹，最珍贵的是现今保存在武威市文庙的《重修护国寺感应塔碑》，亦称《西夏碑》。还有位于张掖市西南隅大佛寺内的大卧佛，堪称西夏佛教艺术的宝贵遗物之一。此外，敦煌莫高窟和安西榆林窟中，也有80多个西夏洞窟。虽然声势浩大的西夏帝王陵位于银川市郊35公里，但是西夏历史文化资源散落在西北大部分省区却是一个不容忽视的事实。这点我们也可以从宁夏某旅行社推出的几个主题游线路得到验证。

线路1：西夏文化探密游

D1：银川至乌力吉苏木，游览西夏王陵、贺兰山岩画、三关口明代长城；

D2：乌力吉苏木至额济纳旗，游览沙漠戈壁、沙海风光；

D3：游览额济纳旗黑城子、红城、绿城、居延文化遗址、一、二、三塔；

D4：在黑水城游览甲渠后宫遗址、王爷府、胡杨林、神树、怪树林；

D5：游览东方航天城、观赏居延海风光；

D6：额济纳旗至阿拉善左旗，游览南寺、北寺、月亮湖；

D7：参观阿拉善王府、延福寺，从阿拉善左旗返回银川；

D8：在银川游览玉皇阁、鼓楼、纳家户清真寺、海宝塔。

① 部分摘自许丽君，江可申.作为旅游资源的西夏历史文化利用现状及其类型特征［J］.南京航空航天大学学报（社会科学版），2006（6）.

线路2："塞上江南，神奇宁夏"全景七日游

D1. 沙湖；

D2. 同心清真大寺、须弥山石窟、固原博物馆；

D3. 六盘山景区、六盘山云海、老龙潭景区、野荷园景区、红军长征纪念亭；

D4. 沙坡头、高庙；

D5. 青铜峡108塔、西夏王陵、华夏西部影视城；

D6. 南关清真寺、承天寺塔、海宝塔、光明广场、商业步行街；

D7. 送团。

　　通过上面的两个比较典型的旅游线路可以发现两个问题，即：其一，如果要开辟西夏历史文化主题游，就必须联合分布在其他省区的西夏历史文化遗迹，才能凸显西夏特色。线路1就是联合内蒙古的阿拉善旗和额济纳旗部分景点（黑水城故址）而开发的旅游主题线路，说明宁夏要展示西夏文化的魅力仅依靠自身力量是不够的。其二，如果要开发宁夏境内游线路，仅依靠七八个西夏历史文化景点不但内容单调，而且无法留住游客，随之也就失去了让游客消费其他旅游产品和为之服务的机会。因此在旅游产品的开发上，宁夏发展旅游业必须结合其他的文化资源才能发挥优势。

二、非完整的历史延续性特点

　　西夏历史文化资源缺乏完整的历史延续性。这里完整的历史延续性有以下三层含义。一是指要拥有一定数量和规模的，保存基本完好的并能够反映当地这种历史文化特征的历史实物遗存。如屹立于贺兰山脚下的西夏王陵、宁夏博物馆收藏的大量西夏时期的珍贵文物等。二是表现为历史文化资源实物遗存形式下所蕴含的文化内涵。如西夏时期的文字、典章制度、宗教信仰、文学艺术、科学技术等。三是文化的隐性延续。即这种历史文化资源所蕴含的文化精神必须在当地的社会生活、民俗民风中有所保存和呈现。一脉历史文化资源一旦突然断流，在当代社会生活中找不到它所反映的特征，无法让旅游者真正感受到它的韵味，那么这种利用所产生的效果便不会明显。

　　西夏历史文化资源缺乏完整的历史延续性表现在以下几个方面：首先，历史实物遗存遭到破坏。西夏统治末期受到统一后的蒙古部族先后6次讨伐，成吉思汗临终降旨："以死之、以灭之。"（《宋史》卷486《夏国传》）1227年6月，处于战争癫狂状态的蒙古大军带着强烈的复仇心理，对举城投降的西夏实施灭绝性的摧毁。他们不但血洗都城，将积聚近200年的宫殿、史册付之一炬，而且还将贺兰山下的皇家陵园毁盗殆尽；除蒙古大军的毁灭外，西夏陵又遭民间长期洗劫，已发现的9座帝陵、253座陪葬陵无一幸免，几乎每一座墓前都有一个巨大的盗坑，墓室被破坏得十分惨重；此外，西夏文化还经历了来自国外的洗劫。20世纪初，俄国海军大校科兹洛夫接受俄国地理学会的命令，到中国西部边疆寻找举世闻名的黑水古城（今属内蒙古额济纳旗）。黑水城是西夏到元代的一座边防古城，始建于西夏时期，约在明代初因战争和自然条件恶化等原

因而废弃。科兹洛夫将在古城的各处翻找出的、有价值的遗物，如书册、信函、钱币、装饰品、家具、佛像画像等寄回俄国。他们还把在佛塔地宫内发现的 24000 多册各类文书、500 多幅佛画等文物于 1909 年秋运抵俄国圣彼得堡地理学会所在地，并于第二年进行了公开展览，震惊当时整个欧洲，并成为 20 世纪中国继甲骨文、汉简、敦煌文书之后又一次重大文献发现。科兹洛夫的这次发现几乎缔造了近代西夏学研究的基础，从此，大量的西夏文物和文献流散于国外，使得西夏学的研究失去本土化的条件；最后，还有一些因山洪、地震等自然因素而消失的西夏历史文化遗迹。如，宁夏贺兰县的宏佛塔因年久失修，加之地震，地下水位升高及风雨的破坏和侵蚀，残毁极为严重。其次，除去西夏历史文化资源的实物遗存几乎被毁损殆尽之外，这一脉珍贵的历史文化资源所蕴含的文化内涵也在漫漫历史长河中消逝了，表现在两个方面。一是民族的消亡使文化的延续失去了载体。游牧经济的不稳定性决定了游牧民族在衰亡时的多流趋向。宁夏著名西夏学专家李范文教授经过 20 多年的结合实地调查考证与文物考古，证实西夏后裔党项族人主要有 5 种去向：汉化、藏化、蒙化、回化以及进入尼泊尔国。单纯意义上的党项民族消亡了，文化就失去了载体，西夏文化中蕴含的精神没有被保留和遗传下来。二是记录着西夏历史与文化的文物典籍被摧毁。不但蒙古人在屠城时摧毁了西夏都城几乎全部的典籍、文书与文物，而且元人主修的《宋史》《辽史》和《金史》中只是各立了《夏国传》或《党项传》，而没有为西夏编修专史，以至《二十四史》中《西夏史》成为空缺，致使西夏历史湮没。史料的极度匮乏，不但给学者们研究西夏历史带来困难，而且在面对络绎不绝的好奇的旅游者时，无法充分解释已经开发为旅游景点的西夏历史文化资源。例如，关于陵区现存的 9 座帝陵，陵墓的主人究竟是谁，迄今也没有一个确定的答案，导游员们导游词的最后一句都是"西夏古国，正等待着人们去揭开她神秘的面纱……"这不能不说是西夏历史文化资源利用上的一大缺憾。

思考题：

    1. 旅游史和文明史的逻辑关系是什么？

    2. 西方古代旅游活动与地理环境有何关联？

    3. 李约瑟难题，由英国学者李约瑟（Joseph Needham，1900—1995）提出，他在其编著的 15 卷《中国科学技术史》中正式提出此问题，其主题是："尽管中国古代对人类科技发展做出了很多重要贡献，但为什么科学和工业革命没有在近代的中国发生？"以此为出发点，谈谈清朝闭关锁国的影响、近代以来"开眼看世界"（如游学）的必要性，以及旅游观念的变革对实现中华文化复兴的重要性。

本章参考文献：

1. 谢贵安，华国梁.旅游文化学［M］.北京：高等教育出版社，1999.

2. 张复.旅游文化［M］.哈尔滨：北方文艺出版社，1991.

3. 冯天瑜，关于"文化"与"文化史"的思考［J］.湖北大学学报（哲学社会科学版），1988（5）.

4. 邹本涛，曲玉镜.旅游文化史：内涵与分期的再探讨［J］.旅游学刊，2015（12）.

5. 谢贵安，谢盛.中国旅游史［M］.武汉：武汉大学出版社，2012.

6. 马勇.中国旅游文化史论纲［J］.湖北大学学报（哲学社会科学版），2007（9）.

7. 喻学才.旅游文化研究二十年［J］.东南大学学报（哲学社会科学版），2004（1）.

8. 傅生生.道家思想与旅游文化的构建［D］.福建师范大学硕士学位论文，2006.

9. 李占荣.中国古地图与山水画［J］.中国测绘，2008（7）.

10. 冯天瑜.关于"文化"与"文化史"的思考［J］.湖北大学学报（哲学社会科学版），1988（5）.

11. 林永匡，王熹.中国旅游文化史的研究［N］.中国文化报，1989-02-19，转引自：喻学才，旅游文化研究二十年［J］.东南大学学报（哲学社会科学版），2004（1）.

12. 崔莹.中国古代旅游起源与发展简析［J］.艺术文化源流，2016（12下）.

13. 韩笑.中国古代旅游活动类型及其特征［J］.科技信息（学术研究），2007（6）.

14. 许宗元.儒道佛与中国旅游文化［J］.上海师范大学学报（哲学社会科学版），2004（3）.

15. 喻学才.儒家思想与中国旅游文化传统［J］.孔子研究，1990（7）.

16. 王海霞.论秦汉时期泰山封禅制度的特点与文化意义［J］.改革与开放，2011（8）.

17. 何小芊，刘宇.中国古代帝王温泉旅游活动初探［J］.旅游论坛，2013（3）.

18. 章沧授.汉赋与旅游文化［J］.古籍研究，2000（1）.

19. 闻丽.中国古代旅游概述［J］.兰台世界，2013（1）.

20. 李晓愚.从"澄怀观道"到"旅游指南"——"卧游"观念在晚明旅游绘本中的世俗化转向［J］.南京大学学报（哲学·人文科学·社会科学），2017（11）.

21. 李占荣.中国古地图与山水画［J］.中国测绘，2008（7）.

22. 童凤畅.唐代边疆诗的艺术风格及其影响［J］.青海师范大学学报（社会科学版），1992（1）.

23. 李渌.中国古代旅游伦理思想述略［J］.贵州大学学报（社会科学版），2006（9）.

24. 王天海.穆天子传全译［M］.贵阳：贵州人民出版社，1997.

25. 王子超.明清时期山水怡性旅游的自然回归［J］.南都学坛，2013（1）.

26. 赵炜.中西古代旅游文化类型比较［J］.新疆财经学院学报，2004（4）.

27. 许丽君，江可申. 作为旅游资源的西夏历史文化利用现状及其类型特征［J］. 南京航空航天大学学报（社会科学版），2006（6）.

28. 王永忠. 西方旅游史［M］. 南京：东南大学出版社，2004.

29. 斯蒂芬·S. 戈斯，彼得·N. 斯特恩斯. 世界历史上的前近代旅行［M］. 苏圣捷，译. 北京：商务印书馆，2015.

30. 彭顺生. 世界旅游发展史［M］. 北京：中国旅游出版社，2006.

31. 夏正伟，高峰. 析古罗马的旅游现象［J］. 上海大学学报（社会科学版），2008（1）.

32. 彭顺生. 西欧中世纪旅行初探［J］. 北京大学学报，2006（12）.

第 三 章

审美与旅游文化

第一节 旅游文化中的审美要素

一、旅游与审美

旅游活动和审美活动都是人类重要的文化活动，它们具有大体相同的功能，这就是调适人的心理，满足人类的精神需求。同时，旅游和审美有着许多内在的统一与契合。

首先，旅游活动的本质属性，就是一种审美活动。旅游的过程就是一个发现美、探求美、鉴赏美和创造美的过程。离开了审美，就无所谓旅游。同时，旅游审美活动又是一项综合性的审美活动，它集自然审美、艺术审美、社会审美、饮食审美之大成，涉及多种审美形态和审美活动。人们的旅游活动，说到底就是为了满足自己精神层面不同层次的各种审美需要。

其次，在旅游活动和审美活动中，自然景观都是极为重要的审美对象。在西方，从法国启蒙思想家卢梭倡导"返回自然"，写下自然的颂歌，到美国著名作家梭罗在瓦尔登湖畔留下描写山水的文字，都是对大自然美的礼赞。恩格斯对欧洲的自然风景更是大加赞赏，他说，朦胧阳光照耀下的英国丘陵"具有一种难以形容的魔力"，横贯欧洲的莱茵河"好比富有朝气的基督教精神"。在中国，从孔子的"仁者乐山，智者乐水"，到李白的"一生好入名山游"、杜甫的"我生性放诞，雅欲逃自然"等，都蕴含着对自然美的崇敬和向往。而人们对自然的审美又常常是与旅游活动紧紧地联系在一起的。同样，旅游中所观赏的人文景观，如园林、宫殿、教堂等，都是人们按照美的规律生产出来的文化作品，是对美的集中和概括，代表了人类对美的理解和追求。

最后，旅游作为现代文化活动，它与审美活动有着共同的追求和目标。旅游与审美都是为了提高生存质量，美化生活，丰富情感，追求个性自由和拓展心灵的空间。从审美文化角度审视，旅游活动和审美活动一样不带有任何物质功利目的。人们外出旅游，不是为了满足物质上的需要，而是一种精神追求，寻求心灵的慰藉和调剂单调的日常生活。

在旅游中，人们因为摆脱或远离了日常工作、学习和生活的环境，没有了原先工作或生活中的种种羁绊，所以完全可以根据自己的兴趣爱好、行为能力随意选择和安排各种活动，从而充分体现人们（审美主体）的自由性。旅游活动成为自由表现人的审美本质、自由发挥创造力的审美活动。

旅游作为审美的文化活动，它对于培养人的审美观念，提高人们的审美评判能力和创造力，都有积极的意义。旅游中每一次对大自然的感受，对历史名胜的了解和欣赏，对民俗文化的参与和加入，都会吸取到美的营养，对美有新的理解和新的创造。旅游活动作为一种有意义的活动，与审美活动一样，都对人的生活质量产生有益的影响，并为人的全面发展创造出新的空间。

二、旅游审美行为的文化分析

（一）旅游审美文化定义

喻学才（2009）认为审美是审美主体与审美对象通过审美中介发生交互作用的过程，由审美主体、审美对象、审美中介、审美活动四个要素构成。旅游审美就是旅游者与旅游景观通过旅游中介发生交互作用的过程。

通过旅游获得精神上的审美愉悦和满足，是所有旅游者的共同追求，也是旅游的本质之所在。旅游审美的主体即旅游者。他们是具备审美欣赏和审美创造主观条件并且进行审美活动的人。旅游审美对象则是自然界和人类社会一切种类的或一切系统的美。这包括自然美、社会美、艺术美、科学美、技术美。在旅游过程中，自然美、社会美和艺术美是大量存在的，从而也是主要的审美对象，科学美和技术美则因较少地存在而成为次要的审美对象。旅行社、旅游交通、旅游饭店，特别是导游，构成旅游审美的重要中介。

生活美学时代，旅游越来越成为大多数人生活的一部分，旅游与生活交织在一起，旅游本身就是一种生活方式，旅游是构成生活美学的重要组织部分。"旅游的重要目的之一就是出于'乐生'和人发展的需要。"章海荣（2003）认为"旅游审美中要突出主体参与性动态美感的研究"，停留在主观能动层面的"主体性"需要真正获得突破并得到充分彰显。曹诗图（2011）认为，旅游审美是诗意的对话，其最高境界是审美主体与客体融为一体，由"在场"洞见"不在场"；"回归理性、回归真善、回归和谐、回归诗意"乃是旅游审美的最终归宿，这些对于旅游审美的反思和重新定义，恰恰呼应了生活美学的回归思潮。除了审美体验以外，生活美学更鼓励审美主体的动态参与、创造和超越。生活中的审美意蕴和审美创造将成为旅游美学的重要内容。

旅游审美不是理论审美，旅游活动的亲身体验决定了旅游审美的"当下性"与"世俗性"。曹诗图（2013）等学者提出"旅游的本质是以消遣、审美、求知为主要目的的异地身心自由体验，旅游的基本属性是审美属性、休闲属性和文化属性"。审美趣味的高级与否似乎难以判断，趣味的等级观余波未了。但是，可以很肯定的是，旅游活动的跨文化性让越来越多的人参与到对文化更为广泛和有深度的了解之上。重要的是，要脱离旅游审美的世俗性，并不是要脱离生活。恰恰相反，旅游审美需要更紧密地与生活相连。要将"俗游"提升为"雅游""神游"。从人性的角度来说，需要"突破人的有限性、功利性的束缚，具有万物一体的审美意识和超越主客关系的心境"。从生活美学的视角来说，就是要突破日常生活的碎片化，以及生活的日常性对人的异化，将日常生活回归到生活原本应有的状态，实现生活美学的真正"回归"。

融于生活、回归生活的旅游之美体现了当下的实践性。正是这样的审美实践过程，产生了各种审美现象，并发展出多元的审美关系。在现实生活中，随着人们审美感知能力的提高，随着人们审美实践能力的提高，实践对象会越来越丰富；同样，随着人们审美实践活动的拓展，亦会反哺人们的审美实践能力。

（二）旅游审美文化的类型

人类审美的领域是逐渐展开的，旅游审美的领域也是如此，大体可分为自然领域、社会活动领域和艺术领域，并在展开的过程中历史地形成相应的旅游审美文化形态，即自然审美文化、社会审美文化和艺术审美文化三种类型。

1. 自然审美文化

自然审美文化是以大自然为载体的审美文化，亦可谓物态审美文化。大自然是一种本然的"物态"存在，它之所以能成为一种旅游审美文化的载体，是由于它已进入人类的文化圈中，并且成为人类旅游的一种直接的享受对象。

工业革命以后，特别是第二次世界大战结束以来，随着工业化、城市化的进程，越来越多的人渴望获得"久在樊笼里，复得返自然"的乐趣，物态审美文化有了快速的发展。走出喧嚣的市街，投身于大自然的怀抱，既是一种解脱和回归，更是一种人性的回归。无论哪个阶层、民族，哪种性别、年龄、文化程度、宗教信仰和职业的旅游者，都会乐此不疲。郁达夫曾经说过，大略地欣赏自然山水，不必要有学问、有鉴赏力的人才能办到。自然是天赋的，它的欣赏不具有强制性和主导性，因而是随意的。但是，自然的韵律也需要发现，这种发现当然有赖于主体的审美结构，决定于主体的审美层次。不同层次的旅游者即使是同时同地置身于某一自然景观之中，所获得精神享受的丰富程度也可能大大不同。

2. 社会审美文化

人类的社会交往、社会活动过程，也是美的创造过程。这些美普遍地存在于人类的道德伦理、习俗礼仪、婚姻家庭、经济政治、宗教信仰以及社会劳动和社会产品之中，并以人类自身的存在状态和活动状态显示出来。旅游者于所到之处，必然会以审美的态度观察、体验这些美，由此形成一种社会审美文化形态。

事实上，社会美比自然美更早进入旅游活动领域。我国先秦典籍《易经》中有"观国之光，利用宾于王"之句，《左传》中亦有"观光上国"之语。这里的"观光"意指观看、考察一地的礼乐文物、风俗民情等，显然是一种社会审美活动。就是在当代，社会审美动机也是最主要的旅游动机之一。我国有关单位曾对一批美国游客做过旅华目的调查，结果显示：对中国人民生活方式、习俗和伦理道德感兴趣的占一半多，远远超过以游山玩水为主要目的的人数比例。

社会审美活动的对象主要是由人的存在和活动所构成的人类社会，具体来说是人精神性存在的心灵、品格、情操、智慧、情感和理想等。当然，人的心灵性、精神性存在只有外化为感性的物质存在，即所谓"成于中而形诸外"，才能成为可以直观的对象，成为旅游审美的客体。因此，社会审美的对象既是有韵味的形式，也是有意味的形式，或者说主要是有意味的形式。社会审美与社会制度、社会功利意识直接相关。旅游活动中的社会审美文化，可以说是客源地和接待地的两种社会制度、社会功利意识碰撞的火花。旅游者从这类文化中得到的，应该说既有一般心理官能上的赏心悦目，又有伦理道德层次上的震动和启迪。

3. 艺术审美文化

旅游活动中的艺术审美文化，是指旅游者与作为旅游审美客体的各种艺术作品发生"同构"关系而产生的文化形态。严格地说，艺术也是人的一种生存状态和生活活动，艺术审美也属于社会审美的范畴，只是因其具有典型性、特殊性而将艺术审美文化从社会审美文化中分离出来加以单独探讨。

与天然风景之美不同，艺术美是人所创造的，凝聚着人类劳动和智慧的结晶。因此，艺术作品具有鲜明的主体性特点。艺术品的另一特点是其形象性。任何艺术作品的形象都是客观与主观的统一、形式与内容的统一。艺术作品离不开形式，也离不开内容，既是具体的、感性的，又体现着一定的思想感情。对于建筑、园林、雕塑及书画等实用艺术和造型艺术来说，往往是在再现生活形象中渗透了艺术家的思想感情，主观因素消融在客观形象之中；另一些艺术门类，如音乐，则更善于直接表现艺术家的思想情感，间接地和曲折地反映社会生活，客观因素消融在主观因素之中。

（三）当代旅游审美文化的特点

科学进步、经济发展、闲暇时间增多、生活水平提高、旅游景观不断开发和旅游交通服务设施改善是现代旅游发展的客观条件，而人们观念的更新则是主观条件，满足了主客观这两个条件，现代旅游活动进入了全盛时期。从旅游审美角度分析，现代旅游审美与旧时代的旅游审美已经发生了很大的变化。旅游审美在当代审美文化的主导下，既与当代审美有着很多共同点，同时也有旅游活动作为大众文化消费所具有的审美特点。

当代旅游审美文化的主要内容和特点体现在以下几个方面：

1. 大众性

当代旅游审美文化的大众性主要体现为三个方面：

（1）旅游审美主体构成的大众性。现代旅游者来自社会工农兵学商等各个阶层。旅游者作为旅游审美的主体，其人数之众，队伍之庞大，是任何其他审美大军所无法比肩的。仅以中国为例，在2016年，中国国内旅游人数达到44.4亿人次，其中城镇居民31.95亿人次，农民12.4亿人次。而到中国内地旅游的境外游客达到13844.38万人次，内地出境人数也高达13513万人次。[①]

（2）旅游文化活动的大众性和群体性。世界各地的旅游节庆活动是最为重要的旅游活动之一。大众的参与、艺术的社会化和活动的群体化是旅游节庆活动的最主要特征，审美的大众性在这些活动中得到了进一步的发展。上海的旅游节、黑龙江的冰雕文化节、山东的风筝文化节、维也纳的音乐节、慕尼黑的啤酒节等都是以其群体性、大众性和欢乐性而受到世界各地旅游者的喜爱。

（3）旅游文化景观的大众性。现代旅游文化景观追求通俗性、体验性和娱乐性，各类大型主题娱乐公园就是突出的例子。文化景观的美学内容是丰富的，但是这种内容又是通俗的，它不需要以严肃的神情和态度来面对审美的对象，审美常常就是在娱乐的过程中展开。

2. 多样性

现代人的审美趣味，表现出极其丰富的多样性，这也较大地影响着旅游审美文化。在极其庞大的旅游队伍中，现代人审美观念和趣味的多样化、复杂化也必然会表现出来，而现代旅游景点的开发、旅游设施的完备又为满足多样的审美趣味创造了条件。旅游的形式也因为审美趣味的多样而变化，如为了尽量减少旅伴之间的审美差异，便出现了青年游、妇女游、男士游、老年游，还有恋人游、新婚蜜月游、家庭游等。随着交通工具的发展，旅游的交通形式也十分多样，有航空、火车、游船、汽车、自行车、潜水艇、骑动物、徒步和仿古交通工具游等。

3. 综合性

旅游审美的综合性主要体现为两点。其一，旅游活动综合性的特点，决定了旅游审美对象的综合性。在旅游中，旅游者面对的是各种景观的交叉和融合，它既要对自然景观、历史景观审美，又要对艺术景观、社会景观审美，从而体现为综合的总体审美。其二，旅游审美方式的综合性。旅游审美是各种审美形式的交叉和融合，它既要运用视觉

---

① 摘自《2016年中国旅游业统计公报》.

器官，如观赏风景；还要运用听觉器官，如聆听流水潺潺、松涛阵阵；同时运用触觉器官感受沙滩的柔软、岩石的刚硬；还要运用味觉器官，品味美食甘泉；在更多时候，是各种感官的综合运用，才能达到旅游审美的最佳效果。

4. 怀旧意识

怀旧是人类不解的情结。在世界走向经济全球化的过程中，这种意识愈发强烈。在世界经济一体化过程中，各个民族为了避免民族精神文化的失落，更好地保持文化的多样化和寻求世界的多元化，于是在世界范围内形成了"怀乡范式"，他们着力寻找自己的精神家园和生活家园，强化自己的民族精神和民族文化。反映在旅游活动方面，寻找民族认同的寻根旅游、故乡游、历史名胜古迹游形成热潮。人们把旅游审美的目光投向已经过去的历史。以中国为例，重修历史上三大名楼（黄鹤楼、岳阳楼、滕王阁），兴修唐城、宋城，恢复旧时老街等都是怀旧意识在旅游领域中的反映。

5. 重视文化

旅游者比以往更重视具有文化内容的旅游活动。上面所说的重视历史文化景观就是一种体现。重视文化，还表现在旅游者的审美不仅是观赏景观的外形，更关注景观所具有的文化内涵，了解景观的"形"，更关心景观的"意"，及景观所体现的文化风格和文化精神。重视文化，还表现在不仅对体现精英文化的博物馆、艺术景观等有着浓厚的兴趣，同时关注大千社会的众生相和不同地区的奇风异俗，对民俗文化、民俗景观如民俗村、民间歌舞、民间工艺等也有着强烈的游观欲望。重视文化，还表现在不仅是对本国的文化景观重视，还把审美的视野扩展到了他国，希望了解和观赏异国的文化景观。

当代旅游审美的特点并不是各自孤立的，它们之间有区别，但更有联系。这些特点的产生和形成，既是社会文化环境变化的反映，也是当代旅游发展对旅游审美影响的结果。同时，当代旅游审美的特点还会随着时代和旅游的发展，发生各种变化，我们应该以与时俱进的态度来认识和把握旅游审美的新特点。

三、旅游审美的诸因素分析

旅游审美活动，虽然是从旅游审美者出发的，但是在旅游者从事审美实践的过程中会受到诸多相关因素的影响，这些主观、客观或其他附加因素在不同程度上会影响到旅游审美目标的实现，在此逐一进行分析。

（一）旅游审美客体的美感度因素

旅游审美的客体即指旅游资源。"旅游资源的理论核心是吸引力因素，凡是对旅游者具有吸引力的自然因素、社会因素或其他任何因素，都可构成旅游资源。"[1]旅游资源是旅游活动开展的一个不可或缺因素，没有旅游资源就不会有旅游者的造访，也就不能

---

① 国家旅游局人事劳动教育司.旅游学概论［M］.北京：中国旅游出版社，1997：85.

产生所谓的旅游审美行为，同时旅游资源也是满足旅游者不同审美需求的载体，旅游资源的质量及美感度也会成为影响旅游者审美质量一个关键因素。

1. 旅游资源的审美特征

旅游资源大体上可以划分为两类，一类是自然旅游资源，另一类是人文旅游资源。自然旅游资源主要包括自然形成的地貌、水体、气候和生物资源，这些资源都是大自然赐予人类的宝贵财富，具有独特的自然审美价值。而人文旅游资源则较自然旅游资源更为丰富与多样，它既包括有形的旅游资源又包括无形的旅游资源，主要是指那些历史上遗留下来的人类文化和历史的结晶，不同的旅游资源体现出不同的审美价值，展现出千姿百态的美的样态，就具体特征而言，体现在以下方面：

（1）天然性。自然山水的形成是大自然鬼斧神工的成果，正是依托于这种天然性我们才会有泰山天下雄、华山天下险、黄山天下奇、峨眉天下秀、青城天下幽的说法。连绵的原始森林、广阔的高山草甸、灵动的飞瀑流泉、奇妙的溶洞滩涂、明媚的雪山冰川、古朴的纳西小镇、清雅的古典园林，这些或自然或人文的景观，都因此保存了其原有的天然样态而具有了无与伦比的审美价值。

（2）形象性。旅游景观不论是人文的还是自然的，都会表现出形式上的美，并依靠这种具体可感的形象性对旅游者审美感官形成冲击，从而带来特定的审美愉悦。在乔修业主编的《旅游美学》中，把自然风景的形象美划分为五类，分别是雄、秀、奇、险、幽。人文景观虽然没有被他划分到形象美之中，但人文的建筑、书法、绘画、雕塑等也都具有形象性，并因此令观赏者产生美的享受。

（3）艺术性。人文旅游资源体现了一个国家和地区的文化精髓和历史积淀，所体现得更主要的是艺术美。石窟的彩塑与壁画、宫殿的雕花与墙饰、山体的书法与碑刻、园林的布局与置景，都体现了创作者的艺术之思，将自己感受到的自然美与自身的心灵体验凝聚于静态的物象之中，当旅游者置身于这样的景致中，会不自觉地被感染，进而产生情感的共鸣。

2. 旅游资源的一度审美对旅游者二度审美的影响

在这里，我们需要先引进一下关于"一度审美"和"二度审美"的概念。章海荣在他的论著《旅游审美原理》中使用了这两个概念，他认为一度审美是指旅游资源开发时体现在设计和建造中对景观美目标的追求，其间有一个审美的设计要求和建造过程，使资源成为旅游地吸引物。也就是说旅游目的地的开发与建造需要一个按照美的规律来实施的问题。这个一度审美层次会直接影响到旅游者在旅游过程中所进行的"二度审美"的质量。而"二度审美"就是指游览观赏过程中旅游者的审美和美感的实现。二度审美是依托在一度审美的基础上才能完成的，因此景区景点的一度审美状况与质量必然会影响到二度审美活动的展开。

人的审美需求是一个不断发展变化的过程，由此决定了关于旅游资源的一度审美也应当是一个迎合和引导旅游者的二度审美需求变化而不断发展和创新的过程。任何一处旅游景点都不可能具有持久的吸引力。作为一种产品，旅游产品同样具有生命周期，同样有繁荣期也有衰退期。所以就必须对景点进行更新性的开发，使它能长久地保持鲜活的审美感。一度审美为二度审美的展开提供了一定的客观基础，而二度审美也会同时提升一度审美的层次。"从自然资源到旅游景观的设计、建造，根本上就是人类追求人文生态美和艺术美的创造性劳动，是人类在自然美基础上追求人类崇高美的表现。在这个基础上，建造根据观赏的要求提供美的享受，观赏则推动着建造，两者相辅相成。" [①]

（二）旅游者的主体性因素

我们之前的分析表明，旅游活动是一项审美实践活动，这一活动的主体是具有一定审美欲望和审美能力，能在观赏、游览的过程中发现美、体验美、感悟美的一群人。但是由于旅游者在主观审美能力、文化修养等方面所具有的差异性，使得不同的旅游者在观赏同样的景观时获得的审美感受大相径庭。所以旅游者要想获得更为深刻的审美感悟，达到超然外物的审美境界，必须不断地提升自己的人文修养，注重日常审美经验的积累。具体而言，有以下的相关影响因素：

1.旅游者的审美能力

所谓审美能力，是指主体在审美活动中进行审美判断和形成美的形象的心理能力，主要包括感知力、理解力、想象力。审美能力除了依托于审美主体的生理基础以外，还受到旅游者自身的审美经验和历史积淀的影响。

审美感受力的强弱在不同旅游者身上会有不同的体现，在面对审美对象的时候，有的旅游者会神思飞扬，物我两相忘，能全身心地体味到江海的澎湃与生命的不息，园林的俊美与心境的畅达、山岳的雄阔和胸怀的宽广、原野的广饶与心灵的敞亮，在秦砖汉瓦、唐风宋韵、明城清殿的流连忘返中，发动自己的全部感官，创造出无穷的审美体验。而有些旅游者可能只是走马观花地看看热闹，拍几张照片，留下个纪念，证明自己曾经来过，至于风景在自己的心中留下怎样的感触那是不得而知的。再美的风景也需要有发现美的眼睛来观赏，再动听的音乐也需要能欣赏音乐的耳朵来倾听，否则，面对这如画美景，却感受不到美，再谈其他也都是枉然。

2.旅游者的文化修养

上文我们说到了旅游审美过程中需要重视理解的重要作用，要实现对景观的理解所需要的一个重要条件就是具备相应的文化素养。旅游不是单纯的游山玩水。无论是秀美壮阔的自然风景，还是丰富厚重的人文景观，都潜藏着深厚的文化内涵。所以具备一定的文化素养，对所要游览的目的地有适当的知识储备都会更有助于旅游者获得更丰富的审美享受。

旅游审美所包含的丰富内容涉及历史、地理、文学、建筑、艺术、宗教、科学等多

---

① 章海荣.旅游审美原理［M］.上海：上海大学出版社，2002：114.

种学科，可谓包罗万象。东方文化的神奇奥妙每年都吸引着数以亿计的国内外游客，每一处景点无不蕴含着深刻的文化魅力。就拿中国最典型的一处景点——长城来说，作为入选世界文化遗产名录的它负载着中华民族绵延五千年民族精神的传承，从秦汉到明清，一砖一瓦凝聚着华夏民族艺术和血汗的结晶。如果你不知道长城的历史，如果你不知道长城与华夏民族血脉相依的深厚感情，如果你不知道关于长城的种种美丽神话和传说，如果你不能透彻地体会长城的厚重文化，那么即使你登上了长城，看到了它绵延的雄姿也不会从心底深处激发出那种热血沸腾、豪迈雄壮的民族自豪感，体验到波澜壮阔的审美愉悦。只有具备了相当的文化素养，审美者才能拥有获得审美体验的契机，审美情感才能得到升华与提升。

3. 旅游者的个人情感因素

这里所谈到的情感，是指"审美经验中所涉及的知觉情感，而不是审美诸心理要素达到一种自由和谐状态时所产生的审美情感或审美愉悦。这种情感常常表现为主体在社会实践中对客观事物的一种主观情绪反应，是伴随着知觉活动直接产生的"。[①] 这种情感的因素在审美过程的一开始就会投影到审美对象当中去，影响到旅游者的整个审美感受。移情是一种主动的投射，是把原本没有生命、没有情感和思想的审美对象看成是有意识和生命的存在，是可以和自己的情感进行交流和产生共鸣的。在我们旅游的过程中，所接触到的花鸟林木、山景水色、宫殿楼阁等，都会让我们产生不同的感情期待，投入不同的情感因素。"春山淡冶而如笑，夏山苍翠而如滴，秋山明净而如妆，冬山惨淡而如睡"的山的四季景色固然不会有如人的情绪变化般的生动体现，但由于人在看山时已不自觉地将自身对于四季变更的情感融入其中，才显出山也有了如同人一般的欢欣与忧愁了，才有了对待同一对象所产生的不同审美感受。

（三）旅游审美中第三者因素

这里所提到的第三者因素主要是指现代旅游审美过程中导游的介入及其影响。导游参与到审美过程中是现代旅游审美所具有的一大特点，王柯平在他的《旅游审美活动论》中将导游所扮演的三种角色界定为：一是自身作为旅游者的直接审美对象，二是作为旅游者的信息的传递者，三是作为旅游审美行为的协调者。导游人员正是在这些方面集中体现着自己在旅游审美活动中的价值。

1. 导游在旅游活动初期所起到的铺垫作用

"旅游活动是一项综合性审美活动。导游人员的责任不仅要向游客传播知识，也要传递美的信息，让他们获得美的享受。一名合格的导游人员要懂得什么是美，知道美在何处，并善于用生动形象的语言向不同审美情趣的游客介绍美，而且还要用美学知识指导自己的仪容、仪态，因为导游人员代表着国家（地区），其本身就是游客的审美对

---

① 王柯平.旅游审美活动论［M］.北京：旅游教育出版社，1990：57.

象。"[1]导游是旅游者到达旅游目的地之后所看到的第一道亮丽的风景，导游人员的端庄的仪表、热情的态度、风趣的言语都会在第一印象中给旅游者带来愉悦的感受，为接下来的游览活动奠定良好的情感基础。旅游者对导游的第一印象是极其重要的，它决定了接下来的旅游活动能否进行得顺畅和能否取得自己所期望得到的审美效果。

2. 游览过程中导游对旅游者审美行为的引导与启示

俗话说"名胜古迹无限美，全靠导游一张嘴"，此话虽然夸张，却也颇能说明导游语言艺术就是创造美、传播美的艺术。导游员一定要认识到自己语言的美学价值，努力使其产生无穷的魅力。导游员凭借自己所掌握的关于游览地的丰富知识和对景观的深刻认知，通过讲解向旅游者传达出来，引导旅游者欣赏美、享受美。外出旅游的人群选择目的地的一个重要原因就是可以感受和观赏到和自己常住地截然不同的风情和风景，但是同时也会面临这样一个问题，就是对该地区感性认知的缺乏。导游的存在极好地弥补了这一缺陷，他会将自身的知识储备传递给旅游者，告诉他们正确的观赏方法，适当的观赏地点，最佳的观赏时机，引导旅游者获得最大的审美享受。

3. 导游艺术的具体体现

导游是一项注重艺术的工作，尤其是它与旅游者的审美活动息息相关，更需要注重工作的方式。

首先，导游对语言艺术的重视尤为突出。"从广义上看，导游语言应该是导游员在导游过程中必须熟练掌握和运用的具有一定意义并能引起互动的一种符号。导游语言的内容应该包括旅游过程中的思想沟通、知识传播、情感交流等。"[2]其中导游讲解是导游工作中的一个重要环节，也是导游所要承担的最为关键的一项工作。导游讲解的过程即审美信息的传递过程，这就要求，导游语言要准确恰当、切实可信、字句斟酌，将有关旅游景观的信息准确地传达给游客，这样才能让游客感到真实可信。

其次，导游过程中应该把握好各种观赏方法和观赏时机。旅游是一项内容丰富充实的审美过程，既然是审美，就要讲求审美的方法和时机。在游览过程中，导游应该把握好动静结合的游览方式，调整好游览的节奏和步调，既能观赏到流动的美，又能静心体验静默的魅力。同时导游还应该掌握景观观赏的空间距离和角度，因为很多的景点都是从某一个特定的观赏角度才能获得独特的审美感受，所以，导游一定要把握好这个度，让游客最大限度地获得审美满足。

最后，导游对整个游览过程的协调艺术。旅游团是一个集体，集体当中必定会存在个体需求上的差异，这就要求导游协调好团队内部的关系，创造和睦、愉快的集体氛围。同时，在旅游过程中关注每一个游客的需求，尽量地实现满足。在游客各方面差异较大的情况下，导游更要做好协调与沟通，将日程安排得松弛有度，既能实现游览日

---

① 陈向群等.导游业务［M］.济南：山东科学技术出版社，2002：16.
② 魏星.导游语言艺术［M］.北京：中国旅游出版社，2002：1-3.

程，又能让旅游者不至于感觉是疲于奔命。这就要求观赏节奏要快慢相宜，既有导游的讲解，又能提供旅游者自由观赏的机会。

第二节　中国天人和谐式的旅游文化审美

一、中国人的山水审美意识

中国传统哲学与美学所推崇的最高境界，不是宗教境界，而是一种审美境界。审美境界是对宇宙人生的最终感悟，是物我统一、主客相通、呈现无限心灵时空的自由境界。美学之所以要强调境界，说到底是由美学的人文学科特点所决定的。它所关注的是生命的意义，提升人生境界的哲学。中华祖先出现的那一日起，就建构起了原始的天人关系，即自然与人的关系。人就是在这天人关系中，塑造、发扬和完善其自身的精神生活包括其审美文化精神，同时也提出了"寓善于美"这一积极的美学思想。"寓善于美"的提出，对人们观赏自然山水具有深远的意义。

而中国的自然旅游资源又以其独特的形式呈现于世人眼前。当人们投身于大自然的怀抱之后，就已经把整个身心融于自然美的境界之中，忘记了世间一切烦恼忧愁，从而领略到自然万物所赋予的美的感受。因此，从古到今，自然山水始终受到人们的青睐。但在不同的历史时期，人们的山水审美观是各不相同的。把自然山水作为审美物，其审美意识在中国经历了一个长期演变的过程。

（一）先秦——汉魏六朝

先秦时期，最初的生产力低下，人们对自然现象如雷电等都无法理解，其认识是混沌的，认为一切都是上天给他们的磨难，是上天主宰他们的生死祸福。因此，他们对上天既敬又畏，只好在这种敬畏心理驱使下对万物产生了虔诚的膜拜。

随着生产力的提高，人们逐渐摆脱了对自然界的畏惧心理，转为亲近自然，并将自然山水与人的道德观联系起来，从而形成了"以山比德，以水比智"的精神面貌。"比德说"是儒家的自然审美观，它主张从伦理道德的角度来体验自然美，大自然的山水之所以能引起欣赏者的美感，在于它们的自然形象表现出与人的崇高品德相类似的特征。因此，把作为审美客体的山水花草树木与审美主体相比，亦即从山水花草树木的欣赏中体会到某种人格美。孔子云："智者乐水，仁者乐山。"他以道德的标准去谋求人与自然山水内在精神相符合的审美价值。用孔子的眼光来看，山的美在于雄伟壮丽、巍然耸立，给人以稳重的静态美感，可看作是"仁者"的风范；水的美在于变幻莫测，"飞流直下三千尺，疑是银河落九天"，给人以充满活力的动态美感，可看作是"智者"的胸怀。这种山水审美观对后世的影响颇为深远。

到汉魏六朝时期，由于社会动荡不安和玄学盛行，许多文人雅士崇尚清淡，礼佛养性，为躲避乱世遁入山林之中，寻求安静、祥和的生活氛围。他们把自身的情感抱负寄托于大自然的山水之间，追寻神仙般的境界，欣赏山水的自然美。如"采菊东篱下，悠然见南山""此中有真意，欲辨已忘言"的陶渊明超然尘世外，甘于寂寞，做一位自得其乐的"隐士"。这一时期中国人才真正进入自然山水审美思想意识领域中。

（二）唐宋时代

唐宋时期，中国人的山水审美活动达到顶峰。从许多唐宋诗句中都可以欣赏到自然山水审美形态。如"孤峰不与众山俦，直入青云势未休。曾得乾坤融结意，擎天一柱在南州"（唐朝张固），就反映了作者豪情万丈、直抒胸臆的审美风格。

而宋代苏轼基本上是继承了唐代的豪放、浪漫和怡神的审美风格。如他观看大江东去的感受："白露横江，水光接天……浩浩乎如冯虚御风，而不知其所止；飘飘乎如遗世独立，羽化而登仙。"（《前赤壁赋》）大江辽阔旷远的景色和诗人旷达的心胸交融贯通，形成主客体浑然一体的审美境界。同时，他又为我们描绘了另一幅秀美的画卷："水光潋滟晴方好，山色空蒙雨亦奇。欲把西湖比西子，淡妆浓抹总相宜。"（《饮湖上初晴后雨》）。此诗即给人一种甜美、安逸、舒适的审美享受。苏轼在审美上追求的是一种质朴无华、平淡自然的情趣韵味，一种退避社会、厌弃世间的人生理想和生活态度，反对矫揉造作，并把这一切提到了某种透彻觉悟的哲理高度。

与中唐到北宋进入后期封建制度的社会变异相适应，地主士大夫的心理状况和审美情趣也发生了变化。经过中晚唐沉溺声色繁华之后，士大夫们一方面仍然延续着这种沉溺，而同时又日益发现和陶醉在另一个美的世界之中，这就是自然山水风景的世界。自然山水风景，作为众多的世俗地主士大夫居住、休息、游玩、观赏的环境，处在与他们现实生活依存的社会关系之中。而他们的现实生活既不是陶渊明时期的掠夺开发，也不同于在门阀士族压迫下要求奋发进取的初唐时代。它基本上是一种理想化、牧歌化的思想与观念的体现。由于官僚士大夫宦海沉浮、祸福难测，"退亦忧，进亦忧"，再加上社会的普遍忧患意识，因而虽身居显位亦忧心忡忡。他们之中的一部分既不甘心于沉沦，又不像魏晋南北朝时期的那些隐士，因此，追求不同于流俗生活、沉湎隐逸的雅趣便成了逃避现实的唯一精神寄托，期望"游都邑以永久，无明略以佐时……超埃尘以遐逝，与世事乎长辞。"（张子平《归田赋》）的理想生活环境。于是这一时期就呈现出田园牧歌式的忧伤与回归自然的审美境界。

（三）元明清时代

到元明清时期，中国人的自然山水审美观似乎又回到魏晋南北朝时期的寄情山水的"隐逸"状态。

当然，元代的"隐逸"则是一种社会性的退避，丘山貉壑、野店村居成了他们荣华富贵的一种心理上必要的补充和替换，一种情感上的回忆和追求。"直以太平盛日，君亲之心两隆……坐穷泉壑，猿声鸟啼依约在耳，山光水色滉漾夺目，此岂不快人意，实获我心哉，此世之所以贵夫画山之本意也"（宋·郭熙《林泉高致》）。这种表面看似乎是如此颓废、悲观、消极的感叹，深藏着的恰恰是人们对人生、生命、命运、生活的强烈的欲求和留恋。从而在山水审美中不时流露出对生活的理想化和对社会动荡不安的担忧与感伤。"山一层，水一层，风雪迷漫望前程"是一种凄凉哀婉的情怀。如元代倪云林画的平远山水，寒荒萧疏，淡泊平和，体现了画家看破沧桑、超然物外的思想情绪，这种阶级的特征也相当清晰地折射在中国山水画上，人与自然那种愉悦亲切和牧歌式的宁静成为中国山水画的基调。"渡口只宜寂寂，人行须是疏疏""野桥寂寞，遥通竹坞人家；古寺萧条，掩映松林佛塔"。萧条寂寞而不颓废，安宁平静却非死灰，"非无舟人，止无行人"，此画面或山峦重叠起伏，树木繁复；或境地宽广，视野开阔；或一望无际，遥远辽阔，这种基本塞满画面的、客观的、全景整体性的对自然的描绘，赋予了山水画深厚的内涵，但给人们的审美感受宽泛、丰满而不确定。这才是"山居之意裕如也"，才符合世俗士大夫的生活、理想和审美观。

综上所述，中国人总是把自然山水审美视为情感的寄托，这也是中国传统文化在其发展过程中所表现出来的特点之一。在中国传统哲学中，历来讲究"天人合一""知行合一""情景合一"的思维模式。换句话说，中国人自古以来所渴望的、信奉的就是人与自然的和谐、亲近与融合。中国山水审美中所追求的"神与物游"的思想境界，就是这种思维意识的积淀。

二、中国人山水观赏的美学体验

古往今来，人们返璞归真寄情于大自然，正是因处在自然的怀抱中，感受到生命的自由与充实，感悟到生命的永恒意义，感悟到人生的真正价值。

然而，山水观赏是一个审美过程，在这一过程中，人们的美感体验逐渐升级，达到更高层次的审美境界。正如于贤德在《景观美》中所言："和一般审美活动一样，景观美的欣赏也总是经历着从感受、动情到精神满足这样的过程。"[①]

（一）初级阶段：观赏山水景观的形式美

山水景观审美的最初阶段主要是欣赏景观物质材料（质地、线条、形态、色彩、音响等）的外在形象，即由自然山水的形式美激发人们感官上的愉悦。

但是与艺术美相比，自然山水的形式美是最基本、最突出的特征。换言之，就是自然山水美主要是以形式美取胜。它包括构成自然山水景观的物质材料和形式结构（对称、均衡、和谐）两部分，它们的有机结合作用于人的心理，最终呈现为形象美、色彩美、动态美、朦胧美等各种形式美，从而使人们产生崇敬、愉悦、兴奋、心旷神怡等美的感受。如悬崖峭壁、涓涓细流、碧波荡漾的湖水、随风飘舞的杨柳枝、坚韧挺拔的青

---

① 于贤德.景观美［M］.海口：海南人民出版社，1987.

松等无不引起我们视觉、听觉、嗅觉的兴奋与喜悦，产生赏心悦目的快感。

（二）中级阶段：情景交融

然而，真正的山水审美，不仅仅停留在悦目悦耳的感官审美阶段，必须进行感性化的心灵体验，达到情与景相融合的境界。情景交融，即观赏者透过观赏对象的形式美，悟到了其内在的意蕴，即以景激情，以情悟物，主体和客体在交流融会的过程中，使观赏者集中关注审美对象，在凝神观赏中达到忘我的境界。情景交融，是山水审美中令人陶醉的境界。情景交融表现为触景生情和缘情择景。

1. 触景生情

触景生情，指的是客观的山水景观所具备的不同形式特征对审美主体的感情所产生的不同影响。其中，最为典型的例子就是范仲淹在《岳阳楼记》中对洞庭湖"淫雨霏霏"和"春和景明"两种截然不同的自然景色所触发的"感极而悲者矣"与"其喜洋洋者矣"的两种不同的主观情怀。"若夫淫雨霏霏，连月不开，阴风怒号，浊浪排空；……薄暮冥冥，虎啸猿啼。"面对着这样阴森沉闷的洞庭湖，自然而然地引发出作者"登斯楼也，则有去国怀乡，忧谗畏讥，满目萧然，感极而悲者矣"的万般感慨。但同样是洞庭湖，"至若春和景明，波澜不惊，上下天光，一碧万顷；沙鸥翔集，锦鳞游泳；岸芷汀兰，郁郁青青。"面对这充满诗情画意的洞庭湖，作者自然感到此时"登斯楼也，则有心旷神怡，宠辱偕忘，把酒临风，其喜洋洋者矣"的舒畅情怀。

2. 缘情择景

缘情择景，指的是观赏者根据自身的爱好、性格、气质而选择景观，借以抒发情怀（托物言志）或由于观赏者在不同时期的心情不同而缘心感物。

（1）不同爱好、气质、性格等的择景。

浪漫而又狂放不羁的李白，一生喜好"仗剑远游"，在他许多的山水诗中描绘和歌颂的多为充满动态感和雄伟感的自然景观，如"众鸟高飞尽，孤云独去闲。相看两不厌，只有敬亭山"，"危楼高百尺，手可摘星辰。不敢高声语，恐惊天上人"。这两首诗就用了夸张的手法和浪漫的想象，给人以美的享受。而心境闲逸、超然洒脱的王维所描绘欣赏的，多是具有幽静感和闲适感的自然山水，"独坐幽篁里，弹琴复长啸。深林人不知，明月来相照"，展现出一种用空灵的心境体味到的自然山水美。

但对于现代人而言，不同的年龄、性别、职业等对人的感情需求也会有很大影响，人们常常会在外出旅游时，有意无意地缘情择景。比如，年轻人相对地喜欢像李白那样"五岳寻仙不辞远"，到那些高山绝涧，江涛海潮、茫茫戈壁、悬瀑野林中去激发和满足他们的好奇心与冒险精神。而中老年人、知识分子则希望随王维"独坐幽篁里，弹琴复长啸"，或"行到水穷处，坐看云起时"。

（2）心境变化的择景。

缘情择景还同时表现为，一个人由于在不同的时段或时期心境有变化，因此，对相同或相似的景物，却表现出不同的情感。在杜甫的一些诗中可以看到，"国破山河在，城春草木深。感时花溅泪，恨别鸟惊心"（《春望》）。由于国破战乱，举家离散，思念亲人，心绪哀伤，因而他感到花儿也在暗洒泪水，鸟儿更是惊心悲鸣，淋漓尽致地表达了他在"安史之乱"时的情怀。可是在另一首诗中他以无比欢跃的心情观赏战乱之后的景象："黄四娘家花满蹊，千朵万朵压枝低。留连戏蝶时时舞，自在娇莺恰恰啼。"（《江畔独步寻花》）

（三）高级阶段：天人合一

古人把观察天地自然的过程，作为主体道德观念寻求客体再现的过程，也是基于人的性格心理与自然相和谐的这一哲学基础。这种性格心理与自然的和谐统一，已发展成为民族的精神本性。就西方人而言，他们把自然看成是与人相对立的异己力量，因此，他们着重于对自然的征服。但中国人则在"天人合一"的思想支配下，力求最大限度地让自然山水参与人们的日常生活，并想象成人格的再现，以此作为最高的审美情趣。所以造园配景，便是天地造化，处处借以天地的自然景色，人造景观仿效自然为最高追求。同时，又认为人只有忘却私我，保持本心，方可达到"天人合一"的境界，这一观念直接影响了中华民族的思维方式和文化内涵，也间接促使人造景观更重视民族文化内涵，构成了极富文化意趣的审美意识。

"天人之际和谐"的宇宙观，决定了自然山水景观能融会到无限的宇宙之中，这是最高尚的审美情趣，也是通常所说的雅而不俗。当然，自然山水审美离不开情景交融，"有我之境，以我观物，故物皆著我之色彩"（王国维《人间词话》）。但如果仅仅停留在这种以审美主体的情感为核心的审美体验上，则必然制约自然山水审美境界的升华。真正的山水审美，应该达到更高一级的"闲观物态皆生意，静悟天机入窅冥"的以心照物、妙悟天机的"天人合一"的审美境界。

三、对当代中国旅游审美文化发展道路的探讨

当代中国审美文化必然随着社会的转型而发生变革，作为当代审美文化重要组成之一的旅游审美文化，应当遵循建设有中国特色社会主义的目标，开拓自身的发展道路。

（一）建立平衡、和谐的旅游审美文化结构

对现代旅游业发展形成的旅游审美活动的宽泛化与多元化，应加以引导，使之形成与建设社会主义初级阶段的物质文明与精神文明相适应的旅游审美文化结构。在旅游审美文化项目的开发和建设中，不能单纯侧重于以感官愉悦为主的娱乐消遣性文化项目，应当重视有益于当代人文精神重塑的审美文化项目；处理好传统文化与现代文化、民族文化与外来文化、精英文化与大众文化、高雅艺术与通俗艺术之间的关系。更要在可持续发展的原则下，处理好旅游审美与生态保护之间的关系。面对旅游文化消费市场，不是简单地跟随市场动向，而是把市场效益与社会效益同时考虑，把适应市场与提高大众

审美风尚同时考虑，充分注意大众的现实审美需要与社会整体长远利益之间的一致性关系，建立起平衡、和谐的旅游审美文化结构。

（二）弘扬人文精神，赋予旅游审美活动以特定的历史价值和真挚的民族性格

弘扬人文精神就是在旅游审美活动愉悦的审美体验过程中，丰富着人们内在心灵世界，陶冶着人们的性情，培养人们的意志，开发人们的创造思维，促进人与人之间和人与自然之间的情感联系，增进人们自身健与美的协调发展，促进人们内在精神文明的建造。在旅游景区或项目的开发中，注意我国文化发展历史的特殊性，真实地反映或表现民族文化和地域文化的特征和时代的精神。这既是适应当代审美文化消费的需要，也是在跨文化交流中保持自身特色的需要。对于休闲性、娱乐性的旅游审美文化的活动，应提倡那些具有开拓性、知识性、创造性的有益于人们身心健康类型、抵御享乐主义和庸俗的东西。

（三）倡导旅游审美文化开发的独创性和独特性

在旅游审美文化项目的开发中，应防止相互间的摹仿抄袭，防止不顾及民族、地方文化特色和现实条件的开发与建设。一味复古与原样照搬外来模式都不足取。无论是"仿古"或是"仿洋"，都应根基当代审美文化发展的趋向，民族与地域文化特征，有所变化、有所创新。具有民族与地域文化特征，又有着当代审美文化特色的独创性、独特的旅游审美文化项目，是对现代文化的贡献，也是形成地方旅游特色的基础。正是由于各旅游区不同特色、不同内涵的旅游审美文化建设，使我国整体旅游审美文化显现出它的多样性与丰富性，促进着当代审美文化的全面发展。

第三节　中西旅游审美文化差异分析

一、中西旅游审美文化差异

不同文化背景中的旅游者对同一景观的审美感受是大不相同的。中西旅游审美文化差异很大，体现在以下几方面：第一，中国人特别关注山水景观所附载的人文美；而西方则关注山水景观本身的自然美。第二，中国人的旅游审美集中于抒情印象重现；西方人的旅游审美集中于风景的对象描写。第三，中国人的风景审美其目的在于舒适精神、怡乐性情；西方人的目的在于追求形式美的享受以及光感、色彩、空间感的真实性。[①]

---

① 稂艳玲.中西旅游审美文化差异［J］.船山学刊，2004（3）.

具体而言：

（一）中国人特别关注山水景观所附载的人文美，而西方则关注山水景观本身的自然美

中国曾有一句话："文因景成，景借文传。"可以说，在我们国家，大多数有名的山水景观都是因为有名人贤士与之发生关系，因而得到永久的称颂，如江南三大名楼，莫不如此。岳阳楼的出名很大程度上是由于北宋著名文学家范仲淹写了一篇不朽的散文《岳阳楼记》，很多警句已成为后人待人处世的格言："先天下之忧而忧，后天下之乐而乐"两句，更为世人所传诵。黄鹤楼的成名与崔颢的《黄鹤楼》是密不可分的。唐代诗人崔颢一首"昔人已乘黄鹤去，此地空余黄鹤楼。黄鹤一去不复返，白云千载空悠悠"成为千古绝唱，也使黄鹤楼名声大噪。滕王阁因王勃的《滕王阁序》而名扬四海，"落霞与孤鹜齐飞，秋水共长天一色"这是王勃盛赞滕王阁的名句。今人登上滕王阁，心头浮上的绝对少不了这两句。

而西方则关注山水景观本身的自然美，如车尔尼雪夫斯基这样来描写水："水由于它的形状而显现出美，辽阔的、一平如镜的宁静的水在我们的心里产生宏伟的形象。奔腾的瀑布，它的气势是令人震惊的，它的奇怪特殊的形象也是令人神往的。水，由于它的灿烂透明，它的淡青色光辉而令人迷恋，水把四周的一切如画地反映出来，把这一切屈曲地摇曳着，我们看到的水是第一流的写生画家。"[①]由此可见，西方人欣赏水的美，是美在它的形状、气势，它的灿烂透明，它的淡青色光辉。水由于它本身的美而美，而不是所附载的其他的什么东西。

（二）中国人的旅游审美集中于抒情的印象重现，西方人的旅游审美则集中于风景的对象描写

艺术家林风眠先生提出：东西风景画表现方法的不同，实则就是东西风景审美的不同。为了看出两者的差异，我们就拿中国的风景画——水墨画和西方的风景画——油画作一比较吧。中国的风景画"尺幅之间见深远"，不讲究比例尺寸，更接近于概括与含蓄的真实，"图外有画，咫尺千里，余味无穷""只见片断，不逞全形"，以表现情绪为主，各家皆饱览山色而在情绪浓厚时一发其胸中之所积，所画皆系一种印象，从来很少对着画的。而西方的风景画则是对象的描写，以模仿自然为能事。中国国画采取非科学的"散点透视"方法，不重阴影明暗，不讲层次，立体感不强，虚实也不明晰，但却气韵生动，其内在精神与韵致得到充分表达，是谓神似。西画借助焦点透视法，重远近层次、阴影明暗，把模仿的逼真性作为衡量艺术成败得失的主要尺度。

中国"天人合一"，高扬人的主体精神。认为艺术不在模仿自然，而在表达受自然

---

① 朱希祥.中西旅游审美文化差异［M］.金华：浙江师范大学出版社，1999.

感动之"心"；不在再现外物，而在抒情言志。西方"天人分离"，把风景作为独立的对象来研究，把审美客体放在首位。西方传统文化以天人相分、主客二分为根基，在人与自然的关系上，表现为人作为认识和实践主体，处在自然、世界之外、之对面，观察、思考、研究它，并进而改造、征服它。强调通过逻辑思维，借助光学、化学等自然科学的成果对客体的外在形式进行精确的观察把握。

（三）中国人的风景审美其目的在于舒适精神、怡乐性情，西方人的目的在于追求形式美的享受以及光感、色彩、空间感的真实性

中国南朝诗人陶弘景曾作诗："山中何所有，岭上多白云。只可自怡悦，不堪持赠君。"据说当时的皇帝几次邀请陶弘景下山做官，都遭到他的拒绝。为什么呢？陶弘景以此诗说明了其中的原委。苏轼游赤壁，在赤壁那一望无垠的江面上，苏轼只感到："浩浩乎如冯虚御风，而不知其所止；飘飘乎如遗世独立，羽化而登仙。"忘记一切烦恼，只感到自己长了翅膀，就要成仙了。还有陶渊明的："久在樊笼里，复得返自然。""采菊东篱下，悠然见南山。"等都让人感觉到中国古人的审美情趣所在。由此可见，中国人在旅游审美中以"自适、畅神"为宗旨，体现出重视人性自由的审美情调。自适、畅神是一种精神上的自我观照，是面对风景所产生的超功利的人性自由，是一种沉入意境的心灵状态。

而西方，因为深受自古希腊以来的形式主义美学思想的影响，十分看重物体的形式美，西方人认为"美"是一定数量关系的差异与统一所达到的和谐。如达·芬奇的名画《最后的晚餐》，其总体设计为几何图形，以数学的对称为基础，一条长桌，后面三扇窗子，光线从中间射入照在耶稣身上，耶稣两边各有六个弟子，又再分为三人小组，每个人的动作在构图上形成匀称和平衡。总之，色彩的对比、光线的明暗、凸凹的立体感等形式美是西方人所追求的。

综上所述，中西旅游审美是有很大差异的，如果说中国人的审美是一种玄境的话，西方人的审美则是一种真境。中西旅游审美文化的差异亦即重人和重物思想的差异。中国人偏于抒情，西方人偏于写实；中国人偏于理想美的寄托，西方人偏于现实美的享受。

二、中西旅游审美差异形成的原因

中西审美之所以存在差异，我们可以从两方面进行分析，一是自然地域原因，另外就是数千百年来的历史沉淀所形成的文化差异。三面高原一面海的相对闭塞的地域特点，使得古代中国文化基本上与外隔绝，但是这一地域自身具有明显的优点，广阔的平原、温和的气候和丰富的水资源使中国农业得到充分发展，农业文化就成为中国传统文化的根基。在生产劳动中，人必须同自然协调相处，以宽容态度对待自然，因此形成中国传统文化中重视"天道"，讲究"天人和谐"的精神，这种精神引申出重农轻商、安

土重迁等思想，把人们牢牢束缚在土地上，日出而作，日落而息，使人们习惯于乐天知命、安分守己的处世之道，满足于渔歌唱晚、牧童横笛的田园生活，思想变化喜一不喜多、喜同不喜异，喜静不喜动的民族性格。于是在旅游过程中，人们游于青山绿水之间，观于花草鱼虫之前，期望在静观中与物我交流的过程中跃入大自然的生命旋律之中，使自己身心接受新的洗礼，获得新的生命活力。

中国人的"求同性"也深入人们日常生活和审美活动，所以喜欢去的大多都是人人称颂的旅游胜地。如果说中华民族称为内陆民族的话，那么西方民族就可称为海上民族。西方文化的发祥地希腊以及欧洲的一部分地域大多是驳杂贫瘠的多石山地，多港湾，河流短小，所以古希腊以游牧渔猎农业为主，他们还需要到海上去冒险、从商和征伐其他陆地，因此也形成了他们的哲学、宗教、审美和民俗等。由于他们有较大流动性的缘故，所以西方形成了众多思想流派，他们个体意识强烈，主动性多、不稳定，由此产生的浅层审美意识也是对事物欣赏角度不同。鉴于他们地理和游牧特点，他们对旅游更注重体验和参与，在冒险和动态中得到享受。

中国审美意识的感悟特征主要来自数千年来儒家文化的影响，美学总体精神主要贯穿于"天人合一"的基本概念之中。中国是旅游古国，很早以前就有周穆王西游的记载，但是都不是单纯的游山玩水，他们追求在游玩中使自己思想境界提高到新的层次。南北朝时期大山水画家宗炳提出了"山水以形媚道而仁者乐"的美学观点，是说以山水为美的载体，通过欣赏山水之美来完善人格，通过旅游游览，使人稀释烦恼，精神舒畅。西方的美学思想发源于古希腊，而其中重要的两个学派的代表毕达哥拉斯和金额赫拉克利特都是自然科学家，研究数学、天文学、物理学，所以他们主要是从自然科学的观点来看美学问题，去解释艺术。他们认为数学原则支配着宇宙的一切现象，凡事之间都存在着一定的数字比例，认为美是和谐，对立差异也是一种美等观点，都带有明显的科学精神。这种科学美学思想与以后的苏格拉底和柏拉图的社会科学美学思想结合在一起，成为整个西方美学思想的基础。西方的审美价值通过旅游观赏活动得以实现，无论是自然景观还是人文景观，他们都是以具体生动的形象，丰富多彩的美感让旅游者领悟到对象的审美价值从而获得精神上的审美享受。

三、中西审美文化比较

（一）中西山水文化审美比较

中国人与西方人对山水审美的视角、偏爱、情趣、内在意蕴、人文性表现等方面，有着各自不同的特点。

1. 山水审美的出发点不同

在中国，"比德"性的审美思想一直制约着中国人对自然美，特别是对山水美的欣赏习惯。人们深受重实践理性的儒家文化的影响，在山水审美中，习惯于将山水看作理想、追求、憧憬、道义以及人格等的象征。"智者乐水，仁者乐山"就是这一倾向的高度概括。"比德"特征明显。西方人对山水自然景色的欣赏，不会寄托这么多的道德伦理内容。他们对山水的欣赏，主要出自两点：一是纯粹欣赏自然的形态美；二是感受与人的心情的契合。"畅神"特征明显。

2. 山水审美偏爱不同

中国人因为对自然抱有一种人格化的审美倾向，故而大至自然山水，小至树木花草，都将理想人格投射进去，人们偏爱"四君子"式的自然生物便是基于此。不同的是，西方人除了爱好直接生长在山水中的植物以外，还喜欢弥漫在山水上空的空气和阳光。中国人在山水游览中，特别喜欢具有空灵、神奇而又虚幻、玄秘的景色。如峨眉山的佛光、蓬莱仙境和许多"仙""神""佛""龙"等名目的景观。由于西方人具有易激动和兴奋、敢于冒险的性格特征，故他们更喜欢险峻壮丽的景观，如峡谷、险峰、峭壁、瀑布、大海等。

3. 山水审美情趣不同

中国人欣赏自然山水，认为最高境界是人与自然的融合，讲究"物我同一"；而西方人在欣赏自然山水时虽然也讲究人的心情与自然的契合，但是将人与景置于不同的位置进行"交接"，互作观照，而不是完全融合、不分彼此。如"人闲桂花落，夜静春山空""感时花溅泪，恨别鸟惊心"这种中国人津津乐道的佳句，西方人也许认为是无病呻吟或小题大做，因为景中的我难以觅其踪影。

4. 山水景观的人文性表现不同

在山水景观的人文性表现上，中国人甚于西方人，但具体方式也有所不同。中国的山水景观的人文性表现主要形式为特色点化（如"泰山天下雄""黄山天下奇""华山天下险"等）、诗文的描绘、神话故事与传说的渲染（如神女峰的传说）、与宗教的结合。相对来说，西方的一些自然山水景点就没有中国这么强的人文性，除了一部分纯粹以本身的形态魅力吸引游客的景观外，带有人文性的景观在西方主要是戏剧、小说描绘的环境和传说依附。历史性的描绘，中国大多是歌颂勇敢、智慧和战胜邪恶，而西方大多带有传奇和悲壮的色彩。

（二）中西古典园林艺术比较

中西古典园林艺术有许多不同之处。

在造园艺术风格上，中国古典园林以山水画、山水诗为美学原则，设计者多为画家、诗人，刻意体现诗情画意，追求生境、画境、意境，追求自然美、含蓄美、静美，属于自然山水园。布局呈生态型自由式，追求自由灵活，讲究迂回曲折、曲径通幽、移步换景，故中国园林有"步行者的园林"之说。西方古典园林以几何、建筑为美学原则，设计者多为建筑师，追求人工美和图案美，强调主从关系、理性与秩序，属于几何型园林。园林构景要素按一定的几何规则加以组织，保持中轴对称布局并突出中心建筑物，园林讲究规整、直观、开朗、明白，一览无遗，以俯视观赏的审美效果最佳，故西方园林有"骑马者的园林"之说。

在园林规模上，由于功能有别，中国古典园林相对较小，如具有代表性的江南园林，西方园林规模相对较大。在园林与建筑的关系上，中国古典园林是园林统帅建筑，西方古典园林则是建筑统帅园林。在园林综合美的体现上，中国古典园林主要是借助于叠石、书法、绘画、文学等手段；西方古典园林则主要是借助于雕塑、工艺美等手段。若从园林文化艺术渊源上深究，中国古典园林艺术受人文、幻想和传统文化中的儒、释、道古典美学思想以及"天人合一"的哲学思想影响较大；西方古典园林艺术受科学、理念和"天人相分"的哲学思想影响较大。

如果把西方园林比作一部明朗欢快的交响曲，中国古典园林则是一首委婉细腻的抒情诗，二者各有千秋。但从旅游审美的角度上讲，中国古典园林可能略胜一筹。近现代以来，中国园林艺术与西方园林艺术有日趋融合和日臻完善的趋势。如18世纪以后的欧洲便开创了以自然乡村风光为风格特点的自由式园林景观，现代更是注意吸收中国古典园林的自由式构园手法；而我国近年的城市建设，在广场、绿地的营建中，都可看到西方园林文化的影响之深。

（三）中西古建筑文化比较

由于地理环境、民族性格、历史文化等因素差异的影响，中国古建筑与西方古建筑在建筑布局、装饰色彩、艺术风格、美学价值等方面存在着诸多差异。

从建筑布局上看，中国古建筑为群体组合，即由一个个的单位建筑组合而成一个大的建筑群，空间上横向扩展，讲究中轴对称，追求纵深效果。城市布局多为矩形或方形。整体风格是内向的、封闭的、严谨的，追求内在的含蓄和私密性；而西方古建筑多注重单体的建筑艺术效果，空间上垂直扩展，讲究突兀高耸，追求立面效果。城市布局多同心放射状。整体风格是外向的、开放的、活泼的，追求外在的进取和自由性。

从装饰色彩上看，中国古建筑由于是木构件，需要油漆或涂料保护，色彩以红、黄、绿、蓝为主色调，台基多为汉白玉，鲜艳夺目，具有强烈对比的性格特征；而西方古建筑由于多使用石质材料，色彩以白、灰、米黄为主色调，朴素淡雅，具有调和性格特征，但内部装饰色彩鲜丽，追求一种光怪陆离、迷乱、朦胧的宗教氛围。

从建筑理念上看，中国古建筑风格具有温和、实用、平缓、轻捷等特征，表现的是人世的生活气息，实践理性精神较突出，故谓之为"人本主义建筑"。西方古建筑风格具有冷硬、敦实、突兀、玄妙等特征，体现的是以神灵为崇拜对象的宗教神灵精神或一种弃绝尘寰的宗教出世观念，故谓之为"神本主义建筑"。

从历史变化上看，中国古建筑从古到今，从东到西，从南到北，都是人文风格，千篇一律，变化很小。"大一统"、共性特征突出；而西方古建筑则不断创新，风格不断变化，具有个性突出、多姿多彩的特点。仅古典建筑而言，先后有古希腊、古罗马、哥特式、拜占庭、文艺复兴、巴洛克、洛可可、帝国风格等建筑。

从旅游审美鉴赏上看，中国古建筑重在动态的"游览"而不是静态的"观望"，人置身建筑之中，步移景换，情随境迁，可仔细玩味各种线条的疏密、色彩的浓淡、体积的变化，体察实与虚的转换，从而领悟到建筑的神韵；而欣赏西方古建筑，则像欣赏雕塑作品，它与周围是明显分离的，它的外界面就是供人玩味的，它是暴露的、放射的，其欣赏的方式重在可"观望"而不是可"游览"。

（四）中西雕塑文化比较

中西方的雕塑文化存在着明显的差异。尽管两者的艺术美学都产生在奴隶制和封建制这一共同的社会基础上，都受制于人类思维发展和文化艺术发展的一般规律，但由于社会历史条件、文化传统、民族审美心理等方面的不同，故而形成各具特色的两大审美系统。

几千年来，中国社会基本上是一个宗法式的农业社会，小农自然经济与君主的家长式专制统治，决定了以伦理为基础的中国文化观念，其核心即"国之本在家，以孝治天下"。这种血缘伦理学的宗法思想，是原始社会祖先崇拜的遗绪，直接培养了中国人求静不求动，"甘其食，美其服"的封闭式的生活方式。商周的青铜器、秦始皇兵马俑、昭陵六骏等，都可视为这种"家文化"的象征；北魏云冈大佛的造像与布局也正是当时君臣排列的缩影。对比之下，中世纪以来西方的社会基本上是一个宗教性的商业社会，城市化的生产培养了西方人的外向型性格和冒险性，促使其不断追求现实生活以外的彼岸世界所具有的新的趣味和刺激，这种开放式的观念决定了艺术创作的求新思变和公众性质，使雕塑艺术走出为死者服务或自娱式的狭小空间，成为大众共同欣赏的艺术形式。这种具有公众性质的大型纪念碑式雕像，在中国古代雕塑史上则十分罕见。

中国"天人合一"的宇宙观，形成了中国雕塑艺术审美特征的独特性。在表现内容题材方面，基于"守土敬天"观念的中国人保持着与自然生态系统的和谐关系，而西方则在征服自然的过程中突出了人的意志。所以，如同中国园林生态化、重视景石点缀，西方园林建筑化、重视雕像布局一样，中国雕塑的题材内容相当广泛，从木俑、陶俑到佛陀造像，从奇禽异兽到玉山、影壁，无不争奇斗艳，构成一个极其丰富生动的中国化的雕塑世界。而西方雕塑的表现题材内容则基本上以人体为主，每个时代的雕塑家几乎都共同关注人体和精神的统一，较少强调面部表情及内心世界的刻画。

综上所述，中西雕塑艺术虽有风格特征之别，但无优劣高低之分。中西民族在传统文化观念方面的差异，决定了西方艺术重个体精神、中国艺术重群体意识的两种审美取向。但是西方需要东方，东方也需要西方，这是现代西方艺术的文化选择，也是中国艺术的文化选择。

（五）中西绘画艺术比较

中国绘画艺术主要具有以下特征：运用线条点缀和墨色变化等描绘对象，抒发情感；不受空间、时间限制的构图方法；高度概括，突出主题的表现手法；绘画与诗、书、印的有机结合。在世界绘画艺术丛林中独树一帜，与西方绘画艺术风格大相径庭。具体而言，中国绘画艺术与西方绘画艺术具有如下差异。

1. 艺术追求

在绘画的艺术追求上，中国绘画注重"神似"，讲究"妙在似与不似之间"（画人则画其神采，画山则取山之气势，画花、鸟、虫、鱼则画其生机），尚意，重表现与情感，重象征与共性，表现手法较传统；西方绘画注重"形似"，讲究比例、结构的科学性，强调写实、具象（如画人物须毫发毕现，人体肌肤或柔嫩光洁，或刚强健美），尚形，重再现与理性，重情趣与个性，表现手法新奇。

2. 绘画语言

绘画都有个"语言"问题，画种不同，语言不同。语言决定了造型观念和造型手段。西方绘画注重用光、色、体、面、焦点透视等语言来造型；中国绘画的造型观念和造型手段注重用点、线笔墨来表现。具体来讲，从造型手段上看，中国绘画以线条造型为主，与书法为缘，追求意境和用笔，在表现物象的"力量感""体积感"和"光影""透视"效果上是薄弱环节；西方绘画以块、面造型为主，与建筑为缘，追求的是空间感与立体感，在表现物象的"力量感""体积感"和"光影""透视"效果上颇具优势。从用色上看，中国绘画用色较单纯，以墨色为主。中国画最高境界是"无色如有色""有色如无色"；西方绘画用色复杂调和，注意光色变化。西方画家善于选择特定的色调或强烈的对比去表现油画的主题和意境，因此，欣赏油画就是欣赏色彩世界。

3. 构图或章法布局

在绘画的构图或章法布局上，中国绘画的画面比较空灵和单纯，计白当黑，融诗、书、画、印于一体；而西方绘画的画面则比较充实，在画面上全部绘图着色。绘画完成后，画家仅在画面的一角签名和注明日期。

4. 绘画形式与题材

在绘画的形式上，中国绘画形式丰富多样，有中堂、挂轴、册页、长卷、扇面等；西方绘画形式多为框景式，形式较少。在绘画的题材上，中国绘画以自然山水、花鸟虫鱼、文人仕女较多，有绘画艺术发源于山水之说；西方绘画以宗教、神话、田园风光、静物画、裸体人物较多，有绘画艺术发源于女人之说。此外，中国绘画与西方绘画在绘画材料、审美情趣、创新程度等方面有诸多不同。

思考题：

1. 很多旅游景点都挖空心思给景观或景点起一些动听的名字，这与旅游审美过程中的文化创造相关吗？这种现象对旅游者的旅游审美感知、情感、联想和想象、理解是一种激励还是一种束缚？

2.举例说明对于同一景物观赏位置或观赏时机不同时旅游审美感受的差异。

3.你是如何理解"你站在桥上看风景，看风景的人在楼上看你"这一诗句的？

4.假设你今天以旅游者的身份，登上一辆旅游车，途中经过你天天上班时候都会路过的一处旅游景观，回味一下，此时的旅游审美心理和平时的心理会有所不同吗？比较一下不同的心理过程。

5.科学技术非常发达，利用因特网、电影电视、书籍报刊等，都可以用来为你描绘你所要去的地方，能够满足你的审美需要，你还有必要走出去吗？试从旅游审美文化的角度回答这个问题。

本章参考文献：

1.沈祖祥.旅游文化学导论［M］.福州：福建人民出版社，2006.

2.谢贵安，华国梁.旅游文化学［M］.北京：高等教育出版社，1999.

3.韦燕生.中国旅游文化［M］.北京：旅游教育出版社，2006.

4.曹诗图，阚如良.旅游文化与审美［M］.武汉：武汉大学出版社，2006.

5.陈鸣.实用旅游美学［M］.广州：华南理工大学出版社，2004.

6.李朝军，郑焱.旅游文化学［M］.大连：东北财经大学出版社，2010.

7.曹诗图.旅游哲学引论［M］.天津：南开大学出版社，2008.

8.潘海颖.基于生活美学的旅游审美探析——从观光到休闲［J］.旅游学刊，2016（6）：73-79.

9.陈超南.走向新世纪的审美文化［M］.上海社会科学院出版社，2000.

10.乔修业.旅游美学［M］.天津：南开大学出版社，2001.

11.王玉成.旅游文化概论［M］.北京：中国旅游出版社，2005.

12.邹统钎.旅游景区开发与管理［M］.北京：清华大学出版社，2004.

13.马波.现代旅游文化学［M］.青岛：青岛出版社，1998.

14.喻学才.旅游文化［M］.北京：中国林业出版社，2001.

15.华艳.浅谈中西方文化背景下旅游理念的差异［J］.湖北函授大学学报，2013（12）：80-81.

16.郑蓓媛，石丽萍，张东.浅谈中西方文化的差异对旅游文化的影响［J］.华北水利水电学院学报（社科版），2010（6）：88-89.

17.王柯平.旅游美学纲要［M］.北京：旅游教育出版社，1997.

18.陈志华.外国古建筑二十讲［M］.北京：生活·读书·新知三联书店，2002.

19.丁季华.旅游资源学［M］.上海：上海三联书店，1999.

20.章海荣.旅游审美原理［M］.上海：上海大学出版社，2002.

21.王柯平.旅游审美活动论［M］.北京：旅游教育出版社，1990.

22. 魏星.导游语言艺术［M］.北京：中国旅游出版社，2002.

23. 王晓倩.旅游审美文化嬗变中的演进与异化［J］.旅游论坛，2013（5）：13-25.

24. 曹诗图.几个旅游基础理论研究学说的初步构建［J］.旅游研究，2014（1）：1-5.

25. 赵荣光，夏太生.中国旅游文化［M］.大连：东北财经大学出版社，2003.

26. 奚从清，谢健.现代企业文化概论［M］.杭州：浙江大学出版社，2001.

27. 王玉成.旅游文化概论［M］.北京：中国旅游出版社，2005.

28. 章海荣.旅游美学研究对象辨析［J］.东南大学学报（哲学社会版），2002（5）：64-68.

29. 曹诗图，孙天胜，周德清.旅游审美是诗意的对话——兼论中西哲学思想中的审美观［J］.旅游论坛，2011（2）：115-118.

30. 苏北春.快乐哲学与休闲体验：消费时代的旅游审美文化［J］.东北师范大学学报（哲学社会科学版），2008（4）：136-141.

31. 吕林.审美模式差异对旅游业发展的影响［J］.枣庄师范专科学校学报，2004（6）：90-91.

32. 曹诗图，郑宇飞，黄蓉.旅游概念的哲学辨析［J］.地理与地理信息科学，2006（4）：71-74.

33. 谢璐.现代旅游审美论［D］.济南：山东师范大学，2004.

第 四 章

地貌景观中的人类旅游文化

第一节　景观与自然景观文化

一、自然景观文化

　　"景观"最初的含义是指一片景色大致均一的地区。直到 18 世纪才成为描述自然、人文以及它们共同构成的整体景象的一个总称。之后，"景观"一词不断与其他学科结合，也不断被赋予新的含义。而对于旅游学科而言，景观是指那些能够吸引旅游者到旅游目的地参观、游览、学习和瞻仰等行为的吸引物，既可以是物质的自然和人文景观，也可以是非物质的社会文化景观。景观作为一种载体来承载着人类创造的文化，因此，其所蕴含的文化内涵随着人类的历史发展也在不断丰富[①]。

　　自然景观文化主要包括客观文化和主观文化。客观文化是指自然景观自身所存在的美学、科学价值，主观文化是指人类所赋予其上的思想和文化价值。由于旅游者各自的出游动机和社会文化背景不同，其对自然景观的价值判断也不同。

　　自然景观文化作为一种文化形式，有其特征，其主要表现为：一是客观性，即其内在所蕴含的美学、科学价值是不以人的意志为转移的客观存在，如泰山雄、华山险、黄山奇；二是地域性，即山地、大漠、河流等自然景观各有不同的文化属性；三是综合性，即任何的自然景观都会同时拥有其自身的客观文化和人类赋予的主观文化；四是无

---

　　① 王玉成．旅游文化概论［M］．北京：中国旅游出版社，2005．

限性，即不同的人对景观文化的感受各不一样，即使是同一个人，在不同时间或不同心境再欣赏，也不一样，其自然景观具有无限的文化内涵。

二、旅游文化景观

墨菲在1985年就认为："对旅游者和当地居民而言，旅游是一项社会文化活动。""旅游"创生了"文化"，"文化"丰富了"旅游"。柳宗元认为"乃作栋宇，以为观游。凡其物类，无不合形辅势，效伎于堂庑之下"[①]"邑之有观游，或以为非政，是大不然。夫气烦则虑乱，视壅则志滞，君子必有游息之物，高明之具，使之清宁平夷，恒若有余，然后理达而事成"[②]即旅游对社会教化有着重要的作用，因此人们可以通过借鉴自然美景来打造人造园林景观。

在旅游文化景观中，最为典型的就是山水风景。山水风景是各种美的有机结合。旅游者进入自然山水空间之中，感知山水风景中各种美的自然物，如青山绿水、峰峦泉溪，因而产生了山水的旅游文化。山之高峻壮伟、水之幽深浩渺，还有山水之形貌随着季候、阴晴、光影的不同而呈现出的千万种变化，加上各种各样的声响，整个自然就是一个充满了野趣和生机的审美世界。自然风景所具有的真实、纯粹和舒畅恬静等属性对于生活在城市中的人们有着强大的吸引力，而其本身有规律的变化更替又给人们的文化创造提供了丰富的素材。如有规律的气象景观有普陀山的"朝阳涌日"、太白山的"南山晚翠"等；四季变化的时令景观有春天的西湖苏堤桃红柳绿、夏天的庐山清凉避暑、秋天的香山红叶、冬天的苏州踏雪赏梅等。"山随水转，水因山生"，山水与生物的有机结合也不断丰富着文化素材。如黄山上的"松鼠跳天都"、天柱山上的蜒蚰石等。

孔子说："智者乐水，仁者乐山"（《论语·雍也》）。庄子说："山林与，皋壤与，使我欣欣然而乐焉"（《庄子·知北游》）。葛洪说："为道者必入山林，诚欲远彼腥膻，而即此清净也"（《抱朴子·内篇·明本》）。刘勰说："山林皋壤，实文思之奥府"（《文心雕龙》）。中国古代哲学在起点上就是亲近自然、趋向山水的，因此，中国古人的道德观、生命观、美学观、宗教观和诗歌创作观都和山水紧密相连，山水甚至就是中国文化的起点。

三、地形地貌中的旅游文化景观

人类与自然环境之间表现为相互作用、相互影响的关系。人类在不同的自然环境下生产和生活，形成相对不同的文化类型。生活在沿海地区的人类与海洋有关，因此形成了海洋文化；生活在江河湖泊地区的人类便形成了河流文化；生活在山地地区的人类便有了丰富的山地文化。而不同的地区也会有截然不同的文化，如我国的南方和北方。南

① 柳宗元.永州韦使君新堂记［A］.见：刘禹锡.柳河东集［M］.上海：上海古籍出版社，2008.
② 柳宗元.零陵三亭记［A］.见：刘禹锡.柳河东集［M］.上海：上海古籍出版社，2008.

方盛产水稻，大米可做成米粉、糕团、粽子等；北方盛产小麦，做成面食可"一面百吃"，即蒸、煮、煎、烤、炒等。

古代由于各类地形的阻碍和屏障，使得全球各地形成了各自的文化区域。许倬云教授就认为：中国核心文化地区，位于欧亚大陆的东南部，北部是沙漠和草原，西边是高及天际的高山和高原，东边和南边面对大海。中国文化史上的地理，是四面八方各个地区都自称格局，各自创新，也有交流。因此，中国古代旅行文献很多，即如郭少棠先生所指出的：古代中国旅行文献的著作主要是对外国和非汉族族群兴趣不大的士大夫。他们留下的作品形式各异，从记载帝王巡视边疆的古代编年体史书开始，旅行写书即倾向于把焦点放在对帝国周边及蛮荒之地政治使命的叙述。使者们走过异国他乡，客观地记录下旅途所遇可怕的地理特征和民族奇俗，绘制出一幅幅艰难探索的图画。[①]

在各类地形地貌中，平原、河湖、高原是极为常见和频繁出现的，而与其相比，山地、丘陵开发时间较晚，自然生态环境保护得比较好。山地景观中的高山、极高山，是登山运动这一特殊的旅游和科学研究的专门场所。名山大川在长期的历史演化过程中，虽然大都或多或少地烙上人类文明的痕迹，但首先得力于自然界的赐予，具有雄、奇、险、秀、幽这些名山必备的素质，形成了徒步滑雪型旅游文化；江河湖泊是由于人类对其进行科学利用、游憩娱乐而产生了感知体验型旅游文化，海洋则在地理大发现之后被赋予了新时代的科学旅游文化；高原大漠等由于其所具有的地理屏障作用而具有一定的封闭性，使得千百年来前往探幽访奇的人络绎不绝，从而形成了极限探秘型旅游文化；还有一些特殊地形地貌如火山、喀斯特地形等对于求新求异的人有着极强的吸引力，对其进行的旅游活动也逐渐从风景旅游到后来的求知博览型旅游。

第二节　高山峡谷天坑——徒步滑雪型旅游文化

一、山地旅游文化概况

（一）山地旅游文化的特征

山地是自然景观极为常见的类型，生活在该地区的人受该地貌的影响而在生产生活中表现出山地的烙印，如物质层面的山地特征、气候物产和精神层面的哲学、宗教、文学等，这些就是山地景观文化。

山地景观所蕴含的旅游文化在不同的历史时期有着不同的阶段性。早期人类对山中变幻莫测的自然现象不解，便对其产生神化崇拜，从而产生了许多神话传说。如传说昆

---

① 郭少棠.旅行：跨文化想像［M］.北京：北京大学出版社，2005.

仑山和海山三神山（蓬莱、方丈、瀛洲）是众神居住的地方。古代有天命论，葆山、灵山、日月山等名山大川便成为天梯，被赋予"神格"，如"积土成山，风雨兴焉""山川出云"等。之后，历朝历代的统治阶级为了巩固政权也多喜欢对名山进行祭拜封禅，而使其产生了历史悠久的祭拜文化。春秋时期人们以"比德"表现山川，即把山川的某种形态属性与人的内在品德联系起来，如孔子所说的"仁者乐山，智者乐水"，赋予了山川以"人格"，影响了广大文人对山川的理解感受。

山地景观文化还会在不同地理空间分布上具有明显的差异性。如我国北方的山峰高大雄壮，南方的山峰低矮秀丽，即所谓的"南秀北雄"。这些形态万千、造型多样的山地景观便能给人以不同的审美表现。山川之美有奇、绝、险、雄、秀等表达，如安徽黄山有"五岳归来不看山，黄山归来不看岳"之说，武夷山有"奇秀甲于东南"之赞誉。历史上关于山川的名人、名诗、名篇和名画，数不胜数。唐代诗人李白"一生最爱名山游"，使庐山、峨眉山、太白峰等名扬天下。宋代山水画大师郭熙在《山水训》中写道："山近看如此，远数里看又如此，远数十里看又如此；每远每异，所谓'山形步步移'也。……山春夏看如此，秋冬看又如此，所谓'四时之景不同'也。山朝看如此，暮看又如此，阴晴看又如此，所谓'朝暮之变态不同'也。如此是一山而兼数十百山之意态，可得不究乎！"清末学者魏源在《游山吟》中写道："泉能使山静，石能使山雄，云能使山活，树能使山葱。谁超泉石云树外，悟入介奥通明中。游山浅见山肤泽；游山深见山魂魄。与山为一始知山，寤寐形神合为一。""奇从险极生，快从艰余获。"因此，不同地域的山地景观有着截然不同的景观文化。

山地景观同时还有其所固有的科学文化，包括山地的类型、结构、岩性、动植物、气候等多方面。这些文化是自然存在的，与人所赋予其上的艺术文化各有魅力，而且这些知识能丰富人类的科学文化素质，推动人类文明的进步。古代典籍中，如《尚书·禹贡》载有"既载壶口（山），治梁及岐"，《尚书·益稷》中载禹述职说"可见者山耳，故必循山伐木，通蔽障，开道路，而后水工可兴也"，这些都是古人治理山地的记录，特别是其中的一些治理措施也给予了后人很大的启示。《诗经》中对山的类型、气象和山体灾害等与山有关的内容共60多篇，《管子》中与管理山地植被、建筑等有关的内容也有10多篇，这些古人对山地的认识对山地文化的丰富和发展起到了巨大的推动作用。

（二）徒步滑雪型旅游文化的形成

山地景观中比较显著的就是高山、峡谷和天坑。它们所共有的旅游文化是徒步滑雪型的旅游文化。徒步滑雪型旅游文化的产生源自古代人的行游，即是不以观光娱乐为其主要或首选目的的旅行。因此，其比旅游具有更大的时空跨度，而且往往带有着其他强制性的目的。古人的行游由于不如现代大众旅游的空间移动那么频繁，其与不同地域的文化有着深层次的互动，甚至是当地旅游文化的创造者。而这种层次的旅游活动所获得的旅游感受也更具有文化性和理性色彩，从而形成了更深层次的文化传播，也吸引了古代众多文人士子，这也是徒步滑雪型旅游文化同时充满了旅游的娱乐性和文化的创造性的缘由。

由于这种深层次的景观文化传播，导致现代人认为凡是被称为风景名胜区的地方一定是因为它和名人之间有千丝万缕的联系，而不太看重其自身的特色。即如辛弃疾所言："我见青山多妩媚，料青山见我应如是。"

"山以贤称，境缘人胜。"名人确实是旅游景观成名的重要因素。作家的"风骚之情"也离不开"江山之助"，而多数名人也热衷于在旅游地留下片言只语，试图通过金石文字来和无情的时间抗衡[①]，流传千古。正如柳宗元所言："夫美不自美，因人而彰。兰亭也，不遭右军，则清湍修竹，芜没于空山矣。"（《邕州柳中丞作马退山茅亭记》）

"山水之美，古来共谈"（陶弘景《答谢中书书》），自然"除了供给人类衣食之需之外，亦满足了一种高贵的要求——那就是满足了人类的爱美之心"[②]。无论是"登昆仑兮四望，心飞扬兮浩荡"的屈原，"久在樊笼里，复得返自然"的陶渊明，"五岳寻仙不辞远，一生好入名山游"的李白；还是"我生性放诞，雅欲逃自然"的杜甫，"空知返旧林"的王维，视山水为"盛世补偿"的郭熙等都从不同侧面、不同程度上阐释和演绎着古人酷爱自然、依恋自然的传统。中国古代文人认为：流水之声可以养耳，青禾绿草可以养目，观书释理可以养心，弹琴学艺可以养脑，逍遥仗履可以养足，静坐调息可以养筋。而迷醉山水的原因则可用南梁陶弘景的诗来表达："山中何所有，岭上多白云。只可自怡悦，不堪持赠君。"这种自适、畅神的审美追求从古至今影响了无数文人逸士。

二、高山旅游文化

（一）山地徒步运动

高山峡谷、冰峰雪原等生态保护比较好的自然风景具有很高的审美价值，由于游客一般很少看到，因此吸引力非常强。如那些处于城市周围被不断改造开发的高山峡谷等风景区吸引着大量的城乡游客进行远足踏青、徒步观景、登高滑雪等。

1. 中国古代山地徒步运动的发展

中国古代文人尤其喜欢山地徒步运动，收集各类文化素材。如汉朝时的司马迁在全国进行山地考察漫游，在九嶷山探访了舜的葬地，到庐山考察了大禹疏通九江的遗迹与传说，在浙江会稽山考察大禹陵和禹王庙等，途中大量搜集历史古迹、人物逸闻、风土人情等。北魏郦道元则是游览中原各大山川河流，以考察山河水利工程，他的《水经注》因水记山，因地记事，探讨河道源流变迁等。

在唐代，由于社会的经济繁荣、政治稳定、交通发达、基础配套设施完善、官僚

---

① 喻学才.中国旅游文化传统［M］.南京：东南大学出版社，1995.
② 王柯平.旅游美学新编［M］.北京：旅游教育出版社，2015.

阶级的假日休闲制度、"兼容并蓄"的统治政策，从而使得文人及士族阶层掀起"游学风"。后晋刘昫编纂的《旧唐书》和宋代欧阳修、宋祁等人编纂的《新唐书》都开辟地理志来讲述唐代的山川走势、交通状况。在自然景观中，唐代文人还是比较钟情于祖国的名山大川，包括骊山、泰山、太行山、恒山、司空山、玄武山、庐山、岷山、华山、嵩山、中条山、碣石山、琅琊山、天山、巫山等。而在漫游文人中，最为知名的便是穷尽一生在漫游的大诗人李白。起先是在蜀中游历，登峨眉山、青城山，后其漫游寻仙足迹之处到达今天的山东、山西、河南、河北、江淮、贵州等地，是我国古代一位大旅行家。

宋代的沈括一生从宦，遍历山川，行程万里，对于地理、地质、地貌、气候、动植物、风土人情等随处记录，至今雁荡山龙鼻洞壁还有沈括笔题二字，甚为珍贵。著有《梦溪笔谈》。苏东坡也是宦游四方，尤其喜欢以诗记游，如游庐山留下的"不识庐山真面目，只缘身在此山中"。晚年流放海南岛放归时，赋诗为"九死南荒吾不恨，兹游奇绝冠平生"。这一时期，还出现了许多山水诗人兼山水画家，他们诗境如画，画境如诗，描绘了一个个丰富而又清纯的山水形象，准确而又传神的光色印象，如蔡襄描绘的"树色一番连雨净，溪光几曲抱山来"，米芾书写的"淡墨秋林画远天，暮霞还照紫添烟"等，诗人们向丹青借色、为山水润色，以此来舒缓身心，寄情山水。

明代心学的兴起促进了自然人性论和文学性灵说的发展，同时也促使文人的山水游历的观念发生重大转变，即在胜境之中游目骋怀、直抒胸臆、娱乐性情。明末具有启蒙思想的唐甄认为："好游者，人之恒情也。"（唐甄《潜书·善游》）即认为人人都有游山赏水睹美景的权利。雷鲤游浮山时赋诗曰："已从浮山来，更觉浮山好。万壑染秋云，乾坤怪未了。游人无古今，无风醉花鸟。我欲煮烟霞，呼童使瑶草。"（雷鲤《题会胜岩》）嘉靖年间的"首辅"张居正登衡山，"云霭窈冥，前锋咫尺莫辨，径道亦绝，了不知下方消息"。这种危险之地，反而使他觉得抵达仙境，"不复似世中人矣"（张居正《游衡岳记》）。明末徐霞客更是"性耽山水""欲问奇于名山大川"，而以己为宾，以身"许之山水 ①"，其先后游历了五岳、五台山、雁荡山、武夷山等名山。他登黄山至莲花峰时，但见"其巅廓然开阔舒朗，四望空碧，即天都亦俯首矣。盖是峰居黄山之中，独出诸峰上，四面岩壁环耸。遇朝阳雾色，鲜映层发，令人狂叫欲舞"，使他体验了绝顶风光的奇妙之旅。

2.现代山地徒步运动的发展

在现代社会，由于激烈的竞争、工作的压力，使得人们普遍处于亚健康状态，而人们的各种类似高血脂、高血压、高血糖"三高"症，肥胖症腰肌劳损等疾病，成为困扰现代人身体健康的主要问题②。城市化的发展也使得钢筋水泥代替了绿色原野，人们越

---

① 徐霞客.徐霞客游记［M］.上海：上海古籍出版社，1980.
② 董范.户外运动学［M］.北京：北京师范大学出版社，2014.

来越少地亲近大自然，导致了人们的身体机能和抗压承受能力越来越脆弱。所以现代社会倡导人们回归到大自然中，舒缓身心，山地徒步运动作为最为方便和快捷接触自然的旅游方式被越来越多人选择。这种山地徒步运动也逐渐发展为一项全民健身的体育活动。山地徒步运动风靡全球，不仅仅在于它能有效缓解久居城市之中工作身心的压力，更能够增强参与者的身体素质，满足参与者的身心需求。

徒步运动范围极广，可以穿越山涧、村落、城市、高原、荒漠、溪谷、海滨等，是一种充分融入自然的，充满惊奇挑战的体育休闲方式，通过融合体育运动、旅游休闲、亲近自然、文化体验等元素来让人舒展身心、排遣压力。徒步运动在西方的历史发展久远，最早是在阿尔卑斯山脉一带兴起，由散步到徒步，由平原到各种不同的地形地势，从而成为一种流行的体育方式。1857年，在德国成立第一家登山徒步运动俱乐部，山地徒步运动开始发展。但是其真正大规模兴起是在第二次世界大战以后，和平与发展的时代的到来使得科学技术迅猛发展，人们的闲暇时间和可支配收入的增多使得人们开始重视旅游、健身。越来越多的人走进大自然，享受这种独特的休闲运动项目[1]。

徒步运动在我国实行起来主要是在改革开放以后，人们的生活质量提高，闲暇时间变得充裕，1995年国家实施《全民健身计划纲要》后，各种群众体育活动和健身俱乐部开始兴起，尤其是在北、上、广等国际性大城市迅速发展。

（二）山地滑雪运动

1. 山地滑雪运动的形成

关于滑雪的发祥地，一说在中国阿勒泰地区。阿勒泰地处我国新疆北部，纬度与东北的漠河相近。这里冬季漫长、寒冷且多降雪，夏季气候温和而短促。这样的气候让滑雪成为人类进化中的必然产物，滑雪变成一项必不可少的生存技能，与人类生活、经济发展息息相关。人类面对茫茫大雪要出去打猎，雪过腰身后，必然要把木板等工具绑在脚下行走，在行走中逐渐滑动，由此逐渐演化成滑雪运动，雪橇等滑雪工具也逐渐成为人类必须使用的工具[2]。

山地滑雪运动也随之应运而生，且由于其对海拔、气温、湿度等均有较高要求，因此在古代时只存在于特定时间特定地点。在现代，人们开始在各种合适的地方建造滑雪场以此进行山地滑雪和旅游，依托于山地通过天然降雪或人工造雪形成，一般仅冬季对外开放，兼具休闲与度假的性质。滑雪旅游作为旅游休闲与体育运动相结合的产物，集参与性、趣味性、刺激性于一体，是体育旅游的一个重要分支，也是一项新兴的山地度假旅游产品。具有参与性强、回归自然、旅游者滞留时间长、消费层次高、客源市场稳定发展的特点[3]。滑雪旅游是一种野外活动，且具有挑战自我、强身健体、回归自然、

① 侯海波.德国首次公布徒步旅行调查结果［J］.群众体育信息，2010（3）.
② 单兆鉴，王博.人类滑雪起源地——中国·新疆·阿勒泰［M］.北京：人民体育出版社，2011.
③ 杜庆臻.黑龙江省滑雪旅游开发构想［J］.学习与探索，1999（4）：22-28.

娱乐休闲、陶冶情操等功能[1]。

2. 山地滑雪文化的发展

滑雪运动也随之产生了滑雪文化。欧美滑雪文化是世界滑雪文化的核心，对现代滑雪文化的发展有着重要的引领作用。英语"ski"（滑雪）是来自挪威的外来语，它源于古斯堪的纳维亚语言，意思是"劈开的木头或者柴火"。随着滑雪文化的传播，人们不再满足于平地上的雪野追逐，而将兴趣转向地形凹凸的高山丛林，并在阿尔卑斯山国家（德国、意大利、瑞士、列支敦士登、斯洛文尼亚、法国、奥地利等国）逐渐发展出一种新兴滑雪技术。它易于掌控，更适合在阿尔卑斯山地形滑行，还能在高速滑降时迅速转弯。由于新技术起源于阿尔卑斯山国家（Alpine countries），后来被命名为"阿尔卑斯滑雪"（Alpine Ski），就是今天的"高山滑雪"[2]。

高山滑雪运动在欧美国家一直经久不衰，在古代是作为一项重要的军事技能进行培养，在现代是作为一项重要的娱乐健身活动进行展示，在他们看来，滑雪能够使人精神焕发，性格也会变得开朗活泼。由于欧美很多国家每年的雪期在半年以上，所以滑雪成为他们最喜欢的运动之一。现代冬奥会中，雪上运动项目占据了极大的比例，并且还在不断扩充中。旅游滑雪也在不断产业化，使得多元化的滑雪文化逐渐成熟，并逐渐形成了滑雪、休闲、文化、娱乐融为一体的旅游滑雪文化。因此，欧美滑雪文化的传播即是以滑雪为载体，让人们在滑雪旅游的过程中，感受异域自然环境和挑战自我，品味当地特色美食、民宿、节日、表演、服饰等。

在中国，北方的鄂伦春人、图瓦人、哈萨克人和赫哲人在劳作、交通、狩猎中形成了原始的滑雪文化，并在北方民族中延续下来。如今，国内以冰雪为载体，以民俗、文化为主题的滑雪文化活动日渐增多，"哈尔滨冰雪节""长春瓦萨冰雪节""吉林国际雾凇冰雪节""内蒙古满洲里冰雪节""阿尔山国际冰雪节""鸟巢欢乐冰雪季"都是极具代表性的欢庆活动。

滑雪文化的发展与时代的发展紧密相关。人类发展已进入体验经济新时代。而旅游体验，是体验经济的一种重要形式，是衡量旅游活动质量的重要指标。谢彦君（2006）指出，旅游体验的终极目标，是为了追求快乐或愉悦，旅游创造的价值来自各个游客内心的体验[3]。高山滑雪运动能够给人们以高刺激、强体验，从而能够在体验经济时代遍地开花。虽然这个运动时速超过百公里的项目，在人们眼中充满了惊险。但是，在我国，山地滑雪运动也在蓬勃发展。2022年北京冬奥会的成功申办，中国提出了"三亿人参与冰雪运动"的计划，这为我国冰雪运动产业的发展提供了新契机，处于初级阶段的滑雪旅游也将迎来快速发展期。国内的亚布力、北大湖等雪场的设施已相当完善[4]。

① 张德成.浅谈滑雪旅游与人类文化［J］.冰雪运动，2002（1）：78-80.
② en.Wikipedia.org/wiki/Alpine skiing.
③ 谢彦君.旅游体验的两极情感模型：快乐—痛苦［J］.财经问题研究，2006（5）：88-92.
④ 高山滑雪正起步［N］.人民日报，2008-01-25（12）.

（三）我国的名山文化

古人喜欢游山，是因为高山出云，远离尘寰，可以化解人事的郁结，可以忘记物事的羁绊，可以逃离精神的苦累，可以摆脱喧嚣的拘挛，达到出入六合、混同天地的至境，从而体会自然的生机和造化的道理。李白有诗云："旷然小宇宙，弃世何悠哉。"（《游泰山六首》）人们渴望在精神上逃离世俗羁绊和喧嚣，在名山大川之中畅游以实现自由自在的生命境界。

东方是太阳生长的地方，中国人对山岳的崇拜，自然首先集中在泰山身上。传说伏羲、神农、炎帝、黄帝、尧、舜、禹等都曾封泰山禅梁父，后世帝王们如光武帝刘秀、唐高宗李治、女皇武则天、唐玄宗李隆基等也曾来泰山封禅，形成了泰山特有的封禅文化。泰山于是享有了"五岳之首""华夏神山"的美誉，并形成了一种"人固有一死，或轻于鸿毛，或重于泰山"的"泰山精神"。因此，可以说正是帝王们的封禅活动才成就了泰山"五岳独尊"的美名。

五岳之首的泰山由于地理位置较好而名扬天下。但地处偏僻的黄山是直到唐代李白的"丹崖夹石柱，菡萏金芙蓉"诗歌流传和唐玄宗的定名，才渐为人知。黄山的自然风光优美，如国画家刘海粟所说："黄山风景绝佳，我九次登临，但缺少碑刻，历史文化气息薄弱，风光虽比泰山美，终输一筹。"[①] "黄山归来不看岳"，正是着眼于自然风光而言。但联合国教科文组织的官员去黄山考察后，在惊诧于其自然风光的瑰丽奇幻外，也对其相当数量的文化遗产和文化底蕴赞叹不已，建议中国作为自然与文化双重遗产申报，并一举获得成功。黄山以"震旦国中第一名山"闻名，其文化底蕴表现在一是千姿百态的造型，即无处不在的奇峰、怪石、云海、泉水组合；二是艳丽缤纷的自然景观与人文景观的组合；三是师法自然的黄山山水画与黄山画派。

武夷山在西汉时期的《史记·封禅书》就已提到过，即"（祠）武夷君用干鱼"。由于武夷山风景区的山体由红色砂岩构成，属于丹霞地貌，故有丹山之美称。由于地壳运动，洪水侵蚀，使得武夷山形成了千姿百态的奇峰怪石、峰峦岩壑，从而有碧水绕丹山的美景。武夷山风景区拥有 36 峰、99 岩、72 洞、108 景，赢得了"奇秀甲东南"的美称。其美景尤其在溪河与山峰的结合处，即所谓"三三秀水清如玉，六六奇峰翠插天"。

庐山的名声之大，恐怕与泰山也不遑多让。但庐山"从山势来说不是一流的"[②]，其名气得益于古代的文化联系和现代的政治联系。从汉代的大史学家司马迁登山之后，庐山就开始与文化相联系，之后有"书圣"王羲之在玉帘瀑边养鹅练字；东晋陶渊明和谢灵运驻足歌咏；唐代李白、白居易，宋代的苏东坡、朱熹，明代的唐寅等云集名山。现代则有许多政治活动、外交谈判、军事决定等都产生在这里。

---

① 崔延南.旅游文化新视野［M］.北京：中国旅游出版社，1999.
② 魏小安.目击中国旅游［M］.石家庄：河北教育出版社，2001.

三、峡谷旅游文化

（一）峡谷类型及峡谷景观文化

峡谷是指深切、坡陡的长条洼地（相对于宽度而言），深度大于宽度的谷地，如中国长江的三峡，黄河干流的刘家峡、青铜峡等。[①] 它不仅是一种重要的地貌类型，也是一种独具特色的旅游资源。而峡谷旅游则是指在峡谷内开展的各种旅游活动的总称。峡谷往往具有鲜明的地域特色和少数民族风情，因此峡谷旅游也往往是生态与文化相结合、观光与体验相结合的旅游。目前，我国现有的峡谷旅游模式有峡谷观光游，如长江三峡；峡谷漂流，如贵州马岭河漂流；以及各种以峡谷为依托的度假旅游等。

峡谷地区往往是自然旅游资源的富集区，蕴含着丰富而独特的地貌景观、生物景观和神秘奇特的自然之谜；由于峡谷多处于河流的上游，因此大多有一些少数民族聚居于此从而带来了丰富的民俗、历史文化等人文景观资源。峡谷自然景观又多与高山相联系，因此其景观特征往往也与高山有关。"雄、奇、秀、险、幽"也可用于描述峡谷景观，即：雄为高山深谷，奇在奇峰怪石，秀为山光水色，险为惊涛险滩和悬崖陡壁，幽则是曲折隐深。

由于峡谷自然景观的特殊地理位置，因而可以认为峡谷自然景观是山与水在线状方向上的动态组合。从喜马拉雅山区的雅鲁藏布江大峡谷，至青藏高原边缘的虎跳峡，至四川盆地西侧的大渡河金口峡谷，至四川东侧的长三峡，再至东南丘陵上的浙西峡谷，峡谷规模与地壳上升量在同步变小，在构造作用的参与下，地壳抬升越强的地方峡谷越深，其景观的内涵越丰富。因此我国峡谷西部气势恢宏，中部婀娜多姿，东部细腻清秀。从人文角度讲，西南地区是我国少数民族聚居的地方，因此峡谷内的人文景观呈现出强烈的少数民族色彩；中部长江三峡，当处楚、蜀交界之区，为交通必经通道，人聚此间，常依三峡码头为重镇，构筑亭台楼阁、兴建殿堂庙宇、撰诗文、铸碑刻，使其间虽一山一景之异，一村一店之建，无不渲染着浓厚的历史文化遗迹，人们一方面惊诧于大自然景观的玄妙高深，两岸风景的幽、奇、险、秀，另一方面沉醉于浓厚的历史文化遗迹中，人文景观与三峡自然之美交相呼应、融为一体；东部沿海虽缺少历史古迹，但市场化强，极具现代感。可见，分布在我国三级梯级上的峡谷各有各的特色。经粗略统计，国家级风景名胜区中有1/2以上都有峡谷景区[②]。

（二）徒步探险型峡谷旅游

峡谷旅游中徒步探险往往占据着极其重要的一部分。陡峭的崖壁向来是攀登者喜爱的乐园，通过登山他们可以体验遭遇艰险而后战胜困难的乐趣。征服高山，攀登者可

---

① 来源于百度百科，baike.baidu.com/item/%E5%B3%A1%E8%B0%B7/50216?fr=aladdin.

② 林辰，吴小根，丁登山 . 峡谷旅游开发研究初探［J］. 安徽师范大学学报，2003（3）：67–71.

达到超越自我、升华精神的境界，获得一种独特的自我实现感受和审美感受。湍急的河流则适合漂流爱好者，漂流者在其中既可以体验激流险滩所带来的刺激，在平缓河段又可以欣赏两岸美景。这些运动往往吸引的是专业旅行社、探险协会或热爱探险活动的"勇敢者"。例如，金沙江虎跳峡以徒步探险旅游最为著名，它在自然观光的基础上增设使游人体会更深的运动项目：有石鼓到虎跳峡一段的漂流项目，上虎跳索道历险项目，中虎跳的探险性漂流，哈巴雪山生态旅游、探险以及科考旅游项目。1998年，中国科学家和登山家等人完成了徒步穿越世界第一大峡谷——雅鲁藏布大峡谷的科学考察，使得具有丰富的科学内涵和宝贵资源的雅鲁藏布大峡谷更加为世人关注。这些峡谷由于交通不便、基础设施落后，往往还保持着未开发的原始环境，资源价值高，加之常年"深处闺中人未知"，往往带有很强的神秘色彩，对徒步旅行的爱好者有巨大的吸引力。

峡谷景观是地球内、外动力作用的综合产物，是大自然的杰作，它们的形成、发展都有一定的规律性，并蕴含着一定的科学原理。人们在观赏过程中，既得到美的感受，又能认识一些科学事物，学到新的科学知识，受到教育的启迪[①]。例如，去贵州马岭河峡谷游览，既可以进行漂流，又可从中学到喀斯特地貌形成原理的知识。国外在这方面做得较好，如美国的科罗拉多大峡谷国家公园，早已是世界闻名。

案例学习：

科罗拉多大峡谷[②③]

科罗拉多河大峡谷位于美国亚利桑那州，深约1500米，是世界上最壮观的峡谷之一，1979年列入世界遗产名录。大峡谷呈V字形，谷底最窄处仅120米。从谷底向上，沿崖壁出露着寒武纪到新生代的各期岩系，含有代表性生物化石，大峡谷因此有"活的地质史教科书"美称。暴露的地层展现20亿年地质构造史，有多种生态环境和生物物种，还有4000年来印第安人的居住生活遗址。

从这些史前的印迹中我们可以看到人类过去如何适应严酷的环境变迁。经过多年的变化它也形成了一幅美不胜收的景象。它并不是世界上最深的峡谷，但是大峡谷凭借其超乎寻常的体表和错综复杂、色彩丰富的地面景观而驰名。大峡谷使得访问者可以从陡立丛生的悬崖边欣赏壮观的远古峡谷中的狭长景色。其不同地质时期的岩石在阳光的照

① 马耀峰，宋保平，赵振武.旅游资源开发［M］.北京：科学出版社，2005.

② 参考百度百科."美国科罗拉多大峡谷国家公园". baike.baidu.com/item/%E7%BE%8E%E5%9B%BD%E7%A7%91%E7%BD%97%E6%8B%89%E5%A4%9A%E5%A4%A7%E5%B3%A1%E8%B0%B7%E5%9B%BD%E5%AE%B6%E5%85%AC%E5%9B%AD/7299439

③ 参考百度百科."科罗拉多大峡谷". baike.baidu.com/item/%E7%A7%91%E7%BD%97%E6%8B%89%E5%A4%9A%E5%A4%A7%E5%B3%A1%E8%B0%B7/186866?fr=aladdin#3

耀下变幻着不同的颜色，这种魔幻般的色彩吸引了全世界无数旅游者的目光。

在大峡谷中，有75种哺乳动物、50种两栖和爬行动物、25种鱼类和超过300种的鸟类生存。整个国家公园是许多动物的乐园。每年大约有500万人次的游客来造访大峡谷。美国国家公园管理部门的责任是保护大峡谷国家公园的资源及其所有的容貌特色，并且在为来访的游客提供赏心悦目的游览的同时保护峡谷自然的本色。

100多年来无数的美国探险家在大峡谷里挑战险滩，搏击急流，在这里诠释着一种美国精神。1890年，美国作家约翰·缪尔游历了大峡谷后写道："不管你走过多少路，看过多少名山大川，你都会觉得大峡谷仿佛只能存在于另一个世界，另一个星球。"2002年，权威的美国《国家地理》杂志的野外记者和编辑们进行了一次评选：在美国最刺激、最富有挑战性的100项探险活动中，沿科罗拉多河乘橡皮筏全程漂流大峡谷名列榜首。由于漂流大峡谷既是最刺激、最有挑战性的探险活动，又是令人难忘的旅游享受，河流大峡谷成为世界各地无数喜爱旅行冒险的人们梦寐以求的向往。

四、天坑旅游文化

（一）天坑的形成及发展

天坑是指具有巨大的容积，陡峭而圈闭的岩壁，具有深陷的井状或者桶状轮廓等空间与形态特质，发育在厚度特别巨大、地下水位特别深的可溶性岩层中，从地下通往地面，平均宽度与深度均大于100米，底部与地下河相连接的一种特大型喀斯特负地形。

目前在世界上已确认的天坑约80个，其中有超过50个在中国。而在中国，天坑绝大多数位于黔南、桂西、渝东的峰丛地貌区域。

2001年之前，天坑只是对重庆奉节县小寨天坑这种景观的特称，类似的地貌在各地分别被称为"龙缸""石院""石围""岩湾"等。2001年后，天坑作为一个专门的喀斯特术语被专家提出，2005年后开始用汉语拼音"tiankeng"通行国际。这是继峰林（fenglin）和峰丛（fengcong）之后，第三个由中国人定义并用汉语和拼音命名的喀斯特地貌术语[①]。

（二）喀斯特天坑的文化价值

喀斯特景观是大自然赋予人类的不可多得的财富，而"天坑"作为喀斯特的一种奇特现象，在漫长的地质历史中经过各种地质运动，更是形成了稀缺而又独具特色的景观。此种景观不仅具有极大的美学观赏价值和旅游价值，还具有世界自然遗产价值和科学研究价值。其对洞穴学、喀斯特学和喀斯特水文地质学等许多相关学科带来了重要的影响与有力的推进[②]。

---

① 来源于360百科"天坑"，https://baike.so.com/doc/5364777-5600393.html.

② 朱学稳.中国的喀斯特天坑及其科学与旅游价值［J］.科技导报，2001（10）：60-63.

喀斯特天坑具有最杰出的自然现象和罕有的自然美及重要的美学价值，具有代表地球历史演化主要阶段的杰出事例和重要的地貌或自然地理特征，具有最重要的、最有意义的、可以保护当地生物多样性的自然栖息地[①]，因而具有明显的世界自然遗产价值。目前，重庆武隆后坪天坑群与芙蓉洞芙蓉江、天生三桥完美组合，已经被纳入世界自然遗产名录[②]，四川兴文天坑被中央政府列为世界自然遗产后备名录，小寨天坑被纳入中国国家自然遗产。喀斯特天坑还具有地质遗迹价值，它作为喀斯特家族的一员，以其独特的身姿和魅力展现在世人面前，并因独具特色的地质价值而受到保护。目前中国具有喀斯特天坑景观并进入世界地质公园网络的地质公园有四川兴文世界地质公园和广西乐业—凤山世界地质公园。中国世界地质公园中的喀斯特天坑往往也与暗河、峰丛、洼地、溶洞、天窗等其他地貌景观组合，共同构成有序的洞穴—水文地质系统，是世界范围内典型的规模大、形态齐全的岩溶景观组合，景观类型丰富且集中，系统性、典型性、完整性、稀有性等特征突出[③][④]。

（三）喀斯特天坑的旅游开发

天坑是目前各种喀斯特形态中规模最大和自地下深处向地面发展的唯一形态类型，多给人们以奇幻、深邃、险峻、峭削、秀丽的意识反应与感受，具有特殊的旅游观赏价值与感官属性。它与当地的地缝、洞穴、地下河和奇峰怪石等旅游资源共存于一体，常构成高等级的旅游资源[⑤][⑥]。中国喀斯特洞穴景观开发早，但因景观共性大，独特性小，游客重游率低，逐步成为一种区域性的旅游资源[⑦]。那么天坑作为喀斯特景观的新类型，要将其独特的旅游价值发挥得淋漓尽致，其景观特征和独特性评价是旅游开发的重要基础。

喀斯特天坑是一种特殊的超级旅游资源，这种新兴而独特的旅游资源应该注重对旅游资源内部及其与外围旅游资源的整合，形成以天坑为核心的旅游产品的叠加吸引力和整体优势[⑧]，发展天坑生态旅游[⑨]。

① 陈伟海，朱学稳，朱德浩.重庆奉节天坑地缝喀斯特地质遗迹及发育演化［J］.山地学报，2004，22（1）：22-29.

② 陈伟海，朱学稳，朱德浩.重庆武隆喀斯特景观特征及世界自然遗产价值评价［J］.中国岩溶，2006，25（增刊）：106-112.

③ 徐胜兰，张远海，黄保健，等.广西凤山岩溶国家地质公园典型地质遗迹景观价值［J］.山地学报，2009，27（3）：373-380.

④ 邓亚东，陈伟海，张远海，等.乐业—凤山世界地质公园岩溶地貌景观特征与价值分析［J］.中国岩溶，2012，31（3）：303-309.

⑤ 岳越民，王克林，张伟，等.基于典范对应分析的喀斯特峰丛洼地土壤—环境关系研究［J］.环境科学，2008，29（5）：1400-1405.

⑥ 黄保健，蔡五田，薛跃规，等.广西大石围天坑群旅游资源研究［J］.地理与地理信息科学，2004，20（1）：109-112.

⑦ 保继刚.喀斯特洞穴旅游开发［J］.地理学报，1995，50（4）：353-359.

⑧ 彭惠军，李晓琴，朱创业.组织生态学视角下的岩溶天坑旅游整合开发研究：以乐业大石围天坑群为例［J］.生态经济，2006（4）：106-108.

⑨ 税伟，陈毅萍，王雅文.中国喀斯特天坑研究起源、进展与展望［J］.地理学报，2015，70（3）：431-446.

案例学习：

武隆天坑①

武隆天坑地缝国家地质公园是重庆最大的国家地质公园，以天然的天坑群、天生桥群、地缝奇观、溪泉飞瀑为主要特色，规模宏大且可进入性强，被国家列为冲刺世界地质公园的重点景区，主要包括武隆天坑·天生三桥景区和武隆地缝景区。武隆天坑三桥则是国家5A级旅游景区，世界自然遗产。公园内岩溶地质、地貌特征尤为突出，拥有世界最大天生桥群和世界第二大天坑群，以及集喀斯特地貌奇观为一体的地表裂缝。这里不仅是观光游览的胜地，也是人们了解自然、认识自然、学习保护自然的天然教科读本。

经亿万年地质裂变而形成的天坑·天生三桥景区，规模宏大，气势磅礴，景象万千。"三桥夹两坑"是景区最为壮观、最为奇特的亮点，也是天生三桥景区得以称奇天下的缘由所在。三座天然石拱桥，即天龙桥、青龙桥和黑龙桥，是"世界最大的天生桥群"。在三桥之间，连续生成两个世界罕见的岩溶天坑，即天龙坑和神鹰坑，形成坑与坑以桥洞相连，桥与桥以坑隔望的完美组合，构成了世界上独一无二的地质奇观旅游区，达到了移步换景，触景生情的理想境界。走进天坑景区如走进一座自然的地质博物馆，让人惊叹大自然造物之鬼斧神工。

武隆地缝景观则是一座集喀斯特地貌奇观为一体的地下峡谷景观，飞瀑、溪水、深潭、水帘、暗河、栈道、原始植被风光贯穿其间，形成2公里长的幽深锦翠风光。地缝缝底与最高缝口之间高差为350米，阳光难入缝底。缝之两岸宽度仅在1~5米，人在缝底望天一线。景区内常年水流不息，地下水产生的醇氧和凉意，将使你疲惫的身心在此得到轻拂，顿觉清气沁入五脏六腑。

第三节　高原大漠荒野——极限探秘型旅游文化

冯天瑜先生在《中华文化史》中写道：中华民族生活的东亚大陆，远离其他文明中心，周边又多有地理屏障，东濒茫茫无际的太平洋，北临漫漫戈壁和浩大的原始针叶林，西方则万里黄沙与高山雪峰相间，西南壁立着世上最庞大而高峻的青藏高原。这种一面朝着古代难以超越的"大壑""巨海"——太平洋，其他三面为陆上障壁所阻，而内部回旋地又相当开阔的环境，造成了一种与外部世界相互隔绝的状态，这对中华文化特质的形成和发展造成的影响，久远而深刻②。在这种地理环境中，高原大漠荒野景观占据着相当大的地理面积，由于其天然而特殊的地理屏障作用使得景观处于半封闭状

---

① 来源于 www.360doc.com/content/13/0122/03/5578727_261675885.shtml.
② 冯天瑜，等.中华文化史［M］.上海：上海人民出版社，2010.

态，对于处于开阔平原地区的人们有着极强的吸引力，乐于去求新探奇，品味别具一格的异域文化，从而产生了极限探秘型旅游文化。

一、高原旅游文化

（一）高原旅游的产生

高原是指海拔高度在 500 米以上，面积广大，地形开阔，周边以明显的陡坡为界，比较完整的大面积隆起地区。高原素有"大地的舞台"之称，它是在长期连续的大面积的地壳抬升运动中形成的。有的高原表面宽广平坦，地势起伏不大；有的高原则是山峦起伏，地势变化很大[①]。

高原海拔高，气压低，氧气含量少，利用这一低压缺氧环境，可提高人体的体力耐力素质，故其成为体育界耐力训练的"宝地"。因此，高原旅游也成了许多爱好体育健身和极限探险的旅游者的最佳选择之一。世界上高原占据了很大的一块面积，但是能够让游人产生极限探险的兴趣和具有悠久的历史文化的高原地带却并不多。位于美国的科罗拉多高原是美国唯一的一个沙漠高原，经科罗拉多河及其支流的冲蚀，形成多条深邃的峡谷。理论上如此荒凉的高原是没有任何工业、农业发展潜力的，但是正是因为这里独特的冲积岩地貌，让乐于挑战极限的人找到了完美的目的地。

（二）高原旅游文化的发展

中国的西南方耸立着世界上最高的青藏高原，平均海拔 4000 米以上，坐落着喜马拉雅山、唐古拉山、冈底斯山、可可西里山和昆仑山等，"蒙没冰雪，经履千折之道"（见《后汉书·西羌传》），这种地理屏障阻断了相互毗连的东亚文明和南亚次大陆文明之间的文化交流。青藏高原以宗教分野，以东为儒、释、道相混；以南为印度教、伊斯兰教、锡克教混合；以西为伊斯兰教、基督教、犹太教混合；以北是伊斯兰教、东正教、萨满教等；青藏高原本身则以佛教——喇嘛教为主。因此，这种文化的相互影响、渗透和融合也造就了青藏高原深厚的文化底蕴。形成这种文化的种种力量，并不是来自一个国家，而是来自更宽广的所在。这种力量对于每一个部分都发生影响[②]。

而位于青藏高原东南边缘的香格里拉则是现代旅游文化极为丰富的地区，无数旅游者们心中的梦想之地，因为它包含着无尽的奥秘和美景。Shongrila（香格里拉）是由藏传佛教经典中的"香巴拉"一词演化而来，意为"心中的日月"。在六世班禅大师贝丹益喜写的《香巴拉指南》中，香巴拉被写作有着双重雪峰环抱，由美丽花园和庄严城堡构成的八瓣莲花状坛城，这里居民富足安康，安居乐业，人人都依从佛法的最高智慧对

---

① 来源于 360 百科"高原"baike.so.com/doc/5381128-5617436.html.
② 汤比因. 历史研究［M］. 上海：上海人民出版社，1986.

待生活，因此是人人向往的理想之地①。第一次世界大战结束后，英国作家詹姆斯·希尔顿根据大英博物馆所藏的中国藏区资料写成小说《消失的地平线》，由此使得神秘和美好的香格里拉成为人们想象中的"世外桃源""乌托邦""伊甸园"。其所属的云南迪庆藏族自治州借势掀起旅游宣传的热潮，神秘的理想之境和和谐的宗教文化给予全球游客巨大的旅游吸引力。而其和谐文化主导的生活理念使得香格里拉人自觉形成了爱山、爱水、爱禽、爱兽的行为规范，对生态资源取之有度，使得香格里拉的旅游吸引力经久不衰。

在青藏高原的北方，则是蒙古草原和戈壁。其自然状况为"幕北地平，少草木、多大沙"（见《汉书·匈奴传》）。而在戈壁滩以北，是西伯利亚高原和北极冰原。汉代的苏武（前140—前60年）就是被流放于朔风凛冽、旷无人烟的北海之滨（见《汉书》卷五四）。

地球上最神秘莫测的高原莫过于南北两极冰原了。极地的原始地理地貌和纯净的自然环境，奇异冰雪景观和珍奇野生动植物，激发了很多人的探索热情。极地游始于20世纪50年代后期，以智利和阿根廷的一些海军船只运载付费游客前往南极的南设得兰群岛旅游为开端。南极的企鹅，北极的北极光、北极熊、海豹、鲸鱼等极地生物，都是游人们所企盼见到的，并且还向往登陆一些鲜为人知的极地岛屿去探险。

案例学习：

青藏高原②

青藏高原（Qinghai-Tibet Plateau）是中国最大、世界海拔最高的高原，受多种因素共同影响而形成了这种全世界最高、最年轻，水平地带性和垂直地带性紧密结合的自然地理单元。

青藏高原也是中华民族的源头地之一和中华文明的发祥地之一，在华夏文明史上流传的伏羲、炎帝、烈山氏、共工氏、四岳氏、金田氏和夏禹等都是高原古羌人。青藏高原上的居民以藏族为主，形成了以藏族文化为主的高原文化体系。

青藏高原的重要性可以从科学层面和社会层面进行阐释。从科学层面来讲，由于欧亚大陆和印度次大陆的碰撞，这一地区发生了一系列变化，这些变化大多由高原海拔升高引起。河流与冰川的形成、季风的演化以及冷适应动物与生态系统的出现都在其影响范围内。可以说青藏高原是研究这一系列完整过程的理想之地。从社会层面来看，人类活动，或者说人类圈对青藏高原的影响在20世纪的后半个世纪急剧增加，尤其是在政策角度这已成为一个备受关注的话题。青藏高原及其周围山地——凭其除南北极之外最大的冰川面积而以地球"第三极"而著名——可以通过影响季风、提供宝贵的水资源和

---

① 中国文化产业发展报告文化蓝皮书：寻找香格里拉 建设香格里拉.

② 来源于百度百科"青藏高原（亚洲内陆高原）"，baike.baidu.com/item/%E9%9D%92%E8%97%8F%E9%AB%98%E5%8E%9F/849?fr=aladdin

生态系统服务而直接影响这一地区的 20 多亿人。

青藏高原的高寒低氧环境虽然令人生畏，但似乎未能阻止人类探索这块神秘土地的脚步。在青藏高原人群基因库中检测到来自各个方向的族群血缘，几乎跨越了整个欧亚大陆。如果以如今我们所处的时代视角，切开历史的断面，看到的是"条条道路通青藏"。青藏高原俨然已是跨时空的人类族群"基因大熔炉"——青藏高原人群起源和演化历史的"混合之混合"模型。不同人类族群之间的分化、隔离、再接触、再融合，这些过程交替发生、交织在一起，最终造就了现存的青藏高原人群。这也间接说明了青藏高原旅游文化的多样性所在。

二、大漠旅游文化

（一）沙漠旅游的产生

沙漠是一种独特的旅游资源，沙漠地区以特殊的自然和人文环境为背景，强烈的地域差异和文化差异对回归大自然、返璞原生态诉求逐渐增强的旅游者构成很大的吸引力。而沙漠旅游则是指以沙漠地域和以沙漠为载体的事物、活动等为吸引物，以猎奇、探险、环保、科考、求知等方面的需求为目的而进行的一种富有很高情趣和刺激性的旅游活动[①]。20 世纪以来，作为一种新兴的旅游方式，沙漠旅游逐渐从探险家的乐土成为大众的新宠。

1. 国外沙漠旅游

世界上沙漠主要分布在亚、非、拉、北美和大洋洲，而且许多已经被开发为各具特色的旅游地。其中较为成熟的地区包括北美洲中部沙漠，澳大利亚内陆沙漠，亚洲大陆腹地沙漠，以及撒哈拉、阿拉伯和南部非洲沙漠。

北美洲中部沙漠是世界上沙漠旅游开发最为完善的地区，在美国新墨西哥州的沙漠地带还矗立着五星级的沙漠酒店，在墨西哥加利福尼亚湾东海岸也建有沙漠旅游胜地。在智利北方的山脉峡谷中可以见到世界上最罕见的极地旱极——阿塔卡马沙漠，在这里能领略到绝无仅有的体验。非洲撒哈拉地区、南部非洲沙漠是目前沙漠旅游发展最为迅速的地区。撒哈拉沙漠是世界上最大最神秘的沙漠，面积约 960 万平方公里，约占非洲总面积的 32%。由于其干旱地貌类型多种多样，使得它拥有着变化多端的景观和神秘的阿拉伯游牧民族。在沙漠边缘红海、地中海沿岸分布有大量的旅游度假胜地，且多以其壮观的沙漠丘陵和华美的山川溪谷闻名于世。在南部非洲，纳米比亚的特威菲尔泉（Twyfelfontein）岩石群落以及南非的里奇特斯费尔德国家公园（Richtersveld National Park）这些年来也发展成重要的沙漠旅游目的地。澳大利亚内陆沙漠是世界重要的沙漠

---

① 魏倩，王海鸿.我国沙漠旅游研究综述［J］.社会科学家，2008（1）：95-98.

旅游目的地，其中最著名的旅游目的地是乌卢鲁卡塔丘塔国家公园，它以自然遗产、文化遗产和文化景观三重身份被列入世界遗产名录。亚洲腹地沙漠除我国广大的沙漠地区外，蒙古国以及中亚国家的大片沙漠地区也有旅游活动开展。中东地区的阿拉伯沙漠等区域的沙漠旅游活动也非常繁荣，阿联酋迪拜拥有海岸和沙漠完美结合的旅游胜地，这些都吸引着来自全球各地络绎不绝的游客。

2. 我国沙漠旅游

在我国的西北方，从"地热，多沙，冬大寒"（见《居延汉简》）的河西走廊开始，其西为一片极为干燥荒凉的沙漠，东晋高僧法显说此地是："上无飞鸟，下无走兽。遍望极目，欲求度处，则莫知所拟，唯以死人枯骨为标识耳。"（《法显传校注》，第6~7页）大漠南北，更有天山、阿尔泰山、昆仑山等层峦叠嶂。《后汉书·西域传》写道此地是"梯山栈谷，绳行沙度之道；身热首痛，风灾鬼难之域"。

但是即使是如此环境恶劣的地方也有着悠久的文化底蕴和神秘莫测的吸引力。敦煌石窟名震天下，还曾经吸引了西方的探险家和考古学家前来盗窃文物。在这穷荒不毛、流沙堆山的一大片地方[①]不仅留下使节、军队、商贾的足迹和尸骨，也是致力于宗教传播的佛僧以身传佛法的场所，行迹之远，路程之艰，足以让世人动容，使得此地成为中华文化、南亚佛教文化、中西亚文化交会集聚的场所。虽然这条路"视日以准东西，人骨以标行路"（《法显传》），但它是位于中亚、西亚由沙漠、山脉、草原和盐原组成的陆上通道，是航海大时代开启之前东西方经济文化交流的桥梁，也是佛教、伊斯兰教等世界性宗教往东亚扩散的重要途径。

我国最早于20世纪中叶开发了敦煌鸣沙山—月牙泉等少数沙漠旅游地。到了20世纪八九十年代，沙漠旅游景点逐渐增多，宁夏沙坡头作为中国第一个国家级沙漠生态自然保护区，吸引了大量中外游客。初建于1986年的武威沙漠公园是我国第一座大漠风光与沙漠绿洲相结合的游览乐园，现已成为一座融大漠风光、草原风情、园林特色为一体的游览胜地。之后，我国西北部分丝路重镇包括兰州、武威、张掖、酒泉、嘉峪关、敦煌等相继形成旅游分区。如武威在着力打造以沙漠为特色的沙漠寻奇探险游览区，同时联合周边特色景观，营造自然景观与人文景观相统一的旅游文化环境，构成以点连线、以线带面的格局。进入21世纪以来，市场需求不断扩大，沙漠旅游开发更是方兴未艾，各种类型的沙漠旅游景区层出不穷，具有代表性的有新疆库木塔格沙漠公园，内蒙古响沙湾旅游区和宁夏沙湖旅游区等国家级风景名胜区。作为中国最大的沙漠，新疆塔克拉玛干沙漠开发了沙漠公路风景线，并拥有塔里木河沿岸壮观的原始胡杨林及独特的人文历史资源和现代工业景观，其中阿拉善沙漠国家地质公园于2009年被正式公布为世界地质公园，这是我国唯一的沙漠世界地质公园。

---

① 斯坦因.斯坦因西域考古记［M］.向达，译.乌鲁木齐：新疆人民出版社，2010.

（二）沙漠旅游的发展

沙漠呈现出大漠苍茫、荒凉广阔之状，是蓝色星球上一道独特的景观。在全球4800万平方公里的干旱半干旱区中，沙漠区占有约600万平方公里。区域内最引人注目的景观特征是发育着各种各样的风沙地貌，如大到数百的高大沙山和壮观的雅丹地貌，小到细微的沙波纹、磨蚀斑和磨蚀坑，保持着一种原始的、本真的、独特的自然状态，也因此为旅游开发者们提供了丰富的待开发的旅游资源。沙漠之旅已成为最具体验色彩的旅游活动。那里有无边的旷野之美和生命顽强之美，浩渺无边的沙海、精美绝伦的沙纹、千姿百态的雅丹、神秘莫测的海市蜃楼等，都会给人以无穷的联想。相比较田园景观，沙漠保留了更多未经雕饰的独特原始景观风貌，能满足人们求新、求美、求奇的心理需求和旅游体验。现代性的沙漠旅游形式有大漠观光、寻秘探奇、科考寻古、生态旅游等。虽然方式不同，但都有极限探秘的新奇体验，譬如赏雅丹、观鸣沙、滑沙、蹦极、骑骆驼、沙浴等。沙漠虽生态环境较为脆弱，但在经济社会发展的趋势下，也被开发者们利用地形气候条件开发成富有吸引力的旅游景点。而且，沙漠旅游业成了可持续发展的一种途径，在治理北方沙漠化、保护沙漠区的生态环境上起到了巨大的作用。

但是，沙漠旅游在不发达地区的入侵也造成了拥挤和环境退化。虽然沙漠正在成为越来越热门的旅游目的地。但是这种旅游也对当地旅游管理和旅游生态提出了特殊的挑战，它危及其脆弱的生态系统和紧张稀缺的资源。因此，现如今更提倡生态沙漠旅游。生态旅游作为一种新型并逐渐升温的旅游形式，倡导科学、文明、环保、低耗的理念，和沙漠旅游结合应当是一种必然。

三、荒野旅游文化

（一）荒野旅游文化的形成

"荒野从来不是一种具有同样来源和构造的原材料。它是极其多样的，因而，由它而产生的最后成品也是多种多样的。这些最后产品的不同被理解为文化。世界文化的丰富多样性反映出了产生它们的荒野的相应多样性。"[1] 文化与荒野看似对立，但其之间复杂而深刻的关联却能够阐述人类历史。人类的发展可以看作不断地征服地球、传播人类文化的过程，而作为我们生存的起源"荒野"却在被我们不断地侵占而缩小，于是，"荒野"逐渐成为异类而又神秘的"他者"。当我们的发展终于影响到我们的生存和地球的枯竭后，我们才开始反思现代社会的种种弊端，人类社会开始重新审视荒野，人们试图从哲学的角度、从伦理学的高度重建人与荒野的关系。

---

① ［美］奥尔多·利奥波德.沙乡年鉴［M］.长春:吉林人民出版社,2013.

1. 中国的荒野文化

追溯荒野文化在人类发展中的历史，可以从"荒野"的产生开始。在汉语中，"荒野"是一个现代语汇，是汉语双音化以后才出现的。字面意思都是荒凉的、未经驯化的、未打上人的烙印的自然。但是关于荒野的意象，在古代的文学作品中就经常出现。如《诗经》中的荒野气象如"之子于归，远送于野"（《邶风·燕燕》）、"呦呦鹿鸣，食野之苹"（《小雅·鹿鸣》）以及"野有蔓草"等，应该说，《诗经》是诞生在荒野之上的。楚辞则诞生在一个原始巫风盛行的天地，因此诗中更多地表现出原始荒野的魅力。"深林杳以冥冥兮，乃猿狖之所居。山峻高以蔽日兮，下幽晦以多雨。"——《涉江》中的风景，弥漫着南国水泽和楚地山川的荒渺远寂意味；"雷填填兮雨冥冥，猿啾啾兮狖夜鸣。"——《山鬼》中的物事，充盈着一片荒蛮森冷的野谷情调。屈原的故乡，乃是长江三峡沿岸的姊归，附近的神农架直到2000年后的今天仍然充满原始的野性与神秘。正是这样一片地域的培育，使得楚辞中充满了人神相通的原始想象。此后历朝各代都有大量的山水诗歌来赞美荒野自然，畅抒感慨之情。

在这些文人士子的心里，荒野是一个变化莫测、生机勃勃、五彩缤纷的地方。这里有层叠参差的山峦，有错杂幽深的流泉，有勾连交错的藤蔓，有追逐竞走的兽禽。荒野上，"水虫骇，波鸿沸，涌泉起，奔扬会，垒石相击，……若雷霆之声，闻乎数百里之外。"（司马相如《子虚赋》）、"咆虎响穷山，鸣鹤聒空林。凄风为我啸，百籁坐自吟"（张协《杂诗》其六）。叶动声、鸟叫声、兽鸣声、风雨声与千山万壑一起，构成一个音乐的空间。荒野中，"众色炫耀，照烂龙鳞"（司马相如《子虚赋》）。各种景物的色彩流动和光影变幻使得人们如置身于画境之中。所以这些文学作品通过荒山野水的原初意象和回归诉求，为我们塑造的是一个充满朴野之趣与荒古之味的审美世界。

2. 西方的荒野文化

在西方社会中，"荒野"虽然很早就存在于欧洲民间传说和文学作品中，但在最初都是含有否定意义的，即残酷、粗暴、危险之所在。尤其是在基督教信仰之中，荒野代表着基督徒所设想的人类在尘世中所面临的处境，它是人本性中犯罪倾向、物质世界的诱惑和邪恶力量的混合[①]。《圣经》中有近300个关于"荒野"的用例，所描写的都是贫瘠、荒凉、危险，没有农耕、没有秩序，是邪恶势力的藏身之所。如亚当和夏娃被逐出伊甸园，来到荆棘遍布、受诅咒的荒野；摩西和其族人在荒野游荡40年才摆脱奴役到达"福地"；耶稣受到魔鬼撒旦的诱惑而进入荒野并禁食多日。从古希腊、罗马到文艺复兴时期，高山、森林等荒野之地一直被视为文明的对立面，是一种令人不安和不适的环境，需要文明与其斗争。因此，在传统的欧洲主流文化观念中，荒野一直是被视为恶的象征，一种道德上的真空地带。"荒野对他们的生存构成了难以克服的威胁"，生存的物质和安全的生活都需要战胜荒野才能获得，而不至于变为被荒野同化的

---

① Roderick Frazier. Nash Wilderness and American Mind, New Haven［M］.Yale University Press，2001.

野蛮人。拓荒者们与荒野的斗争不仅是为了个人的生存，而且还是为了国家、种族和上帝。直到浪漫主义思潮盛行的 18 世纪末，孤寂神秘的荒野令人心生仰慕之情，开始转而成为文学、艺术、思想的源泉。法国的卢梭，德国的歌德（Goethe），英国的华滋华斯（Wordsworth）、拜伦（Byron）、雪莱（Shelley）等一大批文学家、诗人、艺术家都开始讴歌自然。在美洲，拓荒的人们开始赋予这种神秘幽暗的原生自然以浪漫色彩，并以旅行的意义来审视荒野，同时，经历独立战争后的人们对于这片美洲土地的热爱又促进了这种对荒野的看法。

（二）荒野旅游文化的发展

工业化、城市化的迅速发展致使广阔的荒野逐渐走向终结。随着自然不断收缩，环境不断恶化，城市愈加拥挤，压抑和失落的人们开始怀念拓荒的年代、逝去的田园风光与生活，于是人们开始保护荒野，荒野的文化内涵愈加丰富。荒野不再被视为必须征服的对象，而是被赋予了具有国家认同的文化意义以及作为休闲娱乐场所的生活价值。荒野景观作为旅游休闲对象的现实需求也在不断增加，于是，各种自然保护区和国家公园应运而生。英国是历史上第一个工业化国家，然而工业化的发展也促使着英国人最先实现将私人或皇家风景园林变为城市公园。人们从荒野自然中可以获得暂时性、周期性的逃避和解脱，满足精神需求。

城市公园建设以及城市绿化在一定程度上缓解了由于工业化与城市化所带来的人对自然的疏远和隔离，推动人与自然的关系走向和谐。同时，人们还需要一种更为野性、原始、自然的力量来使他们感受到自由，感受到自身与自然之间的神秘联系，以及在荒野之中发展起来的文化的根源[1]。于是，人们更加渴望走向自然、寻求荒野。旅行家、文学家、艺术家、诗人更是用旅行日记、回忆录、文章、画作、诗歌等方式将自己的足迹留在了荒野，吸引着越来越多的游人沿着它们去体验。

正因为人类的童蒙时代成长在山水荒野之中，荒野才有与人类生命相通相融的美，所以能够让人类"会心"，亦即进入一种超乎物我界限的精神状态。在这种状态中，心灵和大自然达到微妙的契合，这是一种自然天成的"天趣"。而这，对于在现代社会中迷失了人性、遗忘了根源、切断了归路的现代人来说，实在是一笔丰厚而又宝贵的遗产，因为："产生于人类文明以前的大自然的'传统'，才是最深厚、最尊贵的'传统'，它是比任何物质都值得爱惜的'宝物'。"[2]

---

① 侯深.远离城市的地方：美国的荒野与 19 世纪后期的城市绿色改革者［A］夏明方.新史学：历史的生态学解释［M］.北京：中华书局，2012：193.
② ［日］池田大作，［德］狄尔鲍拉夫.走向 21 世纪的人与哲学——寻求新的人性［M］.宋成有，译.北京：北京大学出版社，1992.

案例学习：

<h1 style="text-align:center">羌塘^①</h1>

西藏羌塘国家级自然保护区是仅次于格陵兰国家公园的世界第二大陆地自然保护区，也是平均海拔最高的自然保护区。羌塘自然保护区生态系统独特，野生动物资源丰富，并因其特有性和生态脆弱性而具有极其重要的保护价值，对于研究青藏高原的形成、演化和发展以及开展科学探险旅游和生态旅游均具有重要价值。

羌塘是世界上湖泊数量最多、湖面最高的高原湖区，也是中国高原现代冰川分布最广的地区。羌塘北部的大片地区一直被视为"无人区"或"生命禁区"，然而人类的生命禁区为大量的野生动物提供了世界上最大的天然乐园。远离人类的骚扰，使得野生动物真正成了这里的"主人"。

保护区之外的羌塘也是一个具有丰厚沉积层的文化沃土。在那一望无际的草原上，到处都是牧民赖以生存的牦牛和羊群，处处可见牧民栖息之所——帐篷。牧民们在这儿创造了梦幻迷离、色彩斑斓的游牧文化。不仅有远古岩画，也有许多古象雄王国的遗址，英雄格萨尔王的足迹及故事遍布藏北，嘛呢堆、经幡、古塔随处可见……为苍茫的大草原增添了几分神秘的色彩，著名的唐蕃古道贯穿南北。

羌塘自然保护区有着极其丰富的野生动植物资源、独特的荒漠自然景观、原生态的人文景观和多学科的科学研究价值，对发展旅游业具有得天独厚的优势。开发羌塘自然保护区特种旅游资源，有条件的地方适当开辟一些旅游类产业，既可以让外界加深对自然保护区的了解，又能够增加旅游收入，同时还可能获得国际上的资助，以便更好地保护这里的野生动物。

第四节 河流瀑布温泉——感知体验型旅游文化

一、水体旅游文化概况

"智者乐水。"水者何也，万物之本原。"滴水穿石""海纳百川""上善若水"等都是人们对水的艺术化赞美。水给人以力量，如"会当击水三千里，自信人生二百年"；水给人以美感，如"欲把西湖比西子，淡妆浓抹总相宜"；水给人以启迪，如"问渠那得清如许，为有源头活水来"。俗话说，山是水的筋骨，水是山的血脉。人们喜爱登山眺远，故而名山大川多为徒步滑雪之所，水便成了观景的调剂。宋人郭熙《林泉高致

① 来源于360百科，"羌塘"，baike.so.com/doc/5779087-5991869.html。

集·山水训》曾说："山得水而活"，"水得山而媚"[1]。山水相连，水山相依，刚柔相间，动静并济，山水景观于是乎形成。河流、瀑布、温泉等使山也变得生动起来，给人们以更为美好的感知体验。

（一）水体景观及水景文化

水景观主要是指各种水体，包括海洋、河流、湖泊、冰川、流泉和飞瀑等，以及依托于水体存在的各种自然或人文景象。碧波万顷的湖泊、飞珠溅玉的瀑布、舒爽温暖的温泉等都是水景观。在我国，面积在1平方公里以上的湖泊有2800多个，而全国已知的泉眼达2600多处，为世界之冠。水域辽阔，水体众多，因此民族文化中受水的影响也很深厚。"一方水土养一方人""饮水思源""滴水之恩，涌泉相报"和"美不美，家乡水"等谚语，千古流传。以水命名的地区、姓名更是数不胜数。这些水体旅游文化都是人们在生活中通过水体景观的体验而产生的各种联想和感受，以文化的载体来表现出来。河流成就了人类文明，世界四大文明古国都与河流有密切的关系，大部分国家都有自己的母亲河，且形成了悠久的文化。英国有泰晤士河文化、法国有塞纳河文化、德国有莱茵河文化、美国有密西西比河文化。

水体景观有自身的科学文化。大禹治水、李冰父子治水，使人类开始认识水性，同时学会了造舟建桥，"刳木为舟，剡木为楫"。造船业的发展也同时推动了人类地理大发现，为人类认识海洋做出巨大的推动。今天，人类已经能够制造远洋客轮、万吨货船、航空母舰等，各式各样的桥梁也使奇险的"天堑"变成了"通途"。治水上，人类也筑起了江堤河坝和各类水库，变害为利。这些水利科学文化技术改变了水体景观，也赋予了其新时代的旅游文化，同时也带来了水环境污染问题等。

水体景观还有人类所赋予的艺术文化。"近山使人塞，近水使人通""逝者如斯夫，不舍昼夜""天下莫柔弱于水，而攻坚强者莫之能胜"等都是赋予水以"人格"。水的声、色、形有着许多的诗歌、书法、山水画、俗语、民间传说等艺术形式体现。《诗经》中有"河水清且涟漪"，唐代诗人骆宾王的《咏水》中有"波随月色净，态逐桃花春。照霞如隐石，映柳似沉鳞。"诗仙李白写道："君不见黄河之水天上来，奔流到海不复回。"诗圣杜甫感慨道："无边落木萧萧下，不尽长江滚滚来。"曹操在《观沧海》中有"水何澹澹""洪波涌起"。苏东坡在《念奴娇·赤壁怀古》中描写水为："乱石穿空，惊涛拍岸，卷起千堆雪。"中国文学史中，有"曲水流觞"的美谈，有"水漫金山寺"的传奇。林林总总，不胜枚举。

（二）水体旅游文化

关于水体旅游文化，最重要的就是其中的感知体验型文化。旅游体验是旅游个体通

---

[1] 于安澜.画论丛刊［M］.开封：河南大学出版社，2015.

过与外部世界取得暂时性的联系从而改变其心理水平并调整其心理结构的过程，这种体验是旅游者的内在心理活动与旅游客体所呈现的表面形态和深刻含义之间相互交流或相互作用后的产物，是借助于观赏、交往、模仿和消费等活动方式实现的一个序时过程。这是谢彦君教授对旅游体验概念的定义①。因此，对于感知体验型旅游文化而言，人们更多的是追求旅游的愉悦，包括审美上的愉悦和视听感观上的愉悦。在观赏体验河流瀑布温泉时，通常的是先有视听感观上的愉悦，然后转变为审美上的愉悦。如观易水而联想到"风萧萧兮易水寒，壮士一去兮不复还"，进而体会到荆轲刺秦王的慷慨悲壮。

水体景观分类较多，主要有河流、瀑布、泉水、海洋、冰川五大类。海洋会单独列出一章，冰川现在还没有进入大众休闲观光的选择，下面就前三种进行介绍。

二、河流旅游文化

（一）河流旅游文化的产生

水是自然界的组成要素之一，一直在推动着人类文明的发展。从旅游资源的角度看，河流具有特殊重要性，它每每是某个民族、地域文明的发祥地和人类文明聚集地，我们不仅能欣赏它给大自然增添的绮丽风景，还能够领略到某种人类文化的渊源，引发思古之幽情。

古代人类"缘水而居，不耕不稼"。农耕民族以河流两岸为聚居地，游牧民族"逐水草而居"。但是，河水泛滥、洪水暴发等也同时威胁着人类的生存，因此，对其缺乏了解的古代便产生了关于水的各种神话传说和治水故事。华夏大地随处可见龙王庙、禹王庙，还有纪念李冰父子二人的二王庙等。

正是河流对古人的生存发展至关重要，古人傍水治水、管水用水。因此才产生了丰富的河流旅游文化。古人面对河流还能够畅抒心情、陶冶精神。如明代唐寅在游太湖芦花荡时，恨不能在其中饮酒入眠："芦花荡里醉眠时，就解蓑衣作衾枕。两舟并泊太湖口，我吟诗兮君酌酒。酒杯到我君亦吟，十九赓酬不停手。"（唐伯虎《烟波钓叟歌》）不顾任何"文人形象"，想如何就如何，在芦花荡的怀抱中尽情吟诗醉酒，真是逍遥洒脱、至情至性。清初的张岱在《西湖七月半》中写道："楼船箫鼓，峨冠盛筵……吾辈纵舟酣睡于十里荷花之中，香气拍人，清梦甚惬。"张岱通过游湖赏月来宣泄情感，使得心与自然得到了高度融合。

（二）不同地域的河流旅游文化

河流之中，江河、湖泊是孕育地球文明的血脉，使得山川、苗木、生物都变得生机盎然。如长江和黄河孕育了中华民族灿烂的文化，是中华文明的摇篮。黄河在中国文化

① 谢彦君.基础旅游学［M］.北京：中国旅游出版社，2015.

演进过程中，占据着重要的地位，是中国历史第一长河，孕育了仰韶文化、夏商周文化。而长江则是中国最大的水系，流经了18个省区，汇集了700多条大小河川，两岸分布着许多特大城市、大中城市，长江的中下游也形成了吴越江南文化。湖泊之中，江西鄱阳湖、湖南洞庭湖、安徽巢湖、江苏太湖和洪泽湖五大湖孕育了别具一格的地方文化。

不同河段与地形的结合又形成了丰富多彩、秀丽多姿的万千景象，给拥有不同地域文化的人们提供了风情各异的感知体验。如长江三峡由于峡谷相间、气候独特，形成了独特的"朝云暮雨"的天气特征，诗人便以此写下"曾经沧海难为水，除却巫山不是云。"三峡峡谷两岸岩壁高出江面500米以上，而河底水流湍急、暗礁丛生，便有"峰下天关接，舟从地窟行"。对于浪涛飞卷的夔门，便有"崖似双屏合，天如匹练开""夔门天下雄"。而对于宽阔的巫山河谷，令人"石出疑无路，云开别有天"，豁然开朗之感生出"两岸猿声啼不住，轻舟已过万重山"的情怀。对于西陵峡险滩，又有"滩滩都是鬼见愁"之说。三峡的巴蜀文化、荆楚文化也是给予游人的重要体验，其中的典型便是巴人悬棺、屈原故里、昭君故里。

（三）我国的河流旅游文化

在众多的河流包括支流和溪涧中，那些水质优良、景色佳美的河段便是旅游资源。如"三江并流"被评为世界自然遗产。长江三峡段、桂林漓江、浙江富春江、鸭绿江辽宁丹东段、西藏雅砻河、贵州赤水、黑龙江镜泊湖、五大连池、甘肃鸣沙山—月牙泉、青海湖、新疆天山天池、江苏太湖、杭州西湖、武汉东湖、湖南洞庭湖、广东肇庆星湖、云南滇池和洱海等被列为国家重点风景名胜。

在我国的旅游河段中，空灵朦胧、含蓄飘逸的漓江是著名的风景河流，桂林至阳朔一段更是群峰碧翠、青莲出水，故有"诸峰如笋拔地起，碧玉含翠竖云端，群峰倒影山浮水，无山无水不入神"。徐霞客即说阳朔为"碧莲玉笋世界""人家都在图画里"，游人誉之为"桂林山水甲天下，阳朔风光甲桂林。"怒江则是一条开发较少，但风景独具一格的河流，九十九湾湾湾奇特，峡谷两岸更是杂居着藏族、怒族、独龙族等少数民族，具有丰富多彩的少数民族风情，其中的丙中洛湾更是成为英国作家希尔顿小说《失去的地平线》中提到的人间天堂"香格里拉"。

杭州西湖为我国著名风景名胜旅游区之一，诗人苏东坡就对其秀丽优雅的美景称赞道："水光潋滟晴方好，山色空蒙雨亦奇。欲把西湖比西子，淡妆浓抹总相宜。"西湖美景也由于游人的需求而形成了西湖十景，并都被赋予了动人的文化故事。

三、瀑布旅游文化

（一）瀑布景观的产生

瀑布是地球上壮美的自然景观。世界上最著名的三大瀑布分别是：尼亚加拉瀑布、维多利亚瀑布和伊瓜苏瀑布。瀑布，是蹦跳的水，在地质学上叫跌水，当河水自断层、凹陷等地区倾泻而下时，便形成瀑布。按照瀑布的景观特点，瀑布一般分为河流瀑布、山岳瀑布和洞穴瀑布。河流瀑布主要形成于江河干、支流的中上游河段。其特点是：水帘宽，水量大，气势宏大。著名的河流瀑布有打帮河上的黄果树瀑布、黄河壶口瀑布、洒渔河大标水岩瀑布、牡丹江吊水楼瀑布、九寨沟瀑布群等。山岳瀑布主要由溪流通过山岳中明显的岩坎或断崖而形成。我国这类瀑布比较多，其特点是：落差较大，水帘不宽，造型丰富，受降雨影响，流量增减变幅很大。著名的有浙江雁荡山的大龙湫、庐山三叠泉和开先瀑、黄山九龙瀑和人字瀑等。洞穴瀑布多发育于石灰岩溶洞中，与曲折奥深的洞穴、造型丰富的洞穴堆积物和神秘的暗河共同组景。其著名者有金华冰壶洞瀑布、宜兴善卷洞瀑布和贵州安顺龙宫瀑布等[①]。

（二）瀑布旅游文化的产生

壮美的瀑布气势雄浑，似洪水决口、雷霆万钧；优美的瀑布细流潺潺，像仙人品茗、烟雨朦胧。瀑布将山水完美地结合在一起，通过与山石峰洞、白云蓝天、林木花草的结合，使游人畅抒身心、寄情山水，使风景变得更加生动，瀑布也可饮可品、可观可赏，成为游人云集的景观。瀑布美指的都是一种动态水景观之美，往往形、色、声三者俱佳，即李白诗中所说"飞流直下三千尺，疑是银河落九天"，如壶口瀑布以其形如巨壶沸腾而得名。对于壶口瀑布的绮丽景色，明陈维藩在《壶口秋风》诗中就赞叹道："秋风卷起千层浪，晚日迎来万丈红。"对于壶口瀑布的地势天险，人们对此有"旱地行舟""飞鸟难渡关"之说。对于壶口瀑布令人振奋的声音，《黄河颂》便诞生于此，冼星海为其谱曲，使得《黄河大合唱》传唱至亿万中华儿女。

我国疆域辽阔，山地景观多的同时也形成了许多瀑布景观。尤其是南方，真是山中一夜雨，处处挂飞瀑。其中以瀑布为主体景观的旅游区有黄河的壶口瀑布、贵州的黄果树瀑布、黑龙江的吊水楼瀑布等。

瀑布旅游景区已经成为不少地区旅游开发中的重要招牌式旅游产品。许多瀑布旅游资源不仅用来开发旅游，还会用来发电和灌溉，利用方式多种多样。瀑布景观区的自然环境往往得天独厚，各具特色。如壶口瀑布以其流量巨大、瀑声震天而著名；黄果树瀑布以其规模大、瀑中溶洞而闻名；吊水楼瀑布以其熔岩地貌、冰帘冬景而知名。这些著名的瀑布旅游目的地无不是融通了自然之美、人文之美和历史文脉之美[②]。

---

① 来源于360百科"瀑布分类"，baike.so.com/doc/8586044-8906861.html.
② 江璐明，金利霞，唐光良，等.瀑布旅游资源评价与广州增城白水仙瀑开发［J］.地域研究与开发，2008（2）：85-89.

案例学习：

尼亚加拉瀑布[①]

尼亚加拉瀑布（Niagara Falls）位于加拿大安大略省和美国纽约州的交界处，是世界第一大跨国瀑布。尼亚加拉河的水流冲下悬崖至下游重新汇合，在不足 2 公里长的河段里以每小时 35.4 公里的速度跌宕而下 15.8 米的落差，演绎出世界上最狂野的旋涡急流。

1678 年，一位叫路易斯·亨尼平（Louis Hennepin）的法国传教士来到这里传教，发现了这一大瀑布，禁不住为它"不可思议的美"赞叹不已，并细心地记下了自己的见闻，对这绝妙的人间仙境做了传神的描述，把这一胜景介绍给了欧洲人。但让尼亚加拉瀑布真正声名鹊起的是法国皇帝拿破仑的兄弟吉罗姆·波拿巴，当时吉罗姆带着他的新娘不远万里从新奥尔良搭乘马车来到尼亚加拉瀑布度蜜月，回到欧洲后在皇族中大肆宣扬这里的美景，于是，欧洲兴起了到尼亚加拉度蜜月的风气。时至今日，到这里度蜜月仍是一种时尚。

到 19 世纪 20 年代，尼亚加拉瀑布城就已成为旅游胜地。除了分别建立一个尼亚加拉瀑布市的旅游城市用于发展旅游业之外，早在 1885 年加拿大建国之初，加拿大政府就建立起尼亚加拉公园管理委员会，负责保护这一地区的自然、人文遗迹，规划景区的建设，安大略省政府还把尼亚加拉瀑布附近的 3000 英亩土地收归国有，用来建设旅游设施。

瀑布水流无沉积物，清澈的水质为瀑布增添了秀色。尼亚加拉瀑布以游客体验为核心，将自然景观观光和休闲娱乐相结合。同时提供参观修学、休闲娱乐、度假购物等多样的产品。每年前来这里参观的游客高达 1400 万人次。尼亚加拉瀑布是一幅壮丽的立体画卷，从不同的角度观赏，有不同的感受。观赏这个与众不同的瀑布，最特别的莫过于乘搭雾中少女号观光船，穿上一身防水工具于瀑布下参观，穿梭于波涛汹涌的瀑布之间，到扑朔迷离的水雾之中，涛声惊心动魄，雾水涤尽尘嚣。

四、温泉旅游文化

（一）温泉及温泉文化

1. 温泉的产生及类型

凡不干涸的深洼地都属于泉水。泉水，按其水质、水温，可分为冷泉和温泉两大类。冷泉水质纯洁，清澈晶莹，许多泉水富含丰富的矿物质；而温泉更有养生保健的医

---

① 来源于 360 百科"尼亚加拉瀑布"，baike.so.com/doc/6401534-6615194.html.

学价值。泉水从观赏角度来说，以潺潺的涌泉为佳；从饮用的角度来说，以含有益健康的矿物质的矿泉为佳；从沐浴功能来说，以温度适中而又有医疗作用的温泉为佳。

地下水中每公斤含有可溶性固体成分（矿化度）超过 1 克的泉水称矿泉。有的没有达到这个标准，但里面含有锂、氡、硫化氢等特殊成分，或大量二氧化碳，也称矿泉。矿泉埋藏于地壳深部，流出时常伴有较高的温度，成为温泉、热泉甚至高热泉。海南省的矿泉储量多，质量高。青岛崂山的矿泉像汽水一样呼呼冒泡，每升含有 2.3 克的二氧化碳及许多有益的矿物质，特别名贵。黑龙江的五大连池药泉，每升含有 1.6 克的游离二氧化碳，还含有钠、钙、镁、锶、镭等，可治胃炎、溃疡、高血压、神经衰弱。药泉之一的翻花泉对治牛皮癣还有奇效。甘肃清水县清水矿泉，有一股臭鸡蛋的味道，却能祛风去湿，愈合伤口。台湾台南县关子岭温泉能治关节炎和皮肤病，效果显著。

2. 我国的温泉分布

我国温泉资源十分丰富，以省级为单位，西藏 630 多处，居第一；云南 480 多处，居第二；广东 230 多处，居第三；台湾 100 余处，居第四，但以密度言，则居第一。济南有 72 泉群，被称为"泉城"，但并不都是温泉。福州没有"泉城"之称，却到处是温泉，水温在 50℃～90℃的高热泉也不少。很多家庭与单位都有热水井和温泉浴池。

温泉中知名度最高的也许要算西安骊山脚下的骊山温泉，那是周秦汉唐历代皇帝沐浴之地，且因是四大美女之一的杨玉环的沐浴之地而闻名中外，也给民间留下"杨贵妃笑雪黑""一脉温汤流日夜"等美谈。

（二）温泉旅游文化的产生与发展

1. 温泉旅游文化的产生

温泉旅游景观在我国很早就得到了开发。唐代温泉旅游景观的开发业就取得了一定的成果，"海内温汤甚众，新丰骊山汤、蓝田石门汤、岐州凤泉汤、同州北山汤、河南陆浑汤、汝州广成汤、兖州乾封汤、邢州沙河汤"（《封氏闻见记》卷七《温汤》篇）。

而在外国，早在交通条件非常不便的 18 世纪，泡温泉便已成为吸引城市人的户外休闲项目之一。到 19 世纪，泡温泉的人越来越多。例如，1857 年，纽约的温泉疗养地萨拉托加（Saratoga）一个旅馆每月能够接待的顾客便高达 2000 人[①]。美国人对疗养胜地以及温泉洗浴的青睐，除了因为泉水具有祛病疗养的功效外，还与他们附庸风雅、模仿欧洲贵族的生活方式密切相关。欧洲的温泉疗养地，如英国的巴斯（Bath）、德国的巴登巴登（Baden-Baden）等都有上百年历史，已经久负盛名的温泉胜地是欧洲上层社会人士甘之若饴的疗养地，也让美国人蜂拥而至。美国也在积极地发展自己的温泉疗养地，如纽约的萨拉托加、罗得岛的纽波特（Newport）、印第安纳州的法兰西力

① Hans Huth, Nature and the American: Three Centuries of Changing Attitudes, Los Angeles: University of California Press, 1957, p.109.

克（French Lick）等地。正如美国旅游学者福斯特·杜勒斯（Foster R. Dulles）指出的，在 19 世纪中叶，人们访问温泉度假地已经成为维护和彰显自己社会地位的一种重要方式[①]。温泉旅游具有了仪式价值，成了身份的象征。随着时间的推移，人们能够旅行的距离越来越远，前往自然和荒野地区旅游变得普遍起来，"有温泉和高山的地方成为人们旅游的中心目的地"[②]。

2. 温泉旅游文化的发展

到了 21 世纪休闲度假时代，作为一种集旅游、休闲、健身于一体的时尚旅游项目，温泉旅游将温泉洗浴的物化享受提升到符合现代消费的文化和精神层面，日益成为旅游业界关注的焦点。

温泉旅游文化也随着"人"的参与而日益丰富，人类由于有意识和无意识的活动发现温泉，之后通过对温泉的接触、利用和感受，逐渐产生了温泉崇拜、温泉宗教、温泉汤治、温泉疗养、温泉历史传说与风俗民情、温泉旅游与温泉养生等社会现象[③]，从而形成了温泉地独特的文脉，成为当地温泉开发的宝贵资源。而当温泉旅游地被赋予了当地的地域文化后，寻求异域文化的感知体验的旅游者随之蜂拥而至，他们除了想要通过浸泡温泉来康体健身外，还希望能感悟文化、拓宽视野，想要了解更多与温泉相关的地理考古、民间传说、地方典故、民风民俗、文学艺术等。同时，温泉景观的地域之美也激发了旅游者的创作灵感，"外观于物，内省于心"，于是，文人艺术者们以自己的游览体验借景抒情，留下了传诵千古的温泉诗、温泉赋、温泉歌、温泉颂，最著名的如白居易的《长恨歌》、川端康成《汤岛温泉》等。

到如今，温泉旅游已经成为独具特色文化的旅游，是一项以观光体验温泉、感悟文化、康体养生、休闲度假为一体的时尚旅游活动；同时，旅游市场的强烈需求也使得一切有关温泉的、历史的、人文的、自然的文化因素都成了主题文化温泉景观不断挖掘的地方。"天赐一泓温泉"成了人们寻求一种特殊精神享受的"文化天堂"。

第五节　特殊地形地貌——求知博览型旅游文化

"其奇绝者闽、粤、楚、蜀、滇、黔，百蛮荒徼之区。"在这些边荒地区，有着奇特的地形地貌。探寻这些地形地貌的过程也是求知博览的过程，"先审视山脉如何去来，水脉如何分合，既得大势，然后一丘一壑，支搜节讨"[④]，即从最开始的风景审美和旅游

① Barry Mackintosh, The National Parks: Shaping the System, Washington: National Park Service, 1985, p.15.
② Hal K. Rothman, Devil's Bargains: Tourism in the Twentieth-Century American West, Lawrence: University Press of Kansas, 1998, p.32.
③ 王艳平.温泉旅游研究导论［M］.北京：中国旅游出版社，2007.
④ 徐弘祖.徐霞客游记［M］.上海：上海古籍出版社，1980.

娱乐，到后来探寻各个地域的地理知识，从而进入了深度的旅游。明人屠隆的《舆图要略》中写道"大抵西北风土硕厚，其人物敦大而淳朴；东南风土清弱，其人物韶秀而轻俊，此其大略也……盖土风从古如此，乃近代以来地气稍变，燕齐秦晋之间向称庞厚，近则朴渐趋华，拙渐趋巧，脂韦妙捷，有东南人不能窥其藩篱者"[①]。古代文人、精英对于广大中国地域的求知探索旅游风气直接催生了中国地理学的独立。

一、火山

（一）火山景观的产生及分布

地球上的火山活动分布范围很广，而且发生于各个地质时期，集中在地壳运动相对强烈的地带。古老的火山地貌变化较大，但近代火山活动却显得较有规律。世界上约有2000座死火山和500多座活火山，大致分成几个主要的火山带，包括环太平洋火山带、地中海火山带、东非火山带。世界上主要的火山国家有日本、印度尼西亚、意大利、冰岛、新西兰、美洲各国等。它们都有现代火山的活动。这些国家利用丰富的火山旅游资源，建成世界闻名的火山名胜区，吸引了众多的旅游者[②]。

火山景观中锥状孤峰居多，山顶往往有圆形洼地，即火山口。火山由于受构造控制，经常是成群成带的出现，远近高低，错落有致[③]。火山活动过后往往会形成不同规模的台地。这些台地由于受到内外力的侵蚀，会出现千姿百态的造型。如五大连池的台地上，有着波状、木排状和旋涡状的熔岩，同时还会出现石瀑布、石象鼻、石爬虫等岩石，惟妙惟肖，栩栩如生。

（二）火山旅游价值及文化

由于火山活动对周边岩石的侵蚀作用，往往也会造出新的形态的水景，如火口湖、堰塞湖和瀑布等，这些水体景观和火山景观共同构成旅游资源，如湖深水清的长白山天池在绿色林海中闪耀着碧波，有"处处奇峰镜里天"之美；山湖相映，拥有串珠式湖泊群的五大连池。火山活动之后还会形成许多矿泉和温泉，这些地方都可以开发成旅游度假区，如长白山矿泉和阿尔山温泉。这些火山景观具有丰富的美学价值，吸引了许多游人来此休闲度假。

许多火山景观不仅可供游客观赏游览，而且还是教育和科研实践基地。例如，长白山的景观垂直带和完整的生态系统、五大连池的火山地貌、镜泊湖的溶洞、火口森林、龙湾火口湖和伊通二辉橄榄岩包体等。在我国的火山景观中，国家5A级旅游景区五大连池是最为耀眼的景观之一，它形成于1720年前后，是一座近代火山地理博物馆，被

---

① 屠隆.鸿苞［M］.济南：齐鲁书社出版社，1991.

② 贺成全.论世界及我国火山旅游资源的开发利用［J］.世界地理研究，2002，11（3）：66-68.

③ 孙文昌，韩杰，崔库.东北的火山山水与火山旅游［J］.旅游学刊，1987，2（2）：46-50.

誉为"中国著名火山之乡"。游览区中的条条石龙，就是火山喷发时流出的岩浆冷却形成的。岩浆又在河道上筑起堤坝，分成 5 个水道相连的堰塞湖。周围 14 座火山锥拔地而起，高低错落，形状各异，给游客以流动的感觉。

虽然火山在世界上广泛分布，但保存完好而典型的火山地貌，特别是活火山旅游资源并不多见。正因为火山旅游资源的高品位性和新奇性，对旅游者具有很强的吸引力。

案例学习：

富士山①

日本是个火山众多的国家，全境有大小火山 200 多座，其中活火山约占 1/3。富士山是世界闻名的火山，素有火山博物馆之称，它从 781 年以来，曾发生过 20 多次大爆发。火山多次爆发的结果形成了 3776 米的高峰。在山的北麓，因熔岩的堵塞形成了富士五湖。湖畔有许多运动设施，可以打网球、滑水、垂钓、露营和划船等。

富士山被日本人民誉为"圣岳"，是日本民族的象征。作为日本的国家象征之一，在全球享有盛誉。它也经常被称作"芙蓉峰"或"富岳"以及"不二的高岭"。自古以来，这座山的名字就经常在日本的传统诗歌"和歌"中出现。

由于火山口的喷发，富士山在山麓处形成了无数山洞，有的山洞至今仍有喷气现象。最美的富岳风穴内的洞壁上结满钟乳石似的冰柱，终年不化，被视为罕见的奇观。山顶上有大小两个火山口，大火山口，直径约 800 米、深 200 米。天气晴朗时，在山顶看日出、观云海是世界各国游客来日本必不可少的游览项目。富士山的绮丽风光吸引了成千上万的游客，成为世界著名的旅游胜地。

在日本古代诗歌集《万叶集》，有许多与富士山有关的文学作品。而富士山的喷发也留存有大量的文字和图画记录。江户时代日本著名的浮世绘画家葛饰北斋以富士山为题材创作了 46 幅的连续版画《富岳三十六景》。近代也出现了关于富士山的许多文学作品。

二、喀斯特地貌、丹霞地貌

（一）喀斯特风景旅游

中国造景山地众多，而在西南地区还分布着我国面积最大的岩溶风景区，即喀斯特风景区。这种地貌的形成是由于地表上的岩石被侵蚀后，矿物质与动植物的遗体重组

① 来源于 360 百科"富士山"，baike.so.com/doc/5350381-5585837.html

成石灰岩及沙砾岩，石灰岩在一定的气候、生物、地质因素下形成岩溶风景，很厚的红色的沙砾岩则形成丹霞地貌。广西桂林山水、云南石林、贵州安顺龙宫是其中最著名者。

岩溶风景有地表和地下两大类。地表岩溶风景最常见的是石林、峰林、孤峰和天生桥。云南石林内群峰奇石，错落参差，状如笋、如剑、如柱、如菌，奇妙至极。而且，还有平地涌奇峰，孤零零的山峰直指蓝天，周围则如斧劈刀砍，如桂林独秀峰便是这类的典型代表。

地下岩溶风景则主要指溶洞。溶洞是指地下水沿可溶性岩石的缝隙不断侵蚀而形成的地下空间，连点成线、聚线成面，最终成为河流、湖泊、瀑布等。洞内由于侵蚀、崩塌等原因也别有洞天，各种姿态的化学堆积物如石笋、石柱、石瀑布等，甚至形成廊道、厅堂等，栩栩如生。这些溶洞景观也正在被开发为旅游景观。如广东肇庆七星岩、贵州织金的织金洞、湖北利川的腾龙洞等。特别是湖北利川以腾龙洞为主体的洞穴群震惊世界，被誉为"溶洞之王""地球之宝"。洞穴计600多个，洞洞相连，面积极大。洞内还形成了许多台阶状瀑布和潭水，处处都是迷宫和陷阱，给游人以无限求知探秘的乐趣。

观赏这种洞穴，在中国的山水洞旅游中常取综合式，现代系统论美学观点。即在体验世俗的快乐中，向深层的审美快感进发，调动生理及心理诸要素的愉悦，综合地对洞穴进行欣赏。特别是一些洞穴以自己的洞穴特色命名菜谱，与美食结合形成绝妙的工艺品。这种综合式的欣赏山水办法，在历史文化的淀积上表现出极高的成就，就洞来说往往见洞内洞外，自然与文艺，人工与自然景融合，低级与高级感官的调动，都与西方及国内学院派的做法不同。显然，中国的综合欣赏是中华民族几千年文化成就的体现①。

（二）丹霞风景旅游

除了岩溶风景外，由沉积岩形成的另外一种特殊地貌就是丹霞地貌。这种地貌是由于沉积岩中的沙砾岩受到强烈的氧化作用而使得岩体呈红色。这种岩石多为垂直层面，裂缝中往往带有稀松的页岩，因此极易被各种内外力作用侵蚀而使得整块岩石崩塌，出现丹红色的悬崖峭壁。这种地貌如果能配以绿树碧水，就是一种不可多得的美景。广东仁化县丹霞山为此类地貌之最为典型者，故以"丹霞地貌"为此类地貌的总称。

我国目前已发现丹霞地貌200多处，福建的武夷山、安徽的齐云山、江西的龙虎山、湖南的岳麓山和毛泽东词中提到的长沙"橘子洲头"都很有名。这种红色沙砾岩厚实，成整体性，便于雕塑，云冈石窟、大足石刻、乐山大佛等，便均开凿在红岩地带。

① 陈诗才.自然风景旅游［M］.北京：地震出版社，1993.

案例学习：

中国南方喀斯特[①]

中国喀斯特有面积大、地貌多样、典型、生物生态丰富等特点。"中国南方喀斯特"面积占整个中国喀斯特面积的55%，是我国政府2006年申报世界自然遗产的唯一项目，由云南石林的剑状、柱状和塔状喀斯特，贵州荔波的森林喀斯特，重庆武隆的以天生桥、地缝、天洞为代表的立体喀斯特共同组成。这一区域集中了中国最具代表性的喀斯特地形地貌，其中很多景点享誉国内外：云南石林以"雄、奇、险、秀、幽、奥、旷"著称，被称为"世界喀斯特的精华"；贵州荔波是布依族、水族、苗族和瑶族等少数民族聚集处，曾入选"中国最美十大森林"。

"中国南方喀斯特"经历了长期的地质年代，是地球重要而典型的自然地理特征和喀斯特地貌形态，既保留了地质历史时期古喀斯特遗迹，又代表了重要的和正在进行的喀斯特过程。受青藏高原隆起等影响，演化至今的"中国南方喀斯特"已完整形成了一个热带、亚热带喀斯特上升发育区的结构系统和演化序列，对研究现代区域水文网及长江三峡的形成等都提供了宝贵的地貌证据。

"中国南方喀斯特"在地质地貌、生物生态、美学、民族文化等方面的世界价值（突出普遍价值）长期以来得到了国内外的广泛重视和认同。"中国南方喀斯特"申报自然遗产得到了中国政府和世界自然资源保护联盟的支持。

思考题：

1. 如何理解文化与景观的关系，它们能否相互独立而存在？

2. 山地、高原等具有屏障性的地貌与孕育悠久文明的平原地区差别极大，为何也会孕育出深厚的人类旅游文化？

3. 求知探奇等人类实践促使人们发现更多的新事物和新区域，也助力了大众旅游的飞速发展和旅游文化的深入研究，试论"旅游"与"文化"的关系。

本章参考文献：

1. 刘勇杰. 基于唐代社会环境要素下的唐代文人旅游活动研究 ［D］. 长春：东北师范大学，2013.

2. 王子超，陈力鸥. 明清之际文人的山水游历"适性"观 ［J］. 厦门大学学报，

---

① 来源于360百科"中国南方喀斯特"，baike.so.com/doc/6667517-6881353.html

2011（3）：49-55.

3. 张慧艳. 北京国际山地徒步大会群众参与研究［D］. 北京：首都体育学院，2015.

4. 王明星. 文化旅游：经营·体验·方式［M］. 天津：南开大学出版社，2008.

5. 刘翠. 休闲旅游文化基础［M］. 北京：清华大学出版社，2008.

6. 王玉成. 旅游文化概论［M］. 北京：中国旅游出版社，2005.

7. 谢春山. 旅游文化学［M］. 北京：高等教育出版社，2012.

8. 邵航，田至美. 中国峡谷旅游的产品类型与开发模式［J］. 资源与产业，2007，9（5）：41-44.

9. 丁登山等译. 自然地理学原理［M］. 北京：高等教育出版社，1996.

10. 王嘉良，张继定. 新编文史地辞典［M］. 杭州：浙江人民出版社，2001.

11. 周存忠，程式. 地震词典［M］. 上海：上海辞书出版社，1991.

12. 许力以，周谊. 百科知识数据辞典［M］. 青岛：青岛出版社，2008.

13. 王杰，王保畲，罗正齐. 长江大辞典［M］. 武汉：武汉出版社，1997.

14. 李民，王星光，杨静琦，等. 黄河文化百科全书［M］. 成都：四川辞书出版社，2000.

15. 高科.1872—1928年美国国家公园建设的历史考察［D］. 长春：东北师范大学，2017.

16. 王慧. 荒野哲学与山水诗——关于西方生态哲学与中国山水诗的跨界研究［D］. 苏州：苏州大学，2008.

17. 印开蒲，鄢和琳. 生态旅游与可持续发展［M］. 成都：四川大学出版社，2003.

18. 李一飞. 地质公园旅游环境容量规划及其实证研究［D］. 北京：北京中国地质大学.2009：68.

19. 尹郑刚. 沙漠旅游主客体系统及景区竞争优势：典型案例研究［D］. 兰州：兰州大学，2011.

20. 马生林. 青海建设高原旅游名省探研［J］. 青海社会科学，2010（3）：37.

第 五 章

海洋景观中的人类旅游文化

第一节　海洋旅游文化起源

　　海洋，烟波浩渺，一望无际。面对如此辽阔的海洋，古人不断地探索海洋深处和利用海洋资源，这个过程随着时代的发展和科学技术的进步也变得越来越开放。探索海洋最初是为了捕捞养殖来得到生活物资，之后，出现了学术交流（如中国晋唐时代僧人求经之旅）或政府外交活动（中国明代郑和下西洋），还有利用海洋进行航海商贸等经济活动。航海大发现后，东西方社会对待海洋有着不同的探索态度，由此形成了各自的海洋旅游文化。

一、早期海洋旅行

（一）概述

　　海洋占据着地球 71% 的表面积，为人类的生存生活提供了丰富的资源。如海洋中的鱼类提供了人类蛋白质营养，而盐类更是人类生活必不可少的物质。因此，人类很早就开始了对海洋的探索。根据考古发现，早在旧石器时代，生活在滨海地区的人类就已经开始了海洋活动，当地的人类主要通过捕鱼来获取生活和发展的物资，这种捕捞的活动一直持续在人类的发展过程中，并且逐渐形成了世界上重要的捕捞渔场。当代世界重要的渔场主要分布在中国沿海与日本周围海域、澳大利亚南海域、秘鲁附近海域，以及欧洲南部的地中海、北部的北海、波罗的海。

　　基于对海洋的利用和未知的追求，所有生活在海滨地区的民族都对海洋进行了或多或少的探索，但是由于各地生产力水平的制约，他们的航海工具和航海文化的发展都各有特色。历史学家埃利奥特·史密斯在其著作《早期文化的移动》中研究发现，在新石器时代，从地中海到印度、到中国的沿海、到墨西哥、到秘鲁，都存在着一种海洋文化。它表明，早在四五千年以前，人类便能以独木舟与木筏为航海工具，进行跨洋的航行。这种奇迹般的航海能力，源自各个文化区域的远古先民的不断探索。

在美洲，滨海的印第安人基本上是以"靠海吃海"的海洋捕捞业为主，航海工具也是独木舟。古地中海的航海家早在四五千年以前便突破了独木舟航海时代；最早以航海术闻名天下的腓尼基人，发明了用苇草编制船只的技术，他们使用着这种由苇草编制的大型船只，航行于地中海各地，之后，技术的发展又使得制作船只的主要材料变成了树木。古印度洋北岸是人类海洋文化最早的发源地之一，早在5000年前的哈拉帕文化时期，印度河流域与波斯湾一带就有了不少的海上联系，他们的航海船只也是逐渐由以苇草编成到以木材造船，而且由于海洋活动的频繁，他们对于海上的气候、季风、洋流、方向等知识也有了一定的掌握。阿拉伯人的航海曾有很大的规模，但其主要生活区域缺少这种造船的原材料，因此，他们在航海大时代的发展中居于次要地位。古时的中国在4000~8000年前就已经出现了海洋活动，那些处于沿海地带的辽东、山东、江苏、浙江、福建、广东等地的远古先民，创造了原始造船术、航海术，并发明了罗盘和指南针，之后又不断丰富着造船技术和海洋文化，但是随着对待海洋政策的变化也使得中国没有跟上航海发展的步伐。

航海自古以来就是人类活动项目的重要组成部分。这种早期的航海活动，既是一种产业活动、经济活动，还是一种寻求知识和解决未知的探险之旅和科学考察。在航海中的人们会收获离开定居地的解脱、发现新陆地的喜悦和到达港口地的快乐。这种过程往往表现为豪迈与艰苦，而不是享乐与消遣。当然，这些早期的海上探险者也会带回海外异域的奇闻逸事、民风民俗，这些也是对其他地方的海滨居民的强大的文化吸引力。据此我们将早期的海洋旅行作为海洋旅游发展历史的最初阶段。在这一阶段，滨海旅游以及海洋周边国家的旅游得到了发展，一些重要的海滨城市和港口被发现，用于航海旅游的工具和技术如船舶、航海技术等取得了重大的成就。而不同地域的人们通过航海进行初步的文化传播和交流，包括航海者们在海上航行获得的古老的航海手段和故事等在今天成了发展海洋旅游的文化历史资源。世界上很多国家、很多民族都有海洋旅行的事迹，本章重点介绍欧洲和中国的海洋旅行。

（二）欧洲早期的海洋旅行

欧洲是西方文化交流的中心，由于其大陆三面临海，海岸曲折，特别是南部的地中海地区，岛屿、海峡众多，自古以来航海业发达，先后产生了以古埃及、腓尼基为代表的北非文明，以及古希腊罗马文明，因此是典型的海洋文化。

欧洲有记载的海洋旅行最早开始于腓尼基时代，公元前3000多年，腓尼基人就开始在地中海和爱琴海进行海洋旅行，先后抵达马耳他、西西里和北非海岸，并环绕阿拉伯半岛航行，一直旅行到波斯湾和印度。他们的旅行范围西越直布罗陀海峡，北至波罗的海，东到印度洋的波斯湾。腓尼基人因而被称为"海上民族"。古埃及人则在公元前25世纪立国之际，便已能驾驶帆船沿地中海航行。

而古时欧洲最为著名的海洋文明无外乎欧洲文明起源的希腊文明，由于希腊半岛土壤贫瘠、多山多丘陵，只有不到1/5的平原地区可以种植谷物，需要经常与其他海滨地区进行物质交换，因而希腊各个岛屿城邦之间的航海商贸非常频繁，且是他们最重要的联系方式，他们在爱琴海中往来如梭，跨越地中海，前往埃及、意大利等地。在此过程中，由希腊文明发展起来的海洋文化也变得丰富多彩，如希罗多德（Herodotos，公元前5世纪）是古希腊人，在地中海沿岸旅行多年，写出了历史学巨著——《历史》。毕特阿斯（Pytheas，公元前4世纪）绕过不列颠，驶往北冰洋，并且了解到月相与潮汐的关系。斯特拉波（Strabo，公元前64—公元23年）在完成他的地理名著《地理学》之前，游览了许多国家来核实著作中的描述。

之后，希腊文明没落，地中海迎来横跨亚洲、欧洲和非洲的罗马文明，罗马、亚历山大里亚等大城市成为商品集散地和内外贸易枢纽，地中海彻底变成了罗马帝国的内海，航海家们绕过爱尔兰半岛，抵达设得兰群岛附近海域，他们甚至利用西南季风从东北非横渡阿拉伯海抵达印度。

到了中世纪，欧洲形成了以北海、波罗的海的渔业为主导产业的北欧渔业区和以南部平原的农业为主导产业的南欧农业区。这两大商贸区经常通过海上运输来交换生活物资。如北部日德兰半岛的诺曼人通过远距离航行整个中欧、西欧和南欧，来从农业国家换取粮食和其他物资；诺曼人还曾向东航行，穿过波罗的海，抵达里加湾和芬兰湾，进入伏尔加河，然后抵达黑海和拜占庭帝国；向北，他们绕过斯堪的纳维亚半岛，跨过巴伦支海和北欧地区。而南部的农业国家由于处于地中海地区，经常通过地中海周边的航行来进行商业贸易、互通有无，甚至有一些商人跨海前往亚洲经商。这些地中海的航海活动，极大地促进了沿海工商业城市的发展，如威尼斯、佛罗伦萨、热那亚、那不勒斯等。

除了欧洲本土之间的航海旅行外，一些航海者还来到东方展开贸易、传教和探险。如阿拉伯的旅行家苏莱曼来到中国旅行，并于851年出版《苏莱曼游记》，记述了他所经过的海区、岛屿还有中国的广州等地的风土人情。在中世纪，宗教旅游特别普遍，商业的发展也促进了商务旅游。1275年，意大利人马可·波罗来到中国并在中国生活了20年，他的《马可·波罗游记》记述了中亚、西亚、东南亚等地许多国家的风俗人情，对新航线的开辟和航海事业的发展带来了重大的影响。

之后，航海大发现的时代开启，海洋航行活动急剧增加，并获得了重大发现。1415年，葡萄牙的亨利王子率领船队越过直布罗陀海峡到达非洲北部，并通过他的影响而在葡萄牙建造天文观测台、船埠、航海学校。欧洲史学界认为这是欧洲人首次大规模的海上探险之举，也是欧洲人掠夺海外殖民地的开始。1487年，葡萄牙的迪亚士到达了非洲的南端，并命名为"好望角"，这次航海是欧洲人航海的重大转折点，从此浩瀚无涯的印度洋展现在欧洲航海者的面前。1498年，葡萄牙的达·伽马率领船队抵达印度西海岸，通往印度的海上新航线从此开通。而这一时期最为著名的就是意大利的航海家哥伦布于1492—1502年发现了美洲大陆，并横渡大西洋，到达巴哈马群岛、古巴、海地、多米尼加、波多黎各、牙买加、洪都拉斯、巴拿马等地，这次跨世纪的航行成为欧洲人横越太平洋的首次尝试。由于有了以上航海家们的航海经验和开通的新航线，1519—1522年麦哲伦和他的探险队向西航行，穿过大两洋，抵达南美洲的东海岸，接着沿巴西海岸南下，绕经南美洲大陆与火地岛之间的海峡，进入太平洋，经过菲律宾时麦哲伦由于介入了当地土著人的纠纷而身亡，其伙伴们在狄加诺的带领下横渡印度洋，绕过非洲南端的好望角，往北航行回到了西班牙。通过这次环球旅行，证明了地球确实是个球形。人们形象地把它叫作"地球"，并将麦哲伦称为最早环球旅行的人，这是人类航海史上最完美却相当悲壮的第一次环球航行。16世纪中叶到17世纪末叶，荷兰人发现了澳大利亚、新西兰，开辟了从印度洋到太平洋的新航路；俄国人发现了整个亚洲北部、北冰洋，开辟了从欧洲东北越过西伯利亚到达亚洲东北、越过白令海峡到达东北美洲的阿拉斯加的北方新航路；英国人、法国人和其他欧洲人发现了北美许多地区、世界第一大岛格陵兰。各大洲传统的地区海上贸易演变为面向世界市场的全球贸易。

地理大发现之后，欧洲尤其是英国、德国等科学家进行了大规模的海洋科学考察旅行和探险旅行，从事航海路线、动物、植物和地质等方面的研究。如1831年英国生物学家达尔文乘军舰进行了环球航行。通过采集大量生物和化石标本，进行了大量科学研究，并于1859年出版了《根据自然选择的物种起源》一书，轰动整个欧洲学术界。恩格斯称其进化论是19世纪自然科学三项最伟大的发现之一，认为"有了这三个大发现，自然界的主要过程就得到了说明，就归结到自然的原因了（《马克思恩格斯选集》第3卷第527页）"。该理论也传播到了清王朝统治下的中国，其"物竞天择，适者生存"等思想对国人造成了巨大的影响。

（三）中国早期的海洋旅行

中国是世界文明发源地之一，传统经济以农耕为主，然而并不妨碍沿海居民向海洋求生存。由于中国东部面临浩瀚的太平洋，有着极为漫长的大陆海岸线，还有6000多个大小岛屿，因此，海洋旅游文化源远流长。

我国古代的文学作品中很早就有了关于海洋的记载。如先秦典籍《山海经》记述了其有史以来的山、海、人物和故事，共有18经，但从第六经开始便为海经，有《海外经》四篇、《海内经》四篇、《大荒经》四篇和《海内经第十八》一篇。其中《大荒经》和《海内经第十八》成书最早，约在战国初期和中期。书中记载海洋及其周边国家的内容非常丰富，仅《大荒东经》记录的东海之外、大荒之地的国名就有羲和国、大人国、小人国、君子国、白民国、青丘国、黑齿国、夏州国、盖余国、玄股国、固民国、中容国等，还说："东海中有流波山，入海七千里。"这些都是中华民族最初的海洋印象。

到了先秦时期，由于航海技术的发展及海滨地区的需要，临海的吴、越、齐、燕等国与日本、朝鲜、越南等国家已有海上往来。之后，统一六国后的秦朝开启了中央集权式的封建时期，社会生产力得到极大提高，北起渤海、南至两广一带的海上旅行交通线全部得到开通且彼此联系密切，海上的商贸旅行得到迅速发展，当时的航海事业已相当发达。

根据美洲印第安的玛雅古文化遗址中发现的一些类似中国上古文化的文物，有人推测，早在夏代的时候，从华北，经东北，经阿拉斯加，到美洲之间存在着一条漫长的接力棒式的商品转手贸易[①]。还有人认为，上古先民漂流美洲的路线有三条。第一条是北太平洋海流，由钱塘江附近的河姆渡起，中途经过夏威夷岛北端，而后直达墨西哥北部的瓜达卢佩岛附近，近代在夏威夷岛上出土了有大汶口人的遗骨，证明了百越人和龙山人顺这条海流向东漂流的事实。第二条漂航的海流是赤道逆流，即百越人从福建、沙漠经中国台湾到菲律宾；另一支从中国广东直接到菲律宾，经婆罗洲北部和苏拉威西岛，向东漂流直达波利尼西亚各岛，进而远达美洲西岸。第三条路线，从海外龙山文化被发现的遗址分布状况看，上古先民从山东渡过渤海，沿黄海北岸到达朝鲜半岛南端，然后顺左旋环流漂航到日本北部，再穿过津轻海峡，乘黑潮和北太平洋暖流向东漂航[②]。当然，这些推测由于缺少史料记载而有待进一步考证。

但史书确切记载了秦始皇四次东巡，北至辽东碣石，南至江南杭州，且派徐福率领工匠和数千童男童女出海寻找传说中的蓬莱、方丈、瀛洲三座海上神山，寻求长生不老的仙药。徐福的船队从山东青岛的琅琊台出发，顺着洋流航行，经朝鲜到日本。有研究表明徐福等人之后在日本定居而不归，以免被降罪。这些人不仅带去了当时中国先进的生产技术和工具，而且传播了中国文化，深受日本人民的敬重。而在檀香山发掘出有"篆字"的文物，墨西哥等地也发掘出中国秦代文物，甚至在委内瑞拉北部距墨西哥湾不远处，至今仍有一部分黄色的"山上人"，身穿中国古装，脸型与口语发音都与中国人相似，与当地华人互相称为"拜山拿"，即"同胞"，据说是中国"寻药人"的后代。从时间上来看，很可能徐福去美洲要大大早于哥伦布发现新大陆。

秦朝以后，汉武帝七度巡海，西汉不仅开辟了西域的丝绸之路，还开辟了从合浦、徐闻出发的海上丝路，沿北部湾、中南半岛、马来半岛岸边航行，经孟加拉湾，抵达印度东海岸、南海岸。东汉和帝永元九年（公元前97年），甘英出使大秦，最远到达波斯湾。东晋著名僧人法显从长安出发，到达印度，留居10余年，从海路回国，途中经过狮子国（今斯里兰卡）、爪哇（今印度尼西亚）等国家，在山东青岛的崂山登陆。法

---

① 章必功.中国旅游史 [M].昆明：云南人民出版社，1992.
② 叶雨蒙.谁比哥伦布先到达美洲 [M].北京：昆仑出版社，2003.

显把旅行中的所见所闻写成《佛国记》一书，记载了他经历的 30 多个国家的山川风物。《佛国记》不仅是 5 世纪初重要的佛教历史资料，也是我国现存历史资料中关于海上交通和航海旅行最早的详细记录，是研究南亚次大陆的重要史料。

唐代由于社会安定，经济文化发达，与周边国家联系密切，因此其海上旅行活动更为频繁。著名的有僧人义净从广州出发，乘船经过爪哇、苏门答腊、马来半岛到印度求法，25 年游历了 30 多个国家，之后从海路返回洛阳，写成《南海寄归内法传》和《大唐西域求法高僧传》，是研究当时中国和东方海上交通旅行史的重要历史资料。而律宗大师鉴真和尚先后 5 次东渡，历尽艰辛均遭失败，于第六次东渡终于抵达日本，成为日本佛教律宗派的创始人，为发展中日两国人民的友好关系和航海旅行做出了重大贡献。

元朝的著名航海旅行家汪大渊 20 岁就首次从泉州搭乘商船出海远航，历经海南岛、占城、马六甲、爪哇、苏门答腊、缅甸、印度、波斯、阿拉伯、埃及，横渡地中海到摩洛哥，再回到埃及，出红海到索马里、莫桑比克，横渡印度洋回到斯里兰卡、苏门答腊、爪哇，经澳洲到加里曼丹、菲律宾返回泉州，前后历时 5 年。两年后，汪大渊再次从泉州出航，历经南洋群岛、阿拉伯海、波斯湾、红海、地中海、非洲的莫桑比克海峡及澳大利亚各地。汪大渊先后两次下"东洋"和"西洋"（元朝和明朝以现今南海东经 110°以东为东洋，以西至非洲东海岸为西洋），游历了几十个国家，并将所见所闻写成《岛夷志略》一书，是研究元朝南海交通和旅行的重要著作，涉及国家和地区达 220 余个，对研究元代中西交通和海道诸国历史、地理有重要参考价值，引起世界重视。1867 年以后，西方许多学者研究该书，并将其译成多种文字流传，公认其对世界历史、地理的伟大贡献。西方学者称他为"东方的马可·波罗"[①]。

最为著名的要数明朝的郑和下西洋。郑和的船队经福建、虎门，扬帆南下到爪哇（今印度尼西亚）、暹罗（今泰国）、满剌加（今马六甲）、苏门答腊、忽鲁谟斯及非洲东岸等地，之后返回。此后相继率船队远航六次，出访和游历了亚洲和非洲 30 多个国家和地区，最远到达非洲东岸和红海海口。郑和的六次航海活动促进了中国和亚非各国的经济、文化交流，这是中国也是世界航海旅行史上规模空前的伟大创举。

此后，东西方的交通越来越多地经由东南海道，中国商人与海外商人之间通过海路来往，海上航行不断。只是由于明清海禁政策，使中国痛失参与地理大发现的良机。之后的中国对于地理的了解便止步于此，正如李圭在《环球地球新录》中提到：地形如球，我中华不信是说者十常八九，圭初亦颇疑之。今奉差出洋，得环球而游焉，乃信。……使地形或方，日动而不动，安能自上东海行，行尽而仍回上海，水陆共八万二千三百五十一公里，不向西行半步欤？地球是圆的这一科学事实今人都知道，但在 19 世纪的中国却振聋发聩，使无数知识分子开始向西方追求真理。

---

① 来源于百度百科"汪大渊"，baike.baidu.com/item/%E6%B1%AA%E5%A4%A7%E6%B8%8A/2176454?fr=aladdin

二、现代海洋旅游

（一）初始阶段

现代海洋旅游开始于18世纪早期，最初是一些著名海滨城市为满足当地居民的生活、休闲需求而建设了海滨浴场，如1730年在英国的斯盖堡拉和布赖顿就已经出现专门为城市居民提供的海水浴。之后，人们发现海水浴有利于身体的康复和健康，甚至能够治疗一些疾病，因此，一些更为专业的海滨疗养地被开发出来。而在同一时期，工业革命也同时推动了人类的交通革命。火车的诞生促进了陆上各国之间人口的流动和旅游业的迅速发展，而轮船的发明促进了国家之间的海路交流和国际旅游的发展。于是，现代海洋旅游需求被激发，越来越多有条件的外来游人来到一些著名的海滨疗养地进行观光和疗养，而旅游产品主要有海水浴、阳光浴、医疗保健以及少量的娱乐活动，现代海洋旅游正式诞生。

在这一时期，一些国家的政策也在逐渐向着旅游发展的方向偏移。如1871年8月，英国就开始实行"8月海岸休假日"。经济的增长和政策的实施推动着欧洲大西洋沿岸以及地中海沿岸冬季避寒疗养地和度假地的出现，由此世界温带和亚热带滨海旅游日益兴起。

（二）发展阶段

第二次工业革命后，汽车工业的发展使得人们外出旅游的质量和效率大大提高，而造船工艺的进步使得远洋邮轮等大型船只开始成为民用旅游的工具，科学技术的发展使得人类能够借助于工具出入到海洋的各个层面包括滨海、远洋和海底等进行旅游活动，城市生活的不适应和工业污染也激发了人们外出旅游回归自然的需求。这个时期的海洋旅游活动不再仅仅是以往的海水浴、阳光浴、医疗保健活动，还出现了许多体育运动和休闲娱乐活动，如滑水、划船、跳伞、潜水、帆船、邮轮、垂钓等，这些新型旅游活动的快速发展使得相应的海滨休闲娱乐设施也建设起来，由此带动了相关产业的发展。这一时期，地中海成为世界著名的海洋旅游中心，加勒比海等热带滨海旅游也开始引人注目。在滨海地区，海滩度假、游艇运动、娱乐性捕鱼等旅游休闲活动也日趋流行，缅因州的芒特迪瑟特岛（Mount Desert Island）、新泽西的开普梅（Cape May）和朗布兰奇（Long Branch）都成为著名的滨海旅游地，每到夏季游客便络绎不绝[①]。

（三）成熟阶段

第二次世界大战以后，和平与发展成为时代的主题，国家之间的关系得到极大的缓解，相继开展免签证、自由兑换货币、开放对外国际航线等一系列政策，还有民用飞机

---

① 毛达.海有崖岸：美国废弃物海洋处置活动研究（1870s–1930s）[M].北京：中国环境出版社，2011.

的普及等对国际旅游业起到了巨大的推动作用。科技革命带来了技术领域的腾飞，自动化的快速发展使得大众旅游成为常态。经济的迅猛发展和城市化的弊端日益凸显所带来的心理落差使得人们的旅游观念转变，旅游成为必不可少的亲近自然的活动。为了满足更多样化的旅游需求，海洋旅游活动不断创新，新的旅游产品和旅游项目层出不穷，如度假村、海底隧道、玻璃船、水族馆、高尔夫球、大型游乐园等。而新的海滨旅游胜地也更多地出现在生态环境保护良好，大力发展海洋旅游的欠发达国家，如东南亚的新加坡、马来西亚、印度尼西亚等，地中海的塞浦路斯、马耳他等。

这一时期海洋旅游成熟的标志在于：一是世界上几乎所有拥有海洋旅游资源的国家和地区都对海洋旅游进行了不同程度的开发；二是原地中海和大西洋沿岸的温带旅游胜地不再一家独大，加勒比、南中国海、夏威夷、澳大利亚等热带滨海地区成为新的海洋旅游胜地，极地地区的海洋旅游业方兴未艾；三是海洋旅游的快速发展带动了世界人们的旅游热潮，海洋旅游业成为许多沿海国家和地区的主要创汇来源和国民经济的支柱产业，特别是海岛地区，如巴哈马、百慕大、开曼群岛等。

由于人类对海洋的了解不断加深，对于海洋资源的利用已不再局限于海洋捕捞和近海养殖。由于对季风和洋流等海洋知识的了解，加之海洋运输成本的急剧降低，海洋运输和海外贸易成为国家间贸易的主要方式之一。同时，港口、海洋油气、海洋渔业、海洋造船、海洋食品、海洋医药等多元化的发展，也形成了效益可观的海洋经济。海洋成了人类发展的必不可少的一环。

案例学习：

大连的海洋旅游文化[①]

大连东溯浩瀚的黄海，西临一望无垠的渤海，南与山东半岛隔海相望，北倚东北三省及内蒙古东部广阔的腹地。大连海岸线全长1906公里，占辽宁省海岸线总长度的73%，是全国海岸线最长的城市。

大连拥有着丰富的海滨自然景观文化。一是有众多的海水浴场，现有星海公园、老虎滩、大小付家庄、棒槌岛、金石滩、黄金山、仙浴湾等60余个海水浴场，海滩宽阔平缓，海水清澈洁净，自然条件好，具有很大的发展潜力。二是有十分典型的海岸地貌，各种海蚀平台、海蚀桥、海蚀洞、海蚀崖等地貌形成了大量奇异的礁石风光。其中最为著名的是：金州区大李家镇朱家屯一带，长达10公里的海岸形态各异的灰色礁石构成凝固的动物园奇观；金州区黄海沿岸的金石滩，这里有我国罕见而完整的震旦纪、寒武纪的地质地貌和沉积岩石，丰富多彩的生物化石形成了一个天然的地质博物馆；滨

---

① 张金忠，宋欣茹.大连市海洋旅游文化发展研究［J］.海洋开发与管理，2012，29（11）：125–128.

海路景区的西北部有被著名地质学家李四光发现的"莲花山"的地质构造奇观。三是有各类自然保护区共12个，其中国家级自然保护区包括辽宁蛇岛老铁山国家级自然保护区、大连城山头海滨地貌国家级自然保护区、辽宁仙人洞国家级自然保护区、大连斑海豹国家级自然保护区。

大连还具有深厚的近代海洋战争历史文化。中日甲午战争和日俄战争等近代战争遗迹是大连重要的文化景观。大鹿岛至黑岛南海域发生的中日甲午海战，民族英雄林永升在黑岛南海老人石附近壮烈殉国，此处现已被设为"爱国主义教育基地"。庄河花园口是甲午战争时日军侵占旅顺的第一登陆点。旅顺口区是我国日俄战争遗迹最集中地区：东鸡冠山北堡垒、日俄监狱旧址、电岩炮台、白玉山、军港公园、旅顺博物馆、苏军烈士陵园等珍贵的历史遗址等，被称为"半部中国近代史"见证的历史文化景观，已成为进行爱国主义教育的好场所。

大连还发展出了多彩的海洋主题公园文化和海洋民俗节庆文化。主题公园作为旅游资源的重要补充和现代旅游中的重要类型之一，正以其独特的内涵和新颖的形式吸引着越来越多的游客。大连目前有老虎滩海洋公园和圣亚海洋世界两个海洋主题公园，是展示海洋文化，突出滨城特色，集观光、娱乐、科普、购物、文化于一体的现代化海洋主题公园。大连的民俗节庆文化则围绕海洋做足文章，很好地将服装文化、体育文化、海滨文化、生态文化、民俗文化、会展活动巧妙地融合在一起。大连的海洋民俗节庆丰富多彩，具有地方特色，如国际钓鱼节、冬泳节、沙滩文化节、长海马祖旅游文化节、长海渔家风情节、北海渔民节、龙塘海灯节等。节庆文化是大连概念文化"浪漫之都"得以体现的有效途径，是大连旅游文化品牌的特色部分。

大连旅游文化发展取得显著的成绩。1999年，大连市推出"浪漫之都"的旅游形象定位，2003年大连注册了"浪漫之都"文化品牌，并在国家工商总局注册了42个系列的相关产品，开创了国际旅游业先河。世界旅游组织专家评估，其价值约1000亿元，并将成为大连在未来国际旅游市场竞争中重要的无形资产。2007年，大连市提出了"风情海岸"旅游休闲概念，形成了以滨海休闲为主体，温泉滑雪、乡村体验、节庆活动等多种旅游休闲业态蓬勃发展的新格局，为打造旅游休闲的国际名片打下了良好基础。大连创造性地开发了夏季"3S"（阳光sun、海水sea、沙滩sand）和冬季"3S"（温泉spring、运动sport、购物shopping）系列旅游产品，以海文化为背景，开发海滨风光、海岛休闲、海洋生物和科普、海洋娱乐、海上运动、大连海鲜、山林休闲、温泉旅游、节庆活动、婚庆主题、体育健身、历史文化、工农业旅游等系列旅游文化产品，这些产品体系使大连旅游文化品质得到了进一步提升。大连赏槐会、国际服装节、国际啤酒节、国际沙滩文化节、东亚国际旅游博览会、夏季达沃斯等节庆活动已成为国际交流的重要平台。

第二节　滨海休闲旅游文化

一、滨海旅游文化概况

海滨即海岸，指水陆交汇处狭窄的陆上地带。而滨海旅游则是指发生在滨海地带、以海洋为依托的旅游活动，如海滨旅游、海岛旅游、海上游览、海底潜游、海上体育活动等。滨海旅游在海洋旅游业中占据着极为重要的地位，是拥有滨海旅游资源的国家应该大力发展的旅游产业，正如联合国《21世纪议程》中强调，"沿海国家应当探索扩大依靠海洋资源开发消遣和旅游活动的潜力"。

海滨拥有着无与伦比的魅力。这里有碧蓝的海水、金黄的沙滩、舒爽的海风、温馨的空气、时涨时落的浪潮和忽隐忽现的岩石，还有掩映在椰子树下的现代建筑，构成一幅幅精美的画面。滨海地区空气清新、阳光充足，由于受海洋气流的调节，夏无酷暑，冬无严寒，气温分布均匀，是观光、游览、避暑、疗养、度假、运动和水上活动的胜地。人们在滨海地区可以进行潜水、游泳、嬉水、划船等一系列水上运动，还可以在海边尽情地享受阳光、沙滩和清新的空气，品尝到种类繁多、营养丰富、味道鲜美的海洋产品。海水中还含有钠、钾、碘、镁、氯、钙等多种矿物质，对人体的健康十分重要。如今的人类已不再仅仅是通过探索海洋的资源来求生存、求发展，同时还利用海洋的自然旅游资源和人文旅游资源来达到人类休闲度假、康养医疗等精神需求。海洋对于人类的意义已经发生了很大的变化，人类从最初的畏惧海洋到近代的征服海洋，再到现代的敬畏海洋，对其开发利用也从生物资源掠夺到近代的矿产资源开采到现代的多方位全面开发。由此，滨海旅游是最先产生也是发展最快最成熟的海洋旅游。尤其是随着现代自然生态环境破坏加剧，有着"三S"之称的海水、海滩、阳光（Sea、Sand、Sun）更是成为重要的旅游开发资源，并在世界上形成了一系列著名的滨海旅游胜地。

世界上的海滨地区由于地理位置的不同，会形成不同性质的海岸。如我国海岸带大体上分三类：基岩海岸、泥沙质海岸、生物海岸。钱塘江口以北，除山东半岛、辽东半岛为基岩海岸外，大都为泥沙质海岸；钱塘江以南至北回归线，大都为基岩海岸；北回归线以南属泥沙质海岸，部分地区还发育了由珊瑚和红树林组成的生物海岸。海岸不同，就会形成不同的姿态各异的海滨景观，其中包括海水侵蚀岩石形成的海蚀风景，沙滩和阳光、海水、树木相配合的海积风景，三角洲、连陆岛、环状沙坝等海积地貌和由珊瑚或红树林组成的长堤林道。

海滨还与海潮密不可分。海潮是海水每天涨退的自然现象，因地球在转动运行中受太阳与月亮的引力作用而形成。潮涨潮落也是海滨地区重要的旅游景观。我国海域内多有海潮现象，最负盛名的是钱塘江口的海潮。钱塘江海潮潮峰最高达 10 米多高，曾把 3000 多斤重的"镇海铁牛"抛出 10 多米远。气势磅礴，令游人叹为观止。

二、滨海旅游活动

滨海地区最为常见的旅游活动有海边嬉水、海水洗浴和近海游泳等。由于海水中富含易为人体吸收的碘、钾、钙、镁、硫等矿物质元素，能够刺激皮肤上的生物活性点，因此浸泡在海水中可以有益于身体的健康，增强体质。而水浪的压力也可以改善血管的活动，对防止心脏病和心血管疾病有一定的作用。海滨的空气富含盐分和被称为"空气维生素"的负离子，使得人更有活力。

还有一些相对静态的海滨旅游活动，有日光浴、泥浴和沙浴等。其中日光浴可以产生很多有益的生理作用。紫外线能杀死皮肤表面细菌，改善皮肤的弹性、光泽和体内糖代谢，刺激血液细胞的新生，促进维生素 D 的合成和钙的吸收等；而红外线则可以增加皮肤温度，改善皮肤的血液循环等；可见光则有一定的镇静、止痛的作用。泥浴和沙浴则是通过揉搓、刺激、吸收来达到净化身体的休闲方式，能够起到一些保健治疗作用，促进血液循环，对皮肤病、风湿、关节炎等有一定的理疗效果。

另外还有一些别有乐趣的休闲活动项目，如沙雕和海钓。沙雕艺术最初是人们通过发挥自己的积极性和创造性来堆造出自己所想要的沙体造型而演变过来，之后逐渐发展成为艺术，艺术家们开始将其发展成为巨型雕塑。沙雕艺术体现出自然美和艺术美的和谐统一，其所特有的视觉奇效和艺术魅力风靡全球。世界各地都有沙雕节。我国最早、最著名的沙雕节是"中国舟山国际沙雕节"。而海钓则可以称为一种重要的休闲和竞技项目，素有"海上高尔夫"之称。现代意义上的海钓更加关心钓具、饵料、方法的科学性和活动项目的娱乐性。

而海滨动态旅游活动中最具挑战性和代表性的无外乎就是冲浪了。冲浪运动是一项颇为惊心动魄的海上体育运动。运动员站在一块小小的冲浪板上勇敢地驾驶着波浪，不断地调整身体的姿势以保持平衡。随着科学的发展，冲浪的方式、类型和工具也愈加多样化。其中帆船冲浪起源于荷兰。1660 年，荷兰的阿姆斯特丹市将一条名为"玛丽"的帆船送给英国国王查理二世，1662 年，查理二世举办了英国与荷兰之间的帆船比赛。现代帆船活动也起始于荷兰。1900 年，第二届奥运会将帆船列入比赛项目。

滑水则是另一种"冲浪"，是人借助动力设备的牵引，在水面上"行走"的水上运动。动力设备的选择有汽艇、拖船、电动索道、直升机等。还有使用"水上轿车"游艇、摩托艇等设备进行海面冲浪，这类高速水上运动富有现代文明的特征，其比赛场面壮观激烈、精彩纷呈。

三、滨海旅游文化区

最初的海洋活动都是靠近陆地的近海航行。直到 15 世纪后期开始的地理大发现，才出现了远离陆地的跨洋航行，使得航海商贸、海上探险活动突破了地域局限，从而形成了许多著名的滨海旅游城市。这些城市与航海大发现时代人类的海上航行路线密切相关，且多集中在中低纬度的热带、亚热带，一般具有夏季凉爽、冬季温暖的特性，基本上不受季节影响，人们随时都可以到海滩游玩。由于它们有稳定的发展条件，生命周期长，所以更能够形成稳定而发达的海滨名城。现代世界著名滨海旅游胜地有：

（1）地中海、黑海沿岸地区。如西班牙著名的滨海旅游区"太阳海岸"，有"幸福岛"之称的加那利群岛，有"地中海浴池"之称的巴里阿里群岛，法国芒通"蓝色海岸"，意大利亚得里亚海滨，罗马尼亚、保加利亚的黑海海滨。

（2）大西洋西部的墨西哥湾、加勒比海沿岸地区。如美国的迈阿密、古巴的巴拉德罗、小安得列斯群岛西南的阿鲁巴、开曼群岛等。

（3）印度洋东部沿岸地区。如马尔代夫，东南亚各国沿海，包括印度尼西亚的巴厘岛、泰国的普吉和帕塔亚、马来西亚的槟榔屿、菲律宾的宿务等。

（4）太平洋地区。如太平洋西部的日本沿海、关岛，以及位于太平洋中部的西萨摩亚群岛、斐济群岛、夏威夷群岛、东澳大利亚沿海，太平洋东部沿岸的加拿大温哥华"海上之村"等。

案例学习：

澳大利亚"黄金海岸"[①]

澳大利亚黄金海岸位于澳大利亚东部海岸中段、布里斯班以南，由一段长约42公里、10多个连续排列的优质沙滩组成，以沙滩金色而得名。气候宜人，日照充足，海浪险急，适合冲浪和滑水，是冲浪乐园，昆士兰州重点旅游度假区。

黄金海岸属亚热带季风气候，终年阳光普照，空气湿润，一年四季都适宜旅游。这里最著名的海滩有冲浪者天堂、布罗德海滩和梅音海滩。它北起 South Port，南至 Currumbin，这里除了景色宜人之外，最具特点的就是分布着众多富有趣味的主题乐园，比较有名的有华纳兄弟电影世界、海洋世界及梦幻世界等。在黄金海岸冲浪也是一项对游人极具吸引力的水上活动。作为一个开发完善的海滨风景区，黄金海岸的食、宿、行、游、购、娱设施较为齐备，各类游客在那里都可以得到不同的满足。

黄金海岸是澳大利亚的假日游乐胜地，这里有明媚的阳光、连绵的白色沙滩、湛蓝透明的海水、浪漫的棕榈林，来这里旅游度假的人们更为这里增添了不少生机和动感。黄金海岸的中心就是冲浪者天堂（Surfers Paradise），那里风光明媚，旅游设施完备，既可以在太平洋中畅游，也可以在沙滩上打排球，或者只是躺在沙滩伞下享受海景，这

---

① 来源于 360 百科 "澳大利亚黄金海岸"，baike.so.com/doc/3813773-4005196.html.

里可以举行滑水、滑翔跳伞、帆船航行、冲浪、驾驶汽艇及滑浪风帆等各项水上运动。

四、滨海旅游文化发展

海洋，对于人类的生存与发展来说有着无与伦比的重要性。从人类发展最初开始，海滨地区只有少数的近水而居的小渔村，到现在世界上半数左右的发达城市位于海岸线附近。世界上有 70% 的人口，50% 的百万人口以上的城市，位于离海岸线 80 公里的海岸带上；西欧、北美的大西洋沿岸、地中海沿岸等地，每年吸引了世界 40% 以上的游客。因此，滨海旅游文化的发展也是这样一个不断丰富的过程。

人类的海洋活动曾经创造了东西方灿烂的文明，以海洋为背景的古埃及神话、古希腊神话、古罗马神话和北欧神话，为人们提供了丰富的想象空间。海上交通、商业贸易、航海探索、海洋科技、文化交流，曾经为推动社会进步和经济发展发挥了巨大作用，并留下了丰富的人文景观（例如，巴塞罗那是哥伦布远航的出海口，如今海岸边有哥伦布当年出海帆船的复制品，哥伦布广场上矗立着哥伦布纪念碑，它已经成为该市引人入胜的标志）。中国沿海自古以来的神仙思想，以及徐福东渡、崂山道士、八仙过海等相关神话或实践，也留下了众多的地面遗存。海洋自然风光优美，碧海蓝天，惊涛拍岸，珊瑚礁石，海鸥翱翔，它们为现代滨海旅游业的发展提供了良好的条件。

由于工业化和城市化的发展使得人类对陆地资源的开采几近枯竭，也导致了生态污染和环境恶化。为了生存与发展，人们把目光转向了海洋，纷纷加快了对海洋的研究、开发和利用。城市居住空间的拥挤也使得越来越多的人以旅游的方式来逃离藩篱、感知海洋、拥抱蓝天。虽然陆地上也有着丰富多彩、各有特色的旅游景点，但海洋却有着更广阔的地域和更宽广的胸怀包含着更为繁多的海洋文化和变幻莫测的海洋景观。于是当大众旅游兴盛起来之后，海洋成了人们的首选，人们不约而同地、一往情深地奔向了海洋。

现代社会的急速发展使得海洋在人类生活中的意义不断上升，激发了人们了解海洋的兴趣。这是海洋旅游业蓬勃发展的时代性机遇。享乐曾经是旅游的代名词，而今享乐、养心、健身、修学、创新，都已成为旅游的内涵，而休闲更是成为知识经济时代最广泛的享受。海洋旅游地空气清新、环境宁静、风光绮丽，旅游者可以借此消除生活压力，忘掉烦恼，得到无比的放松。海洋旅游中开展的活动项目，如嬉水、游泳、潜水、扬帆、冲浪等本身都是健身运动，不仅充满娱乐性和挑战性，还十分有益于人的身心健康。海洋旅游有着地球上人类旅游地域的最大伸张，因此更能够满足人类享受多样化生活、体验多地域文化的精神需求，而且它还能够孕育人类文化的新样态，给予人们对未知的海域景观与海洋文化以无限的遐想。

因此，以海洋为依托的滨海旅游在当代发展非常迅速。据统计，全世界已有千个以上的海上娱乐和旅游中心，海洋公园更是不计其数。现代滨海旅游业所蕴含的发展潜力还能够带动旅游产业和相关产业的综合发展。例如，旅游过程中的食、住、行、游、娱、购等活动，可以带动造船、运输、养殖、捕捞、工程、贸易等海洋相关产业或部门的发展，还能够为交通、商业、餐饮、城市基础设施及环境建设创造条件。同时，由于滨海城市处于海洋和陆地相接合的海岸带，依靠海运可以和世界各国相通，发展进出口贸易和国际旅游。这些优势使得滨海旅游业已成为沿海国家竞相发展的重点产业，与海洋石油、海洋工程并列为海洋经济的三大新兴产业。从世界旅游组织的统计资料来看，21世纪以来世界主要海洋旅游国的旅游收入呈逐年上升的趋势，尤其是东南亚地区、澳大利亚和新西兰地区、墨西哥海湾地区和马尔代夫地区等。

五、我国的滨海旅游

中国领海面积22.8万平方公里，堪称世界海洋大国。由北至南，依次有渤海、黄海、东海、南海、台湾东边的太平洋海区。海上岛屿面积在500平方米以上的共计6500多个。台湾、海南、崇明、舟山、海坛（福建平坛县），居前五位。岛屿海岸线总长约1.4万公里。

中国有1.8万多公里长的海岸线，地质地貌各异，名胜景点众多，景色美丽如画。随着旅游事业的突飞猛进，现代化设施风起云涌，海滨风光与人文景观相融合，更具无穷魅力。海洋旅游业蓬勃兴起，沿海及海岛各地都把滨海旅游业作为经济发展的先导产业。1992年，国务院正式批准建立的12个国家旅游度假区有11个分布在沿海省份。我国著名的海滨从北到南有满城槐花香的大连、黄金海岸的秦皇岛、蓬莱聚仙的烟台、琴岛神韵的青岛、绿荫满城的福州、海上花园的厦门、碧海银滩的北海、椰风海韵的海口、天涯海角的三亚等，都是海滨休闲观光的好去处。

在海滨休闲避暑胜地中，知名度最高的非北戴河莫属。这除自然风光旖旎、历史文化丰厚外，主要由于它的沙滩上留下过秦皇、汉武、魏主、唐宗祭海求仙、巡视赋诗的足迹，也催生过新中国缔造者毛泽东的那首脍炙人口的《浪淘沙·北戴河》。北戴河地处暖温带，大陆性和海洋性的气候特征都具备。春温夏凉，秋暖冬寒。海水品质优良，入海污水处理率达到百分之百。海水中含有钙、镁、钾、碘等多种微量元素，经温度变化和冲击岸礁而产生大量被称为"空气维生素"的负氧离子，其含量是一般城市的10~20倍。海水、空气、植被、沙滩的特殊优异，加上年日照2900小时以上的充足阳光，使北戴河称为"五大要素"齐备的海滨浴场。

祖国的东南海滨有一个弹丸小岛，却举世闻名，每天都吸引着来自八方的游客，它就是福建厦门的鼓浪屿。这里空气清新，环境幽静，一年四季草木葱郁、鲜花竞放，虽有街区闹市，却无车马之喧。鼓浪屿是音乐之岛，拥有国内唯一的钢琴博物馆和世界唯一的风琴博物馆。同时，它还是足球之岛和花园之岛，景点遍布全岛。

以"天涯海角"为中心的三亚海滨，已成了中国热带旅游景点最密集之所在。天本无涯，地本无角。海不会枯，石不会烂。但中国人素以想象中的"天涯海角""海枯石烂"作为表达感情的修辞手法和意象寄托。借助天涯海角深远的文化内涵，这里形成了如诗如画的热带海滨风景游览区。这里还有世界一流的亚龙湾旅游度假村。豪华的别墅、良好的浴场、五星级宾馆，一切配套设施齐全。联合国世界旅游组织秘书长尼亚克考察后写道："亚龙湾具有得天独厚的自然条件，银色的沙滩，清澈的海水，延绵优美的海滩，山峰和海岛上原始粗犷的植被，这里是一个真正的天堂。"①

第三节　海底探险旅游文化

一、海底探险文化溯源

海浩瀚广阔、深沉博大，有时平静温驯，有时波涛汹涌，有时温柔典雅，有时奔腾咆哮。古代的人类绝大多数居住在陆地上，由于海路闭塞，前往海洋的付出通常要比陆上更多一些，尤其是远洋的海岛等。然而，人类一直都有到海洋深处探索未知的向往和渴望，深海不仅有生物景观，还有着丰富的油气、可燃冰（又称天然气水合物）、金属矿产等资源。从20世纪90年代以来，我国各大城市相继建起了"海洋世界"和"海洋馆"等供人们游览，这也从侧面说明人们探索海洋的愿望越来越强烈。在法国巴黎，商人们还在塞纳河畔建起了沙滩，以满足人们对海洋旅游的渴望。

人类对海洋的探索从近海到远海，从海面到海底，一直在行走，从未停止。这是因为追求自由是人类的本性，探索未知领域是人的存在的能动的表现。人类在探索未知领域时，一要探幽入微，不断地进行新实践；二要有新的发现，不断更新知识。当人类探索深海的梦想与现代科学技术相拥，通往海底的大门便徐徐打开了。

如果说海洋旅游是人类旅游意义在陆地之外的最广伸张，那么，海底探险就是人类在海洋之下的最深扩展。海底拥有着与陆地世界截然不同的场景，即使是经常在海面航行的旅行家，接触的仍然是常态的生活场景，而当进入海底之后，周围的一切都变得不一样，这种压力会使人的生理活动、心理活动、心智活动都进入一种新的状态，这也是人类能在地球上找到的与定居地最不相同的生活状态，也是人类进行海底旅游的意义所在。坚硬的土地没有了，代之以柔软的海水。人们进入水体生活，或者扬帆、或者游泳、或者在沙滩上戏水，甚至还可以到海底像鱼一样生活。海洋还保留着历史、保留着不少未被现代文明侵袭过的古老的生活方式和尚未被人类涉足的地方。

二、海底旅游活动

"上天入海"是人类探索未知的共同诉求。为了开发海洋的其他潜力，利用海洋开

---

① 徐家国.三亚——天之涯，海之角［M］.济南：山东画报出版社，2004.

采石油、生产其他能源、采集药物和各种化学原料、发展水产养殖和开展新颖的娱乐活动等，已把海底探险的科学技术推到一个显著水平。随着科学技术的发展，对海洋深处的探索也在不断进行，海底旅游也随之发展起来。海底有清澈透明的海水、五光十色的贝类、千姿百态的藻类、婀娜多姿的珊瑚。海底世界的丰富多彩及奥妙无穷引起了人们的极大兴趣，科技使人们潜入海底目睹海洋世界的愿望成为现实。

（一）潜水

最早的潜水者大概是由以水生生物为食，为了捕捞难捉的鱼类、食用软体动物、食用海藻、海绵和珍珠的原始人。后来，潜水才逐渐发展为捕捞作业、军事行动等多元化的利用。距今 1700 年前的中国史书《魏志倭人传》中，就已经有了海边渔夫在海里潜水捕鱼的场面描写。《史记》中也有潜水的记载：秦始皇统一六国后，出巡至彭城，耳闻泗水沉有一古鼎，即动用千人下水寻觅，未有所获。这是中国已知的最早的潜水打捞记录。国外关于潜水的记录，以地中海及其周边海域为多。譬如，雅典的哲学兼史学家修西迪底斯（Thneydids，约公元前 460—前 400 年），曾经记述他们在袭击"西拉库斯"（Synacuse）时，派遣潜水兵深入敌方港口破坏敌人的防御工事。希腊哲学家亚里士多德，也记载了很多关于潜水的记事。据记述，他曾自行设计潜水人空气供给的装置。而今天职业潜水的前身，则要算 160 年前英国的郭蒙贝西发明的从水上接泵运送空气的机械潜水，也就是头盔式潜水。1924 年开始使用玻璃做潜水镜，并出现"面罩式潜水器"，这是水肺潜水器材的前身。第二次世界大战末期，法国开发了开放式"空气潜水器"。近些年来由于潜水器材的进步，潜水运动也随之蓬勃发展，许多潜水组织也应运而生。

随着近年来潜水器材的不断开发，投身于潜水和喜欢潜水运动的人也越来越多，潜水作为一种时尚的休闲方式，渐渐走入了人们的视线。我国潜水资源最好的地域在南海海域，那里有着得天独厚的潜水条件，尤其是三亚海域、西沙群岛等地，其海水常年保持恒温 19℃～26℃，毫无污染，裸眼的能见度为 9~12 米，被国际潜水专家认定为南太平洋最佳潜水旅游胜地。游客可以欣赏南海千姿百态的热带鱼类和五颜六色的海底珊瑚，感受那种与鱼共舞的感觉。

我国已建成广东放鸡、海南三亚等潜水探奇旅游基地，并在多个景点开展潜水运动和潜水观光旅游。广东放鸡岛海水清澈，透明度较高，水下富有酷似假山公园的珊瑚群。海南主要潜水点有亚龙湾、大东海、西岛、西沙群岛等。海南三亚亚龙湾的海水能见度 10 米以上，海底珊瑚礁保存十分完好，生活着众多形态各异、色彩缤纷的热带鱼，属国家级珊瑚礁重点保护区。

（二）水下潜艇

1934 年，William Beebe 和 Otis Barton 乘球型潜水器在百慕大群岛附近下潜到 923 米，从此人类开始了逐步掌握自己海下命运的新纪元①。自1964年瑞士建造第一艘旅游潜艇之后，旅游潜艇的营运已遍布全球，每年大概给200万游客提供观赏海底的机会。游客乘坐观光潜艇，通过闭路电视、专门的观望镜等来观看海底世界。如果是设备比较先进的潜艇，游客则可以直接透过舱内的有机玻璃来观看。我国第一艘民用观光潜艇为"天清号"，之后也不断丰富民用潜艇的旅游项目。

海底世界生物多样，景色奇特。自从使用潜艇作为交通工具，深海旅游也逐渐发展起来。游客可以身临其境，目睹海洋奇景，进行海洋生物观赏、海蚀地貌观光，还可开展各种类型的水底活动。对于体育爱好者来说，乘坐探险潜艇到海底旅游更是匪夷所思的绝顶刺激②。

（三）海底海洋馆与海底隧道

水底海洋馆并非整个海洋馆建在海底，而是指游客通过海底隧道，透过玻璃观看海底世界。海洋馆一般都建在陆地，游客观看海洋生物通常是在岸上，或者透过水池的玻璃墙壁，也有一些大型的海洋馆在池底铺设透明隧道，但这不能称为真正意义上的水底海洋馆。在澳大利亚、日本、我国台湾等一些国家和地区，在海底建造玻璃隧道，游客不用借助其他工具，就可直接深入海底观看海底世界。

海底世界是集海底观光旅游和海洋科普教育为一体的旅游点，为人们观赏海底生物、环境，增长海洋知识提供了方便。

（四）海底旅馆

海底旅馆，顾名思义是建造在海底的旅馆。海底旅馆来源于海底居室，最初并非用来营业。世界上第一座水下居住室是法国制造的"海中人"号。之后，法国又陆续研发了其他水下居住室。这些海底居住室的研制成功和纷纷问世，为人类开拓了另一个生存空间。

海底居室逐渐被用于营业，逐渐发展为海底旅馆。旅馆内部设施与陆地上的旅馆差别不大，最大的区别是在房间里可以透过专门的墙幕饱览海底美景。在海底旅馆居住不仅可以体验静寂无声的海底生活，还会有一种与海底生物共生息的感受。海底旅馆尽管费用昂贵，但以它所拥有的独特魅力仍然吸引了许多游客。另外还有人工鱼礁、海洋牧场观光等旅游产品。

三、深海旅游文化发展

神游海底是人们由来已久的愿望，人类一直都有潜入深海探险的梦想，也对此进行

---

① Jacques G.Richardson，李爱国.海底探险与SAGA计划［J］.科学对社会的影响，1988（3）：54–62.
② ［美］迈阿里·卡马伊凯尔.走去4000米深海旅游［J］.海洋世界，2004（3）：12–14.

了不断的探索活动，因此深海中蕴藏着深厚的人类旅游文化。其中包含着自然旅游文化和人文旅游文化，甚至是失落的文明与历史。例如在琼山区东北海岸的海面下，隐蔽着72个"海底村庄"。据史书记载，明朝万历年间的一次特大地震，造成了72个村庄垂直沉到海底。如今这些村庄遗骸成为一道著名的水下景观。

海底生态环境的多样性造就了丰富多彩的生物景观。不同海域、不同深度可以观赏到不同的景象。如1979年美国海洋学家在加利福尼亚湾外海下潜到2500米时发现海底"热泉"：蒸汽腾腾，烟雾缭绕，烟囱林立，不断涌出炽热的液体；在这许多的"热泉"附近还生活着不少的海洋动物，例如蠕虫、蛤、甲壳类。在技术条件可以达到的将来，这是一种非常有教育价值的旅游形式。

无论是二三十年前的欧美，还是在当今的中国，很多人都把目光瞄向了海底。20世纪80年代中期，美、英、法、日、苏联等国就注重海底探奇旅游的开发，开展了对观光潜艇的研制。进入90年代，海底探奇旅游成为位于印度洋的毛里求斯、太平洋的塔希提岛、拉丁美洲的巴哈马群岛最为时髦的旅游项目之一。新加坡的旅游公司对海底旅游也进行大力开发与宣传，使喜欢海底探奇的旅游者能从巴拉望、锡米兰、锡帕丹、特鲁克乃至太平洋的最佳潜水基地出发，到真正的海底世界去观光。

进入21世纪，海洋资源越来越受到人们的青睐，海洋产业在整个经济体系中处于越来越重要的位置，发展深海经济成为各沿海国家的重要战略举措。美国、欧盟、英国、加拿大、俄罗斯、日本等相继出台了国家战略计划，加大了对深海科技的投入。我国撒向深海的"巨网"也已全面铺开，将重点研究开发海底"可燃冰"勘探开发技术、金属矿产资源海底集输技术等[①]。

尽管现在很多国家的潜水器可以到达99%的海底，但人类对海底的认知可能还不足1%。深海，依然有许多未解之谜，比如，那里还有几十万种不知名的深海生物，那里还可能隐藏着解开地球起源奥秘的钥匙。我们期待着，越来越多的秘密被解开，人类迈向深海的历史翻开新的一页。

海底旅游已发展成为当今世界一种非常重要的旅游形式。一方面海洋旅游适合人们求新求异的需求，另一方面海洋旅游资源作为世界上开发利用潜力最大的一类旅游资源，为海洋旅游提供了深厚的发展基础。

四、我国海底旅游

随着我国旅游事业的不断发展，海底旅游作为一种新奇有益、颇具潜力的旅游方式，在我国已经得到了一定程度的开发。

在我国广阔的海岸带上和海底区域，分布有丰富的不同种类的生物资源。而且海岸

---

① 袁于飞.海底探险：挖掘大海深处的秘密［J］.发明与创新（综合科技），2011（10）：46~47.

的不同地质构成、海底形态各异的地形地貌都可以成为观赏和科考的资源。除观赏外，根据丰富的资源优势，还可开展其他不同形式的旅游活动。

一些有资源优势和便利条件的沿海城市已经建起了各种海洋旅游设施和场所，并取得了很好的发展，积累了丰富的经验。如建设开发海底隧道、海底世界等观光项目，开展海底潜水观光探奇的参与性项目等。一些不具有天然便利资源条件的内陆城市，也通过先进技术开发建设了海底世界等一些海洋旅游产品。我国已建成多个海底世界，如青岛海洋世界、厦门海底世界、大连圣亚海洋世界、北京的太平洋海底世界和富国海底世界等。

我国海底旅游的最佳地带分布在南方海域。海南三亚、广西北海以及福建沿海的某些地区，海水清澈透明，景观资源异常丰富。如中国海南省三亚亚龙湾国家旅游度假区，不仅拥有中国最迷人的海湾、沙滩，而且在其附近海域拥有世界上最大、最完整的软珊瑚族群以及丰富多彩的硬珊瑚、热带鱼类等海洋生物，是中国开展海底观光旅游的最佳景区之一[①]。

第四节　航海猎奇旅游文化

一、航海猎奇溯源

航海猎奇是指航海者通过海洋航行来接触到新的不同于其惯常生活地的自然社会面貌和社会文化，从而满足其求知、求新、求奇的海洋活动。这种海洋活动一般是远洋航行，通过旅行距离的扩大而获得更加不同的异域观感。

人类的航海猎奇活动很早就已经开始。在西方，希腊航海家皮忒阿斯在公元前4世纪就曾驾舟从希腊当时的殖民地马西利亚（今法国马赛）出发，沿伊比利亚半岛和今法兰西海岸，再沿大不列颠岛的东岸向北探索航行到达昔克尼群岛，并由此折向东到达易北河口。这是西方有记载的最早的海上远距离航行。在此之前，地中海内的航行活动，已相当频繁，并且有海战。

而在古代时期的中国，海上航行也是极早就已出现，汉代学者王充所著的《论衡》中就记述有，周成王时"越裳献雉，倭人贡畅"。其中越裳是古南海国名，而倭人则是指古代的日本人。虽非正史记载，但也反映了西周时海上航行便成为不同地域之间交流的方式了。而到了战国末期，中国的海上交通更是发展迅速，沿海地区设置了一系列港口，沿海岛屿与大陆间的联系日益增进，对邻国如朝鲜、日本、越南等的海上交通逐渐增多。秦朝有几次较大规模的航海活动，徐福东渡日本，就是其中的一次。

---

① 尹玉芳，黄远水.我国海底旅游产品的发展现状及展望［J］北京第二外国语学院学报，2006（9）：87-90.

汉代和唐代是中国历史上两个繁荣强盛的朝代，航运有较大发展。汉代不但开拓了广泛的沿海航行，而且向远洋发展，远达印度半岛的南部和锡兰（今斯里兰卡），并以此为中介，使得当时世界上两大帝国——东方的汉帝国和西方的罗马帝国连接起来，构成一条贯通欧、非、亚的海上航线。唐代为了扩大海外贸易，开辟了海上"丝绸之路"，船舶远航到亚丁附近。贾耽《广州通夷海道》曾对这条当时是世界上最长的航线所经过的港口、转向点以及航行所需时间等做了详细记载。海上"丝绸之路"，不仅是条贸易之路，更是一条友谊之路，为三大洲人民的文化和经济交流做出贡献[①]。

此后世界迎来大航海时代。人们怀揣着各种各样的目的，如传教、殖民掠夺、商品贸易、领土占领、发现新大陆等，进行远洋航行。

二、航海猎奇旅游活动的发展

（一）邮轮旅游

邮轮起源于欧洲，已有150多年的历史，最早被用来运载邮件，故称之为邮轮，曾经是欧美上层社会休闲旅游的主要方式。20世纪90年代之后，船舶企业的大量涌现使得邮轮旅游渐趋平民化，这些邮轮航游于蔚蓝的大洋之中，穿梭于繁华的沿海都市。邮轮旅游最大的特色就是悠闲浪漫与自主性强，它像是一座漂浮在海上的豪华饭店，各种设施一应俱全。游客在享受碧海蓝天的同时，还能定点上岸游览。在世界范围内，跨大西洋、太平洋群岛、地中海沿岸、东南亚诸岛以及整个美洲西岸都是最佳的邮轮航线。世界上著名的邮轮有玛丽女王二号、嘉年华传奇号、星光公主号和狮子星号等。

邮轮原本是用于海上定线、定期航行的大型客运轮船，同时还运载着航线两地间的邮件，因此被称为邮轮。随着旅游业和航空技术的发展，仅仅用作客运或邮政运输的邮轮逐渐被多样化的经营定位的豪华邮轮代替。由于其配置了齐全的生活、娱乐、休闲与度假的设施，因此豪华邮轮也被称为漂浮在海面上的"超五星级宾馆"和"海上流动度假村"等。邮轮成为运送旅客游山玩水、欣赏美景的工具和休闲度假的综合服务平台。而远洋航行通常是大型邮轮开展的旅游项目，这类旅游通常时间跨度长、消费高，但旅游者获得的收获除了饱览沿线港口的美景之外，还能在船上享受星级酒店中的各类娱乐、健身活动等，得到全面的身心放松，是高消费阶层度假旅游的首要选择。

邮轮旅游不同于其他休闲旅游业，它不仅是一种交通方式，而且也是一种旅游目的地。游客通过参与邮轮旅游，不仅能够欣赏世界著名港口城市的美景，同时还能享受船上精美住宿膳食服务，体验船上豪华休闲娱乐设施，参加丰富多彩的海岸远足游览等经历。

邮轮旅游是旅游和接待完美结合的产物。邮轮产业已经成为现代旅游业中发展最迅

---

① 来源于360百科"航海史"，baike.so.com/doc/8879327-9204894.html.

速、经济效益最显著的行业之一。国际邮轮协会的数据表明，近 20 余年来，邮轮乘客数量和邮轮运力投放都以年均 7% 以上的速度增长，邮轮产业更被视为"漂浮在黄金水道上的黄金产业"。除了市场增长迅速，邮轮旅游的经济效益同样显著。邮轮产业强大的拉动能力和吸附能力已成为拉动城市经济、刺激周边地区经济增长的新动力。

从全球区域布局来看，邮轮产业具有大区域分散、小区域聚集的特征。北美地区的美国和加拿大、北欧地区、地中海地区、加勒比海地区以及南美地区都是邮轮活动最为集中的区域。邮轮公司可以向消费者提供不同期限、不同航线的多种度假产品。邮轮的航行速度、出发港口、停靠港、航程期限以及停靠地之间的距离构成了整条邮轮航线。每条邮轮均配备丰富的生活、娱乐、休闲与度假服务设施。乘客巡游体验不仅仅包括巡游本身，还包括欣赏国内外优美的停靠港景色、享受船上精美的住宿膳食服务、体验船上豪华的休闲娱乐设施和参加丰富多彩的观光游览活动等经历。可以说，明媚的阳光、舒适的气温、优美的自然风光和丰富的船上服务是邮轮旅游业存在和发展的基础。

纵观全球邮轮旅游市场，虽然国际邮轮旅游市场主要集中在北美和欧洲，两地区的发达国家占了市场的最大份额。但随着国际邮轮产业将发展重点转向亚洲尤其是中国内地这一新兴市场，亚太地区邮轮业发展迅速，不同的文化背景和优美的自然风光使得亚太地区成为更为集中的旅游目的地。亚太地区的邮轮旅游将更加频繁。近年来国际邮轮市场的倾斜，使得中国邮轮旅游业发展势头强劲，已成为中国经济增长的新方式和新领域。我国以优越的地理位置、独具魅力的东方文化、丰富的旅游资源和潜力巨大的客源市场成为亚洲邮轮市场的核心组成部分，越来越受到邮轮公司的重视。

（二）岛屿探奇

航海猎奇包括探索未知的小岛。由于旅游活动原则上不是探险，所以旅游者所能到达的海岛至少是指有常住人口的岛屿，那里有既成的交通条件和生活设施。

海岛旅游，在理论上可以包括海滨、海面、海底、海空各种空间的活动。海岛旅游的特点是各种海洋景观的综合性和海陆活动的连贯性。环岛观光、荒岛探奇（注意，不是探险，它是有旅游服务支持的探索式旅游）为海岛旅游所特有，攀登海岛上的山峰，也与攀登海滨的山峰有很大的不同。岛屿是一个相对独立的地理单元，其旅游发展与气候条件、自然条件、地理条件等关联性强。由于岛屿旅游资源的特殊性，其自身往往也承载着海洋文化、宗教文化、渔俗文化、历史军事文化。在海岛旅游中旅游者可以更多地体验海洋风俗和海洋文化。岛屿旅游主要包括海岛风光游、沙滩休闲娱乐、滨海休闲度假、渔业观光、海上体育运动游等。新潮刺激的潜水、滑浪、悠闲的垂钓、游艇观光以及各种形式的钓鱼比赛、龙舟大赛等节庆活动也是岛屿旅游的主打项目。

而群岛是海洋中互相接近的、在地理构造上有内在联系的一群岛屿。世界上主要群岛有 50 多个，分布于四大洋中。群岛是非常宝贵的旅游资源，世界上许多群岛都是海洋旅游胜地。著名的海洋旅游群岛有：马来群岛（位于太平洋）、马尔代夫群岛（位于印度洋）、夏威夷群岛（位于太平洋）、巴哈马群岛（位于大西洋）、马里亚纳群岛（位于太平洋）、百慕大群岛（位于大西洋）、西印度群岛（位于加勒比海）、维尔京群岛（位于加勒比海）、马德拉群岛（位于大西洋）、舟山群岛（位于中国东海）等。其中马来群岛是世界上最大的岛群，由印度尼西亚的1.3万多个岛屿和菲律宾的约7000个岛屿组成。

群岛旅游有它的整体效应。许多岛屿集聚在一起，差不多能将各种空间活动形式都包容其中，各岛又各有特色，能使旅游者乐而忘返，穿行于各岛之间又可让旅游者获得身临海洋水体的体验，所以，许多著名的海洋旅游胜地又多在群岛上。

从历史的角度来看，岛屿旅游的兴起是与海滨旅游的发展紧密相连的。在世界范围内，欧洲于18世纪早期率先发起海滨旅游，随后遍及美洲、亚洲、非洲和大洋洲，而历史上最早的岛屿旅游发生在19世纪中叶的英国。我国岛屿旅游始于20世纪70年代末，大大小小7000多个岛屿分布海域跨越热带、亚热带和温带3个气候带，自然条件多种多样。每到节假日，海南岛、崇明岛、刘公岛、福建湄洲岛和东山岛、海坛岛、鼓浪屿等岛屿旅游度假区的游客总是爆满，岛屿旅游的发展潜力巨大。20世纪70年代以来，世界范围内岛屿旅游快速发展。目前，岛屿已经成为最富旅游魅力的旅游目的地之一。

（三）环球航行

环球旅游是一种距离极长、时间极久的旅行方式，也正是由于这种特性吸引了古今中外无数的游人踏上环球旅行，而其以海上交通工具为主的交通方式也使得人类能够探索更深邃、更广阔的领域。

在人类历史记载中，麦哲伦一直被认为是世界上实现环球航行最早的人，为世界地理大发现做出了杰出的贡献。如今，环球旅行仍然是探险和科学考察的方式之一，纯粹以旅游、度假为目的的环球航行也凭借大型邮轮而实现。

由于环球航行所需花费极大，故而其旅游市场较小，但其潜在旅游市场正在蓬勃发展，为了吸引世界各地的潜在旅游者进行海洋旅游，满足他们的求知探奇需求。现代海洋旅游也借助电视、广播、网络等多媒体手段，往虚拟世界展现海洋旅游有形的自然风光、活动项目和无形的海浪声、海鸥声、海风声等。这种虚拟信息也满足了部分无法亲临海洋探奇但无比向往海洋的游人。

案例学习：

舟山群岛和崇明岛

舟山群岛是中国第一大群岛。岛屿有海景、沙滩、礁景、港景、山景、林景、洞景等自然景观，也有名刹古寺、渔港、渔村、海上牧场等人文景观，区内已有嵊泗列岛和普陀山二处国家级风景名胜区，岱山蓬莱和桃花岛两处省级风景名胜区，其中嵊泗还是我国唯一的国家级海洋风景名胜区。

崇明岛位于上海，在 2005 年就被正式批准成立崇明岛国家地质公园。崇明岛不仅自身有着独特的地质地貌景观，同时有上海强大的城市经济辐射和浦东开发区的扩散效应，而成为上海市的生态型、现代化的旅游岛屿，成为长江三角洲重要的休闲度假旅游基地；崇明岛越江通道北接江苏南通，南经上海浦东连接浙江嘉兴，新的"南隧北桥"通道工程，南连上海市区、北接苏北海门，旅游交通设施完善[①]。因此也吸引了更多的游客前去观光游览、休闲度假、康疗保健、科学研究、求知探秘等。

舟山群岛和崇明岛都是航海探奇旅游中典型的代表性岛屿，由于其具有独特的自然风景和文化氛围，因此不断地吸引着国内游客探险岛屿的好奇心，获得物质与文化的双重娱乐体验。

思考题：

1. 试比较海洋景观旅游文化与地貌景观旅游文化的异同点。

2. 随着航海技术的日益进步，滨海旅游作为最便利的海洋旅游的优势越来越小，试论滨海旅游未来的发展趋势。

3. 即使今天的科技如此发达，人类对远海与深海地区仍有无限的未知，是否意味着人类可以进行无限的远洋与深海探索，不断地发展远洋与深海旅游文化？

本章参考文献：

1. 方志远. 旅游文化概论［M］. 广州：华南理工出版社，2005.

2. 李隆华，俞树彪. 海洋旅游学导论［M］. 杭州：浙江大学出版社，2005.

3. 孙晓东，武晓荣，冯学钢. 邮轮旅游季节性特征：基于北美市场的实证分析［J］. 旅游学刊，2015，30（5）：117-126.

4. 孙晓东，冯学钢. 中国邮轮旅游产业：研究现状与展望［J］. 旅游学刊，2012，27（2）：101-112.

5. 王明煊，胡定从. 中国旅游文化［M］. 杭州：浙江大学出版社，2009.

6. 王媛媛. 大连旅游文化研究［D］. 北京：中国地质大学，2009.

7. 姜周. 大连市主体功能区规划基础研究成果汇编［R］. 大连：大连市发展和改革委员会，2009：94.

8. 保继刚. 主题公园发展的影响因素系统分析［J］. 地理学报，1997（3）：237-245.

---

① 郑向敏. 我国沿海岛屿旅游发展与安全管理［J］. 人文地理，2007（4）：86-88.

第 六 章

城市街区及杰出建筑旅游文化

第一节　历史名城旅游文化

中国是一个历史悠久的文明古国，许多历史文化名城都曾是我国古代政治、经济、文化、军事的中心，或者是近代革命运动和发生重大历史事件的重要城市。在这些历史文化名城的地面和地下，保存了大量历史文物与革命文物，体现了中华民族的悠久历史、光荣的革命传统与光辉灿烂的文化。现在历史文化名城作为我国重要的人文旅游资源，不仅对研究历史与文化、考察古代建筑艺术、研究城市建筑艺术、研究古人的民俗风情等具有重要价值，而且对旅游业的发展也具有重要意义[①]。

一、历史文化名城的含义和特点

（一）历史文化名城的含义

1982 年 2 月，"历史文化名城"的概念被正式提出。根据《中华人民共和国文物保护法》，"历史文化名城"是指保存文物特别丰富，具有重大历史文化价值和革命意义的城市。1982 年国务院公布了首批 24 座历史文化名城，1986 年和 1994 年相继公布第二批 38 座城市和第三批 37 座城市为历史文化名城，2001—2017 年又陆续增补 35 座。至此，我国已有 134 座历史文化名城，并对它们进行了重点保护。这些城市有的是历代王朝的都城；有的是历史上的政治、经济重镇；有的是重大历史事件的发生地；有的因

---

① 潘宝明主编.中国旅游文化［M］.北京：中国旅游出版社，2005.

拥有珍贵的文物遗迹而享有盛名；有的则因出产精美的工艺品而著称于世。它们因具有深厚的历史价值和文化底蕴而成为当代重要的旅游资源。

（二）历史文化名城的特点

1. 悠久的历史

历史悠久是历史文化名城的基本特征。我国的城市起源很早，其发展过程又具有连续性。自殷周以来，中国城市就一直是统治集团的坚实营垒，都城和各级小型城市在不同时期常常保持着国家或地区政治、经济、文化中心的地位，这就使得我国的历史文化名城大多具有久远的历史，长达千年者不在少数。北京、南京、苏州、扬州、绍兴、泉州、曲阜、洛阳、开封、长沙、广州、成都、西安等都具有 2000 年以上的历史。

2. 深厚的文化底蕴

这是文化名城最重要的特征。在历史文化名城的形成和发展过程中，文化是最基本、最重要的因素。首先是人文荟萃，人才辈出。名城孕育和荟萃了许多为祖国文化做出卓越贡献的政治家、思想家、文学家、艺术家、科学家和民族英雄。他们为名城建设做出直接的贡献，如伍子胥、范蠡始筑苏州、绍兴、南京城，李冰父子建都江堰，苏轼杭州浚西湖、筑苏堤。其次，名城还有许多历史相承的文化艺术内容，如传说故事、书画雕塑、音乐舞蹈、戏曲曲艺以及岁时风俗、衣冠服饰、土特名产等，琳琅满目，汇成名城文化大观。城市是人民物质生活和精神生活的家园，是文化传播和交流的中心。

3. 丰富的文物史迹

城市长期的历史发展，遗留下众多的古遗址、古建筑等文物遗迹。历史文化名城犹如一座座光彩照人的历史博物馆，上至史前文化遗址，下至各个历史时期的历史文物、革命文物，应有尽有。其中不少是中外驰名、世界上独一无二的独特资源，如北京故宫、西安碑林等。名城的文物史迹，真实而形象地记录着中华民族的发展历史。

4. 多彩的风景名胜

我国历史文化名城的地理位置颇为特殊，为了满足政治控制、军事防守、经济发展的实际需要以及受礼制、阴阳五行说、风水说等传统思想的影响，人们往往选择依山傍水的灵秀之地建城。因而名城大都具有类型多样、多姿多彩的自然风景资源，以及自然风景与巧夺天工的人工建筑互相呼应的风景名胜，如桂林、杭州，佳山秀水；江南三大名楼——黄鹤楼、岳阳楼、滕王阁以及苏州园林等与所在名城的自然景观紧密结合，为楼阁生辉，山水增色[①]。

二、历史文化名城的类型

我国幅员辽阔，民族众多，地理和人文环境复杂多样，历史文化名城遍布全国。它

---

① 秦学颀，赵静.中国旅游文化［M］.上海：上海人民出版社，2014.

们风格迥异，各具特色。依据其性质和构成，历史文化名城大致可分为古都类、风景名胜类、交通军事重镇类、特色风貌类、革命纪念地类以及一般古迹类六种类型。不过，这种分类只能说明大致的范围，有的历史文化名城可能同时属于几种类型。

（1）古都类。

古都类历史文化名城是历史上帝王居住过的城市，曾是国家政治、经济、文化中心，都保留着一定数量的历史遗迹或古都风貌，是我国悠久历史的缩影，也是民族文化的橱窗。

古都自诞生之日起，就以军事堡垒和政治中心雄视天下，所谓"筑城以卫君"，昭示了都城的君本位思想。城有城墙，城外有池，合称城池，外城称郭。君主居住在城中的宫殿里，施行统治。宫殿是政权、军权的最高集中地，构成了中国古都的主体。它的建筑既反映了当时国家的政治、经济、军事状况和思想文化面貌，也反映了当时的建筑风格和艺术水平。在我国历史上，由于经济发展、民族融合、诸侯割据、朝代更迭等原因，曾做过国都的城市很多，如洛阳、西安、北京、南京、苏州、杭州、开封、大同、安阳、荆州、咸阳、邯郸、临淄、广州、曲阜、沈阳、大理、拉萨、太原、福州等。在众多的古都中，较为著名的有八大古都，即西安、开封、南京、北京、洛阳、杭州、安阳、郑州。

（2）风景名胜类。

风景名胜类历史文化名城是指自然资源突出，知名度较高，自然风光与名胜古迹融为一体的城市。这一类型的历史文化名城包括苏州、杭州、大理、昆明、扬州、镇江、承德等。杭州、苏州、扬州同是江南经济中心，康熙、乾隆下江南都曾在这三个城市驻跸，加之盐业、漕运、织造的繁荣，因此富商云集，会馆、绸缎店、酒楼、花肆、茶社、剧场等星罗棋布。为争宠王室和自我消遣，富商大贾皆广建园林，成为这几座城市的独特风貌。

（3）交通军事重镇类。

交通军事重镇类历史文化名城大多为古代交通枢纽和军事要地。有的是位于古丝绸之路上的重镇，有的是古代河流港口、海港码头，有的或因地形险要为历代争夺的军事要塞。由于历史原因，此类名城至今仍然是交通枢纽和国防重镇，保留了大量的驿道、古代交通的历史遗迹，或留下了古战场遗址和军事设施遗迹。徐州、泉州、保定、宜宾、张掖、喀什等均可划归为此类名城。

（4）特色风貌类。

此类名城是指比较完整地保留了某一时代或几个时期的历史风貌的城市，或者是具有特殊民族风貌的城市。这些城市多分布在少数民族聚居的区域，具有明显的民族特征和地区文化特色，如呼和浩特、拉萨、江孜、喀什、丽江等。呼和浩特是具有400多年历史的塞外名城，北依大青山，南临黄河，自古为蒙古草原民族的重要聚居地。市区建筑造型各异，颇具特色。外墙大多贴有乳白、粉白、米黄、深黄色和蓝色的面砖，象征着纯洁、高尚和欣欣向荣。这些色彩和各式云形图案的穹庐式建筑，构成了极具民族特色的风貌。

（5）革命纪念地类。

此类名城是近现代许多革命事件的发生地，富有深厚的革命传统，留有丰富的革命遗址、遗迹、遗物和建筑，记载着中国人民革命斗争的光辉历程。特别是中国共产党领导下的革命活动遗迹，具有革命传统教育意义，是建设社会主义先进文化的主要内容。遵义、南昌、延安、上海、广州、武汉、重庆等，都是典型的革命纪念地类历史文化名城。

（6）一般史迹类。

以分散在全城各处的文物古迹体现历史文化和传统的城市。这一类城市大都受到一些人为及自然的破坏，其原有城市格局也已变形；另外一些城市则由许多零散的文物古迹组成，找不到最能代表该城市的特色文化，但这些多以省城为主的城市历史较为悠久、文化延续性较强，故列入一般史迹类，如长沙、济南、吉林、成都、沈阳等。

案例分析与讨论：

长期以来，在历史文化名城究竟该重保护还是重发展的问题上，相关政府部门、不同专家之间存在分歧，甚至出现了一些误区。站在城市发展和建设的角度，有人认为文物保护的对象最好少一些。南京市古都学会会长杨新华并不认同，"我国与英格兰面积相差73倍，但文物保护数量上英格兰文保建筑有50万处、保护区8000多处，我国各级文保单位总计10万处，保护区只有上百处。南京市级以上文物保护单位也仅有300余处，与南京2400多年建城历史和古都地位极不相称"。

另一种误区是"冻结式保护"。江苏省文物局原局长刘谨胜表示，目前一些历史街区和文物建筑内部物质环境已不适应现代生活需要，"冻结式保护"往往会导致区域现状越来越差。史建华对此也认为，社会在前进，人民对美好生活的向往在提高，时至今日更不能把保护和发展对立起来，应积极摸索出一条保护和改造利用有机结合的路子，逐步形成良性互动。

那么，怎样做才是科学的保护与发展？尤其是在追求高质量发展的新时代，如何既保护好历史文化名城的风貌与肌理又能反哺而不是阻碍城市向前发展？

资料来源：秦汉川.文旅融合时代，历史文化名城的出路在哪儿［J/OL］.中国建设报，2018-5-25. http://www.ccipp.org/index.php?s=/Index/news_cont/id/398.html

第二节　历史中心及街区旅游文化

一、历史中心

（一）封建时期我国中心城市演变[①]

中心城市是指具有特殊优越的地理位置，有着很强的政治、经济、文化实力的城市，可以产生比中小城市高出很多倍的效益。它们往往是物资集散地，有一定的凝聚力，也有一定的辐射力，又凭借这些影响周围地区，发挥它的中心作用。随着历史的发展，历史中心城市的文化内涵不断丰富，为旅游者提供了回味历史、体验传统的机会。

我国城市虽然起源于原始社会末期，即高级野蛮时代向文明时代过渡时期，当时还只是城市雏形。夏、商、西周时期的城市虽有很大发展，但主要是政治中心，城市经济职能还不健全。直到春秋战国时，我国城市才逐步发展成真正城市。当时各诸侯国为了扩展自己的势力，称霸一方，纷纷扩建都城，出现"千丈之城，万家之邑相望"。秦汉时期由于建立了统一的封建专制主义的中央集权国家，健全了郡县制，于是以各级行政中心为主的城市开始在城市数量上占了绝对优势。并且一批商业外贸城市在兴起，中心城市的作用也有所发展。隋唐时期是我国封建经济大发展时期，也是我国城市大发展时期。隋唐都实行两京制，政治中心长安、洛阳在全国城市发展中很好地发挥了中心城市的重要作用。自唐中叶以后，由于商业发达，于是一反以往严密的坊市制，开始临街开店或在坊内设店。同时还冲破夜市禁令，市场极为繁荣。

宋元时期是我国城市开放发展时期，其特点首先是城市完全打破过去的坊市制，城市里到处可设市场，临街皆可置商店；其次是市镇的繁盛，城市内开始出现集市，并扩展到城外；再有就是全面推行开放政策，大力发展海外贸易，促进沿海港口城市大发展。全国城市星罗棋布，逐步形成地区中心城市，如西南以成都为中心，南方以广州为中心，华中以荆州为中心，东南以南京、杭州为中心等。明清时期北京中心城市作用得到进一步的发挥，在其周围逐步形成了一个城市圈。这与当时都城防御圈有很大关系，在其外围方圆约三四百里的地区兴起一批新的军镇：张家口、保定、天津、承德、秦皇岛。明清时期江南工商业日益繁盛，所以这里的城市得到进一步发展，有的重新复兴，如南京，并且以它为中心，周围形成五大手工业区：长江三角洲一带的南京、苏州、杭州、嘉兴等地的丝织业，长江口的松江、太仓地区的棉织业，芜湖的浆染业，铅山的造

[①] 杜瑜.中国历史上中心城市的作用及其对城市化的影响[J].中国历史地理论丛，1995（4）：1–18.

纸业，景德镇的陶瓷业。

综上可见，封建时期基本上都是以都城为全国中心城市，以长安、洛阳、南京、开封、临安、北京六大古都最突出，往往在其周围形成了城市圈。同时从春秋战国起经济中心城市也发挥了很大作用，只是各个时期都因具体条件不一而有所变化，基本上与水路交通有着密切关系。春秋战国时的定陶，秦汉时的临淄、洛阳、邯郸、宛、成都，魏晋南北朝时的沿江城市广陵、京口、夏口、荆州、成都等，隋唐时的扬州、益州以及沿江、沿运河、沿海发展起来的城市，五代十国时南方列国都城，大多后来成了全国或地方中心城市。宋元时的沿江、沿运河、沿海城市得到进一步发展，到明清时经济中心城市更加繁盛。

（二）近代中心城市发展

鸦片战争后，西方炮舰打开了中国封闭的大门，从此我国的城市发展也带上了半封建半殖民地的色彩。自《南京条约》开放五口通商口岸后，陆续签订了一系列不平等条约，至1910年先后共开商埠91个。这些开放城市由南往北，由东往西，由沿海向内地发展。这些城市既有中国传统特色，又更多地带有西方殖民主义的烙印。这时期的城市发展总的来说还是大大超过了历史时期发展的进程，主要表现为：①沿海港口城市的大发展，如广州、汕头、厦门、福州、温州、宁波、杭州、上海、海州（今连云港）、青岛、威海、烟台、龙口、天津、秦皇岛、营口、大连、安东（今丹东）等；②沿江商埠的发展，如上海、镇江、南京、芜湖、安庆、九江、岳阳、汉口、沙市、宜昌、万县、重庆等；③随着近代铁路交通路线的铺设而兴起的新的交通枢纽城市，如郑州、石家庄、蚌埠、徐州、济南、南昌、衡阳、柳州、哈尔滨等；④为掠夺工矿资源而新兴的工矿城市，如抚顺、本溪、鞍山、唐山、焦作、大冶、萍乡、玉门等。

二、历史街区

初次提出"历史街区"的概念，是1933年8月国际现代建筑学会在雅典通过的《雅典宪章》："对有历史价值的建筑和街区，均应妥善保存，不可加以破坏。"1987年，由国际古迹遗址理事会在华盛顿通过的《保护历史城镇与城区宪章》（又称《华盛顿宪章》）提出"历史城区"（historic urban areas）的概念，并将其定义为："不论大小，包括城市、镇、历史中心区和居住区，也包括其自然和人造的环境……它们不仅可以作为历史的见证，而且体现了城镇传统文化的价值。"[①]2008年，国务院公布的《历史文化名城名镇名村保护条例》提出："历史文化街区，是指经省、自治区、直辖市人民政府核定公布的保存文物特别丰富、历史建筑集中成片、能够较完整和真实地体现传统格局和历

---

① 林源，孟玉.《华盛顿宪章》的终结与新生——《关于历史城市、城镇和城区的维护与管理的瓦莱塔原则》解读［J］.城市规划，2016（40）：46-50.

史风貌，并具有一定规模的区域。"

除了上述中外法规中的历史街区标准和定义外，在有关历史街区的中文文献中，学术界不同学科，不同的研究者对历史街区的定义也不尽相同。本书采用学术界通用的对历史街区含义的理解，即：历史留传下来的因社会、文化因素集结在一起的有一定空间界限的城市（镇）地域，它以整个环境风貌体现着它的历史文化价值，展示着某个历史时期城市的典型风貌特色，反映了城市历史发展的脉络。

（一）历史街区的特征 [①]

1. 历史文化景观与空间的完整性

一方面街区内负载历史信息的景观占有主导地位，兼有其他非历史性景观；另一方面街区具有一定规模。这两方面的衡量标准主要是以视野所及范围内保持视觉的连续与完整为原则。

2. 历史文化景观与空间的统一性

一方面，街区的建筑景观协调统一，可以采用适当的形态分析方法，确定出街区形态的主要特征；另一方面，街区的空间肌理秩序与肌理大小相似，表现在空间划分大小、建筑物与外部空间的关系以及街道空间形态等方面。

3. 反映城市形态的结构特点

历史街区折射出城市的土地使用性质、道路骨架特点和地块划分肌理等历史城市固有的空间结构特征，并且较为完整地展现其在城市中的功能，符合城市的道路和地块划分规律。

4. 反映城市的社会文化布局特点

一个街区往往经过几个历史阶段才孕育、发展形成。街区体现城市建设各历史时期的社会文化组织结构，反映出城市中不同社会地位、经济水平、生活方式的人群分布状况。这一布局往往会影响到城市空间形态，从一个侧面表达城市形态结构的深层次内涵。

（二）历史街区的保护

现阶段，对历史街区实施保护有着十分重要的意义。这主要表现在：一方面，这是由于历史街区自身的特性决定的，拥有独特的自然景观，包含诸多优秀古建筑、传统商铺民居等历史文化遗产，能够传承传统文化，它自身具有脆弱性和不可再生的特点；另一方面，在当前城市化进程进入加速发展阶段的大背景下，人口规模、城市用地扩张，以及经济利益驱动下的不合理开发行为都会对历史街区造成损害，对历史街区实施有效的保护势在必行。

---

① 刘敏，李先逵 . 历史街区探析［J］. 哈尔滨工业大学学报，2003（4）：506–509.

1.历史街区的保护内容

（1）历史文化遗迹的保护。历史文化遗迹是历史街区文化传承的重要载体，历史文化遗迹包括历史街区中的建筑、碑刻等记载着历史文化信息的有形实体，各种文物建筑的保护是历史文化遗迹保护的重点。绝大多数历史街区中的建筑保护都必须结合居民生活的改善进行，才能保证街区始终充满真正的内在活力。历史街区建筑的保护方法概括起来可分为立面保护、结构保护和局部保护三种方式。

（2）街道格局的保护。历史街区内部道路的格局常常具有该地段乃至整个城市的个性。在我国，坊、街、巷路网格局从古延续至今，但不同的地区又有着不同的特征。苏州以前河后街、河路相间的街巷格局为特征，而北京的道路格局是以方格网为骨架，鱼骨式街巷为主脉，在鱼刺两侧为胡同。街巷格局是不同生活方式形成的历史风貌的重要体现。

（3）建设高度与尺度的控制。高度和尺度的控制是协调历史街区建筑风貌的重要手段。历史街区现代建筑的高度与尺度的整体协调是保护的重点之一，高大的现代建筑破坏了历史街区的整体视觉效果，取代了历史街区空间中占统治地位的建筑的统领作用，另一方面破坏了原有的街道空间的尺度和比例。

（4）基础设施的改造。改善历史街区的生活基础设施，增加服务设施，满足现代生活的需要，包括完善供水、供电、排水、垃圾清理、道路修整以及供气或取暖等市政基础设施。同时开辟必要的休闲场地、增加绿化等，改善居民的居住环境，使居民可以安居乐业，继续在故居中生活下去、生活得更好。

（5）历史文脉的延续。文脉（Context）一词，最早源于语言学范畴。它是一个在特定的空间发展起来的历史范畴，其上延下伸包含着极其广泛的内容。历史文脉的保留与延续是历史街区保护的重要内容，保留历史街区真实的历史信息，延续历史街区动态的历史发展，反映从过去、现在到将来的真实历程，从而进一步强化历史街区的历史价值。

2.历史街区的保护模式

历史街区保护的内容大多差异不大，但是我国大多数历史街区的具体特征差异明显，目前国内比较成功的历史街区保护模式大体有三种：

（1）立面表皮式保护。

这是一种在尊重历史和建筑文脉的基础上保留外观、更新内部设施的保护方式。上海的"新天地"里弄改造是其中的代表性实例。上海"新天地"位于上海卢湾区东北角的太平桥地区，紧靠淮海中路、西藏路等商业街，区位条件优越。区内有国家重点保护单位"中共一大会址"和许多建于20世纪初属于典型的上海石库门里弄建筑，在建设高度、建筑形式和保护方面都有一定的要求。对该地段改造采用了"存表去里"的方式，即对保留建筑进行必要的维护、修缮，保留建筑外观和外部环境，对内部进行全面更新，以适应新的使用功能。就是建筑的外边不动、里面大动，对整个建筑的使用功能进行根本的改换，把原来的居住功能变成了经营功能，把整片居住区变成了商业、文化、娱乐、购物的场所。拆除一部分老房子，开辟绿地和水塘，美化环境。

（2）整体保护模式。

这种方式就是对历史街区完全保留，类似文物保护方式，只是进行局部的修补，社会网络和物质空间同时被保留下来。近年来比较成功的历史街区保护案例，如山西平遥南大街、江苏乌镇和周庄等地采用的都是这种保护方法。乌镇是杭嘉湖平原上的江南小镇。地处江南河网交错地带，交通不便，战争和中华人民共和国成立后的破坏性建设对其影响不大，其古镇风貌得以比较完善地保存了下来。如今，乌镇已经成为沪杭黄金旅游线上的一个热点。乌镇的保护与更新采用了"修旧如旧"的方式，由桐乡市政府直接领导下的乌镇旅游开发公司全权负责管理与实施。所谓"修旧如旧"就是尽量要让乌镇的建筑风貌回复到100年前的模样，力求保持乌镇作为江南水乡古镇的"原生态"面貌。同时适应现代生活和旅游的需求，综合治理环境。按照这一思路，乌镇使用一些古旧建筑材料对环境进行装贴。狭窄的街道上，一律是古旧的青石板，街道两边的房屋立面全部贴上了长条门板。从目前看，政府主要是对其内部一些不适应保护或旅游需求的建筑进行了拆迁，或予以重建、或恢复一些古迹建筑、或留作绿地空间。对于大部分的建筑还是予以修缮为主，除部分拆迁建筑和政府收购的重点建筑的土地外，大部分建筑的土地权属未作改变。

（3）拼贴式保护。

在历史城市中存在很多这样的街区：街巷格局未变，局部保留传统的风貌，但是基础设施匮乏，房屋简陋，人口密度大。对于这样的历史街区，应当在保护现有风貌较完整、房屋质量较高传统建筑的条件下，对破败严重、风貌尽失的建筑采取更新的方法完善历史街区风貌的完整性。使历史遗存和新建建筑共存于历史街区中，以达到保护历史街区空间形式，延续历史文脉的目的。具体的保护方法为：①保护、整修保存质量较好的传统建筑；②保护街道格局及其空间尺度；③限制建筑高度与控制建筑体量，改善基础设施、降低人口密度。

拼贴式保护在一些街区取得了很好的效果，如苏州十全街就是其中的一个案例。1992年，十全街作为古城保护重点工程实施全面改造，保护了网师园、沧浪亭等名胜古迹，李根源、叶圣陶等名人故居，延续了历史痕迹和漫长岁月的印记。对破损的房屋均拆除新建，在建筑风貌设计上强调"再现和延续"古城风貌特色。如今，十全街已成为姑苏城内独领风骚的休闲文化街。

总之，历史街区的保护需要动态的保护，因为任何历史建筑都不可能完全保持它建成之初的状态。对历史街区的保护，是旨在适应时代需要的同时保护它自身的特色，不是禁止改变，而是对发展加以规划，保护历史街区的整体性、原真性。对于典型的传统特色建筑，应当极力保护其原貌，不允许破坏的发生，做到"整旧如旧"。不但要预防破坏性保护行为的上演，更应当防止保护名义下的无节制的原地复建。对于传统建筑周边的特色营造，不应当简单地抄袭前人风格，需要在传统之下有时代特色。历史街区的保护要处理好传统特色承继与现代特色创造的有机结合。从历史发展的角度来看，任何将传统和现代特色对立的做法，只能使城市的历史产生断层，使城市的发展缺乏真实感，使城市在失去了传统的根基之后，城市特色逐步枯萎，甚至老去。在动态的保护之下，在发展中延续，才能真正保持传统特色的活力与魅力。

【案例分析与讨论】

对于外地游客而言，宽窄巷子是到成都游玩的"打卡"点之一。作为成都市三大历史文化保护区之一（另两个是大慈寺、文殊坊），宽窄巷子是历史文化遗产保护与利用的示范区，也是老成都生活的活化区。街区核心保护区面积虽仅108亩，但却创造了年接待游客量超过千万人次的人流量。

成都宽窄巷子投资管理有限责任公司作为宽窄巷子历史文化核心保护街区的官方建设运营管理商，统一负责实施了宽窄巷子的规划、保护、建设、开发和运营管理。历时5年的时间，按照"修旧如旧、落架重修"的原则对宽窄巷子核心区域进行了保护性的修复。为了保证业态与项目相一致，宽窄巷子的招商有时候会牺牲一些盈利。此外，由于宽窄巷子70%的物业属于成都文旅集团，只有30%属于当地居民，因此项目方可以主导项目物业基本符合当地文化的传承。

严格的招商加上物业的把控、多元化的经营模式，使得宽窄巷子成为国内历史文化商业街区标杆，也成为成都乃至四川的"名片"，同时也在某种意义上成为文化创意产业及品牌的孵化平台。这或许也是其自诩"业态管理比同类项目更有高度、品质把握更好"的底气。

新时期下，在保护的基础上，应如何进一步创新宽窄巷子开发方式？

资料来源：温州新闻网《宽窄巷子：历史文化街区改造的成都样本》http://news.66wz.com/system/2018/06/14/105091252.shtml）

第三节　杰出建筑及公共建筑旅游文化

一、中国建筑

建筑被誉为"凝固的音乐"，是人类文明的重要载体。独具特色的中国建筑，是辉煌的中华文明的重要组成部分，中国建筑与西方建筑和伊斯兰建筑一起组成了世界三大建筑体系。中国古代建筑艺术是世界上延续历史最长、分布地域最广、风格非常鲜明的一个独特的艺术体系，对日本、朝鲜和越南的古代建筑有直接影响。17世纪后，还对欧洲建筑产生过影响。

（一）中国古代建筑的主要特点 [①]

1. 巧妙而科学的框架式结构

巧妙而科学的框架式结构，由立柱、横梁、顺檩等主要构件建造而成，各个构件之间的结点以榫卯相吻合，构成富有弹性的框架。中国古代木构架有抬梁、穿斗、井干三种不同的结构方式。木构架结构有很多优点，首先，承重与围护结构分工明确，屋顶重量由木构架来承担，外墙起遮挡阳光、隔热防寒的作用，内墙起分割室内空间的作用。由于墙壁不承重，这种结构赋予建筑物以极大的灵活性。其次，有利于防震、抗震，木构架结构很类似今天的框架结构，由于木材具有的特性，而构架的结构所用斗拱和榫卯又都有若干伸缩余地，因此在一定限度内可减少由地震对这种构架所引起的危害。"墙倒屋不塌"形象地表达了这种结构的特点。

2. 庭院式的组群布局

庭院式的组群布局就是以"间"为单位构成单座建筑，再以单座建筑组成庭院，进而以庭院为单元，组成各种形式的组群。从绘画中的古建筑形象一直到现存的古建筑来看，中国古代建筑在平面布局方面有一种简明的组织规律，这就是每一处住宅、宫殿、官衙、寺庙等建筑，都是由若干单座建筑和一些围廊、围墙之类环绕成一个个庭院而组成的。这种庭院式的组群与布局，一般都是采用均衡对称的方式，沿着纵轴线（也称前后轴线）与横轴线进行设计。就单体建筑而言，以长方形平面最为普遍。此外，还有圆形、正方形、十字形等几何形状平面。就整体而言，重要建筑大都采用均衡对称的方式，以庭院为单元，沿着纵轴线与横轴线进行设计，借助于建筑群体的有机组合和烘托，使主体建筑显得格外宏伟壮丽。民居及风景园林则采用了"因天时，就地利"的灵活布局方式。

3. 丰富多彩的建筑造型装饰

建筑造型尤以屋顶造型最为突出，主要有庑殿、歇山、悬山、硬山、攒尖、卷棚等形式。屋顶中直线和曲线巧妙地组合，形成向上微翘的飞檐，不但扩大了采光面，有利于排泄雨水，而且增添了建筑物飞动轻快的美感。

装饰主要包括彩绘和雕饰。彩绘具有装饰、标志、保护、象征等多方面的作用。油漆颜料中含有铜，不仅可以防潮、防风化剥蚀，而且还可以防虫蚁。色彩的使用是有限制的，明清时期规定朱、黄为至尊至贵之色。彩画多出现于内外檐的梁枋、斗拱以及室内天花、藻井和柱头上，构图与构件形状密切结合，绘制精巧，色彩丰富。

4. 和谐的人与自然关系

建筑本身就是一个供人们居住、工作、娱乐、社交等活动的环境，因此不仅内部各组成部分要考虑配合与协调，而且要特别注意与周围大自然环境的协调。中国古代的设计师们在进行设计时都十分注意周围的环境，对周围的山川形势、地理特点、气候条件、林木植被等，都要认真调查研究，使建筑布局、形式、色调等跟周围的环境相适

① 陈鸣.新编旅游美学［M］.广州：华南理工大学出版社，2013.

应，从而构成一个大的环境空间。

（二）中国古代建筑的构件

1. 台基

台基也称基座，是高出地面的建筑物底座，用以承托建筑物，并使其防潮、防腐，同时可弥补中国古建筑单体建筑不甚高大雄伟的欠缺。按照其建筑的高度大致有以下几种：

普通台基，用素土或灰土或碎砖三合土夯筑而成，约高一尺，常用于小式建筑；较高级台基较普通台基高，常在台基上建汉白玉栏杆；更高级台基即须弥座，须弥座用作佛像或神龛的台基，用以显示佛的崇高伟大，中国古建筑采用须弥座表示建筑的级别。一般用砖或石砌成，上有凹凸线脚和纹饰，台上建有汉白玉栏杆，常用于宫殿和著名寺院中的主要殿堂建筑；最高级台基由几个须弥座相叠而成，从而使建筑物显得更为宏伟高大，常用于最高级建筑，如故宫三大殿和山东曲阜孔庙大成殿，即耸立在最高级台基上。

2. 木头圆柱

木头圆柱常用松木或楠木制成的圆柱形木头。置于石头（有时是铜器）为底的台上。多根木头圆柱，用于支撑屋面檩条，形成梁架。

3. 开间

四根木头圆柱围成的空间称为"间"。建筑的迎面间数称为"开间"，或称"面阔"。建筑的纵深间数称"进深"。中国古代以奇数为吉祥数字，所以平面组合中绝大多数的开间为单数，而且开间越多，等级越高。北京故宫太和殿、北京太庙大殿开间均为11间。

4. 大梁（即横梁）

大梁是指架于木头圆柱上的一根最主要的木头，以形成屋脊。其常用松木、榆木或杉木制成，是中国传统木结构建筑中骨架的主件之一。

5. 斗拱

斗拱是中国古代建筑独特的构件。方形木块叫斗，弓形短木叫拱，斜置长木叫昂，总称斗拱。一般置于柱头和额枋（又称阑头，俗称看枋，位于两檐柱之间，用于承托斗拱）、屋面之间，用来支撑荷载梁架、挑出屋檐，兼具装饰作用。由斗形木块、弓形短木、斜置长木组成，纵横交错层叠，逐层向外挑出，形成上大下小的托座。

6. 彩画

彩画原是为木结构防潮、防腐、防蛀，后来才突出其装饰性，宋代以后彩画已成为宫殿不可缺少的装饰艺术，可分为和玺彩画、旋子彩画和苏式彩画三个等级。

（1）和玺彩画。

和玺彩画是等级最高的彩画。它包括龙和玺、凤和玺、龙凤和玺、龙凤枋心西番莲灵芝找头和玺、龙草和玺五种绘法，其中龙和玺是和玺类的第一等。如紫禁城中的主要宫殿，京城皇家庙、坛等，均绘以和玺彩画。龙和玺是梁枋大木中的枋心、找头、盒子及平板枋、垫板、柱头等构件全部绘龙纹。凤和玺是梁枋大木中的枋心、找头、盒子及平板枋、垫板、柱头等构件全部绘凤纹。

（2）旋子彩画。

旋子彩画的等级次于和玺彩画。画面用简化形式的涡卷瓣旋花，有时也可画龙凤，可以贴金粉，也可以不贴金粉。一般用于次要宫殿或寺庙中。

（3）苏式彩画。

苏式彩画的等级低于前两种。苏式彩画起源于苏州，由于历史原因形成两种流派，北京的称为北方苏式彩画，以山水、人物、花鸟、界面为主；在苏州的称为南方苏式彩画，以锦纹为主。

7. 屋顶

中国传统屋顶有以下几种，其中重檐庑殿顶级别最高，重檐歇山顶仅次于重檐庑殿顶，其次为单檐庑殿顶、单檐歇山顶。

（1）悬山顶。五脊二坡，两侧的山墙凹进殿顶，使顶上的檩端伸出墙外（屋顶左右屋檐出山墙），又称挑山（见图6-1）。

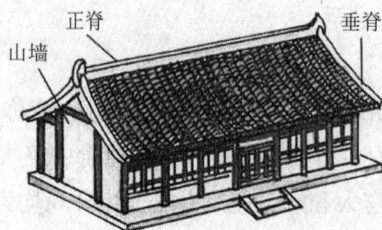

图6-1 悬山顶

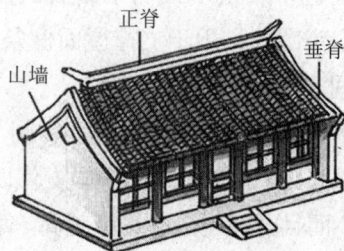

图6-2 硬山顶

（2）硬山顶。五脊二坡，与悬山顶不同之处在于，两侧山墙从下到上把檩头全部封住（屋顶左右屋檐不出山墙）。硬山顶出现最晚，是随着明清时期房屋墙壁广泛使用砖砌以后才大量采用的（见图6-2）。

（3）歇山顶。又称九脊顶，除一条正脊、四条垂脊外，还有四条戗脊。正脊的前后两坡是整坡，左右两坡是半坡。歇山顶主要分为单檐和重檐两种，重檐歇山顶的第二檐与庑殿顶的第二檐基本相同。在等级上仅次于重檐庑殿顶（见图6-3）。

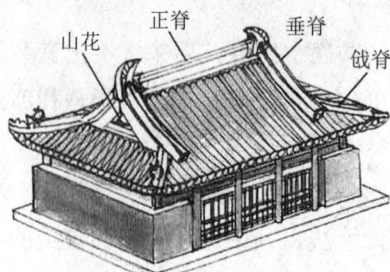

图6-3 歇山顶

（4）庑殿顶。又称四阿顶，五脊四坡式，又叫五脊顶。前后两坡相交处是正脊，左右两坡有四条垂脊，分别交于正脊的一端。庑殿顶分为单檐和重檐两种，重檐庑殿顶，是在庑殿顶之下又有短檐，四角各有一条短垂脊，共九脊。重檐庑殿顶是清代所有殿顶中最高等级，只有皇帝和孔子的殿堂可以使用（见图6-4）。

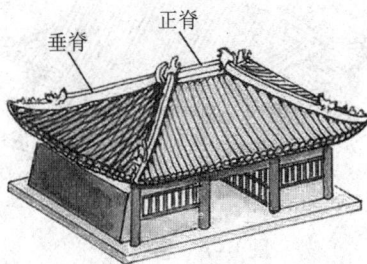

图6-4 庑殿顶

（5）攒尖顶。正多边形或圆形建筑，顶部有一个集中点，即宝顶。角式攒尖顶有与其角数相同的垂脊，圆攒尖顶则由竹节瓦逐渐收小，故无垂脊（见图6-5）。

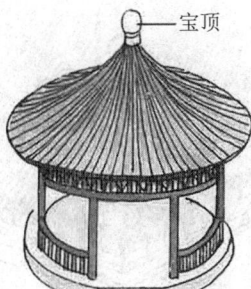

图6-5 圆角攒尖顶

（6）盝顶。屋顶（四边或正多边形）上部做成平顶，下部做成四面坡四向（或多面坡多向）排水。垂脊上端有横脊，横脊的数目与角数相同。各条横脊首尾相连，故亦称圈脊（见图6-6）。

图6-6 盝顶

（7）卷棚顶。屋面双坡，屋顶最上方没有突出的正脊。从梁架结构看，梁架最上方没有正中的脊檩，而是在上方两侧并列两个脊檩，上加弧形罗锅椽，使两坡相接处呈圆弧形。硬山式、悬山式和歇山式都可以做成卷棚顶。此种建筑在园林中居多。宫殿建筑群中，太监、佣人等居住的边房多为此顶（见图6-7）。

图6-7 卷棚顶

有一种常见的整合方法叫"勾连搭"。就是两个或两个以上的屋顶前后檐相连，连成一个屋顶。勾连搭屋顶中，相勾连的屋顶大多是大小高低相同，但有一部分却是一大一小、有主有次、高低不同、前后有别的，这一类的叫作"带抱厦式勾连搭"（见图6-8）。

图6-8 勾连搭顶 [①]

屋顶以庑殿顶级别最高，依次为歇山、悬山、硬山。屋檐以重数越多级别越高。两者结合，形成重檐庑殿顶、重檐歇山顶、单檐庑殿顶、单檐歇山顶的排序。屋顶用料以瓦为主，主要有釉质琉璃瓦和灰陶瓦。琉璃瓦颜色丰富，以黄、绿、蓝为主。黄色为五色之中心，被尊为帝王之色，黄琉璃就成为皇宫主体建筑的专用色，王公贵族只可用绿琉璃瓦覆顶。

8. 山墙

山墙是房子两侧上部呈山尖形的墙面。常见的墙还有风火山墙，其特点是两侧山墙高于屋面，随屋顶的斜坡面而呈阶梯形。

---

① 中国古建屋顶木作美学，http://www.muzuowang.com/cate/archives/31029/3.

图 6-9　风火山墙[1]

9. 藻井

藻井是中国古建筑天花板上的一种装饰。"藻井"含有五行以水克火、预防火灾之义。藻井一般在寺庙佛座或宫殿宝座上方，是平顶的凹进部分，有方格形、六角形、八角形或圆形，上有雕刻或彩绘，常见的有"双龙戏珠"。太和殿藻井之大和华丽为宫中藻井之最高等级。井内金龙盘卧，口衔轩辕镜，位置在宝座上，以示皇帝为轩辕氏的正统继承者[2]（见图 6-10）。

图 6-10　太和殿蟠龙藻井[3]

10. 吻兽

吻兽是中国古代建筑屋脊上的兽形装饰，以增加威严和神秘。正脊两端的称为正吻，根据其形象的不同又可称为鸱尾、鸱吻或吻兽；在垂脊或戗脊端部的称为垂兽和戗兽；在转角部岔脊上的众多小兽称为仙人走兽；重檐屋顶的下檐正脊在转角有合角吻兽。吻兽并非单纯为了装饰，正脊两端是木构架的关键部位，为了使榫卯结合的木构件结合紧密，以及防渗漏，需要施加较大重量，就演化为正吻。走兽的多寡与建筑规模和等级有关，数目必须是单数，故宫太和殿为 11 个，自下而上依次为骑凤仙人（仙人骑

① 卢宅（二十一）树德后堂 _ 秋叶 _ 新浪博客，http：//blog.sina.com.cn/s/blog_520b11410102x5go.html.
② 张启. 旅游文化学［M］. 杭州：浙江大学出版社，2010.
③ 故宫太和殿上的蟠龙藻井高清图片，http：//www.tupian114.com/photo_139567.html.

鸡）、龙、凤、狮子、天马、海马、狎鱼、狻猊、獬豸、斗牛、行什；乾清宫为 9 个；坤宁宫为 7 个；东西六宫为 5 个；小殿为 3 个（见图 6-11）。

图 6-11　太和殿吻兽 [①]

11. 铺地

铺地一般指建筑的地面，主要由砖石铺成。铺地上有各种图案，寓意很深，如蝙蝠图案铺地往往希望时时事事处处是福。

12. 门钉

在古建筑里，门钉只在板门上使用，一般是铜制的。一是装饰，二是代表等级，还起加固作用。门钉横竖成排，钉子数目是等级标志，最高用 9 路，次等纵 9 横 7，最少纵横 5 路。

13. 照壁

照壁称"影壁"或"屏风墙"。一般来讲，是大门内的屏蔽物。照壁具有挡风、遮蔽视线的作用，墙面若有装饰则造成对景效果。照壁是中国受风水意识影响而产生的一种独具特色的建筑形式，照壁可位于大门内，也可位于大门外，前者称为内照壁，后者称为外照壁。

（三）中国古建筑的主要类型

建筑类型是因其特定的社会需要而产生的，并随着社会的发展而发展。中国古代最早出现的建筑是先民们为谋求基本生存空间而构筑的穴居和巢居，其后产生了供集体活动使用的大房子，进而又有了为氏族祭祀而设立的祭坛和神庙。随着社会生活的日益复杂，建筑类型也越来越丰富 [②]。

1. 宫殿建筑

"宫"在我国出现较早，最初"宫""室"通义，后来逐步演变为专供皇帝和皇族居

---

① "深宫之檐 – 故宫"，网易摄影，http://pp.163.com/panxiaozhuzhu/pp/9078110.html.

② 李星明. 旅游文化概论［M］. 武汉：华中师范大学出版社，2007.

住的地方。中国宫殿建筑的历史与中国古城的历史一样悠久。最初的宫殿规模较小，建筑比较简陋，与后来规模宏大、气势磅礴的宫殿建筑不可同日而语。

秦汉时期是中国宫殿建筑发展的第一个高潮。秦都咸阳的阿房宫、汉都长安的"汉三宫"（即长乐宫、未央宫、建章宫）无论从规模还是从气势上，都大大超过了夏、商、周三代宫殿。唐代的长安城同样以其显赫的三大宫殿（太极宫、大明宫、兴庆宫）建筑扬名于世。北京故宫作为明清两代宫室，是我国古代宫殿建筑的典范，其建筑艺术达到了我国宫殿建筑艺术的最高峰。目前，北京故宫保存完好，已成为我国著名的旅游胜地。

2. 陵墓建筑

陵墓是指中国帝王的坟墓，从人类学和考古学的角度来说，埋葬制是伴随"灵魂观"的出现而诞生的。中国古人认为，人死以后，肉体已殁，但灵魂永存，于是产生了祭祀的观念。但古代早期葬礼极简单。随着"礼"的思想观念向"墓葬文化"的渗透与影响，春秋战国时期开始出现了"封土为坟"的做法。3000 多年来，我国共有统一王朝和割据政权的大小帝王 500 余人，至今地面有迹可循的帝王陵墓 100 多座，其历史之久、数量之多、规模之大、工艺之精世所罕见，形成了我国独具特色的文化旅游资源。中国帝王陵墓包括三部分：地下建筑、坟头和陵园建筑。其演变呈现出形式多样的特点，各个时代情况不同。

秦始皇陵是我国古代帝王陵寝发展史上的里程碑。陵园布局基本上仿照都城宫殿的规划布局，高双重垣墙，外城四角设置警卫角楼。陵园建有寝殿、便殿及陪葬坑等。陵园以东有陪葬墓区和兵马俑坑。汉承秦制，同样以人工夯筑的宏伟陵体为中心，四周有陵垣和门，构成十字形对称布局，陵园成方形。但在陵前开始设神道，道旁布置有石雕刻、石建筑等，以显示墓主人生前所享有的地位和威严。唐代是中国陵墓建筑史上的一个高潮。其最大的特点就是比前代更加追求陵区的庞大和陵冢的高大。唐代不满足于挖地堆土为陵的传统，开创了依山为陵的先例。陵区内置陪葬墓，安葬诸王、公主、嫔妃，乃至宰相、功臣、命官。明清两代陵寝制度大致相同，都选址"风水宝地"，设集中陵区。明清在陵区内进行统一规划，各陵依年代先后由中央向两侧依次排列，由神道与主神道相连。各陵都由祭祀建筑区、神道、护陵监三部分组成，并废弃了前代将上、下宫分离的布局，把各类建筑集结在一条南北向的中轴线上，陵园由方形改为长方形，陵墓与献殿用垣墙隔开成为两个独立的建筑群体。整个布局严整而富有艺术性。

3. 礼制建筑

"礼"为中国古代六艺之一，它集中地反映了封建社会中的天人关系、阶级与等级关系、人伦关系、行为准则等，是中国封建社会上层建筑的重要组成部分，因而在古代中国出现了许多能够体现这一宗法礼制的建筑，即礼制建筑，其中以祭祀天地和祖宗神灵的坛庙建筑最具有代表性。

古代的坛庙大抵分为以下三种类型。

第一类是祭祀自然神的，其建筑包括天地、日月、风云、雷雨、社稷、先农之坛、五岳、五镇、四海、四渎之庙等。其中，天地、日月、社稷、先农等由皇帝亲祭，其余皆遣官致祭。明清，宫殿前左祖右社，郊外祭天于南，祭地于北，祭日于东，祭月于西，祭先农于南，祭先蚕于北（已泯灭），是坛庙建筑的重要留存地。

第二类是祭祀祖先的。帝王祖庙称太庙，臣下称家庙或祠堂。明制庶人无家庙，仅在家中设父、祖二代神主，且不能安放神主的椟。帝王宗庙仿宫殿前朝后寝之制：前设庙（前殿），供神主，四时致祭；后有寝（后殿），设衣冠几杖，以荐时鲜新品。

第三类是先贤祠庙。如孔子庙、诸葛武侯祠、关帝庙等。其中孔子庙数量最多，规模也最大，分布遍及全国的府、州、县。自汉武帝尊儒之后，历代帝王多以儒家学说为指导思想，孔子地位日崇。因此，曲阜孔庙日益宏大壮丽，到明代时达到了前所未有的规模。

二、西方古典建筑

（一）西方古典建筑的发展

1. 中世纪建筑

（1）拜占庭建筑。

公元 4—6 世纪是拜占庭建筑的兴盛时期，建筑的形式和种类十分多样，有城墙、道路、宫殿、广场等。由于基督教为国教，所以教堂的规模越建越大，越建越华丽，如规模宏大的圣索非亚教堂就是帝国在极盛时期的建筑。拜占庭建筑最大的特点就是穹隆顶的大量应用，几乎所有的公共建筑，尤其是教堂都用穹隆顶。而且建筑具有集中性，都是一个大空间为中心，周围许多小空间围绕，而这个高大的圆穹隆就成了整个建筑的构图中心。意大利的比萨大教堂是拜占庭建筑的典型代表（见图 6-12）。

图 6-12 意大利的比萨大教堂 [1]

---

[1] Pisa Cathedral（Cattedrale di Pisa），Italy. 创意图片，https：//www.vcg.com/creative/1008551755.

（2）哥特式建筑。

西欧封建社会盛期（12—15世纪）形成以法国为中心的哥特式建筑。当时的欧洲，封建城市经济占主导地位，这个时期的建筑仍以教堂为主，也有不少城市广场、市政厅等公共建筑，城市住宅也有很大发展。哥特式建筑的风格完全脱离古罗马的影响，其最大的特点就是"高""直"，所以有人也称哥特式建筑为高直式建筑。法国著名的巴黎圣母院（见图6-13）、德国科隆主教堂，以及意大利的米兰大教堂与圣十字教堂都是哥特式教堂的典型实例。

图6-13 法国巴黎圣母院[①]

2. 文艺复兴建筑

文艺复兴、巴洛克和古典主义是15—19世纪先后流行于欧洲各国的建筑风格。其中文艺复兴和巴洛克源于意大利，古典主义源于法国，后人广义地将三者并称为文艺复兴时期的建筑。

（1）文艺复兴建筑。

文艺复兴的意思绝非是模仿和恢复古希腊和罗马的文化和艺术，而是在众多文化领域中都贯穿了"人文主义"的思想，建筑风格被赋予了一种崭新的、不同以往的面貌。标志着意大利文艺复兴建筑史开始的是佛罗伦萨主教堂的穹顶。

（2）巴洛克建筑。

"巴洛克"作为一种艺术风格，源于17世纪的意大利。巴洛克建筑风格主张新奇，追求前所未有的形式，善用矫揉造作的造型来产生特殊的效果，比如用透视的幻觉和增加层次的手法来强调进深；多用烦琐的曲线和曲面，堆砌装饰以制造效果；又善用光影

---

① 视觉中国，https://www.vcg.com。

变化、形体的不稳定组合来产生虚幻和动荡的气氛。罗马的圣彼得大教堂（见图 6-14）及广场可以说是巴洛克式建筑的代表。

图 6-14　罗马的圣彼得大教堂①

（3）法国古典主义建筑。

与意大利巴洛克建筑大致同时而略晚，17 世纪法国的古典主义建筑成了欧洲建筑发展的又一个主流。建筑上推崇荣华高贵的古典主义风格，强调外形的端庄和雄伟，内部装饰豪华奢侈，在空间效果和装饰上有强烈的巴洛克特征。这种风格是继意大利文艺复兴之后的欧洲建筑发展的主流。

（二）西方古典建筑的柱式

1. 西方古典建筑的柱式的演变

这里所指的"柱式"是指古希腊、古罗马的柱式，即古典柱式。古希腊流行的两种柱式：一种是意大利西西里一带的寡头制城邦里的多立克式，另一种是流行于小亚细亚共和城邦里的爱奥尼式。古典时期，还产生了第三种柱式，科林斯柱式。

罗马的柱式基本继承了古希腊的三柱式，但给柱式赋予了更多的细节，如用一组线角来代替一个线角，用复合线脚来代替简单线脚，并用雕塑来丰富它们。科林斯柱式得到这一时期的青睐。罗马人在科林斯式柱头上再加一对爱奥尼式的涡卷，称之为组合柱式。与罗马本土的塔斯干式柱式一起，形成了罗马的五柱式。我们现在所说的古典柱式即指古希腊语古罗马的多立克柱式、爱奥尼柱式、科林斯柱式、塔斯干柱式和组合柱式（见图 6-15）。

---

① 视觉中国，https://www.vcg.com.

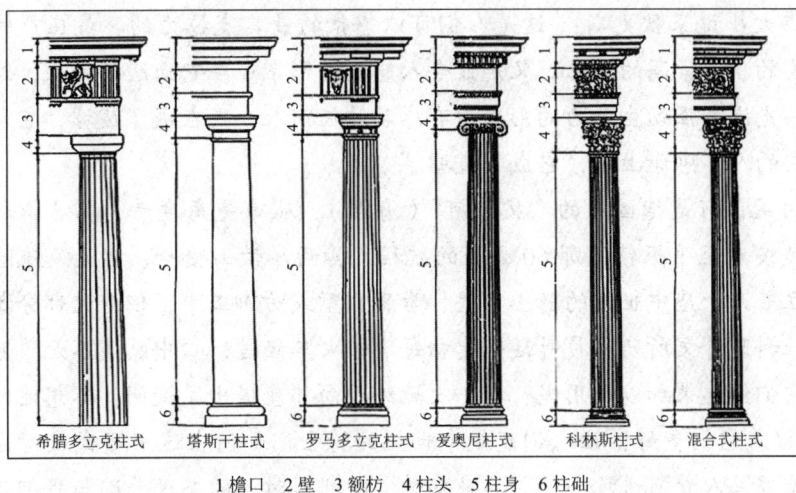

1 檐口　2 壁　3 额枋　4 柱头　5 柱身　6 柱础

图 6-15　柱式结构图 ①

2.柱式的组成和结构

经过文艺复兴时期的总结，柱式共分为 5 种，这里介绍它们所共有的一些基本组成部分。

（1）柱式一般由檐部、柱子、基座 3 部分组成，有时则只包括前两部分。

（2）柱子是主要的承重构件，也是艺术造型中的重要部分。从柱身高度的 1/3 开始，它的断面逐渐缩小，叫作收分，柱子收分后形成略微向内弯曲的轮廓线，加强了它的稳定感。

（3）檐部、柱子、基座又分别包括若干细小的部分，它们大多是由于结构或构造的要求发展演变而来的。

（4）檐口、檐壁、柱头等重点部位常饰有各种雕刻装饰，柱式各部分之间的交接处也常有各种线脚。

（5）柱式各部分之间从大到小都有一定的比例关系。由于建筑物的大小不同，柱式的绝对尺寸也不同，为了保持各部分之间的相对比例关系，一般采用柱下部的半径作为量度单位，称作"母度" ②。

案例分析与讨论：

<h2 style="text-align:center">再谈废墟之美 ③</h2>

提及罗马斗技场，许多西方诗人、作家都写过、慨叹过。但写得最动情的当推 19

---

① 欧式建筑 新浪博客，http://blog.sina.com.cn/s/blog_135ae0aaa0102v6er.html.
② 刘磊.园林设计初步［M］.重庆：重庆大学出版社，2014.
③ 叶廷芳.再谈废墟之美［N］.光明日报，2017-07-21.

世纪英国伟大小说家狄更斯："这是人们可以想象的最具震撼力的、最庄严的、最隆重的、最恢宏的、最崇高的形象，又是最令人悲痛的形象。在它血腥的年代，这个大角斗场巨大的、充满了强劲生命力的形象没有感动过任何人，现在成了废墟，它却能感动每一个看到它的人。感谢上帝，它成了废墟。"

德国的莱茵河是德国人的"父亲河"（海涅），从审美角度看，其"华彩河段"是位于考普棱茨市至平根镇的那60公里的航程，其两岸崇山峻岭，时见急流险滩。两岸崖壁上耸立着几十座中世纪的骑士古堡、贵胄别墅或防御工事，但绝大部分都已沦为废墟。中国社科院外文所研究员叶廷芳起初每次乘火车经过，心中总是不无遗憾地想：为什么不把它们修起来加以利用呢？有一次她终于向邻座提出了疑问，不想他的回答却出乎意料："留着它们多好！让人们想起中世纪的骑士们如何在这里习武或行盗；日耳曼人如何击退罗马人渡河进攻……"后来知道，欧洲人对此的态度普遍与我们不一样，尤其是19世纪初的浪漫主义诗人和画家们无不醉心于两岸废墟。故人们将莱茵河的这一国宝荟萃之地干脆"赠予"浪漫主义艺术家们，称其为"浪漫主义走廊"。德国浪漫派首领施莱格尔的散文《莱茵行》中，其中对两岸废墟果真赞美有加，如："这里是莱茵河最美的地带，处处都因两岸的忙碌景象而显得生气勃勃，更因那一座座险峻地突兀于陡坡上的古堡的残垣断壁而装点得壮丽非凡。"另一处他又赞颂说："那一系列德意志古堡废墟，它们将莱茵河上上下下打扮得如此富丽堂皇！"你看，在我们看来是歪歪斜斜、破破烂烂，在他看来却是富丽堂皇、壮丽非凡！

长期以来，关于我国圆明园的复建与保留现存遗迹之间存在着许多争议，我们应如何看待废墟这一特殊的建筑？

第四节　城市园林建筑文化

中国园林历史悠久，发端于殷商，觉醒于魏晋，成熟于唐宋，兴盛于明清。中国园林是中国传统文化的再现，是传统文化的结晶。尤其是作为独具特色的人文园林，它的演进过程又必然地与中国文人的价值取向、审美观念、人格追求以及艺术情趣的变化联系在一起。

一、中国古典园林的分类

按园林占有者的身份，可划分为皇家园林、私家园林和寺观园林三大类。

（一）皇家园林

皇家园林在古籍里面称为"苑""囿""宫苑""园囿""御苑"，属于皇帝个人和皇家私有，是供帝王居住、处理政务和享乐的园林。在这漫长的历史时期中，几乎每个朝代都有宫苑的建置。一些建在京城里面，与皇宫相毗连，相当于私家的宅园，称为大内御苑；大多数则建在郊外风景优美、环境幽静的地方，一般与离宫或行宫相结合，分别称为离宫御苑、行宫御苑。

古代中国社会，君权始终凌驾于神权之上，帝王君临天下，享有至高无上的权力。专制的王权政治渗透到包括宫殿、陵墓、坛庙等所有皇室建筑中，园林自不例外。与其他类型的园林相比，皇家园林的皇家气派、皇家色彩十分浓重。

概括起来，皇家园林有以下几个特点：

第一，规模宏大、富丽堂皇；

第二，采用真山真水布局；

第三，皇权象征寓意十分浓厚；

第四，全面吸收江南园林造园技艺。

（二）私家园林

私家园林在古籍当中被称为园、池馆、山池、别业等，是指宗室外戚、王公官吏、富商大贾营造的供自家居住和享用的园林。现存著名的私家园林有苏州的拙政园、留园，上海的豫园，北京的恭王府花园，山东曲阜的孔府后花园等。

私家园林和皇家园林相比，有很多不同。

第一，规模虽小，却精巧细致，以小见大；

第二，用假山假水营造出真山真水之情趣；

第三，色彩清淡典雅；

第四，浓郁的书卷气。

（三）寺观园林

寺观园林是指佛教寺院、道教宫观等宗教场所的附属园林，包括寺观内外的园林环境。为了宗教修行，寺观多建在环境幽静、景色优美的山林深处（如少林寺）。喧闹的城市之中，也不乏景色秀丽的寺院，例如北京的潭柘寺、南京的栖霞寺、镇江的金山寺均是寺观园林的代表。

寺观园林不同于帝王苑囿和私家园林的私有性，寺庙园林对公众开放，具有公共性，这与宗教普度众生的终极关怀密切相关。寺观园林的布局多采用中轴对称的布局方式。讲究庭院内部的绿化，树木往往以松柏为主，突出肃穆、庄严的气氛。寺观园林意境超凡脱俗，往往能在都市之中创造出一片净土仙境，突出"跳出三界外，不在五行中"的宗教文化内涵。

二、中国古典园林的艺术特征

中国古典园林注重布局的巧妙，技法的精致，文化的悠远，贵在自然，妙在含蓄，美在意境。

（一）虽由人作，宛自天开

中国古典园林是自然山水园林。古代造园大师在造园时，首先要做的就是创造一个"木欣欣以向荣，泉涓涓而始流"的自然环境，以达到"虽由人作，宛自天开""自成天然之趣，不烦人事之功"的意境。

如何才能达到这样一个境界？首先，造园艺术，师法自然。山与水的关系以及假山中峰、涧、坡、洞各景象因素的组合，要符合自然界山水生成的客观规律。每个山水景象要素的形象组合要合乎自然规律，尽量减少人工拼叠的痕迹。水池常作自然曲折、高下起伏状。花木布置应是疏密相间，形态天然。乔木灌木也是错杂相间，追求天然野趣。其次，园林建筑，顺应自然。所有建筑，其形与神都与周围的自然环境相和谐，同时又使园内各部分自然相接，以使园林体现自然、淡泊、恬静、含蓄的艺术特色。再者，树木花卉，表现自然。松柏高耸入云，柳枝婀娜垂岸，桃花数里盛开，乃至于树枝弯曲自如，花朵迎面扑香，其形与神，其意与境都重在表现自然。

（二）巧于因借，精在体宜

所谓"因"就是因地制宜，根据原有的地形地貌、树木水源，适宜堆山就堆山，适宜造池就造池，宜亭则亭，宜殿则殿。所谓"借"就是借景，即将园外的景物组织到园内所能看到的画面中来，与园内景物浑然一体，从而突破园子的有限空间，丰富园景的层次。借景包括远借、近借、仰借、俯借及应时而借等，以达到极目所至，俗者屏之，佳者收之，巧而得体的审美效果。在中国古代各种类型的园林中，借景都有杰出的范例。这种一切从实际情况出发，利用已有条件精心设计的做法是中国古代自然山水园林的造园要领。

（三）寓情于景，情景交融

"寓情于景"，就是借那些经过创作的自然之景，融入园主的设计思想，借助自然景物来表达园主的意向和旨趣，从而满足人们的某种精神追求。例如，苏州拙政园乃是明朝正德年间御史王献臣所建，王献臣因为仕途不得志，遂以西晋潘岳自比，取潘岳《闲居赋》："筑室种树，逍遥自得……灌园鬻蔬，以供朝夕之膳……此亦拙者之为政也"（有朴实之人在自家花园为政的巧意）。题名"拙政园"，寄托了王献臣寄情山水，远避朝政，从此甘心过闲淡隐居生活的精神追求。

（四）错落有致，富有层次

中国古典园林从整体布局上看，既不像宫殿、寺院那样采用井然有序的一正两厢的布局形式，更不像西方古典建筑那样由于轴线对称的几何式园林而给人以严谨的感觉。

乍看起来似乎很凌乱、很偶然，其实个中自有乾坤。

中国古典园林空间布局的特点是模仿自然，追求山林野趣。园中建筑、山水、花木等结合地势灵活布局，使园中各景主次分明，突出重点。在一块不大的区域内运用各种漏景、障景、对景、借景等手法，使园景小中见大，以少胜多，在有限的空间内创造富有变化的风景。

三、中国古典园林的造园要素

中国古人追求生活的艺术化。作为艺术珍品的古典园林，既要满足人们居住、宴饮的需要，同时还必须满足人们吟诗作画、欣赏游玩的需要。可居、可游、可观等性能主要通过五种造园要素实现，即山、水、建筑、花木以及楹联匾额[①]。

（一）叠山

山是园林的骨骼。古人称石头是天地之骨，它可以将园林分割成不同的空间，形成不同的景区。中国悠久精湛的叠山技艺使得园林中的假山造型独特，具有真山的自然之美。叠石所用石料有湖石、黄石、房山石、青石、英德石、黄蜡石等。石料不同，能产生不同的造型风格与艺术效果。湖石由石灰岩溶蚀而成，最著名的是太湖石。鉴赏湖石的标准是瘦、透、漏、皱、丑。瘦，指山石体态苗条，有迎风玉立之势；透，指石的纹理纵横，有自然之势；漏，指石上大孔小孔，涡洞相套，上下贯穿，有玲珑之态；皱，指石的表面沟痕密布，有真山之气；丑，指怪、奇，"丑到极处，便是美到极处"。

（二）理水

为表现自然，理水也是造园最主要因素之一。不论哪一种类型的园林，水是最富有生气的因素，无水不活。自然式园林以表现静态的水景为主，以表现水面平静如镜或烟波浩渺而寂静深远的境界取胜。池中有自然的肌头、矶口，以表现经人工美化的自然。正因为如此，园林一定要省池引水。古代园林理水之法，一般有以下三种。

1. 掩

以建筑和绿化，将曲折的池岸加以掩映。临水建筑，除主要厅堂前的平台为突出建筑的地位，不论亭、廊、阁、榭，皆前部架空挑出水上，水犹似自其下流出，用以打破岸边的视线局限；或临水布蒲苇岸、杂木迷离，造成池水无边的视角印象。

2. 隔

或筑堤横断于水面，或隔水净廊可渡，或架曲折的石板小桥，或涉水点以步石，正如计成在《园冶》中所说，"疏水若为无尽，断处通桥"。如此则可增加景深和空间层次，使水面有幽深之感。

---

① 陈晓琴主编. 中国旅游文化［M］. 北京：中国财富出版社，2013.

3. 破

水面很小时，如曲溪绝涧、清泉小池，可用乱石为岸，怪石纵横、犬牙交错，并植配以细竹野藤、朱鱼翠藻，那么虽是一洼水池，也令人似有深邃山野风致的审美感觉。

（三）建筑

中国自然式园林，其建筑一方面要可行、可观、可居、可游，另一方面起着点景、隔景的作用，使园林移步换景、渐入佳境，以小见大，又使园林显得自然、淡泊、恬静、含蓄。这是与西方园林建筑很不相同之处。中国园林建筑种类繁多，形式多样，有厅、堂、楼、阁、轩、榭、舫、亭、廊、桥、墙等。

厅堂：是待客与集会活动的场所，是全园的活动中心，也是园林中的主体建筑。厅堂一般建在地位突出，景色秀丽，足以能影响全园的紧要处所。坐北朝南，建筑的体量较大，空间环境也相对开阔，厅前凿池，隔池堆山作为对观景，左右曲廊回环，大小院落穿插渗透，构成一个完整的艺术空间。

楼阁：楼和阁体量处理要适宜，避免造成空间尺度的不和谐而损坏全园景观。阁，四周开窗，每层设围廊，一般要挑出平座，以便眺望观景。

榭：建于水边或花畔，借以成景。平面常为长方形，一般多开敞或设窗扇，以供人们游憩、眺望。水榭则要三面临水。

轩：是小巧玲珑、开敞精致的建筑物，室内简洁雅致，室外或可临水观鱼，或可品评花木，或可极目远眺。

舫：是仿造舟船造型的建筑，常建于水际或池中。南方和岭南园林常在园中造舫，苏州拙政园的香洲是舫中佼佼者。大多将船的造型建筑化，在体量上模仿船头、船舱的形式，便于与周围环境和谐协调，也便于内部建筑空间的使用。

亭：一种开敞的小型建筑物。主要供人休憩观景，可眺望，可观赏，可休息，可娱乐。亭在造园艺术中的广泛应用，标志着园林建筑在空间上的突破，空间上独立自在，布局上灵活多变，建筑形式上不拘一格。凡有佳景处都可建亭，画龙点睛，为景色增添民族色彩和气质；即使无佳景，也可从平淡之中见精神，使园林更富有生气和活力。

路与廊：路与廊在园林中不仅有交通的功能，更重要的是有观赏的作用，是中国园林中最富有可塑性与灵活性的建筑。

桥：园林中的桥，一般采用拱桥、平桥、廊桥、曲桥等类型，有石质的、竹质的、木质的，十分富有民族特色。它不但有增添景色的作用，而且用以隔景，能在视觉上产生扩大空间的作用。同时过了一桥又一桥，也颇增游客游兴。

（四）动植物

中国古典园林重视饲养动物。最早的苑囿中就有以动物作为观赏、娱乐对象。魏晋南北朝的园林中有众多鸟禽，使之成为园林山水景观的天然点缀。园中动物可以观赏娱乐，可以隐喻长寿，也可以借以扩大和涤化自然境界，令人通过视觉、听觉产生联想。花草树木是园林的毛发，中国古典园林很重视花草树木的栽培及其与建筑山水的交相呼应。花木可以围合空间、反映时间、点缀山池、修饰建筑、组织道路、对比尺度、陪衬主景、丰富层次、和谐色调、使人心情愉悦。花草树木的自然属性更能给人以某种象征意义和精神寄托，如松柏的苍劲、梅花的高洁、翠竹的洒脱、杨柳的依恋、牡丹的高贵等。

（五）楹联匾额

中国古典园林是文化园林，这是举世公认的。除了因为它的本质是文人园林之外，拥有文字优美内涵深刻的匾额与楹联也是一个重要原因。其用简洁、婉转的语言将园林的妙处点明，有助于游客加深对园林主人造园时心理状态的理解和体悟。

四、中国古典园林的主要构景手法①

中国园林造园构景中往往运用多种手段来表现自然，以求得渐入佳境、小中见大、步移景异的理想境界，以取得自然、淡泊、恬静、含蓄的艺术效果。构景手段很多，比如讲究造园目的、园林的起名、园林的位置、园林的布局、园林中的微观处理等。

（一）抑景

中国传统艺术历来讲究含蓄，所以园林造景也忌讳"开门见山，一览无余"，抑景是中国园林中普遍采用的一种造园手法。所谓抑景，即先把园林中的景致隐藏起来，不使其被一览无余，然后再展现在你的面前，先藏后露，欲扬先抑，以此提高园林的艺术感染力和层次感。抑景不限于园林的起始部分，园中处处都能灵活运用，给游人以"山重水复疑无路，柳暗花明又一村"的感觉，从而激发观光者的游兴。

（二）透景

透景也是一种造园的常见手法。运用到观景中，就是游览园林时，在假山上观赏山下美景，或坐在亭中观赏远处山水、建筑时，应注意在阻挡视线的树木或其他高于游人视线的地上物中间寻找一条或数条观景线，把远景引入观景者的视线中来，从而取得理想的观赏效果。实际上，园林中的任何一个风景点，同时也是观景点，其四周阻挡观景视线的景物、建筑中都蕴藏着一个或数个极好的观景视线或视角，这是我们观景、赏景以取得美感的要点。

（三）添景

当风景点在远方，或自然的山，或人文的塔，如没有其他景点在中间、近处做过渡，

① 周振宇，胡红梅.旅游资源规划与开发［M］.郑州：河南科学技术出版社，2009.

就显得虚空而没有层次；如果在中间、近处有乔木、花卉作中间、近处的过渡景，景色显得有层次美，这中间的乔木和近处的花卉，便叫作添景。如当人们站在北京颐和园昆明湖南岸的垂柳下观赏万寿山远景时，万寿山就因为有倒挂的柳丝作为装饰而生动起来。

（四）借景

借景是将园外的景致，巧妙地收进园内游人的视野中来，与园内的景物融为一体，让游人的观赏能任意流动与收放。在中国园林造园中，借景占有极重要的位置。《园冶》中说："园林巧于因借。"借景有远借、邻借、仰借、俯借、应时而借之分。借远方的山，叫远借；借邻近的大树，叫邻借；借空中的飞鸟，叫仰借；借池塘中的鱼，叫俯借；借四季花或其他自然景象，叫应时而借。借景不仅可以突破园内有限的空间，丰富园景的色调层次，而且可使园林具有象外之象、景外之景的艺术效果。

（五）夹景

夹景是运用透视线、轴线突出对景物的欣赏的艺术手法。当其中并非全部景色都能引人入胜时，常用建筑物或植物把左右单调的风景屏障起来，只留中央充满画意的远景，从左右配景的夹道中透入游人的视线，以达到增强景深和障丑显美的作用。如泛舟颐和园后湖，远方的苏州桥主景被两岸起伏的山石和美丽的林带所夹峙，构成了明媚动人的夹景景色。

（六）对景

在园林中，能够互相观赏、互相烘托的构景手法称为对景。在园林中，游人可登上亭、台、楼、阁去观赏堂、山、桥、树木，也可在堂、山、桥处观赏亭、台、楼、阁、榭。如在北京颐和园知春亭，能观赏园内的万寿山、夕佳楼园外的西山、玉泉山；在无锡寄畅园，能观赏园内景致和园外的惠山、锡山。对景有近景、远景之分。近景对景，其所对之景为小空间近景，则其画面多为竹石、花木、叠石小景或靠壁山；远景对景，则多为自然山水和建筑，这种对景不但有峰峦丘壑、深溪绝涧、竹树云烟，还有亭台楼阁等建筑。

（七）框景

园林中建筑的门、窗、洞或乔木树枝抱合成的景框，往往把远处的山水美景或人文景观包含其中，这便是框景。框景能使散漫的景色集中，使自然美升华为艺术美。

（八）漏景

漏窗是框景的发展，框景把自然美升华为艺术美，组成的是清晰明丽的画面。中国园林中，在围墙和穿廊的侧墙上，常常开辟许多美丽的漏窗来透视园外的风景。漏景则

150

以隐现为胜，常以漏窗、花墙、漏屏风、漏隔扇，甚至枝影横斜之中取景。"春色满园关不住，一枝红杏出墙来"，一枝红杏即属漏景。

案例分析与讨论：

美国《新闻周刊》曾搞过一个21世纪12大国文化形象符号评选，根据美国、加拿大、英国等国家的网民投票，评选出进入21世纪以来世界最具影响力的12大文化国家以及这12个国家文化的20大形象符号。美国文化居第一位，中国文化居第二位，其中有苏州园林。2015年1月，中国科学院公布了一项"中国古代重要科技发明创造"评选项目，一共是85项，苏州古典园林名列其中，再次印证了它的历史价值、文化价值和科学价值。

苏州园林这一文化符号被国内外普遍认可，反过来提醒我们：咱自己认可吗？认可的程度有多深？发挥的效应有多大？新时代下，如何进一步增强苏州园林的文化符号认可度？除了观赏，如何进一步丰富游客的园林旅游体验？

资料来源：中国园林网《当苏州园林成为文化符号》http://news.yuanlin.com/detail/20151214/227479.htm）

第五节　城市主题公园文化

一、主题公园概述

（一）主题公园的概念

现代意义上的主题公园起源于美国，1955年，美国人沃尔特·迪士尼（Walt Disney）以其出色的创造力和想象力，在美国洛杉矶构造了一个理想而愉悦的世界——迪士尼乐园（Disneyland），迪士尼乐园的出现标志着主题公园的诞生。而由华侨城投资1亿元人民币1989年9月建成开园的深圳锦绣中华可以说是中国的第一个主题公园，是我国旅游主题公园的里程碑。锦绣中华取得的巨大成功，使全国各地的各类主题公园如雨后春笋般大量涌现。

随着主题公园从内容到形式的不断发展，有关主题公园的定义也逐渐丰富，"Theme Park"是英文国家对这种旅游目的地形态比较一致的称谓。对于这种现代旅游目的地形态，国内业界和学界逐渐形成了共识，以外来词"Theme Park"的翻译作为这类景区的统一命名。董观志（1999）发表的《深圳华侨城旅游经营模式的创新研究》中，采用"旅游主题公园"概念来界定"锦绣中华""中国民俗文化村""世界之窗"和

"欢乐谷"等大型的景区[①]。保继刚（1997）认为主题公园是具有特定主题，由人创造而成的舞台化的休闲娱乐活动空间，是一种休闲娱乐产业[②]。笔者认为主题公园（Theme Park），是根据某个特定的主题，采用现代科学技术和多层次活动设置方式，集诸多娱乐活动、休闲要素和服务接待设施于一体的现代旅游目的地。

（二）我国主题公园发展特点

1. 数量增长快

从 1989 年 9 月"锦绣中华"开业，随后 10 年时间，我国主题公园获得快速发展。据统计，1989 年年底，主题公园数量为 30 多个；1993 年年初，增至 600 多个；到 1999 年年中，包括建成开业、正在建设和已停业的数量达 2500 多个。AECOM 的分析师克里斯·约什易（Chris Yoshii）在接受采访时表示，在 2020 年，中国的主题公园总数将超过美国。

2. 投资高、占地规模大

1971 年建成的奥兰多迪士尼世界是全世界最大的迪士尼主题乐园，面积达 124 平方公里，约等于 1/5 的新加坡面积，投资高达 4 亿美元。据有关数据分析，世界级的主题公园每公顷投资达 1 亿元人民币。国内华侨城欢乐谷项目来说，其位于深圳、北京、成都、上海、武汉、天津的欢乐谷的投资，平均为 0.5 亿元 / 公顷。

3. 理念不断创新

主题公园的主题选择、建园原理和活动方式不断创新。一是主题选择日趋多元化，逐渐突破"锦绣中华"模式的"仿景观"概念和"民俗村"模式的"仿文化"概念，出现了"真景观"概念和"真文化"概念，以及"仿"与"真"二元复合型概念。在注重继承自然遗产和历史文化遗产的基础上，开始了对现代文明成果和高新技术的转化应用，乃至对未来文明的探索。二是在建园原理上，突破了传统园林形态的观景造园理念，形成了以"主题"为线索、以满足游乐需求为目标的新造园理念。三是在休闲娱乐活动方式上，突破了"景静人静"模式，形成了"景动人静"模式，并出现"景动人动"模式，许多主题公园已经致力于追求景区与游客之间的"互动关系"。

4. 投资主体多元化

一是地方政府投资，如云南省楚雄彝族自治州在首府鹿城建成的"中国彝族十月太阳历文化园"。二是国有大型集团公司投资，如深圳华侨城集团公司投资兴建的"锦绣中华""中国民俗文化村""世界之窗"等。三是股份制经济，如 1997 年 2 月开园的"苏州乐园"，就是由东方电视台等四家股东联合投资建设的。四是外国投资，如上海美国梦幻乐园，就是美国著名的梦幻公园及娱乐集团投资建成的。

---

① 董观志. 深圳华侨城旅游经营模式创新研究 [J]. 旅游学刊，1999（3）：36—39，78.

② 保继刚. 主题公园发展的影响因素系统分析 [J]. 地理学报，1997（3）：47—55.

5. 空间集聚化

主题公园的投资及其市场特征，使得主题公园多选择在经济发达和人口密集地区。从区域层面来看，主要分布在长三角、珠三角和环渤海地区；从城市层面来看，我国大型主题公园主要集中在珠三角的广州、深圳，长三角的上海、无锡、苏州等大城市。

二、文化类城市主题公园

文化类主题公园作为主题公园的一个分支，目前尚无明确的定义，但从国内外研究成果来看，与主题公园结合较多的是"历史文化""影视文化""地域文化""民族文化"和"民俗文化"，此外还有"农耕文化"和"城市文化"等。由此，我们可以将狭义的文化主题公园定义为文化主题公园是主要围绕某一文化主题，开展多种有吸引力的活动，为旅游者消遣、娱乐、学习、参与而设计和经营的场所。

（一）类型

根据公园表现的主题内容，将文化主题公园的类型划分为：

1. 微缩景观型

将各国各地或某一区域最具代表性的名胜景观微缩荟萃于一园，以"标本形式"整体展示某地的风采。荷兰的"马都洛丹"是世界上第一个微缩景观主题公园，还有我国深圳的锦绣中华、北京的世界公园、天津杨村小世界、长沙的世界之窗等。

2. 民族文化型

利用"野外博物馆"的形式模拟民族风情和生活场景，寓教于乐，具有较高的参与性，常常加入演员进行民俗民风的表演，使主题更加生动。让游客可以真实体验各民族多姿多彩的文化艺术。如以传统文化、民族文化为主题，如深圳中国民俗文化村、昆明云南民族村、西双版纳傣族园景区等；以异国地理环境和文化为主题，如北京世界公园、无锡世界奇观欧洲城、天津杨村小世界、深圳世界之窗、成都世界乐园、广州世界大观等。

3. 影视文化型

影视文化作为主题公园的一种形式来源于美国的好莱坞影城，游客通过游览电影拍摄的场景获得乐趣。电影涉及的内容和场景颇为广泛，游客在影视文化主题公园的游览体验丰富，视觉冲击力很强。如美国环球影城、我国无锡太湖中视影视基地、云南大理的天龙八部影视城、广东南海影视城等。

4. 文学文化遗产型

以文学文化遗产如古典名著、卡通动画、经典著作为主题，发挥人的想象力，将其形象地再现出来。国外有世界上最成功的主题公园——反映童话世界的迪士尼乐园，以格林童话为主题的日本北海道黄广市古留克王国。国内有根据中国古代名著的描写设计而成的大型仿古园，如北京、上海等地的大观园、山东淄博的聊斋大观园、无锡的三国城、水浒城等。

5.历史文化型

历史文化主题公园，可以说是现代主题公园形式与历史文化旅游形式共同发展的交会产物。现代旅游形式可粗略地分为自然生态旅游与人文旅游两种形式，而其中的人文旅游是在观光旅游基础上，体验社会风俗、感悟历史痕迹、追寻文化时尚的高层次旅游形式。历史文化主题公园既是现代主题公园中展示历史文化的一种类型，也是现代历史文化旅游开发模式中的一种，如河南开封的清明上河园。

（二）文化类主题公园特点

1.主题文化性

文化主题公园的文化特色凸显，在文化方面要强于其他类型的主题公园。一般的主题公园也会有能够体现当地文化的诸如雕塑、景观小品等，但并未占据主题公园整体设计的一部分，只是起到画龙点睛的作用，文化没有起到主导作用，文化特色不明显。文化主题公园则是以民俗文化、民族文化、文学文化等为基调，一切设计均围绕这个主题展开。

2.体验真实性

在体验经济时代下，主题公园旅游紧随潮流，为游客提供各式各样的体验活动。文化是根植于日常生活当中的平民文化，与每个人或多或少都存在着关系，在以文化为背景的主题公园中游览，会给人更加真实的体验感，这与一般意义上的主题公园不同。

3.活动多样性

主题活动的多样性一方面在于主题公园可以选取一个或多个主题，而且每一个主题都可以开展多个主题活动；另一方面在于活动形式的多样性、项目内容的多样性、接待服务的多样性等。民俗文化主题公园以民俗文化为旅游资源，丰富多样的民俗主题，是保证主题活动多样性的必要条件。①

三、自然类城市主题公园——城市动植物园

（一）城市动物园

城市动物园是指利用人工笼舍在城市中以圈养方式为主饲养野生动物并对公众展出的场所，多在城市附近或市郊。用地面积较大，展出的动物种类丰富，展出形式比较集中，如我国的北京动物园、上海动物园，美国的纽约动物园。根据规模大小，可分为全国性动物园、地区性动物园、特色性动物园及小型动物展区。如北京、上海、广州三市动物园为全国性动物园，天津、哈尔滨、西安、成都、武汉等城市动物园为地区性动物

---

① 黄耀丽，聂磊，陈希平.开放型历史文化名城主题公园的建设［J］.资源开发与市场，2004（3）：221-223.

园，一般省会城市则常展示本地野生动物，而中小城市动物园则通常附设在一些综合性公园中的动物展区。

城市动物园有科普教育、科学研究、经济、休闲娱乐等功能。以动物园为载体进行教育工作是现代动物园的一项基本任务，是动物园最重要的功能，也是动物园有必要存在的原因。其科普教育功能表现在以下几个方面：①动物物种科普教育功能；②环境教育功能；③生态学及生态道德教育功能；④地理学教育功能。功能的发挥是动物保护事业发展的基础，开展科学研究是达到保护动物目的的一个重要途径。动物园作为重要的科研基地，对动物保护事业的发展起到不可替代的作用。动物园在发挥社会效益和生态效益的同时，也创造着巨大的经济效益，带动了交通、餐饮、住宿等诸多旅游服务部门的发展。休闲娱乐是动物园非常重要的一项功能，正因为其具有的休闲娱乐功能，使其教育功能、经济功能得以更好地实现。

（二）城市植物园

植物园指种植植物的园地，是我国汉语的外来语，英语称植物园为 Botanic garden 或 Botanical garden。植物通常是为了研究和普及植物科学而种植。所以，植物园不仅是植物学的研究基地，也是植物学研究成就的展出场所。这些植物供人们参观学习，从而得到植物学方面的知识。植物园长期以来是以植物学研究、科普或教学实习为主要内容。20 世纪 90 年代以来，随着旅游业迅猛的发展，越来越多的植物园把旅游业作为促进建园、科研、科普的发展动力，诸多植物园年游客量达百万人次，旅游收入达千万元。我国南北最早的植物园是 1929 年筹建的南京中山植物园、1955 年建立的北京植物园。植物园和动物园大多建在城市的中心或近郊，具有较优越的市场条件，是城市旅游资源结构中的重要组成部分，尤其如北京、上海、广州等发达城市，植物园或动物园是重要的城市旅游目的地[①]。

由于植物园所处的环境、地理位置、历史等原因，决定了各植物园之间在性质上存在不同程度的差异。而植物园的发展史是一部人类了解植物、利用植物和保护植物的历史。不同历史时期，植物园的任务和工作重点不尽相同，尽管如此，各植物园在功能上仍存在一些共同点，主要功能表现为：①物种的利用和欣赏；②科研基地；③生态功能。

案例分析与讨论：

华特·迪士尼公司发布二季度财报，尽管迪士尼总营收未达预期，但主题公园及度假区业绩喜人，总营收 42.99 亿美元，同比上涨 9%。上海迪士尼乐园更是在本财季实现小幅盈利，将迎来第 1000 万个游客。这一利好再次给国内持续亏损却已陷入混战泥

---

① 余树勋.植物园［M］.北京：科学出版社，1982.

潭的中国主题公园同行敲响警钟，尽管市场增长空间不小，但竞争对手强悍，除了迪士尼、环球影城、乐高乐园等巨头纷纷开始吞食中国主题公园大蛋糕。

在国内一半以上主题公园持续亏损的状态下，上海迪士尼为何能在开业不足一年之际便实现盈利？财报发布时，董事长罗伯特·艾格就称，迪士尼对优质品牌内容、创新科技及全球化发展这三大战略重点直接帮助公司取得强劲表现。多数业内人士一致表示，迪士尼品牌知名度是该乐园在国内业绩突出的关键因素。

迪士尼的IP矩阵和品牌号召力，源于其相关性极强的完备产业链布局——媒体网络、主题公园及度假村、影视娱乐、消费品以及互动娱乐五大业务板块，多条业务线为迪士尼IP构建了可以流转和增值的空间。2016财年迪士尼财报显示，其主营业务由媒体网络（电视）、乐园度假、影视娱乐（电影）及产品销售（周边产品）依次占营收比分别为42.58%、30.51%、16.97%及9.93%。中信建投证券指出，凭借迪士尼的超级IP，迪士尼乐园的客单价和二次消费（餐饮、衍生品、住宿）占比均领先于其他行业巨头。

"中国主题公园和世界水平尚差一条长安街！"旅游项目策划及投资顾问周鸣岐调侃。相比于迪士尼、环球影城、乐高乐园等IP化运营的主题公园，当前国内主题公园运营商远未探索出成熟的盈利模式，仍以园区门票和酒店等收入为主，并依靠地产业务补贴反哺主题公园运营。

中国本土主题公园如何能够在与国外大IP主题公园的竞争中取得优势？

思考题：

1.综合本章内容，试考虑历史城市及城市街区的发展受哪些因素的影响？

2.中国古代皇家园林和私家园林在修建风格和表达思想方面有哪些差异？

3.有人说："开发建筑文化旅游其实就是修复建筑物，然后向外界开放。"对此，你有何看法？

本章参考文献：

1.潘宝明.中国旅游文化［M］.北京：中国旅游出版社，2005.

2.秦学顽，赵静.中国旅游文化［M］.上海：上海人民出版社，2014.

3.黄爱莲，陈红玲，李劲松.中国旅游文化［M］.北京：经济管理出版社，2014.

4.张宏梅，赵忠仲.文化旅游产业概论［M］.合肥：中国科学技术大学出版社，2015.

5.唐月民.文化资源学［M］.济南：山东大学出版社，2014.

6.张志明，郭兆儒，张正骐.中国古代建筑概论［M］.北京：中国水利水电出版社，2014.

7. 龚鹏 . 旅游文化［M］. 北京：北京理工大学出版社，2016.

8. 章迎尔 . 西方古典建筑与近现代建筑［M］. 天津：天津大学出版社，2000.

9. 刘磊 . 园林设计初步［M］. 重庆：重庆大学出版社，2014.

10. 张劲农 . 中国古典园林文化［M］. 北京：北京燕山出版社，2011.

11. 张宏梅，赵忠仲 . 文化旅游产业概论［M］. 合肥：中国科学技术大学出版社，2015.

12. 丁勇义，李玥瑾 . 旅游学概论［M］. 北京：清华大学出版社，2015.

13. 周初梅 . 园林规划设计［M］. 重庆：重庆大学出版社，2015.

第 七 章

乡村旅游文化

第一节　桃花源式中国古代乡村旅游

　　中国自进入文明社会以来，农业耕种就成了人们生产活动的主要形式。农业耕种的直接结果形成了中国人对土地的眷恋和依赖。台湾女作家张晓风曾这样说过，中国人最喜欢的东西就是土地。中国人拼命工作之后，如果赚了钱，就立刻再买一块地。中国人无论在全世界哪里，都习惯性地要往土地里种点什么，否则就会感到无所寄托。这就是中国人的乡土情结。

　　我国有着悠久的农业耕种性传统。农业耕种性在文化方面的体现就是农耕文化。农耕文化包含北麦南稻、旱地水田、红壤绿洲、牧场果园、梯田平川及相应的农牧方式、作业周期、除病防灾等农事表现和过程，以及祈盼风调雨顺、五谷丰登、六畜兴旺的态度与心情。故而，中国农耕文化不仅具有各地分异的农业形态，还有与之相匹配的祭祀、崇拜、禁忌传统。农耕形成了以自给自足的小农经济为基础的乡村，而人们的一切其他活动也都是在此基础上出现并延伸出去的。中国古代的旅游活动也是这样，当它随着商人推销产品的活动而出现的时候，便已打上了深深的农耕烙印。"游"字最古老的定义就与农业生产有关①，《管子·中匡篇》解释先主之游时指出，"春出原农事之不本者谓之游"。其中的"不本者"，就是指没有种子的农户。也就是说，古代帝王春天外出旅游的主要目的是体察民众的疾苦，关心民众的生活。传说中的英雄时代，从黄帝到大禹他们曾奔走各地，旅行四方，带领部落成员"逐水草而居"，其主要内涵就是为了

---

　　① 喻学才.中国旅游文化传统［M］.南京：东南大学出版社，1995.

部落民众的生存与发展。孔子曾云"礼失而求诸野",就是要求人们在"礼崩乐坏"的状况下,到乡野中去找回仪礼的规范。

古代贵族的田猎活动,是一种趣味十足的乡间旅游活动。先秦时期,多数活动记载的是君王及贵族的活动,很少涉及一般老百姓,所以这些旅游活动一定程度上代表了先秦时期乡村旅游的基本情况。

应该说,早期的旅游或旅行活动都是在乡村或野外进行的,后来城市的兴起和发展才赋予乡村旅游新的内容和意义。《周礼》载,西周时,我国的城邑中已设有市场,拉开了城与市结合的序幕。随着历史的发展,城与市的结合越发牢固,使原本只是军事城堡意义的城,演变为集政治、军事、经济和文化中心于一体的城市。同时,城市还是行政、生产、文化、商业、交通、居住等系统的综合体,构成了一种区别于乡村的全新的生活方式。也正是这种区别,成就了后来全新的乡村旅游。

一、古代乡村旅游的主要类型

古代人类旅行一般分为宗教旅行、求知旅行、消遣旅行、考察旅行和探险旅行等。乡村旅游作为古代旅行的重要组成部分,从内容上看,也可分为以下几种类型:

(一)农事观光型活动

这种类型的旅游活动以观赏和体验为主体,以农村的田园风光、乡村聚落等作为旅游吸引物,通过农事劳作、游猎等活动满足游客回归自然的需求。农事观光型旅游活动主要有农事观赏、赏花、游猎等活动。

第一,农事观赏。农事活动在乡野旅行中一直是旅游者所希望观赏和体验的节目。作为传统的农业国,农事活动一直是中国统治阶级重视的领域。三皇五帝时代就开始的"巡狩"活动,就与农业生产息息相关,所谓"春出,原农事之不本者""秋省实而助不给",就是这种类型旅游的写照。殷商时期,便开始有司稼官"巡野观稼"之事。

第二,赏花。乡村是花的海洋,春天的乡村百花绽放,各种花卉竞相争艳。花卉具有"色、香、姿、韵"4个方面的美学意义,赏花传统在古代一直存在并发展着。人们在游赏中获得了感官上的愉悦、精神上的享受,也便有了轻松美好的心情。苏轼写道:"东风袅袅泛崇光,香雾空蒙月转廊。只恐夜深花睡去,故烧高烛照红妆。"欧阳修闻说琅琊山中梅花已开,遂携野叟,共赏寒梅:"南山一尺雪,雪尽山苍然。涧谷深自暖,梅花应已繁。使君厌骑从,车马留山前。行歌招野叟,共步青林间。"

第三,游猎。游猎由狩猎演化而来,是我国古代颇具娱乐和观赏性质的旅游活动。狩猎本是一项重要的原始生产劳动,人们以此获得生存生活资料。进入农业社会后,人类怀恋过去的生活方式,便通过游戏或艺术的手段来表现。于是,统治阶级以狩猎为娱乐,再现祖先生活方式,同时,狩猎也兼有征战演习、军事训练的意义。游猎最终成为乡村旅游活动中的特色产品,深受帝王将相的喜爱。

（二）休闲娱乐型活动

我国古代，无论是城市还是乡村，休闲娱乐型活动都可谓丰富多彩。尤其在重大节日里，人们遵行"近游观"规范，聚集在郊外，通过参与或欣赏舞蹈、唱歌、游戏、杂耍，甚至赶集、庙会活动等，纵情欢乐。郊野游的主要活动有：

第一，斗鸡。斗鸡是我国古老的游戏活动，约有 2000 多年的历史。《史记》和《汉书》均有多处有关"斗鸡走狗"之事的记载，唐代最盛。

第二，斗草，又称"斗百草"。相传与神农尝百草有关。在春暖花开时节的郊野，斗草成为人们茶余饭后的乡村野外娱乐活动。

第三，秋千。《艺文类聚》中有"北方山戎，寒食日用秋千为戏"的记载。秋千活动相传本为北戎之戏。后中国女子学之，以彩绳系树立架，谓之秋千，进而成为中华大地上很多民族共有的游艺竞技项目。

第四，放风筝。风筝亦称风琴、纸鹤、鹤子、纸鸢。放风筝是中国民间广为盛行的一项体育运动，是汉族及部分少数民族传统的娱乐风俗，流行于中国各地，至今已有 2000 余年的历史。风筝被称为人类最早的飞行器。

（三）隐逸山林型活动

隐逸山林，是遁世避俗的旅游活动。相传，许由、巢父曾"高尚其志，不事王侯"，枕石漱水，隐居山林。春秋之际，文人士大夫追名逐利，奔走相告，功利性旅游彰显。秦代出于集权统治需要，实行文化禁锢，进行"焚书坑儒"；汉代又兴"罢黜百家，独尊儒术"之风，其他学派的文人只好遁入山林，隐士之风出现；魏晋乱世，盛行"全身远害""萧条高寄"的隐逸之风；南北朝时则大盛。隐士可分三类。一是道隐，贤人之隐。"遁世避世""义深于自晦"。二是身隐，"事止于违人""身与运闭，无可知之情，鸡黍宿宾，示高世之美"。三是朝隐，即仕人之隐。名义上在朝廷做官，实际上不管朝政，享山林乐趣、服食咏吟，追求人性的自然，将自然山水景物作为人生享乐的场所。这种隐逸之风在许多年代都被当作时尚、风流，一直延续到明清。西汉佛教传入，东汉道教兴起，历朝历代的信徒们开山辟路，大修庙宇宫观，更繁荣了古代的山水旅游活动。

二、古代各阶层的旅游

在我国历史发展的各个阶段里，乡村旅游活动一直保持着它的光彩。从旅游主体的角度看，无论是皇帝还是士大夫，或者是平民百姓，他们都以自己特有的方式进行各类乡村旅游活动。

（一）帝王的乡村旅游活动

帝王巡游之风的形成，与我国历史上政治、经济发展的形势紧密关联。历史证明，帝王巡游最发达的年代是传说中的三皇五帝到汉代时期。这个阶段是中国大一统政治格局的形成时期，特别需要王者通过巡游实施对版图的控制，树立自己的威信。黄帝曾"作舟车以济不通，旁行天下"，东达大海，西至鸡头山，南上湘山，北行恒山；颛顼也曾东达海岛，西至陇西，南抵交州，北至幽州，足迹遍及四方；尧帝曾"身涉流上沙，西见王母，地封独山"；舜帝"辟四门，达四聪""明四方耳目"，晚年到南方各地巡视，死在九嶷山的旅途中；禹帝为了治水"三过家门而不入"，走遍了当时所知道的地区。

夏王朝建立后，随着江山的逐步稳定，享乐的观念开始在帝王身上出现并逐渐强烈，他们的外出旅游活动也表现出较强的娱乐性。夏商周三代，影响最大的巡游故事就是周穆王的西游。他从王都镐京（今陕西长安区韦曲镇西北）出发，带着大批中原出产的精美丝织品和铜器、贝币等礼品，经河套西折，渡黄河至西宁，再溯黄河之源，登昆仑山，上葱岭，又沿叶尔羌河北上，经过群玉之山，即现在的新疆和田、于田一带，最西到了今巴基斯坦的瓦罕，然后从喀什东归。他一路上目睹了异域他邦的珍奇异兽，非常虔诚地祭祀山河，热情友好地与其他民族人民互送礼物。

秦始皇自公元前221年统一中国后，从第二年起就"治驰道，兴游观"，开始西游东巡。直到公元前209年驾崩于巡游途中为止，前后有5次大规模出巡。

公元前220年，秦始皇第一次巡游，目的在于巩固后方和光宗耀祖。他旅行到宁夏西部，经甘肃陇西，到达秦人祖先故地天水、礼县，再沿祖先东进线路回擎宝鸡、岐山、凤翔而归咸阳。

公元前219年，秦始皇第二次巡游。"东行郡县，上邹峰山，立石，与鲁诸儒生议，刻石烦秦德，议封禅望祭山川事。乃遂上泰山，立石，封，祠祀，下，风雨暴至，休于树下，因封其树为五大夫。禅梁父，刻所立石。"然后"过黄、腄，穷成山，登芝罘，立石颂秦德焉而去"。接着"南登琅邪，大乐之，留三月"。这是秦始皇的第一次东巡，也是他首次封禅泰山。他经过山东烟台、胶南，沿东海到江苏海州、徐州，又南下安徽，渡淮河，到河南，过湖南长沙等地，后从陕西商县回咸阳。

公元前218年，秦始皇第三次巡游。巡游队伍出咸阳后一路东行，直奔齐鲁，在阳武（今河南原阳）的博浪沙遭遇张良袭击，有惊无险。后直到渤海边，再登芝罘山，刻石纪念，然后游琅琊台，经上党回咸阳。

公元前215年，秦始皇第四次巡游。此次巡游的目的是寻仙，求不死之药。出咸阳后，向东至渤海。后沿漫长的北部边境，经河北、山西、内蒙古、陕西，从上郡（今陕西榆林）南下返回咸阳。

公元前210年10月，秦始皇最后一次巡游。此次他带上了次子胡亥，偕李斯、赵高等一同巡游，也是时间最长、路程最远、游程最广的一次巡游。此次巡游历时11个月，行程5000多公里，走了大半个中国。

汉武帝刘彻，一生好大喜功，在位53年中共巡游30多次，其中大规模的巡游就达

19次之多，6次向西，13次向东。其行程西至崆峒，东至大海，封泰山，上蓬莱，北至朔方，南至江南，足迹遍及中华大地，在整个中国封建社会中，巡游的次数、规模及地域，几乎无人与之相比。仅元封五年（前106年）的一次巡游，全程就达3800公里，从京城洛阳出发，到五原（今包头市北）、朔方（今内蒙古杭锦旗北）、甘泉、浔阳（今九江市）、琅邪等地。在众多次的巡游中，他祭祀黄帝（陵在今陕西黄陵县），追怀始祖；登临嵩山，赐名"嵩高"；巡行泰山达7次之多，封禅泰山，刻立无字碑，表示自己的功绩超过历代帝王，已无法用文字来表达；东游渤海，北上碣石，南登庐山和天柱山。

直至东汉时期，帝王巡游之风依然盛行，从光武帝刘秀、明帝刘庄、章帝刘炟到桓帝刘志、灵帝刘宏，都巡游不断。

隋炀帝杨广由于荒淫暴虐而被深深刻在了历史的耻辱柱上，但从历史研究的角度来看，隋炀帝并非无能之辈。他文韬武略，曾节制大军平定南方，统一全国。他才华横溢，算得上颇有成就的诗人，留有许多山水诗篇。众所周知，隋炀帝钟爱扬州，因此他在扬州逗留的时间比较长。在他的经营下，扬州成为跨越大江南北的繁华大都市，唐代就出现了"扬一益二"的说法。也就是说，在当时全国的城市中，扬州第一，益州（成都）第二。隋炀帝一生三下江都（今扬州），几乎在扬州度过了他1/4的人生时光。最后被埋葬在扬州的土地里。

隋唐以来，各朝多采取科举选官制度，被选拔上来的儒生们竭力用儒家伦理来约束帝王大规模、长距离的巡游活动，即使是唐太宗李世民这样有作为的皇帝，也在魏徵的"死谏"面前而放弃了巡游骊山的行动。在这一形势的主导下，帝王旅游活动更多地转向郊游和近游。于是，唐代都城长安周围形成了皇帝足迹遍布的曲江池、骊山温泉等著名郊外旅游胜地。

宋代，尽管辽、金等占据北方大片土地，且不时骚扰和威胁着宋王朝的安全，但史料记载的宋代帝王进行农业旅游的活动真不少。宋太祖在乾德二年（967年）九月，曾率群臣"幸北郊观稼"。宋仁宗不仅观稼，还躬耕籍田，"帝敦本务农，屡诏劝助，观稼于郊，岁一再出。又躬耕籍田，以先天下"。并于景佑二年（1035年）创建了观稼殿，"在后苑，观种稻"。这都是当时帝王农业体验之旅。在郊游方面，《邵氏闻见录》中记载着一则宋太祖近郊狩猎时与马过不去，并由此而悟的经历："太祖猎近郊，所御马失，帝跃以下，且曰：'吾能服天下矣，一马独不驯耶？'即以佩刀刺之。既而悔曰：'吾为天子，数出游猎，马失又杀之，其过矣。'自此终身不复猎。"

到了明代，皇帝的出巡就少得多了。神宗皇帝朱翊钧在张居正等儒生的劝阻下，几乎没出过紫禁城。所以，历史上明代形成"闭关锁国"的政策也就不难理解了。

当然，皇帝的地位是至高无上的，尽管有儒家伦理的约束，许多生性好动的皇帝，依然能够做到肆意巡游，清代康熙和乾隆的巡游依然引人注目。

康熙皇帝是历史上著名的游历皇帝，其中最著名的是1684年、1689年、1699年、1703年、1705年和1707年六次南巡，此外著名的还有三次东巡、一次西巡，以及数百次巡察京畿和蒙古。他还亲自巡视黄河，督察河工，并下令整修永定河。康熙曾西巡多次，仅山西五台山就曾去过 4 次，其中有两次登上山顶清凉寺。

乾隆也是一位极其爱好游历的皇帝，也曾于 1751 年、1757 年、1762 年、1765 年、1780 年和 1784 年六下江南巡游。他走的路线和康熙皇帝基本相同，在所到之处题词留诗，并在扬州、无锡、苏州、杭州的名山胜水中留下了众多佳话。据载，乾隆每次南巡，都要驻跸扬州，当时扬州的地方名流，尤其是盐商，争相邀宠，纷纷大兴土木，广筑园林，从而形成了"两堤花柳全依水，一路楼台直到山"的瘦西湖风景区。今天扬州的"乾隆水上游览线"算得上扬州旅游的金字招牌旅游线路，吸引着无数游客。

帝王们在巡游各地的同时，还在城郊乡间建起了供自己娱乐消闲的离宫别苑。秦朝的阿房宫、汉代的上林苑、唐代的华清宫、明代的万寿山，以及清代的承德避暑山庄、圆明园、颐和园等都属于此类。

（二）士大夫的乡村旅游活动

贵族士大夫们比德山水、修身益智，或隐逸山林，遁世避俗；或激扬文字，抒发情怀；或探亲访友，寄托情思；等等。孔子曾带学生到郊外，谈论志向，进而得出"暮春者，春服既成，冠者五六人，童子六七人，浴乎沂，风乎舞雩，咏而归"的畅神游观。庄子曾说："山林欤，皋壤欤，使我欣欣然而乐焉！"这些都成了后来隐士所追求的真谛。古代文人在旅游中还留下了许多客处他乡怀想故土、亲人的故事。魏晋以来，随着封建社会经济的发展，那种以自然经济为基础的社会基层组织就成了一个分散而封闭的社会单位，与外部社会不产生经济联系。陶渊明的《桃花源记》所描写的世外桃源：土地平旷，屋舍俨然，有良田美池桑竹之属。阡陌交通，鸡犬相闻。其中往来种作，男女衣着，悉如外人。黄发垂髫，并怡然自乐……就是这种与世隔绝的原始乡村形态的真实写照。此后，很多文人都对桃源情结追慕不已。桃源情结鼓励那些身在异乡的文人士大夫到周边甚至边远的乡村去旅游，寻找家乡的影子，以慰抚其孤独的思乡之心。王维的"独在异乡为异客，每逢佳节倍思亲"，李白的"此夜曲中闻折柳，何人不起故园情"，姜夔的"平生最识江湖味，听得秋声忆故乡"等都表达了怀乡、思亲的情感。

孟浩然的《过故人庄》，描写了自然而生动的田园生活风光，意味深长：

故人具鸡黍，邀我至田家。

绿树村边合，青山郭外斜。

开轩面场圃，把酒话桑麻。

待到重阳日，还来就菊花。

该诗描写诗人应邀到一位乡村老朋友家做客的经过。在淳朴自然的田园风光之中，他们举杯饮酒，闲谈家常，充满了乐趣，抒发了诗人和朋友之间真挚的友情。诗初看似平淡如水，细细品味就像是一幅田园风光的国画，将景、事、情完美地结合在一起，具有强烈的艺术感染力。诗人去的是农家院，吃的是农家菜，谈的是农家事。全诗写出了田园景物的清新恬静，写出了朋友情谊的真挚深厚，写出了田家生活的简朴亲切，叙事自然流畅，没有一点点渲染和雕琢的痕迹，真实表达了诗人对这种悠闲自在的农家田园生活的憧憬和向往。

伟大的现实主义诗人杜甫曾"暮投石壕村"，留下了抨击时弊的千古绝唱：

　　暮投石壕村，有吏夜捉人。
　　老翁逾墙走，老妇出门看。
　　吏呼一何怒！妇啼一何苦！
　　听妇前致词：三男邺城戍。
　　一男附书至，二男新战死。
　　存者且偷生，死者长已矣！
　　室中更无人，惟有乳下孙。
　　有孙母未去，出入无完裙。
　　老妪力虽衰，请从吏夜归。
　　急应河阳役，犹得备晨炊。
　　夜久语声绝，如闻泣幽咽。
　　天明登前途，独与老翁别。

白居易在庐山草堂隐居，体验乡间生活，创作了大量的名诗佳作。苏轼驻守黄州时，曾因病到麻桥向庞安常求医，正如其在《东坡志林》中所写："疾愈，与之同游清泉寺，寺在薪水郭门外二里许，有王逸少洗笔泉，水极甘，下临兰溪，溪水西流。余作歌云：'山下兰芽短浸溪，松间沙路净无泥。潇潇暮雨子规啼，谁道人生无再少？君看流水尚能西，休将白发唱黄鸡。'是日剧饮而归。"苏轼在乡村中与友人同行，并对人生做出了深刻的思考。

王禹偁的《村行》曰：

　　马穿山径菊初黄，信马悠悠野兴长。
　　万壑有声含晚籁，数峰无语立斜阳。
　　棠梨叶落胭脂色，荞麦花开白雪香。
　　何事吟余忽惆怅？村桥原树似吾乡。

诗人开始游览观光时"野兴长"，但忽然感到"惆怅"，原来是村口桥边的树"似吾乡"，勾起了他的思乡之情。此诗在淡朴中带有清新，将山村秋色人格化，并融入了被贬他方无所作为的惆怅之情。乡村是古代文人墨客旅游的好去处，是他们抒发情怀、寄托情思的美好场所。

陆游在游览名山大川的同时，也经常光顾农家田园。他的《游山西村》堪称其乡村游情趣的经典之作，当中的"莫笑农家腊酒浑，丰年留客足鸡豚。山重水复疑无路，柳暗花明又一村"可谓开"农家乐"旅游之先河。也就是说，早在800多年前，"农家乐"旅游在我国就已经开始了。

（三）普通民众的乡村旅游活动

我国古代旅游思想主流的儒家学说一向主张近游。孔子曾说："父母在，不远游，游必有方。"这一观点被后来各个阶层所信奉。除了统治者利用这一点以外，经济的落后、民众的贫困，也在很大程度上制约了民众的出游活动，人们被牢牢控制在农业耕种上，动弹不了。但游乐之心，人皆有之。为了缓解人们要求出游的压力，很多朝代，特别是盛世华年，统治者都在城郊开辟了许多近游项目，打造了许多节庆旅游活动，既缓解了统治者与被统治者的矛盾，也遵循了孔子的近游理论，对于巩固统治起到了至关重要的作用。因此，传统节庆活动体现在乡村旅游方面的内容比比皆是，如清明踏青、中秋赏月、重阳登高等活动，都是在郊外或农村进行的。《东京梦华录》记载了宋代清明节人们踏青的盛况："都城人出郊……四野如市，往往就芳树之下，或园囿之间，罗列杯盘，互相劝酬。都城之歌儿舞女，遍满园亭，抵暮而归。各携枣、炊饼，黄胖、掉刀，名花异果，山亭戏具，鸭卵鸡雏，谓之'门外土仪'。"这是北宋民众乡村游的真实记录。

纵观中国古代，老百姓的旅游活动不可谓不丰富，除了一些节日、祭祀旅游活动外，商人的经商、道士的游仙、僧侣的游方等，都属于下层民众的旅游活动。中国古代民谣"少年游侠、中年游宦、老年游仙"，就反映了古人一生游风的变化。

案例分析与讨论：

自春秋时期开始，我国古代就开始推行严格的户籍制度以保证税收（主要是征粮）和抓丁，到秦朝时这一制度已经非常完善了。自商鞅的保甲连坐法起，普通民众就没有了随意迁徙的权利。没有许可随意离开住地的民众，被认为是脱籍，是严重的大罪。到后世，也有专门的名词来定义这样不受官府户籍管辖的民户，叫"流民"。

想迁徙也可以，不过要审批。秦法中审批的资料难找，但汉朝的案例容易些。汉承秦制，我们能看到一些端倪。以下是《居延汉简甲乙编》的记载：

"永始五年闰月己巳朔丙子，北乡啬夫忠敢言之，义成里崔自当言为家私市居延。谨案：自当毋官狱征事，当得取传，谒移肩水关、居延县索关，敢言之。"

所谓官狱征事，就是说没有服劳役、兵役或徭役，也没有罪案在身，而且已缴纳赋税。这些都办完了，才能由"啬夫"出面办理，"为家私市居延"。所谓"当得取传"，也就是要办迁徙手续。要是想为了赶个集静悄悄离开一两周，那是不可能被允许的。

士子的情况稍有不同。先秦士子要跑路，有一个冠冕堂皇的理由：游学。但有一点需要注意的是，先秦士子之所以能被称为"士子"，是因为他们多少都有一些贵族传承，不是普通平民。身为贵族，他们不用服役，也有一定的刑罚豁免权，显然他们的人身自由相对多一些。但是他们的往来也需要严格的登记制度，持符为凭据，出入关都需要造册记录。比如《秦律杂抄》对士子游历，有专门的游士律加以约束：

"游士在，亡符，居县赀一甲；卒岁，责之。有为故秦人出，削籍，上造以上为鬼薪，公士以下刑为城旦。"

事实上后世多少有些类似的情况。读书人的赶考和游历都比平民要容易很多，特别是明朝开始将民众按"户"分类之后。读书人是其中的特权阶层，享有的特权远多于平民。比如不用承担徭役，不能被随意用刑，可领取生活津贴等。有了这些，无疑让读书人的生活轻松了许多。加上很多读书人出自书香门第，世代读书为官，家境都算殷实，也有庞大的关系网。一般这种人出游，盘缠什么的不是问题，即使囊中羞涩，也可以找到一些父辈同窗资助一下。

试考虑，除了严苛的户籍制度，还有哪些因素限制了古人外出旅游呢？

资料来源：搜狐网《以为只有"城会玩"？带你玩穿越，看看古人如何旅游》http://www.sohu.com/a/137055132_391643

第二节　文艺式欧洲传统乡村旅游

一、国外乡村旅游发展历程

19世纪40年代以前，西方国家有时间和兴趣参与旅游的人相对较少，那时的旅游速度慢、不舒适，风险还大，乡村对游客也没有吸引力。其后，由于工业的快速发展，城市生活由于人口拥挤而变得压抑，人们开始有了强烈的返璞归真的愿望，同时火车也已经遍布欧洲与北美洲，安静和风景优美的乡村逐渐成为公众的旅游之地，构成了乡村旅游的早期形态。意大利农业与旅游全国协会1865年成立，标志着明确意义上的乡村旅游的诞生。

乡村旅游已经经历了一个多世纪的发展，于20世纪60年代开始广泛流行。在欧洲，起源于英格兰乡间农场小屋中的接待旅游者的活动逐渐向整个欧洲扩散，最开始它在山区扎根，特别是在欧洲阿尔卑斯山区，这源于人们对登山旅行和牛车旅游日益高涨的兴趣。到了1960年，提供食宿是一小部分农户增加收入的基本形式。从20世纪60年代起，乡村旅游迅速扩散，特别是在比利时、荷兰、卢森堡三国以及法国和意大利，这时参与的农场主也多了。从政府和地方角度，乡村旅游在一些情况下也被作为挽救20世纪80年代欧洲家庭农业危机的一种好办法。许多国家都对乡村旅游寄予厚望。芬兰乡村发展委员会强调，通过质和量两个方面的共同努力，乡村旅游可以被建设成整个芬兰乡村就业和收入的基本源泉。许多专家学者也高度赞扬乡村旅游的作用"拯救欧洲乡村的乡村旅游""旅游业能够把地方从经济危机中拯救出来"。然而，热情很快就让位于失望，因为先驱者们发现收益并没有达到预期。需求也下降了，因为旅游者被自然环境更奇异的目的地所吸引，市场竞争更加激烈，消费者在基础设施和服务方面的要求更多。

而 20 世纪 90 年代以来乡村旅游在欧洲的复苏可能应该归因于休闲时间格局的改变、假日的细分以及"长周末"的发展。由于拥有了更高质量的经营场所及服务，富有竞争力的价格和吸引物，以及同步供应的富有想象力的补充休闲活动等因素的推动，20 世纪 90 年代以来乡村旅游吸引了更多游客并几乎覆盖了整个欧洲。现在，农场主可以根据游客需求情况选择完全投身旅游业，或者继续仅仅提供食宿服务，有部分农场主还可专门提供特色美食或与他们所处特定区域一致的补充活动。因此，乡村旅游现在已经成为欧洲农业的主要补充，特别是对于农作物种植和畜牧业收入减少的地方更是如此。各自拥有 20000~30000 个农场企业的英国、法国、德国和奥地利这些欧洲国家已主导了全球休闲农业。

各国乡村旅游发展的方式和历程都不尽相同。匈牙利把文化旅游和乡村旅游紧密结合，民族文化和田园风光交相辉映；西班牙则将城堡或大农场改造成乡村旅游社区，政府在 1967 年就开始启动相关农户度假的规划，在政府的积极推动下，其乡村旅游吸引了近 85% 国内的度假游客；法国利用双休日制发展"工人菜园"式农庄旅游，每年为农民带来近 700 亿法郎的收益，相当于其全国旅游业收入的 1/4；日本发起了"务农"式乡村旅游，以引起人们对农业与环保的重视；波兰通过推选生态农业专业户从事旅游经营来带动乡村旅游发展；美国为适应旺盛的旅游市场需求，大力开发乡村农场度假村，仅东部地区就有 2000 家左右观光农场。

表 7-1 国外乡村旅游发展历程

发展阶段	特征
萌芽—兴起阶段	19世纪初，欧洲已经形成一些较大的城市。部分城市居民开始向往乡村的美好环境，这带动了乡村旅游的发展，如在当时的法国、意大利等国家乡村旅游兴起。
观光—发展阶段	20世纪60年代，西班牙开始发展现代意义上的乡村旅游，爱尔兰、美国、日本等国家先后推出了乡村旅游产品、重点开发以远离城市的农村传统文化特色和田园风光等为特征的乡村旅游。
度假—提高阶段	20世纪80年代后，在欧美一些发达国家，乡村旅游已经具有相当规模，开始走上集观光、度假、体验、环保等多功能于一体的深化发展阶段。特别是乡村旅游发展开展比较早的法国、爱尔兰、西班牙、日本、澳大利亚等国家，发展势头更加迅猛。

二、欧洲国家和地区乡村旅游发展

（一）欧盟乡村旅游

1.欧洲乡村旅游发展历程

欧洲乡村旅游以农场度假与民俗节日活动为主题的历史已经长达百年以上，其乡村旅游经济具有较高的产业化水平，旅游市场也较为成熟。比如 2002 年在意大利就有大约 1.15 万家专门进行"绿色农业旅游"经营的企业，当年夏季吸引了 120 万国内游客与 20 万国外游客进行休闲度假。1953 年，法国成立了法国农会常设委员会，并在 1998 年设立了农业及旅游接待服务处，同时与其他相关团体合作，成立了"欢迎光临农场"的行业组织网络，大力营销本国的农业旅游。到 20 世纪末期，全球乡村旅游市场的主要份额被英国、法国、德国与奥地利所占据，他们各自分别有 2 万 ~3 万家企业开展乡村旅游的经营。英国超过 23% 的农场在从事旅游业，乡村旅游的住宿为英格兰与威尔士每年创造 7000 万英镑的收入。

从整体上看，由于欧洲政治经济一体化程度较高，各国在乡村地区的发展上具有政策的统一性，欧盟将乡村区域发展与乡村旅游开发紧密联系起来，因而欧洲国家的乡村旅游发展较为突出。

2. 欧洲乡村旅游发展与农业产业政策

欧洲乡村旅游产业化程度高与其农业产业政策的演化有着很大关系。20 世纪，欧洲广泛将现代科技运用于农业，农产品产量大幅增长并出现剩余，农产品的专业化生产带来了农场面积、生产规模的不断扩大，其结果是带来更多剩余农产品和更低的农产品价格，这也就形成了欧洲的农产品生产的恶性循环。这种恶性循环导致农业就业水平下降，农业人口开始放弃务农，由此可见，在欧洲的工业化后期，维持乡村社会的稳定和发展是政府实施干预政策的原因和目标。

欧共体在 20 世纪 80 年代中期开始逐步改变一般农业政策，放弃支持扩大农业生产与补贴等形式稳定农产品价格，转变到限制粮食与奶制品等的生产，而农户放弃农业生产则可以得到相应的补贴。这些政策和措施导致农业的经济贡献率下降，而农村人口减少与过快的城市化进程依然是需要关注的问题。在这一经济结构调整期内，欧共体把许多农业产业项目资金转向旅游业，直到现在，乡村旅游业仍然是欧盟重要的乡村开发项目的支持投资领域，这些主要是因为乡村旅游业对乡村地区人口就业和增收起到了积极的作用。正是由于这些政策的支持，乡村旅游在欧洲逐渐成为一项重要的乡村经济开发内容。

欧共体为了推动乡村发展的一体化进程，从 1990 年开始实施"乡村经济开发关联行动计划"，该计划的资金投向包括乡村住所建设、旅游基础设施建设和旅游市场营销活动等，在计划中特别强调乡村社区的参与，以及公私部门的合作，这些项目如果没有当地社区村民的参与，就无法得到相应的投资。在 20 世纪 90 年代初，217 个关联计划地区之中有 71 个地区是和乡村开发有关的。

报据欧盟相关法令，乡村地区居民有义务保护各类自然生态资源，因而大部分成员国都有政府项目支持村民采用生态、环境友好型生产方式进行生产，这些政策为乡村地区开展农业旅游和生态旅游提供了保障，旅游业已经成为其乡村地区重要的产业。

由此可见，欧盟乡村旅游业的发展是为了适应其产业调整，解决就业、经济、生态环境等问题而寻求的新的产业类型，乡村旅游业也成为乡村经济新的、可持续的增长极。

（二）法国乡村旅游

法国的乡村旅游起步很早，即便从 20 世纪 60 年代大旅游时代来临算起，到现在也经过了 50 多年的发展历程。发展规模大、销售网络完善、拥有系统的行业标准和规范，其管理方式和经营模式也在不断演变和完善，使法国乡村成为家庭度假和休闲旅游的主要目的地。尽管中法两国在政治体制、乡村环境、文化传统等方面有所不同，但法国在乡村旅游方面的成功经验却是值得我们借鉴的。

1. 法国乡村旅游概况

乡村旅游已经成为法国旅游一个重要的组成部分，特产零售和食品成为乡村旅游重要的收入来源。法国乡村旅游 2000 年支出总额估算为 130.72 亿欧元，占到法国旅游总支出额的 18.4%（总额为 710 亿欧元）。从乡村旅游的消费构成来看，根据法国观光部 2002 年的资料：特产零售占 31%，住宿费占 16%，食品占 30%，餐饮占 13%，娱乐占 4%，其他占 6%。根据法国全国统计及经济研究所（INSEE）的统计资料显示，2005 年法国乡村旅游的出游率达到 560 万人次，占全国的 34%。除了由于山区旅游而导致的 2 月份（28%）的轻微下滑，相比滨海、山区和城市三个类型的旅游地，乡村旅游需求一直占据并保持着相对稳定的份额，并且没有表现出明显的季节性。法国乡村旅游这种长久、持续的吸引力与其旅游活动的设计是密切相关的。

在法文中，用 recreation 概括旅游活动，它主要由三部分组成，分别是 Le repos（休息）、La Decouverte（探奇）和 Du sport（运动）。休息是指游客通过一些休闲活动来放松身心，如泡温泉、桑拿或者漫步在田间。探奇是指游客参观一些和自己原来所居住的环境或文化差异很大的地方来满足自己的好奇心，如乡村旅游。运动是指一系列的体育活动，如滑雪、攀岩、登山等。在法国的乡村旅游中，旅游活动主要集中在农场美食品尝、农场参观、骑马和遗产、文化类参观等方面。

另外，在法国的乡村旅游中，旅游企业特别注重提供相关的活动或服务，引导游客体验和享受乡村旅游的乐趣。如在农场边开辟小径以供游客漫步欣赏成片的羊群或牛群，或让游客体验挤牛奶的乐趣，或在接待处提供单车出租服务等。这种"引导"游客参与活动的经营方式，十分值得国内的旅游企业学习和参考。

2. 法国乡村旅游主要内容

法国的乡村旅游产品的开发主要围绕"乡村特色"进行，甚至采用人工手法增加乡村特色，比如购置古旧的家具，按照传统特色布置一家法国风味的餐厅等。同时，法国政府要求在乡村旅游开发中针对典型的、特色的古老村舍，应该保护、恢复与发展传统建筑文化遗产，并要求农场的建筑必须与当地特色相符。同时，推行乡村旅游品质认证制度，法国不论在餐饮、住宿，还是购物方面，都通过认证来进行规划和管理。

法国乡村旅游的发展整合了政府的干预机制与市场机制。其中"假期绿色居所计划"是政府支持乡村旅游发展的代表，而"欢迎往临农场"的组织网络是非政府组织，支持乡村旅游发展。在"农户＋协会＋政府"乡村旅游的供给模式中，政府少量干预，只参与规划，提供制度保障和财政支持。旅游开发尊重当地居民意愿，居民有权否决居住地的旅游发展项目及其他经营项目。

法国的乡村旅游也不外乎食、住、行、游、购、娱六大要素，但其产品和服务有明确的规定和指引，同时有相关的行业指标约束。以下主要介绍法国乡村旅游在餐饮、住宿和购物方面的活动。

（1）食宿。

乡村的餐厅一般提供有地区特色的菜款，烹饪的原料来源于周边农场和牧场，因此特别受游客欢迎。同时，法国乡村餐厅非常注重获得各种称号或认证，这些称号或认证是招揽客人的重要保证。

乡村别墅作为一种能在法国乡村享受假期而又不算昂贵的方式，非常受欢迎。从简单的农居到奢华的城堡，各式各样。20 世纪 60 年代，法国成立了全国乡村住宿协会，通过乡村别墅认证对乡村别墅进行规范和管理。为保证质量，每年会淘汰一些不符合标准的乡村住宿设施，同时以 2000 家的速度更新。另外，法国乡村别墅注重特色化。根据不同的地带，乡村别墅被划分为不同的主题，如美食、钓鱼、骑马等，并分设了一些具体的商标，如"鱼屋""雪屋""农屋"，根据其不同的经营性质，提供特色化服务。

露营是法国乡村住宿最普遍的形式，价格低廉且形式多样化，可以是帐篷、旅行挂车或者是四周有游廊的二层矮楼的度假小屋。但这些住宿的地点有严格的规范，住宿活动必须在专门设立的露营地开展。

乡村酒店包括连锁酒店和独立酒店。为了规范酒店的经营管理，法国对 2 万多家乡村酒店进行了重组和规划，颁发质量认证书和共同的商标，取得了很好的效果。

（2）购物。

法国乡村旅游的购物很大一部分是地区性的农产品。如 Chenille Chang（位于法国西北部）不仅提供水磨坊制造的面粉，而且大多数是周边地区的特产，且绝大部分产品都有健康产品认证。当然，要通过商标认证，其产品必须通过相关机构的严格检验。游客在购买时也会偏向选择一些印有"绿色食品"或"健康食品"标签的产品。在销售渠道方面往往选择中间商，近年来加强了网络等途径的直接销售，利用各种展会、节日或活动进行促销。

（三）英国乡村旅游

英国政府在乡村旅游发展中很少干预，主要是发挥正常鼓励作用。英国的鼓励政策主要包括提供资金、技术、培训和优惠政策。其中央政府农村发展委员会提出向乡村地区包括景点在内的、目的明确的私人开发项目提供资金支持；同时渔业、农业与粮食部也计划通过财政支持一系列以农业为基础的景点开发，同时资助为发展旅游而努力进行多样化经营的农场主。同时，政府在乡村旅游发生危机时，为促进乡村旅游起到主导作用，口蹄疫暴发危机时政府为受到重大影响的乡村旅游业的再促销、宣传、减息减税、培训等方面提供了大力支持。这些政策对于促进英国乡村旅游全面、可持续发展起到了积极作用。

在乡村旅游发展中坚持农业主体地位不动摇，规范运作。英国乡村旅游大多采用以农业为主题的经营方式；英国乡村旅游大多定位于"农业开展多种经营"，乡村旅游紧密依托于农业生产活动的开展。英国乡村旅游建立了多景点的联合互补开发模式，逐渐形成了旅游规划复合系统。多景点联合开发模式是一个复合系统，这个系统又是由各个独立位置相互联系和旅游资源互补的旅游景点组成。单个的旅游地又是由不同属性的子系统相互关联而构成的具有特定结构和功能的开发地复杂动态系统。英国乡村旅游的分时度假交换系统和乡村俱乐部的广泛建立，保持了乡村旅游长久的生命力。

案例分析与讨论：

匈牙利是乡村文化旅游的典范，其开发的乡村文化旅游产品使游人在领略匈牙利田园风光的同时在乡村野店、山歌牧笛、乡间野味中感受到丰富多彩的民俗风情，欣赏充满情趣的文化艺术以及体味着几千年历史淀积下来的民族文化。西班牙开发的满足游客多种文化需求的文化旅游线路很多就是乡村旅游产品的重要组成部分，如城堡游、葡萄酒之旅、美食之旅等。在日本，许多地方为迎合人们关注野生鸟类生活的情趣而专门开发设计了观鸟旅游，让旅游者亲临野鸟栖息地观察鸟类生活，随行配备鸟类专家指导，使游客在旅游中既观赏到了鸟类的生活，也学到了许多关于鸟类生活的知识。美国的农场、牧场旅游不仅能使游客欣赏美丽的田园风光、体验乡村生活的乐趣，而且在专人授课的农场学校能够学到很多农业知识。这种兼有娱乐和教育培训意义的参与式的乡村旅游形式深受旅游者欢迎，成为乡村旅游的发展趋势。

结合西方旅游发展经验，谈谈其在我国发展乡村文化旅游时的借鉴与启示。

资料来源：姚元福，逯昀.休闲农业与乡村旅游[M].北京：中国农业科学技术出版社，2015.

第三节　当代休闲度假式乡村旅游

乡村旅游是区别于城市旅游、风景名胜区旅游的一种旅游形式。我国当代乡村旅游的发展，可谓内容丰富多彩，形式多种多样。根据不同资源特色、空间环境、市场状况，可以规划和设计相应乡村旅游产品，经营乡村旅游业务，提升乡村旅游地形象。针对当代中国乡村旅游发展的状况，可以从不同角度划分乡村旅游，如按旅游资源来划分，一般分为大型风景区依托型、大中城市依托型和著名村（寨）镇依托型；以投资和经营主体来划分，可分为政府主导型、乡村社区主导型、乡村旅游公司主导型，以及

"社区＋公司""公司＋农户""农户＋农户"等多种类型；以旅游者的行为方式来划分，可分为娱乐度假型、运动保健型、消遣观光型和学习体验型等。更为直接和明了的方法是从乡村旅游的经营内容来划分。当代乡村旅游的经营内容非常广泛，涉及农业生产和乡村生活的方方面面，如农、林、牧、副、渔的生产和经营，以及乡村的风俗习惯、宗教信仰、建筑风格、文化传承、历史沿革、自然环境、村镇风貌等。笔者按照经营内容，把乡村旅游划分为农业观光游、乡村民俗游、乡村聚落游、"农家乐"游4种类型。

一、农业观光游

农业观光游是目前乡村旅游最为普遍的一种形式。它涵盖农业自然风貌、高科技农业、生态农业、蔬菜花卉生产、林果种植、水产珍珠养殖、江海河湖水利渔业等众多门类，能够为旅游者提供生态观光、休闲度假、民俗风情欣赏、自助农庄、农业主题公园等旅游项目。这些项目不仅具有鲜明的时代特色和区域特征，还满足了现代人求新求异、猎奇览胜、开阔眼界、增长知识、修身养性的需求，因而具有极为广阔的发展前景。它是农旅结合的典型代表，是我国政府十分关注和扶持的一种乡村旅游形式，也是解决"三农"问题和建设社会主义新农村的重要途径之一。

20世纪80年代末，随着我国内地农业和旅游业的发展及农村生活条件的日益改善，观光农业园也逐渐发展起来。目前，我国农业观光游在经营理念、服务功能及生态效益等方面全方位发展，逐渐成为真正意义上的人与自然的结合点，由最初的小规模观光田园起步，向集观光、休闲、娱乐、教育为一体的多元化、多层次的规模经营发展。农业观光游所依托的载体一般以农业生产园、农业科技园（高效农业）、现代休闲农庄等形式存在，主要是为旅游者提供田间劳动体验、获取天然农产品和接近大自然的机会。因此，农业观光游充分利用农村自然资源的优势，以田园风光、农家特色、生态体验的方式，打造集观光、旅游、度假、品尝、种植、养殖、耕作、学习与践行、休闲与娱乐为一体的综合性旅游项目，并推动新农村果园、菜园、农家乐园等农业生产和生活的发展。

（一）农业生产园旅游

农业生产园旅游是乡村旅游的重要组成部分，也是农业产业化的一种形态。农业生产旅游的景点建设注重与农业生产和管理的紧密结合，因而其经营管理的主体应是农民。参与性强的农活体验是该类旅游的核心内容，如农田稼事、牧养禽畜、手工作坊、水网抓鱼、垂钓、点豆种瓜、装盆栽花等项目，能够让旅游者参与其中，亲身体验，去感受农业生产的艰辛过程，同时也从中获得乐趣。目前，国外该类旅游活动项目比较活跃。如最为典型的日本的农务旅游，每年举行两次，以春天的播种和秋天的收割为主要表现形式。旅游者和农民一起到田间干活，与农民一样起早贪黑，体验乡村生活，感受乡村情趣。沿海地区的乡村旅游可以到海里捕鱼，进行海带加工，这种旅游不受季节限制，更具有旅游吸引力。美国的一些旅游农牧场，鼓励和指导旅游者参与务农、放牧等活动，甚至给予相应的报酬，既娱乐又实惠，这对旅游者有很大的吸引力。在法国，每逢节假日，父母亲都会带孩子到远离闹市的乡村，参观挤奶，参与制作奶酪和酿酒，还可以品尝乡村大餐等。

（二）农业科技园旅游

农业科技园旅游也称高效农业示范园旅游。农业科技园内所有的农作物及花草树木均挂上说明牌，标明品种、属性、原产地、功能、栽培要领及注意事项，游客每来一次，便受到一次深刻的农业生态教育。同时，园区生产的农产品亦成为人们喜爱的无公害的绿色食品，游客既可观赏，又可品尝，亦可买下带走，如生态瓜果、无土栽培的盆花和禽蛋类等。游客在科技生态园可以看得入迷、玩得开心，还可以吃得惬意，满载而归。美国的农场学校，游客只要交纳少许的学费就可以得到教授农业知识的机会。这种兼有旅游娱乐和教育培训意义的参与式的乡村旅游形式，满足了游客体验乡村生活的愿望，成为未来旅游发展的必然趋势。

（三）现代休闲农庄旅游

这种类型的农业旅游资源以康体疗养和健身娱乐为主题，一般依托于自然环境优越、山水资源配置良好的地区，除了农业观光与参与项目，一般还有配套的度假休闲与康乐疗养设施。如爱尔兰，其最具特色的乡村风光是湖泊、绿地、蓝天、牛羊、牧场、教堂、酒吧。爱尔兰乡村旅游的"家庭餐馆"都是二星级以上的服务。许多家庭餐馆是老式房屋改建的，房屋里有厨房、客厅、电脑、电话，设施齐全。另外，主人还根据顾客需要提供一些温馨服务，如舞蹈培训、厨艺培训、摄影、绘画、英语教学服务等。乡村旅游区内有牧场、马场、乡村酒吧、乡村教堂、乡村音乐会；乡村旅游活动项目十分丰富，如品尝美味、观赏田园风光、骑马、放牧、培训、摄影、钓鱼等。而且，主人热情好客，很有修养。在这里，旅游者可以彻底地放松身心，体会恬静幽雅的乡村生活，还可以学到很多的东西，融旅游、休闲、娱乐、知识、康体为一体。

二、乡村民俗游

旅游与民俗的关系非常密切，魅力风光，特别是民俗风情，会给旅游者带来一种完全不同的文化享受，没有一种旅游行为能够游离民俗文化而存在[①]。民俗在形成时间上有传统和现代之分，在地域上有城市和乡村之分，因而，民俗旅游并非只有乡村地区才有，城市也有许多民俗旅游项目，比如北京的"胡同游"、扬州的"古街游"、南京的夫子庙风情游、上海的"做一天上海人"等。乡村民俗游所依托的资源是乡村民俗习惯和风情，在内容和形式上具有鲜明突出的民族性和独特性，给游客一种与众不同的新

---

① 巴兆祥.中国民俗旅游［M］.福州：福建人民出版社，1999.

鲜感，魅力就在于其深厚的乡土文化内涵。当前，随着乡村旅游纵深化的发展，民俗审美渗透在乡村旅游"食、住、行、游、购、娱"6个环节中，民俗知识贯穿于乡村旅游活动的全过程。民俗是游客产生乡村旅游动机的主要诱因，同时也是乡村旅游消费的主题。当前，我国各地都非常重视民俗旅游的开发，1991年深圳建成了中国民俗文化村，以极其浓厚的民俗风情和游客可主动参与的特色，引起了中外游客的极大兴趣，1991—1993年日平均接待游客1.2万人次以上，创造了我国旅游史上的奇迹。游客对乡村民俗旅游产品的需求，主要表现为对优美环境、民俗韵味、乡村风情的偏爱。

按照民俗的分类，一般认为民俗包括物质民俗、精神民俗和社会民俗三个方面。因而，乡村民俗游也可以相应归类为乡村物质民俗游、乡村精神民俗游和乡村社会民俗游。

（一）乡村物质民俗游

乡村物质民俗所涉及的内容相当丰富，如农业耕种民俗、畜牧民俗、渔猎民俗、手工艺民俗、服饰民俗、饮食民俗、居住民俗、游艺民俗等。这类乡村旅游的开发比较普遍。如农耕民俗的旅游打造，许多地区在农耕技术、农具使用、作物品种展示等方面颇有建树；垂钓在许多乡村旅游景点是一个常规项目；手工艺民俗，如剪纸、年画、雕塑、皮影、刺绣、陶瓷等，均已开发成旅游产品，内容十分丰富。乡村服饰，尤其是少数民族服饰展示已经是乡村旅游的重要吸引物；乡村饮食，被人们称为农家菜，魅力无穷；居住方面，住农家屋、睡农家炕也已成了城市人的普遍追求。现在许多地区的"农家乐"旅游均属于这一类型的代表。

（二）乡村精神民俗游

精神民俗体现的是人们以信仰为核心的心理活动和操作行为，涉及面也相当广泛，包括对天地日月的自然崇拜、对现代宗教的信仰、乡村的神话传说及民间故事等，也包括乡村生产和生活的各种禁忌，其中也不免包括算命、打卦、占卜等不太积极的活动。这类项目的旅游开发渗透在乡村旅游的各个方面，许多乡村旅游地的宗教祭祀活动均属此类旅游活动。例如，在2013年的清明小长假期间，重庆市共接待国内外游客659.35万人次，同比增长12.87%。在出游选择中，祭扫、踏青、赏花、采摘成为"黄金路线"，通过"祭祀＋乡村旅游"来过节的游客人数最多。

（三）乡村社会民俗游

人与人之间通过生产、生活形成各种各样的群体，群体的合作和交往便产生了社会民俗，具体包括人生礼仪民俗、岁时节令民俗、社会组织民俗、游艺民俗等。岁时节庆成为各地打造特色旅游的主要项目，如云南傣族民间的"泼水节"。每年的公历4月13日至4月15日，是傣族的传统新年，因为节日里面要泼水狂欢，游客便习惯称呼其为泼水节。泼水节的第一天为除夕，常有划龙舟等传统活动。第三天为傣历的元旦，清晨人们便身着盛装开始忙碌，至此欢乐的泼水活动便开始了，人们相互泼水、相互祝福。傣家人常说："一年一度泼水节，看得起谁就泼谁。"泼水节期间的传统活动还有丢包求偶、跳孔雀舞和雄壮潇洒的象脚鼓舞、文艺表演、体育竞赛、商贸交易、物资交流等。

三、乡村聚落游

乡村聚落游依托的是古村落、民族古村寨、古集镇及现代乡村风貌等。它以乡村的古村落、历史遗迹、现代乡村风光等为主题，以独具特色的自然风光、人文风情和民俗文化为依托，以提供民居建筑欣赏、聚落风情活动、特色餐饮和特色工艺品服务等为形式，农家生活特色浓郁，是以农民居住生活场景为主要特征的乡村旅游类型。

（一）古村落游

古村落是一种强调人与自然和谐统一的聚居空间，这种聚居空间既有着"世外桃源"般的意境追求，也有着诗画般的理想境界。随着农村社会经济的发展，古村落作为一种传统的居住场所，无论是在建筑形式上，还是生活形态上，都与当今的一般性农村社区，特别是城市居住区有着显著的差异，因而容易引起城市居民的普遍兴趣。古村落的形成都有其特定的历史和人文背景，因而储存了大量的历史信息，古村落游是今人感知古代乡村生活的重要途径。现在进行旅游开发的古村落大多是明清时代保留下来的，无论是闽南的土楼、皖南的宏村，还是山西的乔家大院均属此类。

（二）民族村寨游

这主要是利用民族村寨发展的观光旅游。我国的民族村寨游，最早以 1986 年贵州省关岭县的滑石寨布依族村、贵州省黔东南州凯里市麻塘革家寨等为起点，后在全国的许多省（区）迅速发展起来，现已遍布全国各地。从地域分布来看，我国东部、东北部较少，西部尤其是西南部的云南省和贵州省，民族文化村数量多、类型丰富、异彩纷呈。如贵州省黔东南的郎德上寨、麻塘革家寨、南花苗寨、雷山县苗族村、黎平县肇兴乡安堂寨侗族民族文化村、六枝特区梭戛民族文化村，云南省丘北县的仙人洞彝族文化村，湖南省湘西德夯民俗文化村、凤凰县的山江苗寨等。民族村寨的旅游开发，能保存千百年来传承下来的民族文化血脉，保存古老信息，保护民族民间文化遗产。民族村寨美丽的建筑群、丰富独特的人文景观、绮丽的村寨风光、优美淳朴的民间语言以及神话故事、婚姻习俗、歌曲舞蹈、岁时节日等，都成为四面八方游客关注的焦点。

（三）古镇游

古镇旅游兴起于 20 世纪 80 年代中叶。当时，我国在借鉴国际遗产保护经验的基础上，将历史文化名镇（名村）纳入了遗产保护范围。1986 年，国务院公布了第二批历史文化名城，提出了要对文物古迹集中的小镇、村落进行保护。当时正值找国旅游大发展的关键时期，于是古镇旅游顺应形势的发展，作为一种全新的旅游方式展现在广大游客面前。石板街、石驳岸、拱桥、河埠、缆船石……构成了古镇独特别致的风景。从率先打出"中国第一水乡"的周庄，到最先列入世界文化遗产的西递、宏村古村落；从江苏的同里、角直，浙江的乌镇、西塘，到山西的平遥、云南的丽江，这些古镇都成为广大游客追逐的对象。

（四）现代新村游

该项旅游活动主要是利用现代农村建筑、民居庭院、村镇建设和乡镇企业发展而来的观光旅游项目。江苏江阴的华西村、天津的大邱庄、广东深圳的南岭村等均属此类。作为中国第一村的华西村，稻荷飘香，瓜果遍地，别墅成群，店铺成行，白天村民辛勤劳作，晚上村中霓虹闪烁。除集体农庄外，村里的商场、宾馆、医院、休闲及各种文化娱乐设施齐备，环境优美，秩序井然。这些都吸引着全国乃至世界各地的游客前来学习、观光。

四、"农家乐"游

"农家乐"旅游就是以农村田园风光和别有情趣的农家生活为吸引物，以农村居民为经营主体，以城市居民为目标客源市场，满足旅游者娱乐求知和回归自然等目的的一种乡村旅游活动。在濒临江河湖海的地区，"农家乐"则表现为"渔家乐"，而在山区的相关旅游点，"农家乐"则变为"山里人家"等形态。

"农家乐"是乡村旅游最基本的模式之一，以"吃农家饭、品农家菜、住农家院、干农家活、娱农家乐、购农家品"为特色。在前文所述的经营方式之农业观光游、乡村民俗游等类型的诸多项目中，"农家乐"是其重要的组成部分。

"渔家乐"主要是在沿海、河湖等水网发达地区开辟的乡村旅游项目。1999年，山东长岛县王沟村渔民首创"渔家乐"，把游客请到渔民家中，吃渔家饭，睡渔家炕，体验渔民生活。"渔家乐"一般规模较小，且以饮食特色为主打，提供相应的接待服务。如东南沿海各地的海鲜产品，从南到北，品种十分丰富。长江三角洲的江河湖鲜非常出名，尤其是以长江"三鲜一毒"（刀鱼、鲴鱼、鲥鱼、河豚）为主要原料的菜肴，已成为菜中珍品。在这里，游客们还可以到太湖吃"三白"（白鱼、白虾、银鱼），到阳澄湖吃大闸蟹，到西湖食西湖醋鱼，或到太湖或南湖品江南船菜，等等。

"山里人家"主要分布在著名的山地景区内或周边地区，以餐饮住宿为主，尤以山珍野味吸引游客。"山里人家"产品绿色保健，如山木耳、山蘑菇等菌类食品，山韭菜、山野菜等蔬菜食品，野山鸡、地老鼠、山螺等荤类食品及各种果品等，越发受到广大旅游者的青睐。

就目前国内外乡村旅游发展的状况来看，许多乡村旅游点都存在各种经营类型并驾发展的格局，即以某一两种经营模式为主，兼顾各种经营内容，形成了多种乡村旅游文化综合的态势。究其原因，有以下几点：

第一，各地可供乡村旅游发展的资源类型很多，如农业文化景观、农村自然生态环境、农事生产活动、传统民居和村落、民间习俗，以及与之和谐的林、牧、副、渔业等。无论是山川岗坳、温泉溪流、田园阡陌、林地草场，还是青板路、小石桥、农家院、土家菜等，都能引起都市游客浓厚的旅游兴趣，从而打造出更多、更有魅力的乡村旅游点，然后连点成线，串线成片。

第二，当代旅游者的旅游需求和动机是多种多样的。从消费者的行为来看，一般消费者是先对某产品产生注意和兴趣，进而形成购买动机，最后付诸行动。旅游消费者的行为方式也因其旅游动机的不同，而表现为多种多样。

现代旅游者的旅游动机非常复杂。德国学者格里克斯曼将旅游行为的动机分为心理的、精神的、身体的和经济的四类。后来，日本学者田中喜一将格里克斯曼的观点加以细化，认为人们外出旅游的心理的动机表现为思乡心、交游心和信仰心，精神的动机表现为知识的需要、见闻的需要和欢乐的需要，身体的动机表现为治疗的需要、休养的需要和运动的需要，经济的动机表现为购物和商务的目的。美国学者麦金托什把人们的旅游动机归纳为四类：一是身体健康的动机，包括休息、运动、消遣、娱乐等；二是文化的动机，包括了解其他地区的音乐、民间艺术、民俗、舞蹈、绘画和宗教等；三是交际的动机，包括探亲访友、结交朋友及摆脱日常事务等；四是地位与声望的动机，主要是想通过旅游，使自己被承认、被注意、被赏识、被尊重，以及获得良好的声誉的欲望得到满足。

乡村旅游的主要游客是城市居民。城市化和工业化造成的环境问题驱使人们产生乡村旅游需求，快节奏而又比较单调的城市生活也使人们产生乡村旅游需求。同时，回归原始梦幻家园的情感需求驱动人们产生乡村旅游需求，消除身心疲劳和紧张的旅游需求驱动人们产生乡村旅游需求，人类追求新奇刺激和主动挑战自然的心理需求驱动人们产生乡村旅游需求，乡村丰富的旅游资源和美丽的景观吸引城市居民前往乡村旅游。由此可见，城市居民对乡村旅游的客观需求表现为逃避充满各种污染的城市环境和单调而紧张的城市工作和生活；主观需求则是人们为了消除身心的疲劳和紧张情绪，通过到与自己工作性质、特点及环境完全不同的地方旅游，达到放松身心、恢复体力和精力的目的。

案例分析与讨论：

乌镇地处浙江省桐乡市北端，拥有保存完好的古建筑和历史文化名人故居，也有"以水为街，以岸为市"的迷人水乡风光。乌镇主要通过以下几方面发展古镇乡村旅游：

1. 古建筑保护——修旧如旧保持旧貌

乌镇的具体做法可归纳为"迁、拆、修、补、饰"五个字。"迁"，搬迁历史街区内必须迁移的工厂、大型商场；"拆"，拆除不协调建筑；"修"，用旧材料和传统工艺修缮破损的老街、旧屋、河岸、桥梁等；"补"，恢复或补建部分旧建筑，填补空白，连缀成整体；"饰"，各类电线、管道全部地埋铺设，空调等现代设施全部遮掩。这"五字法"很好地恢复和保持了古镇的原真风貌，是乌镇的创意之举。

2. 氛围营造——保留水乡风情

乌镇在旅游线路设计上的策略是采取以线带面、逐步修复的手段，一条街、一条河，线路合理、连贯、封闭，使游人远离现代都市气息，眼中所见的全是久违了的明清小镇民居。古屋，石桥，静静流淌的小河，构筑清丽、闲适、宁静的氛围，充分满足游客探古寻幽的旅游诉求。

3. 节事活化——传统节日和庆典活动

乌镇不断完善和充实景区品牌文化内涵，通过节庆活动的举办进行节事活化。如以3月8日国际妇女节为契机的古镇丽人节，综合当地传统的瘟元帅会、蚕花会、踏白船、香市等特色民俗的水乡狂欢节，中国传统的中秋节、春节等，各种大型庆典活动和小型的民俗体验活动，全面展示当地的传统风情。

4. 古工艺传承——展示＋参与＋商品

古代乌镇地处两省、三府、七县交接处，治安环境十分复杂，所以，明清时在乌镇特别设立浙直分署和江浙分署，虽是小镇，但在实质上却行使着相当于府衙的职能，发展了各种传统工艺。这些传统工艺是乌镇居民智慧的结晶，也是其文化的体现，因此作为非物质文化遗产成为乌镇旅游开发的重要内容。景区专门开设30余个展馆、工场和作坊，如高公生糟坊、徐昌酱院、乌香堂、乌陶坊等，游客置身延续百年传统的老作坊，亲自参与古老的工艺品的制作流程，仿佛自己也已回到那遥远而古老的年代。

乌镇发展模式对古村古镇发展乡村旅游具有哪些启示？

资料来源：姚元福，逯昀. 休闲农业与乡村旅游 [M]. 北京：中国农业科学技术出版社，2015.

思考题

1. 中国古代乡村旅游得以发展的主要动因有哪些？

2. 中国古代乡村旅游与欧洲传统乡村旅游存在哪些差异？

3. 结合自身经历，谈谈当代乡村旅游发展中存在哪些问题？

本章参考文献

1. 房士林. 当代乡村旅游事业的现状与展望 [M]. 镇江：江苏大学出版社，2013.

2. 张树民. 中国乡村旅游发展模式与政策保障研究 [M]. 北京：中国旅游出版社，2014.

3. 陶玉霞. 乡村旅游建构与发展研究 [M]. 北京：经济日报出版社，2009.

第 八 章

非物质旅游文化

　　我国非物质文化遗产是历史的见证和中华文化的重要载体，蕴含着中华民族特有的精神价值、思维方式、想象力和文化意识，体现着中华民族的生命力和创造力。传承是对非物质文化遗产最有效的保护，而旅游开发是积极的保护传承方式。通过非物质文化遗产保护传承与旅游开发的有机融合，推动非物质文化遗产的保护传承，促进文化旅游产业的持续发展。

第一节　非物质文化遗产

一、国际非物质文化遗产概念

（一）国际非物质文化遗产的提出

　　国际非物质文化遗产概念的提出经历了一个渐进的过程，联合国教科文组织在保护自然和文化遗产的过程中，逐渐认识到非物质文化遗产在整个遗产保护中的重要性和特殊性，进而在世界范围内大力开展非物质文化遗产的保护活动。我们有必要回顾联合国在保护文化遗产过程中的几个重要事件，如表 8-1 所示，正是这些事件推动了世界各国对非物质文化遗产保护的进程。

表 8-1　联合国保护非物质文化遗产的相关制度

时间（年）	主体	事件
1965	美国	提出了"世界遗产信托基金"建议案
1972	联合国教科文组织	在巴黎通过了《保护世界文化和自然遗产公约》；颁布了《关于国家一级保护文化和自然遗产建议案》； 这两个法案使"世界遗产""文化遗产""自然遗产"这些概念在国际上流行开来。随着保护文化遗产和自然工作的深入，人们逐渐认识到非物质文化遗产的特殊性和重要性
1982	联合国教科文组织	在世界遗产委员会1982年的墨西哥会议（即"世界文化政策会议"）的文件中，第一次出现"非物质遗产"的概念
1987	联合国教科文组织	明确将非物质遗产作为保护对象
1989	联合国教科文组织	第25届巴黎大会上通过《保护民间创作（或译传统民间文化）建议书》，但此建议案以"民间传统文化"来指代"非物质文化遗产"的称谓，对民间传统文化做定义
1998	联合国教科文组织	第29次全体会议通过了《宣布人类口头和非物质遗产代表作条例》，界定了"人类口头与非物质遗产"的含义
2001	联合国教科文组织	第31届大会在巴黎总部通过了《文化多样性宣言》，指出文化多样性是人类的共同遗产，该宣言的意义重大，其基本精神也为世界范围内的非物质文化遗产的保护奠定了良好基础
2001	联合国教科文组织	进行了第一次世界范围内的人类口头和非物质文化遗产代表作的申报工作，包括中国昆曲在内的19个代表作获得了联合国教科文组织的认定
2002	联合国教科文组织	联合国教科文组织第3届文化部长圆桌会议通过的《伊斯坦布尔宣言》。宣言指出，非物质文化是构成世界各民族特性的重要因素，保护和发展非物质文化遗产对于促进人类文明的多样性，增强人类社会的凝聚力和推动社会的发展具有重要意义
2003	联合国教科文组织	第32届大会通过了《保护非物质文化遗产公约》，不但详细地界定了非物质文化遗产的概念、非物质文化遗产范围，还通过了《申报书编写指南》
2015	联合国教科文组织	保护非物质文化遗产政府间委员会（IGC）第十届常会于2015年11月30日至12月4日在纳米比亚温德和克市乡村俱乐部举行。委员会为跟进保护非物质文化遗产政府间委员会和缔约国大会在往届会议上形成的相关决议和决定，审议并通过了《保护非物质文化遗产伦理原则》，进而作为附件纳入第十届常会决议

　　自 2001 年起进行了第一次世界范围内的人类口头和非物质文化遗产代表作的申报工作，截至 2016 年年底，我国共有昆曲、古琴艺术等 39 个项目入选联合国教科文组织"人类非物质文化遗产代表作名录"，是世界上入选项目最多的国家。含"急需保护名录"的项目已达 39 个，也是目前世界上拥有世界非物质文化遗产数量最多的国家。

我国世界级非物质文化遗产代表作名录如下：

2001 年通过的：昆曲。

2003 年通过的：古琴艺术。

2005 年通过的：新疆维吾尔木卡姆艺术、蒙古族长调民歌。

2009 年通过的：中国蚕桑丝织技艺、福建南音、南京云锦、安徽宣纸、贵州侗族大歌、广东粤剧、《格萨尔》史诗、浙江龙泉青瓷、青海热贡艺术、藏戏、新疆《玛纳斯》、蒙古族呼麦、甘肃花儿、西安鼓乐、朝鲜族农乐舞、书法、篆刻、剪纸、雕版印刷、传统木结构营造技艺、端午节、妈祖信俗。

2010 年通过的：京剧、中医针灸。

2011 年通过的：皮影戏。

2013 年通过的：珠算。

2016 年通过的：二十四节气。

急需保护的非物质文化遗产名录：

2009 年列入的：羌年、黎族传统纺染织绣技艺、中国木拱桥传统营造技艺。

2010 年列入的：新疆的麦西热甫、福建的中国水密隔舱福船制造技艺以及中国活字印刷术。

2011 年列入的：赫哲族伊玛堪说唱。

非物质文化遗产优秀实践名册：

2012 年列入的：福建木偶戏传承人培养计划。

（二）国际非物质文化遗产定义和分类

2003 年 10 月通过的《保护非物质文化遗产国际公约》第一次明确提出了"非物质文化遗产"这个称谓，详细界定了非物质文化遗产的概念及范围。"非物质文化遗产"指被各群体、团体、有时为个人视为其文化遗产的各种实践、表演、表现形式、知识和技能及其有关的工具、实物、工艺品和文化场所。各个群体和团体随着其所处环境、与自然界的相互关系和历史条件的变化不断使这种代代相传的非物质文化遗产得到创新，同时使他们自己具有一种认同感和历史感，从而促进了文化多样性和人类的创造力。在本公约中，只考虑符合现有的国际人权文件，各群体、团体和个人之间相互尊重的需要和顺应可持续发展的非物质文化遗产。《公约》指出，非物质文化遗产应涵盖五个方面的项目：①口头传说和表述，包括作为非物质文化遗产媒介的语言；②表演艺术；③社会风俗、礼仪、节庆；④有关自然界和宇宙的知识和实践；⑤传统的手工艺技能。

二、国内非物质文化遗产概念

（一）国内非物质文化遗产的提出

与一些发达国家相比，我国对于非物质文化遗产的保护工作起步较晚，保护理念和保护手段稍显落后，但整体进展较快。随着相关法律法规的颁布施行，国家级代表名录的公布，我国已经逐步走上了全面的整体性保护阶段。

2001 年，我国参与了申报联合国教科文组织的第一批"人类口头和非物质遗产代表作项目"，政府部门、学术机构和社会团体举行了一系列活动，"非物质文化遗产"这一概念因此被国内熟知。我国相继出台和完善了一系列非物质文化遗产保护的相关法律法规，如表 8-2 所示，表明了中国政府对非物质文化遗产保护的高度重视。

表 8-2 中国保护非物质文化遗产的相关制度

时间（年）	机构	制度
2004	第十届全国人民代表大会常务委员会	中国政府加入联合国教科文组织《保护非物质文化遗产公约》
2005	国务院办公厅	《关于加强我国非物质文化遗产保护工作的意见》
2005	国务院办公厅	《非物质文化遗产保护工作部际联席会议制度》
2005	国务院办公厅	《国家级非物质文化遗产代表作申报评定暂行办法》
2005	国务院办公厅	《国务院关于加强文化遗产保护的通知》
2006	文化部	《国家级非物质文化遗产保护与管理暂行办法》
2008	文化部	《国家级非物质文化遗产项目代表性传承人认定与管理暂行办法》
2011	第十一届全国人民代表大会常务委员会	《中华人民共和国非物质文化遗产法》
2016	国务院办公厅	自2017年起，将每年6月第二个星期六的"文化遗产日"，设立为"文化和自然遗产日"

为了继承和弘扬中华民族优秀传统文化，促进社会主义精神文明建设，加强非物质文化遗产保护、保存工作而制定，由中华人民共和国第十一届全国人民代表大会常务委员会第十九次会议于 2011 年 2 月 25 日通过公布《中华人民共和国非物质文化遗产法》，自 2011 年 6 月 1 日起施行。

为了推动我国非物质文化遗产的抢救、保护与传承，加强中华民族的文化自觉和文化认同，鼓励公民、企事业单位、文化教育科研机构、其他社会组织积极参与非物质文化遗产的保护工作，增进国际社会对中国非物质文化遗产的认识和国际文化交流合作，我国从 2006 年起开始国家级非物质文化遗产评定工作，并颁布了《国家级非物质文化遗产代表作申报评定暂行办法》。

2006年5月20日，国务院批准文化部确定并公布第一批国家级非物质文化遗产名录，其中包括白蛇传传说、阿诗玛、苏州评弹、凤阳花鼓、杨柳青木版年画等共518项。

2008年6月14日，国务院又发布了第二批国家级非物质文化遗产名录，包括孟姜女传说、董永传说、高邮民歌、陕北民歌、梁山竹帘等共510项。同时公布第一批国家级非物质文化遗产扩展项目名录（共计147项）。

2011年6月10日，国务院批准文化部确定的第三批国家级非物质文化遗产名录，包括弥渡民歌、翼城琴书等共191项。同时公布第二批国家级非物质文化遗产名录扩展项目名录（共计164项）。

2014年7月16日，文化部办公厅关于公示第四批国家级非物质文化遗产名录代表性项目名录推荐项目名单，其中新入选153项，包括卢沟桥传说、鬼谷子传说等，扩展项147项。

为使中国的非物质文化遗产保护工作规范化，国务院2005年发布《关于加强文化遗产保护的通知》，并制定"国家＋省＋市＋县"共4级保护体系，要求各地方和各有关部门贯彻"保护为主、抢救第一、合理利用、传承发展"的工作方针，切实做好非物质文化遗产的保护、管理和合理利用工作。

（二）中国非物质文化遗产的概念和分类

我国国务院2005年施行的《国家级非物质文化遗产代表作申报评定暂行办法》的第2条给出非物质文化遗产的定义：非物质文化遗产是指各族人民世代相承的、与群众生活密切相关的各种传统文化表现形式（如民俗活动、表演艺术、传统知识和技能，以及与之相关的器具、实物、手工制品等）和文化空间。第3条指出非物质文化遗产的范围包括：

（1）口头传统，包括作为文化载体的语言；

（2）传统表演艺术；

（3）民俗活动、礼仪、节庆；

（4）有关自然界和宇宙的民间传统知识和实践；

（5）传统手工艺技能；

（6）与上述表现形式相关的文化空间。

根据2011年通过的《中华人民共和国非物质文化遗产法》第二条对非物质文化遗产作了如下定义：非物质文化遗产，是指各族人民世代相传并视为其文化遗产组成部分的各种传统文化表现形式，以及与传统文化表现形式相关的实物和场所。包括：

（1）传统口头文学以及作为其载体的语言；

（2）传统美术、书法、音乐、舞蹈、戏剧、曲艺和杂技；

（3）传统技艺、医药和历法；

（4）传统礼仪、节庆等民俗；

（5）传统体育和游艺；

（6）其他非物质文化遗产。

同时还明确指出，"属于非物质文化遗产组成部分的实物和场所，凡属文物的，适用《中华人民共和国文物保护法》的有关规定"。

三、非物质文化遗产的特点

与物质文化遗产不同，非物质文化遗产是人类的一种特殊遗产，外部形态和内在规定都极具特殊性，具体而言即独特性、活态性、传承性、无形性、多元性、社会性、地域性。

（一）独特性

非物质文化遗产一般是作为艺术或文化的表达形式而存在的，体现了特定民族、国家或地域内的人民的独特的创造力，或表现为物质的成果，或表现为具体的行为方式、礼仪、习俗，这些都具有各自的独特性、唯一性和不可再生性。而且，它们间接体现出来的思想、情感、意识、价值观也都有其独特性，是难以被模仿和再生的。任何民族的文化、文明中都含有独特的传统的因素、某种文化基因和民族记忆，这是一个民族赖以存在和发展的"根"。而非物质文化遗产中蕴含了特定民族的独特的智慧和宝贵的精神财富，是社会得以延续的命脉和源泉。非物质文化遗产承载着丰富的、独特的民族记忆，而记忆却又容易被忽视和遗忘，极容易在不知不觉中消失。因而，保护非物质文化遗产也就是保护了独特的文化基因、文化传统和民族记忆。

（二）活态性

非物质文化遗产虽然有物质的因素、物质的载体，但其价值并非主要通过物质形态体现出来。它属于人类行为活动的范畴，有的需要借助于行动才能展示出来；有的需要通过某种高超、精湛的技艺才能被创造和传承下来。非物质文化遗产的表现、传承都需要语言和行为，都是动态的过程，它的存在必须依靠传承主体（社群民众）的实际参与。对具体的非物质文化遗产类型来说，音乐、舞蹈、戏剧等表演艺术类型都是在动态的表现中完成的；图腾崇拜、巫术、民俗、节庆等仪式的表现也都是动态的过程；器物、器具的制作技艺也是在动态的过程中得以表现的。而且，非物质文化遗产的活态性还表现在民族（社群）在自身长期奋斗和创造中凝聚成的特有的民族精神和民族心理，及所持有的共同信仰和遵循的核心价值观。总之，特定的价值观、生存形态以及变化品格，造就了非物质文化的活态性特性。

（三）传承性

非物质文化遗产的传承主要依靠世代相传保留下来，一旦停止了传承，就意味着死亡。通常以语言和亲自传授等方式，这种传承才使非物质文化遗产的保存和延续有了可能。而这些非物质文化遗产也成为历史的活的见证。假如没有了这些传承活动，就不存在这些动态的表现活动，也就更谈不上非物质文化遗产了。非物质文化遗产需要我们的传承与保护，它为我们全面而科学地认识过去社会的政治、经济、文化、历史和生活等情况，及其独特的文化心理结构、文化价值、审美取向、日常生活、民风民俗发挥其独特的作用。

（四）无形性

首先，非物质文化遗产的价值体现为其文化性，而文化则是一种典型的精神存在；其次，非物质文化遗产是抽象的文化思维，并伴随人类社会观念变化而不断发展，如技能、习俗等，既是有形可感的物质，也不具有物质形态的稳定性；最后，非物质文化遗产本质的无形性并不排斥其存在和传承的有形性。

（五）多元性

人类实践的多元性决定了非物质文化遗产的多元性，这是其重要特征。非物质文化遗产通过人类的社会不断实践产生和传承，而人类的社会实践具有多元化特点，有物质及精神生产等各种各样的实践活动，每一种人类社会的实践活动都可能产生相对应的非物质文化遗产。所以，不同的非物质文化遗产形态各异，即使是同一种非物质文化遗产，在不同时期和不同地域，其形态也不尽相同。联合国教科文组织制定的《保护非物质文化遗产公约》，也体现了保护不同国家、民族、地区文化遗产的多元性，使人类文明能够繁荣发展。

（六）社会性

非物质文化遗产是各个时代生活的有机组成部分，它是一定时代、环境、文化和时代精神的产物，必然与当时的社会生活有着千丝万缕的关系。通过神话、传说、故事、音乐、舞蹈、戏曲、叙事歌谣、游戏、祭典、祭仪、民俗、艺术等文化形式表达了其丰富的内容，蕴含的道德感召力，也对社会产生很大的、积极的影响，在促进中华民族精神认同方面起到了不可替代的作用。

（七）地域性

非物质文化遗产是在一定的地域产生的，该地域独特的自然生态环境、文化传统、宗教、信仰，生产、生活水平，以及日常生活习惯、习俗都从各个方面决定了其特点和传承。随着文化交流的深入，某种非物质文化遗产流传到了其他地方，但不同民族仍然会使其打上不同民族文化的烙印。从民族的形式特征方面看，民族的人种（包括肤色、形体等）、服饰（尤其是该民族创建期的有显著特色的服饰）、饮食、生产方式、语言、风俗等，这些大都是自然而然地，受自然生态的影响很大，有的还有遗传的作用。

第二节　艺术旅游文化

一、传统口头文学以及作为其载体的语言

传统语言文学是由劳动人民直接创造的且在民间广泛流传的文学，主要是口头文学，如民间故事、神话、传说、歌谱、谜语、谚语等，不仅具有优越的艺术性，而且包含很多历史信息，具有鲜明的口头性、集体性、变异性、传承性，反映当地人民在某个特殊时期的生活态度、民族信仰、价值观念等。

（一）《格萨尔》史诗

《格萨尔》史诗于 2009 年入选联合国教科文组织首批《人类口头和非物质遗产代表作》。我国少数民族口承史诗蕴藏之丰富、传承历史之悠久、演唱活动之活跃，在当今世界上是独有的。史诗，作为一种古老的文学样式，是极其宝贵的口头传统、民间表演艺术和无形文化遗产，在人类文化发展史上占据着重要的位置。藏蒙史诗《格萨尔》、蒙古族史诗《江格尔》和柯尔克孜族史诗《玛纳斯》是举世闻名的三大英雄史诗，结构宏伟，情节曲折，内涵丰富，气势磅礴。其中《格萨尔》产生于公元前后至五六世纪，记录西藏历经吐蕃王朝等时期的历史兴衰及生活于雪域高原的藏族人民之智慧与口传艺术，代表藏族的民间文化，也是藏族古代神话、传说、诗歌和谚语等民间文学的总和。它是世界范围内规模最大、演唱篇幅最长的英雄史诗，共有 120 多部、100 多万诗行、2000 多万字，仅从篇幅来看，已远远超过了世界几大著名史诗的总和，代表着古代藏族、蒙古族民间文化与口头叙事传统的最高成就，是研究古代少数民族的社会历史、民族交往、道德观念、民风民俗、民间文化等问题的一部百科全书，这部口头传承了千年的宏伟史诗在国际学术界享有"东方的荷马史诗"美誉，被称作认识藏族文化的桥梁。它是由西藏人民集体创作的。

在民间还留存着大量的手抄本、木刻本，以及绘有《格萨尔》史诗故事的唐卡。这一史诗传统也是民族民间文化艺术的活水源头，随着时间的推移，不同的艺术形式涌现，如《格萨尔》藏戏、《格萨尔》歌舞剧等，一批格萨尔文化中心、格萨尔宫殿等在藏区相继落成。随着我国各民族之间文化交流的深入和发展，《格萨尔》传播到我国蒙

古族、土家族、纳西族、裕固族、普米族等兄弟民族地区，与他们的文化传统相融合，在各民族文化发展历史上，产生了深远的影响。此外，这部史诗还流传到了境外的蒙古国、俄罗斯的布里亚特、卡尔梅克地区以及喜马拉雅山以南的印度、巴基斯坦、尼泊尔、不丹等国家和周边地区，跨文化传播极其广泛。

（二）梁山伯与祝英台传说

梁山伯与祝英台传说于 2006 年列入第二批国家级非物质文化遗产名录。梁山伯与祝英台传说是中国最具魅力的口头传承艺术及国家级非物质文化遗产，也是在世界上产生广泛影响的中国民间传说。它与白蛇传传说、孟姜女传说、牛郎织女传说并列为汉民族流传较广的四大传说。

自东晋始，在民间流传已有 1700 多年，可谓家喻户晓，流传深远，被誉为爱情的千古绝唱。从古到今，有无数人被梁山伯与祝英台的凄美爱情所感染。梁山伯与祝英台传说流传地区广泛，是中华文化的瑰宝。千百年来，它以提倡求知、崇尚爱情、歌颂生命生生不息的鲜明主题深深打动着人们的心灵，以曲折动人的情节、鲜明的人物性格、奇巧的故事结构而受到民众的广泛喜爱。以梁山伯与祝英台传说为内容的其他艺术形式所展现的艺术魅力，使其成为中国民间文学艺术之林中的一朵奇葩。

梁山伯与祝英台传说自 1600 年前的晋代形成以来，主要流传于宁波、上虞、杭州、宜兴、济宁、汝南等地，并向中国的各个地区、各个民族流传辐射。在流传的过程中，各地人民又不断丰富发展传说的内容，甚至还兴建了众多以梁山伯与祝英台传说为主题的墓碑和庙宇等建筑。此外，梁山伯与祝英台传说还流传到朝鲜、越南、缅甸、日本、新加坡和印度尼西亚等国家，其影响之大在中国民间传说中实属罕见。

据梁山伯与祝英台传说改编的越剧《梁山伯与祝英台》、小提琴协奏曲《梁祝》、电影《梁山伯与祝英台》等各种文学艺术作品，以及由此而形成的求学、婚恋的独特风尚，构成了庞大的梁祝文化系统。

（三）瓦雅皮人的口头和图画表达形式

瓦雅皮人的口头和图画表达形式于 2008 年入选联合国教科文组织首批《人类口头和非物质遗产代表作》。在亚马孙河北部，居住着一群说图皮·瓜拉尼语的瓦雅皮居民，现在大约有 580 人，他们居住在巴西东北部阿马帕州的瓦雅皮保护区，分布在 40 个小村庄里。远古以来，瓦雅皮居民就用植物颜料在身体和各种物体上画出几何图形。随着世纪推移，他们逐渐创造了一种独特的语言，这种语言把图画和口头表达混合兼用，以反映他们独特的世界观，并传承他们关于社会生活的基本知识。

这种特殊的绘画艺术叫"库西瓦"，使用从亚马孙胭脂树提炼出来的黄红色颜料和芬芳树脂绘制美丽图案。"库西瓦"需要复杂的技艺，按照瓦雅皮人的说法，不到 40 岁，掌握这门艺术并学会调制颜料是不可能的。常见的图形有美洲虎、水蟒、蝴蝶和鱼类。这些图案反映人类的创造，并栩栩如生地表现了以人类起源为主题的各种神话。这一人体图画形式和古老的美洲印第安口传文化有着极其紧密的联系，富有社会学、美学、文化、宗教和玄学的意义。实际上"库西瓦"也是瓦雅皮社会结构的写照，其意义远远超过绘图艺术的作用。它包容了一个广阔而复杂的体系，包括认识理解宇宙以及天人相互作用的特殊方式。这种蕴含丰富传统知识的图形艺术，随着图案不断更新和本土艺术家的创新而不断发展着。

（四）阿舍克勒克（吟游诗人表演）传统

阿舍克勒克（吟游诗人表演）传统是 2009 年入选联合国教科文组织首批《人类口头和非物质遗产代表作》。土耳其的游吟诗歌艺术〔Âşıklık（minstrelsy）〕传统是流浪的诗人歌手的表演，这些游吟诗人叫作"âşıks"。他们穿着传统服装，弹着萨兹（saz，土耳其民间弦乐器），在婚礼、咖啡厅和各种公共节日场合上表演。游吟诗人作学徒之前先是在梦中受到召唤，然后长时间地学习弦乐和打击乐器的演奏、歌唱、讲故事以及这个行业的核心，即妙语对答。他们吟诵的诗歌通常是关于爱情的，诗节是有韵律的，结尾的四行诗中有游吟诗人的笔名（Mahlas）。他们即兴的表演可能还包括谜语、民间故事、机智的口头对答，与其他游吟诗人一起的创作，以及口中含着一根针的诗句演唱——这样就只能唱出不含 B、P、V、M、F 音的诗句。由于游吟诗人在各个社群之间旅行，他们通过关注时代问题的诗歌、社会的政治的讽刺形式，促进了文化价值观和观念的传播，推动了健全的社会交流。特别是在婚礼上，游吟诗人被当作教师和引导者，他们的技艺传统从土耳其文学和这个国家的日常社会生活中吸收养分，使这个民族的文化更加丰富。

二、传统美术、书法、音乐、舞蹈、戏剧、曲艺和杂技

传统美术、书法、音乐、舞蹈、戏剧、曲艺和杂技产生、流行于民间的独特艺术形式，具有鲜明的民族风格和地方特色，在表现手法和技巧上具有丰富性，因场合和氛围的不同而有不同的表现手法和技巧，反映人民的劳动、斗争、交际和爱情生活。不同民族和地区的民间受生活方式、历史传统、风俗习惯、民族性格、宗教信仰、地理和气候等自然环境的影响而显现出风格特色的明显差异。

（一）书法

书法于 2009 年入选联合国教科文组织《人类非物质文化遗产代表作名录》。中国书法是以笔、墨、纸等为主要工具材料，通过汉字书写，在完成信息交流实用功能的同时，以特有的造型符号和笔墨韵律，融入人们对自然、社会、生命的思考，从而表现出中国人特有的思维方式、人格精神与性情志趣的一种艺术实践。历经 3000 多年的发展历程，中国书法已成为中国文化的代表性符号。

中国书法是汉字的书写艺术，最早可追溯到 3000 多年前商代的甲骨刻辞和青铜器题铭。书法在历史发展过程中形成了一套丰富完备的理论和技法体系，通过口传心授、文献记载以及创作实践而不断传承发展，使每个时代的书法都呈现出鲜明的风格特色：晋人尚韵，唐人尚法，宋人尚意，元、明、清尚态。历史上出现了一些著名的书法家和作品，如王羲之及《兰亭序》、颜真卿及《祭侄稿》、苏轼及《黄州寒食诗》等。印刷术发明以前，以书面形式记录信息进行沟通交流的功能都由书法承担，如书信、公文、典籍等；书体有篆、隶、草、楷、行；形式也丰富多样，从手札、手卷、扇面到中堂、条幅、对联等，一应俱全；书法的展示空间从室内的家居、殿堂、商铺、寺庙延伸到大自然的名山大川；书法发生的空间可以是书斋，也可以在舟车中、战马上；日常生活的很多材质都可以成为书法镌刻或书写的媒质，如纸张、金属、石头、木板、织物等；书法也出现在国家庆典、祭祀等重大活动以及平民的喜庆、丧葬、宗教等日常活动中并承担重要功能，如石碑石刻、青铜器铭文、春联、墓碑墓志、抄经等。书法表达了"阴阳五行""天人合一""中庸中和"等中国哲学思想以及中国人关于时间和空间的独特意识。人们常从自然中感悟书法，把书法中的文字看作有生命的形象。早在汉代，汉字及其书法就传播到了深受中国文化影响的朝鲜半岛、日本，这种交流到了唐以后更加频繁。国际的书法交流在当代也越来越多。在世界各地，只要有中国人的地方就有书法。很多来中国的外国友人也通过学习书法进而了解中国，认识中国。当代艺术、建筑和设计也从书法中汲取有价值的元素。书法成为认识中国、了解中国的一条重要途径。中国书法以精微笔墨呈现出博大精深的中国文化。

（二）昆曲

昆曲于 2001 年入选联合国教科文组织首批《人类口头和非物质遗产代表作》。昆曲又称昆腔、昆山腔、昆剧，是元末明初南戏发展到昆山一带，与当地的音乐、歌舞、语言结合而生成的一个新的声腔剧种。昆曲历史悠久，影响广泛而深远，它是传统文化的结晶，也是戏曲表演的典范。明代初年在昆山地区形成了"昆山腔"，嘉靖年间经过魏良辅等人的革新，昆山腔吸收北曲及海盐腔、弋阳腔的长处，形成委婉细腻、流丽悠长的"水磨调"风格，昆曲至此基本成型。梁辰鱼将传奇《浣纱记》以昆曲形式搬上舞台，使原来主要用于清唱的昆曲正式进入戏剧表演领域，进一步扩大了影响。万历年间，昆曲从江浙一带逐渐流播到全国各地。明代天启初年到清代康熙末年的 100 多年是昆曲蓬勃兴盛的时期。清代乾隆年以后，昆曲逐渐衰落下去。中华人民共和国成立以来，昆曲艺术出现了转机，国家先后建立了 7 个有独立建制的专业昆曲院团。目前昆曲主要由专业昆曲院团演出，有关演出活动多集中在江苏、浙江、上海、北京、湖南等地。

昆曲是一种高度文人化的艺术，明清许多从事昆曲剧目创作的剧作家，都取得了很高的文学成就。《琵琶记》《牡丹亭》《长生殿》《鸣凤记》《玉簪记》《红梨记》《水浒记》

《烂柯山》《十五贯》等都是昆曲的代表性剧目，其中前三种有全谱或接近全本的工尺谱留存。清代中叶以后，昆曲主要以折子戏形式演出，至今保留下来的昆曲折子戏有400多出。昆曲新编剧目有《南唐遗事》《偶人记》《司马相如》《班昭》等。

经过长期的舞台实践，昆曲在表演艺术上达到了很高的成就，歌、舞、介、白等表演手段高度综合。随着表演艺术的全面发展，昆曲脚色行当分工越来越细，主要脚色包括老生、小生、旦、贴、老旦、外、末、净、付、丑等。各行脚色在表演中形成一定的程序和技巧，对京剧及其他地方剧种的形成发展产生了重要影响。昆曲音乐曲调旋律优美典雅，演唱技巧规范纯熟。赠板的广泛应用、字分头腹尾的发音吐字方式及流丽悠远的艺术风格使昆曲音乐获得了"婉丽妩媚，一唱三叹"的艺术效果。

（三）吴桥杂技

吴桥杂技于2006年入选第一批《国家非物质文化遗产名录》。吴桥县位于河北省东南部，属沧州管辖，是世界闻名的杂技之乡。吴桥杂技文化伴随着中国杂技的发展而形成，现在主要流布于吴桥县域、山东省宁津县和陵县的部分地区。

河北省是中国杂技发源地之一，战国时期中山国成王墓中已有演练杂技形象的银首人俑铜灯出现。吴桥很早就是冀州大地杂技密集的地区，晋代墓室中已有宴乐杂技表演的壁画出现。到了宋朝，杂技走向民间，出现"勾栏""瓦舍"等演出形式。清代和民国时期，吴桥杂技达到鼎盛阶段。在2000多年的变迁过程中，吴桥杂技文化不断丰富发展着。它供奉"吕祖"为自己的行业神，创造了行业"春典"（即行话），衍生了表演中的"说口""锣歌"等口头文艺形式，形成了独特的表演、道具、管理以及传承等方面的规则，构成了完整的行业文化体系，受到全国杂技界的推崇，其影响远播五洲，素有"十方杂技九籍吴桥""没有吴桥人不成杂技班"之说。吴桥杂技从业人员多，节目种类丰富，流布地区广。据统计，传统节目主要有肢体技巧、道具技巧、乔装仿生、驯兽、马术、传统魔术、滑稽7大类486个单项，集中体现了尚武好义、百折不挠的吴桥杂技文化精神，为人们所传颂。

杂技事业的发展，使吴桥杂技艺术在世界上的影响越来越大，但这种影响在很大程度上只是限于艺术的发展和交流。1991年，吴桥人民在邓小平同志"以经济建设为中心""建设有中国特色社会主义"理论的正确指引下，提出了一个伟大的设想，即"开发杂技文化资源，发展旅游业"，建立"吴桥杂技大世界"，实现"杂技搭台，经济唱戏"的目的。设计方案为总体规划面积3000亩，投资1亿元，由杂技旅游区、商品集散区、人才培养开发区三个部分组成，集旅游、博物、艺术交流与比赛、人才培养、商品集散、对外开放六大功能于一体。杂技大世界一期建设工程于1992年4月28日奠基。1993年11月竣工并对外开放。完成了十余个景点的建设任务。南部是江湖文化城、吕祖庙、孙公祠、泰山行宫等仿古建筑群；北部由杂技奇观宫、魔术迷幻宫、杂技宾馆餐厅等现代建筑群环抱气魄宏伟的中心广场，南北之间由16根巍然屹立的大理石杂技历史图腾柱连接，高空鸟瞰全貌的是一辆杂技独轮车的造型，不仅反映了吴桥杂技的发展历史，而且超凡脱俗，气势恢宏。

（四）中国古琴艺术

中国古琴艺术2003年入选联合国教科文组织《人类非物质文化遗产代表作名录》。中国古琴是世界最古老的弹拨乐器之一，主要由弦与木质共鸣器发音。据古代典籍记载，至今已有3000多年历史，20世纪初才被称作"古琴"。关于它的创制者有"昔伏羲作琴""神农作琴""舜作五弦之琴以歌南风"之说。古琴艺术在中国音乐史、美学史、社会文化史、思想史等方面具有广泛影响，是中国古代精神文化在音乐方面的主要代表之一。在中国历史发展的长河中，古琴一直占据着一个重要地位，和中国的书画、诗歌以及文学一起成为中国传统文化的承载者。古琴是中国独奏乐器中最具代表性的一种。

实际上，古琴和中国文人的历史有着密不可分的渊源，人们弹奏古琴往往不仅是为了演奏音乐，还和自娱自赏、冥思、个人修养以及挚友间的情感交流密不可分。它的演奏是一种高雅和身份的象征，因此它成了一种贵族和文人的精英艺术，而不是一种面向大众的表演艺术。在中国文化的特定语境中，"琴、棋、书、画"成为文人修身养性的必由之径，清、和、淡、雅的音乐品格寄寓了文人凌风傲骨、超凡脱俗的处世心态。"琴者，情也；琴者，禁也。"孔子酷爱弹琴，伯牙和子期"高山流水觅知音"的故事，更是妇孺皆知。嵇康给古琴以"众器之中，琴德最优"的至高评价。古琴以独特的记谱法、3000余首不同传谱的琴曲、140余种琴谱、做工精良的琴器、大量的琴论、风格各异的琴人及琴派为世人珍视。古琴有七根弦，十三个徽，通过十种不同的拨弦方式，演奏者可以演奏出四个八度。古琴的演奏有三种基本技巧：散、按、泛。"散"是空弦发音，其声刚劲浑厚，常用于曲调中的骨干音；"泛"是以左手轻触徽位，发出轻盈虚飘的乐音（泛音），多弹奏华彩性曲调；"按"是左手按弦发音，移动按指可以改变有效弦长以达到改变音高的目的。同一个音高可以在不同弦、不同徽位用散、按、泛等不同方法奏出，音色富于变化。

由于古琴是中国唯一记载完整、传承不断的古代乐器，被誉为中国人文化身份认同的标志器物。它吸纳了大量优雅动听的曲调，演奏技法复杂而精妙，而且有着独特的记谱法，大量乐谱都是人们口头流传下来的。

（五）羌羌水月来舞

韩国的羌羌水月来舞于2009年入选联合国教科文组织《人类非物质文化遗产代表作名录》。羌羌水月来舞是韩国西南部流行的收获与丰产的季节性仪式，主要是在韩国的感恩节，即农历八月（十五）表演。在一轮明亮的圆月下面，村庄里数十名年轻的、未婚女子手拉手围成圆圈，在一名领唱的指引下通宵达旦地唱歌跳舞。歌舞的间歇中，妇女玩笑地模仿反映农庄或渔村的生活图景，包括踩踏屋顶的砖瓦、展开席子、抓老鼠或系青鱼。舞蹈的名称来自每节之后的重复叠句，尽管这个词的详细含义并不清楚。过去的规矩不允许农村的年轻妇女大声歌唱或者夜间出行，只有韩国中秋节（Chuseok，或"秋夕"，又译作韩国的感恩节）的庆祝活动期间除外。今天这种歌舞仪式主要由城市的中年妇女保护下来，并且作为小学的音乐课程的一部分进行传授。现在它是遍布韩国的一种表演艺术，可以把它看作一种典型的韩国民间艺术。它是稻米文化的一项重要的传统习俗，广泛地存在于乡村的日常生活之中。简单的曲调和动作可以很快地学习掌握，因此这种共同的习俗也是对女性舞蹈者之间的协调、平等和友谊的促进。

（六）飞人典礼

墨西哥的飞人典礼于 2009 年入选联合国教科文组织《人类非物质文化遗产代表作名录》。飞人典礼仪式是墨西哥和中美洲一些民族的祈求丰产的舞蹈，尤其是东部韦拉克鲁斯州托托纳克人表演的仪式舞蹈，表达了大自然与精神世界的和谐，以及人对自然与神界的尊重。仪式期间，四名男青年爬上一根 18~40 米高的杆子，杆子是在祈求山神宽恕之后从树林里新砍伐来的。第五名男子，站在杆子顶端的平台上，用笛子、小鼓演奏献给太阳、四方的风和基本方位的乐曲。这种乞灵行动之后，其他几人纵身从平台跳入空中。他们身上系着长长的绳子，和杆顶上的平台连接，随着杆子的转动而旋转，模仿飞行的动作，然后渐渐降到地面。舞蹈的每一种变化都生动表现了宇宙万物生长的神话，飞人的典礼仪式表达出这个团体的世界观和价值观，是帮助群体与神沟通、祈求兴旺的渠道。对舞蹈表演者以及遵守这项习俗、参与通灵仪式的许多人来说，飞人典礼仪式激发了他们对自己族群的文化传统与同一性的自豪感和尊重。

（七）中非阿卡俾格米人的口头传统

中非阿卡俾格米人的口头传统于 2008 年入选联合国教科文组织首批《人类口头和非物质遗产代表作》。阿卡俾格米居民生活在中非共和国的西南部。他们的音乐传统完全不同于周边民族，并且区别于非洲大陆上任何地方的音乐。这是一种非常复杂的四声部的复调音乐。尤其不同凡响的是，所有阿卡人，都通晓这种声乐技巧。

音乐和舞蹈向来都与阿卡居民的社会文化活动密不可分。具体地说，它们是阿卡地区各种活动的有机组成部分。各种与狩猎、集会、新营地落成、葬礼等有关的仪式或活动都少不了这种艺术。与记谱的复调音乐不同，阿卡俾格米人表演的这种复调声乐允许演唱者即兴发挥。他们创造了十分复杂的音乐形式，在表演的过程中，每个演唱者都可以变换声音，产生大量的变调，让听众感到音乐在持续不断地变化。这种演唱一般要用打击乐和弦乐伴奏，不同的场合用不同的乐器。在手工制作的乐器中，最常用的有堂堂鼓（enzeko）、一种竖琴（geedalebagongo）和一种单弦弓（mbela）。他们唱歌为的是传承知识，从而增强集体凝聚力、保持群体价值观。舞蹈则伴随掌声的节奏来表演，有些是男性舞蹈，另一些是男女对舞，也有独舞，根据仪式而定。阿卡俾格米人的口头传统世世代代完全依靠口头传承。儿童在十分年幼的时候就参加仪式活动，使得这种音乐知识在整个族群中保存下来。

三、艺术旅游文化发展现状和趋势

彭延炼（2008）认为民族传统艺术已成为我国旅游业发展中的重要支撑力量，当前研究民族传统艺术保护与旅游业互动发展规律对我国旅游业的顺利发展和民族传统艺术的保护具有重要的现实意义。文章从民族传统艺术保护与旅游业的互动发展特征出发，分析影响互动发展的因素和互动发展的四个阶段，同时对民族传统艺术保护与旅游业互动发展提了相关的建议。吴晓（2011）认为民间艺术旅游展演是由多种文化力量共同塑造而成的社会文本，作为一种旅游景观，是为满足旅游消费市场需求而对传统民间艺术进行的资本化转换，从而使得传统民间艺术成为旅游产品和文化商品。民间艺术旅游展演还是一种审美文本，凭借丰富繁华而又充满异质特征的艺术符号，不断辐射审美想象，让旅游消费者产生旅游愉悦感。吴子钟、柏贵喜（2015）认为民族艺术是宝贵的旅游资源，具有较高的旅游价值。文章探讨民族艺术旅游价值和科学地构建民族艺术旅游价值的评价体系，以贵州苗族舞蹈为调查对象进行实证研究，综合评价四种不同舞蹈艺术的旅游价值。张中波、周武忠（2012）指出民间艺术旅游商品化存在民间艺术直接旅游商品化与民间艺术间接旅游商品化两条路径。民间艺术直接旅游商品化是将民间艺术自身作为旅游商品进行商品化开发；民间艺术间接旅游商品化则是将民间艺术蕴含的图案纹样、色彩等具有普遍民众心理认同性的艺术符号提炼出来，通过艺术创意附加到相关旅游商品之上，提升其文化附加值，促进旅游商品销售。民间艺术直接旅游商品化促进或是推动着间接旅游商品化，两者共同构建起民间艺术旅游商品化完整的产业链条。

我国民间艺术资源种类繁多、地域分布辽阔，地域、民族文化特色显著，为我国艺术旅游开发提供了优质文化资源。当前，随着我国民俗旅游的快速发展，艺术旅游的开发取得了骄人成绩，如剪纸、年画、风筝、香包、蜡染、刺绣、陶瓷、泥塑、木雕等民间艺术品早已转化为特色旅游商品，且备受旅游者青睐。传统工艺品和土特产品长期以来是我国旅游商品市场的主打产品和创汇的主要商品。民间艺术旅游商品化既丰富、优化了旅游商品的种类与结构，促进了旅游业发展，也大大拓宽了民间艺术的应用范围。然而，当前艺术旅游也存在着诸多问题，如：供需脱节、民间艺术旅游商品雷同、缺乏创意和特色；知识产权保护机制不健全，模仿、抄袭现象泛滥；品牌民间艺术旅游商品及品牌缺乏；市场营销乏力；生产经营管理人才缺乏；市场秩序缺乏有效监管；等等。尤其是忽视民间艺术旅游的创意研发是制约民间艺术旅游发展的关键问题。很多民间艺术旅游商品生产者还停留在对传统民间艺术品简单复制与仿制的阶段，市场观念淡薄，缺乏整合传统资源与现代意识的创新设计。因此，重视民间艺术旅游商品的开发工作，深入挖掘、利用传统民间艺术资源，科学规划，有序开发，实现民间艺术旅游商品化的健康有序发展。同时民间艺术旅游商品开发应加强对旅游市场需求的调研，根据旅游者的消费需求和审美特点，通过对民间艺术旅游商品题材、功能、材料、工艺等核心开发要素的创新与拓展，将传统与现代相结合，开发生产出既具传统韵味又有鲜明时代气息、适销对路的民间艺术旅游商品。

艺术旅游文化发展的趋势：

第一，政府在艺术旅游领域的社会职能不断得到加强。很多艺术旅游，其开发初期，出现经济效益不彰显、人才储备不充足、运营模式不科学等问题，因此需要政府发挥其社会职能作用，进行有效的管理和规划，制定相应的制度，促进艺术旅游商品的传承和发展。

第二，艺术旅游的商品化、市场化运作逐步取得成效。只有将艺术旅游按市场规律，用现代企业管理运营，才能形成长久的发展动力和生命力。以市场为导向，结合本地区实际和艺术品特色，按市场要求发展其艺术旅游，将艺术商品化发展为旅游商品，使旅游购物店、旅游商业街呈现景点化趋势。

第三，创新在艺术旅游发展过程中的作用愈加重要。结合市场规律和客户需求，将原有的艺术商品化后，进一步发展更丰富的产品，而不是只对传承艺术的复制，更有利于适应旅游的现代化需求，赋予艺术现代气息，满足游客多元化需要。

第四，逐步形成一批艺术旅游品牌企业。品牌是无形的资产，通过行业的不断发展，经营者不断总结市场规律、艺术特色、企业运营规律，打造一批有影响力的艺术品牌。通过品牌，让自己强大的同时，使行业的发展逐步迈上新的台阶。

第三节　民俗旅游文化

一、传统技艺、医药和历法

传统技艺、医药和历法蕴含着人民的智慧与创造力。传统手工技艺具有高度技巧性、艺术性，其现代价值不容忽视，仍在社会生产和日常生活中被广泛应用。传统医药是在不断的实践中总结出来的人类智慧的结晶，因不同国家的传统文化继承性的差别而显示出多样性。历法历经千百年的实践创造出来的宝贵科学遗产，是反映天气气候和物候变化、掌握农事季节的工具，影响着人们的衣食住行。

（一）中国传统蚕桑丝织技艺

中国传统蚕桑丝织技艺于 2009 年入选联合国教科文组织《人类非物质文化遗产代表作名录》。"中国蚕桑丝织技艺"是由浙江省（杭州市、嘉兴市、湖州市、中国丝绸博物馆）、江苏省（苏州市）、四川省联合申报的。我国是世界上最早从事蚕桑业的国家，在距今五六千年前的新石器时代中期，先民便开始采桑养蚕、取丝织绸。蚕桑是中国传统农业文化的重要组成部分，中国最早典籍《尚书》的《禹贡》篇就有"桑土既蚕"的记载，春秋时期著作《管子》的《山权术》中也有"民之通于蚕桑"的说法，汉代乐府《陌上桑》中描写民间蚕桑习俗的诗句"罗敷善蚕桑，采桑城南隅"更是脍炙人口。

蚕桑丝织是中国的伟大发明，是中华民族认同的文化标识。这一遗产包括栽桑、养蚕、缫丝、染色和丝织等整个过程的生产技艺，其间所用到的各种巧妙精到的工具和织机，以及由此生产的绚丽多彩的绫绢、纱罗、织锦和缂丝等丝绸产品，同时也包括这一过程中衍生的相关民俗活动。祭蚕神、轧蚕花等活动即是其中较为突出的部分，它们与其他蚕桑习俗一道构成古老中华蚕桑文化发展兴盛的历史见证。5000年来，它对中国历史做出了重大贡献，并通过丝绸之路对人类文明产生了深远影响。这一传统生产手工技艺和民俗活动至今还保存在浙江省北部和江苏省南部的太湖流域（包括杭州、嘉兴、湖州和苏州等市）以及四川省的成都等地区，是中国文化遗产中不可分割的组成部分。

桐乡地处浙江北部，是江南蚕桑的主要产地，这里的乡间流传着丰富的蚕乡习俗，其中以祭拜蚕神的含山轧蚕花庙会最具代表性。含山当地流传着蚕神发祥或降临的传说，因此有"蚕花圣地"之称。含山轧蚕花庙会又叫"蚕花庙会"，大约起源于宋代，明清以来日趋兴盛。庙会时间分头清明、二清明、三清明几个阶段，从开始到结束前后延续十来天。含山轧蚕花庙会历史悠久，内容丰富，带有鲜明的江南地域特色。

扫蚕花地是清末至民国时期广泛流传于湖嘉地区的一种蚕俗，它起源于浙江省德清县，仪式的主要表演者都集中在德清一带。清末至民国年间，德清蚕农为祈求蚕桑生产丰收，于每年春节、元宵、清明期间请职业或半职业艺人到家中养蚕的场所举行扫蚕花地仪式，后逐渐流变为歌舞表演。举行扫蚕花地仪式时，通常由一化装女子边唱边舞，而以小锣在旁伴奏。唱词内容多是对蚕茧丰收的祝愿和对蚕桑生产全过程的叙述，与此相配合，表演者往往会做出扫地、糊窗、掸蚕蚁、采桑叶、喂蚕、捉蚕换匾、上山、采茧等一系列与养蚕生产有关的动作。"蚕花"是德清人民心目中最吉祥的事物，扫蚕花地表演因而深受当地蚕农的欢迎。扫蚕花地是蚕桑生产习俗中重要的一环，每年寒食清明时节，"关蚕房门"生产以前，蚕农都要请艺人到家演出，以消除一切灾难晦气，祈愿蚕桑丰收，扫蚕花地表演由此呈现出一定的仪式性，成为浙江蚕桑生产的一种象征性反映。

（二）中医针灸

中医针灸于2010年入选联合国教科文组织《人类非物质文化遗产代表作名录》。中医针灸是针法和灸法的合称。针法是把毫针按一定穴位刺入患者体内，运用捻转与提插等针刺手法来治疗疾病。灸法是把燃烧着的艾绒按一定穴位熏灼皮肤，利用热的刺激来治疗疾病。针灸是我国古代劳动人民创造的一种独特的医疗方法，有着悠久的历史。几千年来，人们利用金属针具或艾炷、艾卷，在人体特定的部位进针施灸，用以治疗疾病，解除病痛，并由此创立了独具特色的人体经络腧穴理论，成为中国医学的一枝奇葩，在世界上享有盛誉。

针灸由"针"和"灸"构成，是中医学的重要组成部分之一，其内容包括针灸理论、腧穴、针灸技术以及相关器具，在形成、应用和发展的过程中，具有鲜明的中华民族文化与地域特征，是基于中华民族文化和科学传统产生的宝贵遗产。

早在新石器时代，人们就用"砭石"砭刺人体的某一部位治疗疾病。《山海经》说："有石如玉，可以为针"，是关于石针的早期记载。灸疗的产生是在火的发现和应用后形成的，秦汉时期的《黄帝内经》说："藏寒生满病，其治宜灸"，便是指灸术，其中详细描述了九针的形制，并大量记述了针灸的理论与技术。春秋战国时期，针灸疗法已经相当成熟，出现了不少精通针灸的医生，《史记》记载的扁鹊就是其中的代表人物之一。扁鹊被誉为"中华医祖"，他起死回生的神奇针术以及救死扶伤的动人事迹为后人世代传颂，至今在河北内丘等地还保留有纪念扁鹊的鹊王庙、鹊王祠以及各种民间传统祭祀活动。在湖南长沙马王堆汉墓出土的《足臂十一脉灸经》和《阴阳十一脉灸经》、湖北江陵张家山汉墓出土的《脉书》中均记载有经脉的循行与主病。从四川绵阳双包山西汉墓出土的一具黑漆小型木质人形，其体表正背面标有纵横方向的经脉路径，是我国迄今发现的最早的人体经脉模型实物。

到了隋唐时期，针灸学发展成为专门学科，针灸著作倍增，内容丰富多彩，针灸被正式列入国家的医学教育课程，在太医署专设有针博士、针助教、针师、针工和针生等职衔。北宋时期，医官王惟一考订腧穴主治，统一腧穴定位，撰著《铜人腧穴针灸图经》一书颁行全国，并铸造了造型逼真、构造精巧的教学工具——铜人模型，对针灸学术发展起了极大的推动和促进作用。明清以降，针灸理论继往开来，技术和器具不断改进，流派纷争，名家辈出，佳作不断，针灸疗法取得了更大的发展。

针灸在长期的医疗实践中，形成了由十四经脉、奇经八脉、十五别络、十二经别、十二经筋、十二皮部以及孙络、浮络等组成的经络理论，以及361个腧穴以及经外奇穴等腧穴与腧穴主病的知识，发现了人体特定部位之间特定联系的规律，创造了经络学说，并由此产生了一套治疗疾病的方法体系。

由于针灸疗法具有独特的优势，有广泛的适应症，疗效迅速显著，操作方法简便易行，医疗费用经济，极少副作用，远在唐代，中国针灸就已传播到日本、朝鲜、印度、阿拉伯等国家和地区，并在他国开花结果，繁衍出一些具有异域特色的针灸医学。到目前为止，针灸已经传播到世界140多个国家和地区，为保障全人类的生命健康发挥了巨大的作用。

针灸是在中国历代特定的自然与社会环境中生长起来的科学文化知识，蕴含着中华民族特有的精神、思维和文化精华，涵纳着大量的实践观察、知识体系和技术技艺，凝聚着中华民族强大的生命力与创造力，是中华民族智慧的结晶，也是全人类文明的瑰宝，应该受到更好的保护与利用。[1]

---

[1] 来源于"国家名录——针灸"，http://www.ihchina.cn/5/11061.html。

（三）农历二十四节气

农历二十四节气于 2016 年入选联合国教科文组织《人类非物质文化遗产代表作名录》。农历二十四节气是中国古代订立的一种用来指导农事的补充历法。节气是自然时令，它依据的是地球围绕太阳公转过程中，因所处位置的关系，接受阳光照射角度、时间的不同，而带来的一系列天文物候变化。二十四节气起源于黄河流域，它以黄河流域的天文物候为依据。早在春秋以前，人们已用土圭测日影的方法，测定了春分、秋分、夏至与冬至四个节气点，后又推算出立春、立夏、立秋、立冬的时间。战国时期，二十四节气已经出现，在《逸周书》中有完整的二十四节气序列，只是个别名称位置不同。汉人刘安的《淮南子》中关于二十四节气的顺序与当代二十四节气系列完全一致。它指导着农人一年四季的农事活动。围绕着二十四节气中的主要节点还形成了众多与信仰、禁忌、仪式、养生、礼仪等相关的民俗活动。

二十四节气即：立春、雨水、惊蛰、春分、清明、谷雨、立夏、小满、芒种、夏至、小暑、大暑、立秋、处暑、白露、秋分、寒露、霜降、立冬、小雪、大雪、冬至、小寒和大寒。围绕四时八节等节气时令，传统社会形成了系列的信仰与仪式活动。

远在春秋时期，中国古代先贤就定出仲春、仲夏、仲秋和仲冬四个节气，以后不断地改进和完善，到秦汉年间，二十四节气已完全确立。农历二十四节气这一非物质文化遗产十分丰富，其中既包括相关的谚语、歌谣、传说等，又有传统生产工具、生活器具、工艺品、书画等艺术作品，还包括与节令关系密切的中国节日文化、生产仪式和民间风俗。

二十四节气是古代中国农业文明的具体表现，具有很高的农业历史文化的研究价值。二十四节气中的一部分节气已逐步成为大众欢庆节日，并与民俗相结合，发展为带有鲜明地域特色的节日文化。例如冬至节，经过数千年发展，形成了独特的节令食文化。较为普遍的有冬至吃馄饨、吃羊肉等习俗。至今，我国台湾地区依旧保存着冬至时节用九层糕祭祀祖先的传统，以示不忘祖先，不忘自己的"根"。

农历二十四节气，是流淌数千年的黄河农耕文明的印记，是中国古代劳动人民智慧的沉淀，也是人类天文与农耕技术的空前重大成就，更是人类尊重自然走向自由的里程碑。它理应跨出国门，向世界展示中国的古代创造以及丰富多样的民间文化和艺术，为世界文明注入中国传统文化的基因。

（四）安第斯卡拉瓦亚世界观

安第斯卡拉瓦亚世界观于 2008 年入选联合国教科文组织《人类非物质文化遗产代表作名录》。卡拉瓦亚民族分布在拉巴斯北部的包提斯塔·萨维德拉山区，其历史可追溯至印加文化之前。和安第斯文化的许多方面一样，他们的习俗和价值观随着西班牙人到来之前的原始宗教与基督教的融合，也在不断演变。"卡拉瓦亚"一词的意思是"医生之国度"或"来自神圣医药国度之草药医生"。卡拉瓦亚人的主要活动便是运用祖传医术行医，而这一祖传医术又与各种祭祀庆典连在一起，构成当地经济的基石。卡拉瓦亚文化中的安第斯宇宙信仰形式，是由神话、宗教仪式、价值观和艺术表现形式等组成的相互联系的整体。这种别开生面的宇宙信仰形式，源于古老土著居民的信仰，又通过传统医术表现出来。这种医术的神效，在玻利维亚及其他有卡拉瓦亚术士医师的许多南美国家，都得到了承认。

行医者仅为男性。其治疗疾病的手段，把丰富的动物、植物、矿物的药理知识和宗教信仰密切联系在一起，他们有复杂的学徒体系和传承过程，其中巡回行医十分重要。医师在不同的生态环境间旅行，扩大了药用植物知识。卡拉瓦亚药典记载着980种植物，是世界上内容最丰富的植物药典之一。卡拉瓦亚妇女也参加某些特殊仪式，照顾孕妇和儿童，纺织祭祀用布，上面带有表现卡拉瓦亚宇宙信仰形式的图案和装饰。在传统仪式上，乐队"坎图斯"吹笛击鼓，以此与神灵世界沟通。

二、传统礼仪、节庆等民俗

民俗即民间风俗，是一个国家或一个民族中由广大民众所创造、享用和传承的生活文化。由于民俗起源于人类社会群体的生活，是在特定的民族、时代和地域中不断形成、扩大和演变，因此显示出浓烈的地方特色。不同的民族有着不同的民俗，民俗涉及的内容很多，包括生产劳动民俗、日常生活民俗、社会组织民俗、岁时节日民俗、人生礼仪、游艺民俗等方面。

（一）春节

春节于2006年入选第一批《国家非物质文化遗产代表作名录》。是中华民族最隆重的民间传统节日，汉、壮、布依、侗、朝鲜、仡佬、瑶、畲、京、达斡尔等民族都过这个节日。春节历史悠久，起源于殷商时期年头岁尾的祭神活动。有关传说很多，其中以"年"兽传说、熬年传说和万年创建历法说等最具代表性。民国成立以后，将正月初一称为春节。

春节又叫阴历（农历）年，俗称"过年"，相关民俗活动要持续一个月。正月初一前有祭灶、祭祖等仪式；节中有给儿童压岁钱、向亲友拜年等习俗；节后半月又是元宵节，其时花灯满城，游人满街。元宵节过后，春节才算结束。

春节是一种综合性的民俗文化，其中包括崇尚、仪式、节日装饰、饮食和相关的娱乐活动。春节期间的主要活动有：腊月初八喝腊八粥；二十三日祭灶，吃关东糖和糖粥等；除夕夜以家庭为单位包饺子、包汤圆、做年糕，吃团圆饭守岁，另外还贴春联、年画、剪纸和放爆竹；正月初一迎神、拜年；初五开小市；十五日元宵节开大市、迎财神、吃元宵、游灯会、猜灯谜等。燃放鞭炮是春节期间辞旧迎新的一项民俗活动。

归纳春节四大民俗传统：一是饮食民俗传统。北方的饺子，南方的年糕，各有吉祥的寓意，送旧迎新的年夜饭成为聚合家人、增强家庭凝聚力的重要物质载体；二是祭祀传统。春节是新年的开端，也处在四季之首的立春时刻，在一元复始，万象更新的特定时刻，人们以祭祀仪式表达人对自然、祖先及各种神灵的感恩与礼敬，实现人与自然及超自然的交流和沟通，以取得心灵的安定与精神的慰藉；三是家庭人伦传统。春节是家人的团聚日，春节回家与亲人团圆，围坐在年夜饭的餐桌上，话旧说新，畅叙亲情。人们在春节中通过亲友之间的礼品馈赠、长辈给予晚辈压岁红包、相互拜年问候，表达亲人间的浓情盛意；四是祈福迎祥的民俗艺术传统。春节还是人们审美意识集中呈现的特别时间，人们以火红的色调与多彩手工艺术装饰门庭，通过种种象征物与娱乐活动，烘托年节气氛，祈福迎祥。

我国城乡地区因所处环境不同，过春节的方式也有所差异。目前广大农村仍按照传统方式过春节，但崇尚和仪式的内容淡化，而送礼品、请客吃饭之风日盛；城市过春节的形式与农村地区相比，显得更为简单。春节不仅集中体现了中华民族的思想信仰、理想愿望、生活娱乐和文化心理，而且还是祈福、饮食和游戏娱乐活动的狂欢式展示。

（二）端午节

端午节于 2009 年入选联合国教科文组织《人类非物质文化遗产代表作名录》。端午节是中国的传统节日，节期在农历五月初五。迄今已有 2500 余年历史。端午节是中国的传统节日，又名重午、端五、蒲节。端有"初"的意思，故称初五为端五。夏历（农历）的正月建寅，按地支顺序，五月恰好是午月，加上古人常把五日称作午日，因而端五又称重午。端午节传遍全国各地，主要分布于广大汉族地区，壮、布依、侗、土家、仡佬等少数民族也过此节。

端午节的起源有许多传说，如纪念屈原投江、始于五月五日毒日的禁忌、越王勾践训练水师、纪念伍子胥投钱塘江和曹娥救父等，这些说法经过历代加工，与端午的民俗活动结合在一起，从而形成中华民族的一个节日。

端午节的主要活动有：①纪念历史人物；②划龙舟；③吃粽子；④各种防五毒习术（贴端午符剪纸、挂艾草菖蒲、佩戴香包等避邪物、兰汤沐浴）；⑤游戏，如玩斗草、击球、射柳等。与端午节相关的主要器具、制品有龙舟、粽子、五毒图、艾草菖蒲、钟馗画、张天师画、屈原像等。各种活动因地而略有不同，湖北省秭归县的"屈原故里端午习俗"、黄石市的"西塞神舟会"、湖南省汨罗市的"汨罗江畔端午习俗"、江苏省苏州市的"苏州端午习俗"和浙江等全国广大地区均各具特色。端午节是蕴含独特民族精神和丰富文化内涵的传统节日，对中国民俗生活有重大影响。

端午节起源于民间习俗，随着社会的进步，端午节渐渐发展成为内容丰富的传统节日，有较强的生命力。端午节对研究民间习俗的发展有重大价值，由于它是多民族共享的节日且包含跨国习俗，因此对研究民族文化往来、国际文化交流、传统体育竞技、饮食文化等均有重要价值。

（三）蒙古传统节日那达慕

蒙古传统节日那达慕于 2010 年入选联合国教科文组织《人类非物质文化遗产代表作名录》。那达慕大会是蒙古的一个全国性的节日，每年从 1 月 7—13 日举行，同时还举行三项传统比赛：赛马、摔跤和射箭。蒙古那达慕与蒙古族长期以来在中亚广阔的草原上开展畜牧业的游牧文明密不可分。整个那达慕大会期间还贯穿着口头传说、表演艺术、民族美食、手工艺及文化形式如长歌、呼麦泛音歌唱、贝尔格民间舞蹈和马头琴。节日期间蒙古人遵循特殊的仪式和做法，如穿着独特的服装和使用特殊工具和体育器具。大会的参加者都对参加竞赛的男女运动员和孩子极其推崇，获胜者还会因他们的成就获得称号。赞美的歌声和诗歌献给选手们。任何人都可以而且得到鼓励参加那达慕，促进了社区参与和团结。三项比赛与蒙古人的生活方式与生活条件有直接联系，这些技艺的传递是在家庭成员之间进行，但目前也出现了正式的培训，特别是在摔跤和射箭方面。

（四）黑白狂欢节

哥伦比亚的黑白狂欢节于 2009 年入选联合国教科文组织《人类非物质文化遗产代表作名录》。哥伦比亚西南地区帕斯托的黑白狂欢节（the Carnaval de negros y blancos）是源自安第斯原住民和西班牙的传统，每年 12 月 28 日至来年 1 月 6 日庆祝这一重大节日。庆祝自 28 日的水的狂欢开始，在家中和街道上洒水是节庆气氛的开端。旧年游行在除夕开始，行进队伍带着象征名人显贵和当前时事的讽刺像，然后在燃烧仪式中达到送旧迎新的顶点。狂欢节的主要内容集中在最后两天，其中第一天各族人民用黑色化装，然后在第二天用白滑石化装，以体现民族差异和文化差异的庆祝形式来象征所有市民的平等与融合。黑白狂欢节是热情沟通的时节，此时的私人住宅成了展示和传播狂欢节艺术的集体会场，各个阶层的人聚集到一起，表达他们对生活的看法。狂欢节尤为重要的意义是人们对充满宽容与尊重的未来的共同期望。

（五）圣—康斯坦丁和圣—海伦娜节

圣—康斯坦丁和圣—海伦娜节于 2009 年入选联合国教科文组织《人类非物质文化遗产代表作名录》。保加利亚西南斯特兰扎山区保加利村的蹈火舞仪式（Nestinarstvo），是每年圣—康斯坦丁和圣—海伦娜节（6 月 3 日、4 日）仪式的高潮。这项仪式的举行旨在保障村庄的康宁和丰产。清晨，即开始隆重的祭祀和典礼仪式，在鼓和风笛的伴奏下，持有象征两个圣徒的圣像的游行队伍，向村外行进到圣水泉。在泉水所在之处，圣水和蜡烛被发给每一个在场的人，表示祝愿健康。节日在晚上的蹈火舞中达到高潮，蹈火舞是一种表示对圣徒的最高敬意的形式。人们在庄严的鼓声引导下，静默地绕着燃烧的炭灰围成一圈，蹈火者（Nestinari）开始进入圆圈，在燃烧着的灰烬上踩踏。蹈火者是心灵与身体的引导者，圣人通过蹈火者传达他们的意志。以前，附近的大约 30 个保加利亚和希腊的村庄都有这种仪式，如今，蹈火者仪式在保加利亚一个仅有 100 名村民的村庄留存。然而，在这一重大节日期间，成百上千人涌向这个村庄，近年来还有许多希腊人也加入其中。

（六）法国美食大餐

法国美食大餐于 2010 年入选联合国教科文组织《人类非物质文化遗产代表作名录》。法国美食大餐伴随着个人或群体生活的重要时刻，是庆祝各种活动如出生、结婚、生日、纪念日、庆功和团聚中的一项实用的社会风俗。节日盛宴是将人们聚集在一起，共享良酒美食艺术的大好机会。法式美食大餐所注重的是人与人之间的亲密和睦，味觉上的美好体验，以及人与自然间的平衡。法国美食的重要元素包括从不断增长的食谱中精挑菜肴；采购质优的原料和产品，而且最好都是当地的，这样其风味可以相融；食物与酒的搭配；餐桌布置的格调；以及消费过程中的某些具体行为，如闻、品餐桌上的美食佳肴。法国美食遵循一些固定的程序，首先是开胃酒（饭前饮料），接着要连续最少上四道菜，第一道是前菜，第二道是配上蔬菜的鱼或肉，第三道是奶酪，第四道是甜点，结束的时候喝烈性酒。那些可以被称作美食家的人拥有深厚的传统知识，并通过对这些仪式的观察将其保存在记忆之中，从而促进传统的口头或书面传承，特别是面向年青一代的传承。法国美食把家人和朋友更加紧密联系在一起，从更普遍的意义上说，加强了社会联系。

三、民间习俗旅游文化发展现状和趋势

岑鸿、李储林（2016）认为节庆民俗是围绕节日而开展的相关庆祝活动民间习俗，是一种可开发的旅游文化资源。民族节庆旅游可以促进地方经济社会科学发展。布依族节庆民俗是一种可开发的民族旅游文化资源，是推动民族地区科学发展的文化软实力和经济助推器。臧丽娜（2010）认为民俗文化的传播对山东旅游产业的双向效益增长产生了重要作用，并以网络传播为研究视角，对山东民俗旅游文化的发展现状予以分析，提出了网络传播趋势下山东民俗旅游文化产业的传播策略。李辉（2012）分析了长吉图区域朝鲜族民俗旅游产品设计的必要性，同时探讨了该区域应以延边州为中心点，各个地区都有当地不同的主推的朝鲜族民俗旅游产品的设计对策，并从食、住、行、游、购、娱旅游六要素出发，提出了长吉图区域朝鲜族民俗旅游产品设计方案。蒙岚（2015）对广西民俗旅游进行调研，认为广西融合了西南十几个少数民族的文化精华，对于开发民俗旅游有着极大的优势。研究发现广西目前在对国际推广和传播民俗文化的工作中存在一些问题，如民俗文化的传承危机、民俗风情庸俗化、民俗风景区过度商业化、传统民族价值观衰落、中西文化审美差异等，都导致旅游资源供给与需求之间存在矛盾。在此基础上，提出寻求中西文化的契合点、打造广西民俗旅游文化名片、保护传统民俗文化资源、实现民俗文化的可持续发展、做好入境旅游的营销推广五个方面的策略。

我国在民俗旅游研究领域方面取得了一定的成果，其研究多以案例研究为主，针对不同地域的特点，提出民俗旅游产品开发的对策。我国旅游界越来越重视民俗旅游的开发，民俗旅游成为旅游开发中最具潜力的部分。国家旅游局也组织策划了一系列民俗主题旅游活动、主题旅游线路和项目。民俗旅游已经成为我国旅游业新的经济增长点，每年我国的传统节假日，清明踏青游、端午近郊游、中秋赏月之旅、春节庙会游，使得民俗旅游热闹非凡。民俗旅游发展促进了生态效益、社会效益和经济效益的和谐发展，对我国优秀传统民俗文化的挖掘、抢救、保存与弘扬也起到了积极的推动作用。

我国的民俗旅游在发展中呈现业态逐渐多元化、产业融合与创意开发共同发展的特点。首先，我国民俗旅游的形式逐渐多样化，民俗旅游文化景点、民俗节庆旅游、民俗旅游商品、民俗艺术表演、民俗旅游服务以及民俗旅游线路、民俗街区、民俗主题公园等项目，发展业态逐渐多元化。其次，通过与多业态融合，促进民俗文化的传承与发展，如动漫产业、电影创作、电脑游戏、民俗歌节、民间工艺、广告创意等开发中的民俗元素，凸显出民俗与各业态深度融合和创意发展的现实。同时，举办旅游民俗活动。发挥遗产当地的文化资源优势，推出具有地方特色和民族特色的演艺、节庆等文化旅游产品，让游客了解、参与当地居民的传统娱乐活动，例如：歌舞表演、服饰制作、节日庆典等，让游客参与到活动中，扩大遗产地的知名度和影响力。此外，通过举办旅游商品创意设计大赛，提升旅游商品的创意水平，既实现对地方文化或非物质文化遗产的保护、传承、延续，又增加旅游商品的收藏价值，进而提高旅游商品、旅游纪念品的消费。

民俗旅游业发展的未来趋势：

自 2010 年以来，由于我国各地高铁的开通，民俗旅游进入快速发展的阶段。作为一种高层次的文化旅游，它具有民俗或地方特色的文化旅游资源。民俗旅游在发展的过程中趋于表演性、程式化，各地民俗节庆的大规模开展以及非物质文化遗产的开发势头正旺。未来，民俗旅游要实现可持续发展，必须实现文化、生态和环境的和谐共生，营造和谐、文明、健康的民俗旅游环境。在重点开发的区域选准民俗旅游亮点，打造民俗旅游特色品牌；挖掘民俗资源的文化内涵、精心设计民俗旅游项目，突出民俗旅游活动的参与性和体验性；通过完善的管理和健全的法制，形成全社会民俗文化保护的自觉意识；通过非物质文化遗产保护这场巨大的社会文化运动来推进与民俗文化保护相关的活动，培育公民精神和社会主义核心价值观，传递正能量，引导民俗旅游的可持续发展。

第四节 体育旅游文化

一、传统体育和游艺

随着旅游业和文化产业的同步发展，传统体育旅游文化已经成为现代旅游的重要组成部分。在体育旅游的过程中展现良好的审美个性，民族传统体育中的文化资源和旅游行为结合在一起，最大限度地释放民族传统体育旅游文化资源的价值，推动旅游产业的多样化发展，为民族传统体育的进步创造更多的机会。

（一）少林功夫

少林功夫 2006 年被入选第一批《国家非物质文化遗产名录》。少林功夫是指在河南登封嵩山少林寺这一特定佛教文化环境中历史地形成的，以佛教神力信仰为基础，充分体现佛教禅宗智慧并以少林寺僧人修习的武术为主要表现形式的一个传统文化体系。少林功夫具有完整的技术和理论体系，它以武术技艺和套路为表现形式，而以佛教信仰和禅宗智慧为文化内涵。

创建于北魏太和十九年（495）的少林寺是少林功夫依存的文化空间。少林功夫伴随着少林寺 1500 多年的历史不断丰富完善，由最初保卫寺产的手段，逐渐发展成为技术完备、内涵丰富的文化表现形式。根据少林寺流传下来的拳谱记载，历代传习的少林功夫套路有数百种之多，其中流传有序的拳械代表有数十种，另有 72 项绝技及擒拿、格斗、卸骨、点穴、气功等门类独特的功法。少林寺目前流传的少林功夫拳术、器械和对练等套路合计有 255 种。

禅宗智慧赋予了少林功夫深厚的文化内涵，少林功夫的传承人首先应具有对佛教的信仰，包括智慧信仰和力量信仰。少林功夫的智慧信仰主神为禅宗初祖菩提达摩，力量信仰主神为紧那罗王。超常神力和超常智慧从来都是佛教徒潜心追求的目标。以信仰统摄技击，以技击表现信仰，这是少林功夫表现为神奇武术的根本原因，也是少林功夫与其他武术区别之所在。佛教僧人的生活受佛教戒律约束，在少林寺这一特定环境中，佛教戒律又演化为习武戒律。戒律在习武者身上表现为武德，所以少林功夫往往表现出节制谦和、内敛含蓄和讲究内劲、短小精悍、后发制人的风格特点。少林功夫的传习方式主要以口诀为媒介，与少林寺传统的宗法门头制度相结合，其核心内容是师父的言传身教和弟子的勤学苦练。少林功夫达到了"禅武合一"的精神境界，是中国武术文化最杰出的代表，也是少林文化最具代表性的呈现方式。

（二）太极拳（杨氏太极拳、陈氏太极拳）

太极拳于 2006 年入选第一批《国家非物质文化遗产名录》。太极拳是东方文化的瑰宝，是中华武苑的古老奇葩，数百年来已衍生出广播海内外的陈、杨、武、吴、孙、和等诸多流派，其中以杨氏太极拳和陈氏太极拳最为出名。

1. 太极拳·杨氏太极拳

杨氏太极拳发源于河北永年县广府古城，为清道光年间广府杨露禅所创。此后永年县先后出现杨班侯、杨澄甫、杨振铭等 30 多位大师级拳师，被尊为"太极圣地"。

杨露禅在陈氏老架的基础上创编出一百零八式的永年杨氏太极拳，并开馆教拳。此拳传承脉络清晰，历史上名人辈出，海内外广有习练者。杨氏太极拳主要分布在上海、北京、四川、西安、河北、广东、海南及海外 80 多个国家和地区。

杨氏太极拳其拳架舒展，结构严谨，由松入柔，积柔为刚，刚柔相济，身法突出，含胸拔背，以腰为轴，上下相随，内外结合，中正安舒，轻松自然，轻灵沉稳。永年杨氏太极拳包含两方面内容，一是太极拳套路，主要包括大、中、小架、快架、三十二短打等；二是杨氏太极拳器械，主要包括太极剑、太极刀、太极十三杆等。

永年杨氏太极拳展示了人体文化的艺术性，老少皆宜习练。它有益于增强人民体质，习练者按其要求秉持讲义重德的中华传统武术精神，对增强中华民族的凝聚力、自信心、自豪感有积极的作用。

2. 太极拳·陈氏太极拳

陈氏太极拳出现于明末清初，是河南省焦作市温县陈家沟的陈王廷经过潜心研究创编而成的。太极拳是集技击、强体、健身、益智和修性为一体的独特运动方式，其中蕴藏着东方哲学的深刻内涵。它将阴阳、动静、正反、有无、形神等对立统一的内容融入武术之中，以符合人体运动规律的演练形式强体健身，体现了中华民族生生不息的活力。对于白领亚健康产生的神经衰弱失眠、头晕、头痛、过度疲劳等疾病，有着显著的健脑去病的作用。

（三）锡尼城锡尼斯卡圆环骑士竞赛

锡尼斯卡圆环骑士竞赛是 2010 年入选联合国教科文组织《人类非物质文化遗产代表作名录》。自 18 世纪以来，每年在克拉伊纳地区的锡尼镇举办一次。在比赛中，骑士们骑着马在主干大街上疾驰而过。手持长矛瞄准挂在绳子上的铁环。该项竞赛的名称来源于"alka"或者"环"，其土耳其语的起源反映了两种不同文明之间的历史共存和文化交流。于 1833 年编入法令的比赛规则，提倡道德行为准则与公平竞争，并强调参与社区生活的重要性。竞赛参与者必须是锡尼和 cetinska 克拉伊纳地区当地的家庭成员。整个社区协力帮忙制造、保存、修复、改造武器、服饰和配饰，以支持该传统的延续性。竞赛也与当地的宗教习俗、社交集会、探亲访友、家庭和户外节庆紧密交织在一起。锡尼斯卡是中世纪时期在克罗地亚沿海城镇定期举办，且直至 19 世纪还依然存活的唯一一项骑士竞赛。它已成为当地历史的标识，也是集体记忆代代相传的媒介。

二、体育旅游文化发展现状和趋势

康万英（2009）指出我国已进入 21 世纪的信息时代，改革开放和建设现代社会快速发展，推动和满足了现代化社会对现代体育、民族体育与旅游的需求，推动了西部少数民族地区的体育旅游文化的快速发展，对西部的经济与环境产生重要影响，不仅可以创造巨大的社会价值，促进社会的和谐发展，也可以成为凝聚民族精神的一个重要动力。宋红莲（2015）指出作为中华民族优秀文化宝库的重要组成部分和当代旅游业的重要文化资源，民族传统体育以其充满个性的价值观念、文化观念、思维模式以及行为方式对旅游文化产生了深远的影响。体育与旅游有机结合不但能够提升旅游内涵、延伸旅游范围，还能促进传统文化的传承和资源的有效利用。杨晓轼（2013）指出，长期以来，少数民族地区由于受到历史、文化、经济发展等诸多因素的影响，农村体育事业的发展一直饱受制约，体育设施的建设不足、体育资源的开发滞后等问题没能得到有效解决，在一定程度上阻碍了全民健身活动的有效开展和民族素质的进一步提高。基于此，本书以旅游文化为视角，结合少数民族村寨体育的特征，给出了少数民族地区农村体育发展的创新路径。张永虎（2018）对后申遗时代京杭运河体育文化资源现状进行调研，研究发现京杭运河不同区段具有不同的体育文化特色，以中国运河命名的公园、体育公园的体育文化活动特色各异，运河体育场馆资源在服务体育赛事和全民健身中发挥重要作用。本书提出通过建立京杭运河体育文化产业基地，创新民生型运河体育文化建设的运行机制，提升运河体育旅游开发动力机制、创新体育旅游文化新业态，提升运河城市体育文化广场建设的数量和服务质量等发展路径，实现京杭运河体育文化建设的可持续发展。

市场经济快速发展使得人们的物质生活水平得到了极大的提升，在解决了温饱问题之后，人们对精神文明和休闲娱乐的追求越来越高。体育旅游作为现代旅游业和体育运动结合的产物，成为人们生活的新时尚和休闲的新方向。

第一，体育旅游的社会价值已被认可。体育旅游的发展和运营需要具备三方面基础。一是社会上拥有各项体育赛事和体育运动项目；二是专业的基础设施建设、专业人才储备。而体育旅游的发展，反过来又会促进体育赛事和各运动项目的发展，促进专业人才的培养，同时也会促进旅游相关的餐饮、交流、娱乐、购物等经济活动的发展。

第二，体育旅游产品和资源已相对丰富。我国体育旅游业已经初步形成以体育观赏和参与性体育旅游产品为主的体育旅游产品体系。以中超联赛为代表的固定性质的比赛，国家或者地区举办国际性或者地区性的比赛，围绕这些比赛为游客提供服务。在观赏完体育赛事和体育景观之后，游客还会产生别的旅游经济活动促进当地经济发展。此外，我国幅员广阔，体育历史悠久，拥有各式各样的民族民俗体育。例如传统武术、舞龙、舞狮、跳竹竿、撑高跷等。

第三，体育旅游营销渠道已经初步形成。经过30余年的发展，我国体育旅游营销已经小有规模。旅游人数不断增多，康辉、国旅、青旅等大型旅行社纷纷成立体育旅游专门分社。

体育旅游文化发展的趋势：

第一，体育旅游的体量将进一步壮大。伴随着体育旅游的不断发展，我国丰富的体育旅游资源和广大的消费群体将进一步释放能量。各种地方特色的体育项目、外来引进的体育项目和赛事、新兴科技竞技比赛项目等都将给体育旅游提供更多的平台。结合中国本身13亿人口的市场潜力，都为体育旅游的经济效益的不断增长提供了强大的基础。

第二，体育旅游的产品和服务将进一步丰富，并形成特色性、地域性、品牌性。随着我国体育事业的发展和体育旅游的发展，中国体育旅游的产品必将进一步丰富。以沿海城市人口集中、消费能力相对较强的特点，一些大型体育公司在这些地域更容易生存。比如中超足球联赛及与之伴随的足球亚冠联赛，主要集中于沿海城市。而河南的少林、武当的太极等体育旅游则可在当地做得更有底蕴和特色化。同时，随着经营者不断成熟和掌握行业规律，一批体育品牌则会逐步建立起来。比如恒大足球俱乐部，随着其中超七连冠及两次夺得亚冠冠军，其知名度已享誉海内外。

第三，体育旅游的管理逐步成熟。随着行业的不断发展，企业的实践摸索，政府及相关部门在履行其监管的规划和实践过程中，逐步建立起全面、系统、有效的监管体系，为行业的健康发展提供更强大的基础。

案例学习：

浅谈非物质文化遗产在旅游开发中的保护和传承[①]

非物质文化遗产是指各种以非物质形态存在的与群众生活密切相关、世代相承的传统文化表现形式，是世代流传下来的宝贵的无形资产。近几年，浙江省桐庐县大力实施全域旅游改革，创建了一批村落景区，实现了从传统景区向全域景区的转变，除了传统景区观光游览，还逐渐培育了民俗展示、节庆体验、美食养生、运动休闲等丰富的旅游业态，这其中均科学、合理、有效地整合了相关非物质文化遗产资源，使诸多非物质文化遗产保护和传承实现"双轮驱动"。旅游开发有利于提升非物质文化遗产的保护力度。非物质文化遗产具有浓厚的乡土特色，一般较为稀缺。旅游开发能引起当地政府、群众对非物质文化遗产的高度关注，激起保护欲望，从而建立一系列的非遗旅游开发规划、可行性研究、实施计划等，使非物质文化遗产在旅游开发中得到更好的保护。旅游开发

---

① 潘慧琴.浅谈非物质文化遗产在旅游开发中的保护和传承［N］.中国旅游报，2017-07-14.

有利于促进非物质文化遗产的开发利用。随着非物质文化遗产保护意识的不断提升，原本只停留在对非遗摸底、申报、审批等基础性工作的状况逐渐向多渠道的保护工作模式发展。其中，进行旅游开发就是地方采取的一种有效措施，合理的旅游开发对于非物质文化遗产的开发利用具有积极的促进作用，能使濒临消失的非遗项目得到有效的开发利用，并能得到较好的发展和传承。旅游开发有利于体现非物质文化遗产的经济效益。非物质文化遗产有着非物质的属性，是精神财富，往往与市场经济脱节，缺乏展销的平台，从而影响非物质文化遗产经济价值的体现。反之，旅游开发能引来游客，促进消费，带动较大的经济效益。非物质文化遗产可以借助旅游开发的平台，通过市场调节，充分挖掘自身潜在的经济价值，有了经济支撑就能为非遗传承人提供良好的保障。桐庐有着丰富的非物质文化遗产资源，其中有列入国家名录的"桐庐民间剪纸"手工技艺；有列入浙江省非遗名录的"江南时节"民俗节庆，"彰坞狮毛龙舞"民间舞蹈、"江南传统建筑群"营造技艺以及一大批市级名录项目。这些非遗是桐庐人民的宝贵财富，散落在富春江两岸的美丽村落中，是全域旅游发展的珍贵资源。在旅游开发中要充分利用和保护好非物质文化遗产。

一是要充分挖掘当地的非物质文化遗产资源。在旅游开发中要通过与文化部门的沟通对接、实地走访踏勘等，充分了解当地的非物质文化遗产资源，并加以合理开发和利用。桐庐莪山乡是杭州地区唯一的少数民族乡，在旅游开发中，当地充分挖掘整理民族特有的非物质文化遗产项目，相继开发"三月三"畲族文化旅游节、开酒节、畲族婚俗表演、畲乡一条街、红曲酒伴手礼等一系列旅游产品，深受游客欢迎。

二是要充分尊重历史，坚持"非遗"原生态。"非遗"是先辈通过日常生活的运用而留存至今的文化财富，在历史的长河中自然生成又不断发展，桐庐非物质文化遗产保护在旅游开发中一以贯之地坚持"保护为主、抢救第一、合理利用、传承发展"的基本原则，避免"非遗"被过度物化包装、始终保持"非遗"的非物质特征，尊重本民族祖先留下的遗产。江南古村落在国家4A级旅游景区打造中，开发利用与永续修缮保护相结合，依然保留着明清时代的建筑特点和生活习俗，140余幢明清古建筑得到有效保护，"江南传统建筑群"营造技艺通过古建筑群得到充分的展现。

三是要将无形的非物质文化遗产给予恰当的有形体现。非物质文化遗产是无形的，以传统手工技艺为例进行旅游商品的开发是一种较好的有形体现。如合村乡一直流传着绣花鞋的民间手工技艺，但会这门手艺的都是村里为数不多的老艺人，濒临失传的可能性。随着合村乡国家3A村落景区"合村生仙里风景区"的成功创建，游客纷至沓来。当地充分利用绣花鞋的传统手工技艺，积极研发"壁鞋""鞋垫""虎头鞋"等文化旅游商品，去年（2016年）销售额达30余万元，让村民看到了传统手艺带来的经济价值，吸引了更多村民参与到这门手工技艺的学习制作中。

四是在有形的体现中要充分考虑群众的可参与体验性。非物质文化遗产是以人为本的活态文化遗产，它强调的是以人为核心的技艺、经验、精神，其特点是活态流变。在旅游开发中，要充分考虑非物质文化遗产带给游客的可参与性，增强体验感。可以利用老街小巷、大礼堂宗祠、民俗馆等通过图文、实物、现场"活"的展示等多种形式展现当地的非物质文化遗产，供群众（游客）参观体验。如桐庐"深澳高空狮子""彰坞狮毛龙舞"等民间传统舞蹈，一到传统佳节，都成为游客体验的主打产品。随着桐庐全域旅游的不断深入，近几年，桐庐相继建成了江南古村落、红灯笼外婆家景区"首批杭州市非物质文化遗产旅游经典景区"，茆坪村、获浦村"浙江省非物质文化遗产旅游民俗村"，江南镇、合村乡"浙江省非物质文化遗产旅游主题小镇"等，非物质文化遗产在旅游开发中得到充分挖掘和保护，旅游开发项目也因非物质文化遗产更富内涵，更具吸引力。

思考题：

1. 什么叫非物质文化遗产？非物质文化遗产有哪些特点？

2. 中国入选联合国教科文组织《人类非物质文化遗产代表作名录》的非物质文化遗产有哪些？

3. 如何保护和传承非物质旅游文化？请举例说明。

本章参考文献：

1. 岑鸿，李储林. 布依族节庆民俗旅游资源开发及利用研究 [J]. 贵州民族研究，2016（10）：178-181.

2. 李辉. 长吉图区域满族民俗旅游文化产品设计 [J]. 社会科学战线，2012（10）：133-136.

3. 康万英. 西部民族体育文化与旅游文化品牌优势的探究 [J]. 前沿，2009（12）：102-105.

4. 蒙岚. 广西民俗文化旅游资源的国际传播研究 [J]. 西南民族大学学报（人文社会科学版），2015（9）：149-152.

5. 潘慧琴. 浅谈非物质文化遗产在旅游开发中的保护和传承 [N]. 中国旅游报，2017-07-14.

6. 彭延炼. 民族传统艺术保护与旅游业的互动发展 [J]. 统计与决策，2008（12）：112-114.

7. 乔晓光. 活态文化：中国非物质文化遗产初探 [M]. 太原：山西人民出版社，2004.

8. 宋红莲. 民族传统体育旅游文化资源的开发与价值释放 [J]. 社会科学家，2015（9）：92-96.

9. 吴晓. 艺术人类学视域中的民间艺术旅游展演 [J]. 内蒙古社会科学（汉文版），2011（1）：130–133.

10. 吴子钟，柏贵喜. 民族艺术旅游价值评价体系及其应用研究——基于贵州苗族舞蹈的调查 [J]. 江淮论坛，2015（5）：183–187.

11. 杨晓轼. 旅游文化视域下少数民族村寨体育的发展路径 [J]. 社会科学家，2013（9）：75–77.

12. 臧丽娜. 论网络传播趋势下山东民俗旅游文化产业的传播策略 [J]. 山东社会科学，2010（9）：36–49.

13. 张永虎. 后申遗时代京杭运河体育文化资源现状与发展路径选择 [J]. 北京体育大学学报，2018（1）：43–49.

14. 张中波，周武忠. 民间艺术旅游商品化的路径 [J]. 民族艺术研究，2012（6）：115–122.

第九章

宗教旅游文化

第一节　宗教旅游文化的内涵

自 20 世纪改革开放以来，随着我国社会经济的迅速发展和宗教政策的不断完善，宗教旅游逐渐兴起。至 20 世纪 90 年代，国内文化旅游进入蓬勃发展的新时期，以宗教文化体验为核心的宗教文化旅游逐渐成为大众旅游的重要组成部分。同时，国内学者对宗教旅游文化也展开了大量深入的研究。我国对宗教领域的研究最早始于 1986 年陈传康和徐君亮所发表的《陆丰县的海滨旅游资源开发层次结构》。至今经过 30 余年的发展，已经积累了比较丰富的研究成果，诸多学者都提出过对于宗教旅游文化内涵的理解。

保继刚和陈云梅提出宗教旅游是一个具有客源市场稳定、吸引范围等级系列分明、重游率高、生命周期长四大特征的旅游模式。这个定义是把宗教旅游与其他一般旅游模式区分的主要特点，此后被包括张滢和王玉春、郑嬗婷等国内学者广泛引用。颜亚玉认为宗教旅游是宗教信徒和民间信仰的信众以宗教或民间信仰为主要目的的旅游活动，既包括到宗教祖庭、名山圣迹去的长途旅游活动，也包括到地方宫庙去的短距离旅游活动。郑嬗婷等对宗教旅游的定义是：以宗教文化为核心依托，借助相关的自然和人文资源，以吸引宗教信仰者和一般旅游者进行的包括朝拜、研究、观光、文化等专门的旅游活动。王春峰等认为宗教旅游不仅仅是封闭的信徒朝觐活动，更是双向开放的旅游活动，既能满足信徒朝圣崇拜的心态，也能达成非信徒（一般游客）观光、求知和游憩的目的。高科综合分析国内外已有的宗教旅游概念，指出宗教文化体验是旅游者的核心动机是目前对宗教旅游的广泛共识。认为宗教旅游作为一种以宗教文化为核心的旅游形式，应该包括宗教信仰者的朝圣活动以及一般旅游者的宗教文化体验活动。

　　综上所述，由于对宗教旅游文化内涵理解不同，研究者们皆从不同的角度对其进行定义，目前尚未形成统一的概念。对过往文献进行总结梳理，可将其大致分为两类：一种观点认为宗教旅游是指具有宗教信仰的人出于宗教目的而进行的旅游活动，包括朝拜、求法、朝觐、传法等形式。另一种观点认为宗教旅游不仅包括宗教信仰者出于宗教信仰动机的旅游活动，还包括非宗教信仰者参观宗教景区景点的活动。在此笔者认为，宗教旅游是以宗教文化作为核心依托，借助与之相关的自然与人文资源，使旅游者在此过程中以宗教文化体验为主的旅游形式，主要包括宗教信仰者的朝圣求法活动和一般旅游者的观光游览与游憩活动。

第二节　希腊宗教、罗马宗教、埃及宗教旅游文化

一、希腊宗教旅游文化

（一）希腊宗教起源及基本内容

　　希腊宗教的典型形态是以奥林匹斯诸神和英雄业绩为主要内容的神话传说，轻快明朗的感觉主义和崇拜自然是其最鲜明和本质的特点。它的主要内容是在整个世界的最初之时宇宙是一片混沌，随后地母该亚在一片混沌中诞生，该亚后来又诞生乌拉诺斯；乌拉诺斯和该亚结合产生了 12 个提坦巨神。在诸提坦巨神中，普罗米修斯是创造人类的大神。但是宙斯逐渐强大意欲成为宇宙的第一主宰，故将提坦神族的统治推翻。在此以后宙斯确立起以自己为中心的奥林匹斯山诸神的统治格局。并将居住在奥林匹斯山的 12 位神灵作为信仰崇拜。除了这公认的 12 位神灵，各地还有自己崇拜的保护神、小神灵以及英雄人物。

　　在荷马史诗和赫西俄德的《神谱》里介绍了希腊神灵系统的产生过程，亦为希腊宗教的形成发展奠定了思想基础。其内容涉及甚广，包含寓言、启示、历史、自然、道德、社会、宗教等方面。在希腊神话中奥林匹斯的神灵身上存在鲜明的人性特征，即与人类一样拥有各自独特的性格、爱好、感性、理性甚至优缺点。包括宇宙主宰的宙斯，在神话描写中王权威严的特征淡薄，而更多地将其描述为一个调皮狡猾、处处留情的登徒浪子。同时，希腊宗教具有许多其他宗教所没有的特点，即其产生创造和发展传播在很大程度上依赖的是诗人和艺术家群体所创作的艺术作品内容，而非哲学圣人、预言家或者传教士。因此，希腊神话故事里的神灵观念是希腊宗教在传播演变过程中的核心要素，并为希腊宗教提供了一个系统的神灵观念信仰体系。

（二）希腊宗教的文化特征

第一，泛神崇拜。由于古希腊宗教的思想来源非常广泛，是典型的城邦政治形态，各城邦间政体互相独立且数量繁多，经济形态也具有显著差异。因此神的来源广且数量多，各自的故事繁杂丰富，所属系统不一而足。古希腊人除了共同崇拜奥林匹斯山诸神外，不同的城邦均有各自的城邦保护神。每个地区认同众神中的一个，例如代表战争和智慧的女神雅典娜深受雅典地区人民的认同与崇拜，然而以弗所人则将狩猎女神阿耳特弥斯作为至高的信仰崇拜。由此古希腊成为泛神论的发源地。和多神教高度相似的是古希腊的神庙数不胜数几乎遍地可见，宗教节日的数目更达到令人吃惊的地步。形成此种现象的成因很多，包括希腊神话故事情节丰富、各个神灵的来源说法不一致以及崇拜者各不相同等因素。

第二，神人同形同性。神人同形同性即神灵的外表和性格与凡人无异。古希腊的神不仅与人同形而且在性情上与人也有许多相似之处。神像人一样有男有女，需要繁衍后代。神灵们与人类分工类似，各司其职，如果越过特定的管辖区域便会失去神力。神也具有和人一样的七情六欲和虚荣心、嫉妒心、报复心等心理状态，会做出各种体现勇敢、胆小、小气、高雅、粗俗等行为。同理，神不是永远拥有真理的，也会犯错甚至犯罪。例如神王宙斯的种种行为显示就让人很容易对他留下荒淫暴君的恶棍形象的印象。所以从另一方面可看出，希腊神灵本质上是现实人类变相提高的体现。有些神灵甚至就直接是人的升级发展后的转变体现，和人类相比神灵可长生不老，并且其优缺点等性格特征也更为明显突出。这种神的"人化"是希腊文化发展的重要源泉。希腊神话的美好和情调激发了许多艺术家的创作灵感，成为古希腊文学艺术作品取之不尽的题材。

第三，感性主义突出。希腊宗教是感性的宗教，因此希腊的神是非常感性的。与其他方面相比他们比较热爱自然形体。在他们眼中自然形体是最美的。这种感性的宗教色彩对希腊文学的发展产生了巨大的影响，导致希腊悲剧文学的蓬勃发展并形成了积极的民族精神。

（三）希腊宗教旅游文化资源

希腊宗教文化历史悠久，是西方文明诞生的摇篮，孕育出了灿烂辉煌的古希腊文明，留下了诸多伟大著名的希腊宗教遗迹，至今仍深深吸引着世界各地的游客，成为希腊弥足珍贵的文化旅游资源。

第一，帕特农神庙，是古希腊雅典娜女神的神庙，它是现存至今最重要的古典希腊时代建筑物。神庙为长方形周柱式建筑，基座为高 50 厘米、宽 70 厘米的三层阶梯，东西向长度大概为 70 米，南北宽度约 30 米。神殿外观整体协调、气势宏伟，给人以沉稳坚实、典雅庄重的感觉。除此之外，帕特农神庙具有高度建筑学美感，东西两端的基础和檐部呈翘曲线，以造成视觉上更加宏伟高大的效果。如今帕特农神庙已成为希腊最为著名的旅游景点之一，每年被其古老神秘的文化气息吸引的游客络绎不绝。雅典卫城的套票价格为 30 欧元，包括雅典卫城、古代市场、阿迪库斯音乐厅等 10 余个景点。欧盟和 18 周岁以下的游客可免费参观，每天的开放时间为早晨 8 点到晚间 22 点。

第二，古奥林匹亚遗址。古奥林匹亚遗址是一个体育运动比赛场地和举行宗教仪式场所的混合体。公元前 8 世纪以来这里便是希腊人供奉宇宙之王宙斯最重要的圣地。最初奥林匹克运动是一种祭神的庆典活动。用于运动员的比赛和颁奖活动，同时也是进行宗教活动祈祷与祭祀的场所。竞技场从起跑线到运动场终点的距离是 191.27 米，据说这个长度是宙斯之子大力神脚长度的 600 倍。周围的建筑物石柱直径达到 2 米以上，可从此处俯瞰全场，从高空向下俯视层层台阶神似水面上泛起的层层涟漪，极具图案美。

二、罗马宗教旅游文化

（一）罗马宗教的起源及基本内容

罗马宗教是人类早期进化阶段产生的典型的多神教，主要形式是自然崇拜和祖先崇拜。随着罗马版图不断扩张，宗教形式在不断演化。罗马宗教最初起源于希腊宗教，神话传说是其产生发展的重要背景。起初的宗教形态是一种粗浅的自然崇拜，罗马人认为世上每一个人的日常生活中的任何事物都拥有自己的灵魂和专属的神。这种多神教信仰方式是一种典型的万物有灵论，本质上来说是一种超自然力量，罗马人称其为"努玛"，罗马神灵能具有多少神力和在神灵界地位的高低变化则取决于努玛的多少。人与神之间的关系就是努玛的相互传递，努玛被创造出来的最初目的是统治者希望利用人们对神的惧怕心理来代替对征战敌人的惧怕以使罗马军队能够时刻保持作战时战斗力的最佳状态。

由于罗马是典型的以农业文明立国发展的国家，所以罗马宗教中的神灵与农业的关联非常紧密，甚至包含狩猎等。从王政时代开始罗马人便将农牧神作为至高的崇拜对象，尤其在平民和农民等社会下层群体中流行。在罗马国家宗教中被列为十二主神的其中四位源于农牧神，由此可见其地位崇高。其中，战神马尔斯原本是农牧业守护神和丰产神，每年 3 月和 10 月举行纪念活动。刻瑞斯是司谷物丰收的主神，女神维纳斯最初是司园艺与葡萄种植的神，最高神朱庇特曾被奉为葡萄保护神。此外，牧民的守护神"法努斯"，原本是司森林、田野、牧场和牲畜的神，每年牧草返青之时，牧人举行祭仪，司播种之神"萨图努斯"，每年 12 月行将播种之际，为其举行祭祀盛典。由此说明，罗马宗教来源于生活的痕迹非常明显，而且带有浓厚的原始性。

（二）罗马宗教的文化特征

第一，原始性。与希腊神灵相比，罗马神更加粗朴浅薄，古代罗马人把可以感受到的一切现象或事物全部赋予神的灵性。罗马人认为世间万物皆由神来安排。这种原始粗浅的信仰带有未经修饰的痕迹，只停留在人类思维观察和理解的初级阶段。远古罗马宗教没有祭祀的庙宇和供奉神像的场所，人们通常到自己认为神灵所在的地方进行祭祀祈祷。在罗马人的观念中，每件事物或每种现象都有自己的灵魂和对其护佑的保护神。当人们最初来到这个世间开始，在每个不同的人生阶段都处于不同保护神的护佑之下，例如鲁西娜女神专门掌管农田，尤伽提努斯神专司山岭保护。由于早期罗马民族浓厚典型的农牧业特征以及时常征战易发生战争，因此早期罗马宗教的神灵与农牧业和战争的关联非常紧密，宗教意识来源于生活的痕迹非常明显。

第二，虔诚性。罗马人对于宗教的虔诚程度可与希腊民族比拟，罗马人对神的态度非常尊敬，每逢起誓、缔约、结盟、隆重的婚礼或者国家大事，罗马人总是会在朱庇特神庙祈求神灵，因为朱庇特神是罗马民族和国家的保护神。罗马宗教对其国家乃至社会公众所产生的影响非常深远，在一定意义上可以说操控着罗马公众的生活，并在法律层面获得认可。早期的罗马宗教具有明显的目的性，对神灵敬重，恪守宗教礼仪，意欲利用民众对神灵的敬重心理来约束其行为和思想以达到一定的统治目的。

第三，包容性。在罗马对外不断征战扩张版图的过程中，罗马宗教也在不断吸收融合外来宗教的内容，使其自身内涵不断丰富。罗马对外族宗教持包容态度，在信仰上坚持多元原则。他们几乎将所有神灵都请入罗马，将其供奉在神殿里。在这些神中有维爱的朱诺神、普莱内斯特的朱庇特神、萨姆尼城的维纳斯神等。同时罗马统治者在进行领土征战时对文化审时度势，予以宽松的政治环境，采取兼容并包的态度，对于各个被征服地区的宗教以平等的待遇，使其能够延续发展。例如在征服萨宾后，萨宾人的神便进入了罗马，形成了古老的"三联神"。公元前6世纪开始的伊特鲁利亚人的统治，使罗马人接受了伊特鲁利亚的神，旧的"三联神"变成了新的"三联神"，这种变化虽然有一些被动的意味，但毕竟伊特鲁利亚的宗教观念带给了罗马人新的宗教思考，日后逐渐发展成维护罗马社会发展及其稳定的一支重要力量。

（三）罗马宗教旅游文化资源

罗马宗教历经千年的演变与发展，留下了许多举世无双的艺术珍宝，其中尤以各式各样的教堂和圣殿最为著名，时至今日仍是罗马珍贵的文化旅游资源。

圣·洛伦佐教堂。文艺复兴时期由瓜里诺·瓜里尼设计，是典型的新古典主义风格。它是美第奇家族历代的礼拜堂，位于意大利佛罗伦萨市中心商业区，外观以黑背条纹大理石建成。教堂前立有扭转的柱子和俯卧的狮子。此教堂建于11世纪，现在所见黑白大理石采用的是哥特式结构，是经14世纪重修，16世纪扩建后形成的，其间经过了布鲁内莱斯基、米开朗琪罗等数位大师的改造。从浮雕累累的大门及玻璃窗的设计可以看出受法国宗教建筑影响的痕迹，教堂内有许多雕刻和绘画艺术品。这座教堂在1118年作为供神使用，教堂上的两个钟塔以及圆顶于16世纪增加，教堂里设有圣器收藏室，里面保存着各种还未被鉴定完毕的圣物，蕴藏着巨大的艺术价值。

圣·彼得大教堂。全世界的第一大教堂，是欧洲天主教徒的朝圣地和梵蒂冈罗马教皇的教廷。历经千年时光岁月的洗礼经过数次重建修葺直至今日仍是一件闪闪发光的美丽瑰宝。圣·彼得大教堂最初由君士坦丁大帝主持在圣彼得墓地进行修建。后教皇朱利奥二世于1506年决定重建圣彼得教堂，直到1626年11月18日才正式宣告落成。圣·彼得大教堂从动工兴建，经历数次的扩建与改建，最后装潢完成一共经历了1300余年的时光，而这一历史时期正是基督教在罗马帝国发展传播的阶段，在此历史意义的层面上来看圣彼得大教堂建筑史正是罗马宗教不断发展的历史。

拉特朗大殿。拉特朗大殿在包括圣伯多禄大殿、圣母大殿和城外圣保禄大殿在内的罗马四座特级宗座圣殿中排名第一且资历最老。天主教会于11月9日特敬拉特朗大殿祝圣日。根据1929缔结的条约，准许这个教堂享有治外法权。这个地方曾经是罗马贵族的别墅地，罗马帝国的君士坦丁大帝政信基督教后把它捐出。教堂建于314年，一直有教皇驻锡，直至1308年被一场大火烧毁得面目全非。现在的建筑是14世纪重建的。入口的左边，有君士坦丁大帝的大理石像，入口中央的青铜门，源起于罗马时代的元老院。拉特朗圣若望大殿前广场的左侧，有16世纪的芒拜堂，这个礼拜堂收藏着闻名的二十八段阶梯，就是传说中当年基督受审时所登的阶梯，这个阶梯原存于耶路撒冷，是君士坦丁大帝在位时，奉母命从耶路撒冷运来放在这里的。看着虔诚的信徒到这里跪地拾级而上的情景，不得不令人惊叹信仰的伟大力量。

三、埃及宗教旅游文化

（一）古埃及宗教文化的基本特征

首先，古埃及宗教是典型的多神崇拜，埃及有多少个神无人能够说得清楚。埃及的宗教崇拜非常错综复杂，例如古王国和中王国时期的主神便是首都孟菲斯的地方神——孟图神，而新王国及其后则把首都底比斯的地方神——阿蒙推为主神。但无论是在古王国、中王国还是在新王国，全国各地甚至各个小村庄都信奉自己的神。埃及虽然也有宇宙神，但没有哪一个宇宙神是这个民族永远的主神。但曾经在埃及历史上出现过一个重大事件——埃赫那吞一神教宗教改革。他试图将太阳圆盘形象的"阿吞"神推崇为全国唯一的神，同时禁止他神的崇拜。这是朝着更为先进的宗教体系前进发展的一次大胆尝试，但最终由于违背埃及人民心中根深蒂固的多神崇拜心理的强烈抵抗而广受诟病，最后在郝列姆赫布统治时废弃。这充分说明多神崇拜在古埃及宗教中坚不可摧的信仰地位。

其次，由于早期埃及人的思维能力有限，未能从众多的神中抽象出一个万能且无形的神来，而只能停留在表面的现象世界中，为每一种敬畏感树立一个神的形象。因此埃及宗教中的神都是具体的神，而并非抽象的神。从宇宙神到动物神，从某一时代的主神到地方神，无一不是具体的实物。

再次，由于埃及是一个政教紧密结合的国家。在古埃及人看来，他们的国家是归国王私人所有的。他们认为国王是神或者神的后裔，是神与人之间的协调者，是正义与真理的代表。所有的政治活动都是神的意志的体现。故而神庙僧侣即是法老宗教事务的代理者。在法老的扶植下，神庙经济获得迅速发展。神庙僧侣往往参与政治管理，尤其在中央权力衰弱时，他们便直接威胁法老的统治。新王国时期，埃赫那吞的宗教改革也正是为了摆脱阿蒙僧侣集团的影响。埃及政教结合的特征使埃及的政权与宗教之间形成了某种特殊的关联，法老利用祭司贵族维护和神化自己的专制统治，祭司也利用王权来为自己谋求政治或经济上的利益。神庙势力对君主专制的巩固起过特殊的作用。但是神庙势力虽是王权的重要阶级基础，却也有其自身独立的利益，在一定条件下也会同王权发生矛盾甚至激烈的对抗。

最后，埃及的宗教气息弥漫在埃及人日常生活中的方方面面。埃及人将"圣甲虫"作为非常重要的装饰物，埃及人一般将其佩戴在脖颈上以辟邪除灾保佑平安。人死后，将"圣甲虫"放在胸前以确保再生。埃及人的生活中存在一种非常奇异的现象：他们往往不重视今生的住所。但是他们的坟墓建筑却极为奢华。由于埃及的来世观的影响，他们认为生命是永恒的但是今生却是短暂的，而来世是漫长的。所以埃及人为确保来世生活幸福，把更多的关注和心血放在其坟墓建筑上。除此之外，这种来世观直接导致了埃及文明的快速发展。例如埃及的木乃伊和雕刻的发展最初是由于埃及人为确保其来生能有完整的躯体而创造的一门技术；《金字塔文》《棺文》《亡灵书》的诞生缘由及后续的发展动力是埃及民众希望能够顺利地通过奥西里斯的审判以能升上天国到达太阳神。并且在坟墓的墙壁上装饰以绘画和浮雕，以确保来世供给和顺利通过来世审判等。

（二）埃及宗教的基本信仰

第一，神与人的关系。在古埃及时期，人与神灵的地位关系简单来说是一种教导与被教导的关系。神将应该做的事情与禁止不可做的事情告诫给人。在古埃及人的认知里，神祇对其的引导是通过心和舌两部分来实践的。因为心是一个人的"大脑"，能够做出决定、发出指令；舌则将所做的决定和指令向外界传达。因此这两个器官对人的行为起到决定性的作用。神祇是这两个器官的向导，因此也是掌握一个人人生命运的决定者。

第二，创世说。古埃及人的时间观注重对未来的探索和追寻，认为未来世界有无尽的可能性等待发掘与享受。公元前3000年左右，埃及完成统一，地区性宗教融合为全国统一的宗教。赫利奥波利斯的宇宙起源说得到普遍承认："整个世界原是一片混沌的水，叫努恩。随后阿图姆神作为一座山升出水面。阿图姆神独自生出一对孪生子，即空气之神舒和湿气之神泰弗努特。之后由阿图姆、舒、泰弗努特、该伯、诺特、欧西里斯、伊西丝、塞特和娜芙提斯九位神组成了一个整体——九神会。

第三，来世说。对于死亡的秘密古埃及人有独特的看法，他们对死亡深感恐惧。关于古埃及人对于死亡的态度可以从新王国时期的墓室铭文里窥见一斑："原来喜欢走动的人现在被禁锢着；原来喜欢穿戴盛装的人现在则穿着旧衣服沉睡；原来喜欢喝的人现在置身于没有水的地方；原来富有的人现在来到了有恒和黑暗的境界。"[①]

同时这种"死而复生"的宗教神话揭示了自然界循环往复的运行规律，其最杰出的贡献就是其中蕴藏着丰富的生态智慧。埃及人的神话世界是建立在死而复活与不断循环的基础上的，比起今天的竭泽而渔的生态态度，更加符合未来可持续生存的生态伦理。

第三节　佛教、道教旅游文化

一、佛教旅游文化

（一）佛教起源

佛教（Buddhism）是世界三大宗教之一。约在公元前6—前5世纪时由古印度的迦毗罗卫国王子悉达多创立，因其是释迦族，故人们尊称他为释迦牟尼，意为释迦族的圣人。约在公元前563年，乔答摩·悉达多在迦毗罗卫出生。自小接受印度最高种姓——婆罗门教的传统教育，同时练习武艺和学习兵法，擅于骑射、击剑等运动。传说释迦牟尼16岁在外出游时在前往东南西三门的路上依次遇见老人、病人和死人，目睹一片凄凉悲惨的社会民间景象，感到非常痛心和遗憾。最后在北门外碰见一位出家修道的沙门，沙门告诉他如果出家修道便能解脱生老病死的苦痛轮回的道理。于是释迦牟尼在29岁那年冲破父母和王室束缚，决然离开家乡妻儿出家修道。释迦牟尼在尼连禅河畔的树林中独修苦行，过着以树皮为衣，以牛粪为榻的清贫生活。之后他来到伽耶城外的荜钵罗树下，整日冥思苦想终于在经历七天七夜的潜心思考后大彻大悟，坚信自己已经洞察到人生感到痛苦的根源，并且斩除了人生老病死的根本，使人们不再被贪、嗔、痴等烦恼困惑。这标志着释迦牟尼正式悟道成佛。释迦牟尼成佛后便开始广泛的传教活动。

随着部派佛教的发展，一部分徒众愈发倾向于走向人世间。他们使自身的生活世俗化，并接纳在俗（在家）的男女为信徒，同时积极参与或干预社会现实生活，力图使所有的人都接受他们的观点。这种思潮在前1世纪到前3世纪时纷纷涌现并得到快速的扩张发展，其主要地区是南方的案达罗王朝、北方的贵霜王朝以及恒河平原上的吠舍。这

---

① 赵立行.论古埃及的来世说及其社会意义［J］.复旦学报（社会科学版），1996（1）.

与维护早期佛教教义的教派形成明显的对立。他们宣称能普度众生，到达涅槃解脱的彼岸，成就佛果。这种思潮逐步成熟，往往自称"方广""方等"或"大乘"，逐渐汇集成了统称"大乘佛教"的教派。而把原始佛教和部派佛教贬称为"小乘"，至此印度佛教进入大乘佛教的新时期。

7世纪时岌多王朝重新支持婆罗门教，这使从前由佛教和政治统治者结盟形成的反婆罗门教的统一战线迅速崩溃。婆罗门教开始快速复兴并逐步向印度教靠拢转变。而此时的佛教由于失去了统治势力的支持则发展迟缓。在岌多王朝倾覆之后，古印度的局面重新陷入混乱并时常爆发战乱。712年后，穆斯林不断侵犯印度挑起战火，佛教"非暴力"理论不再适应彼时正处于战火中印度社会的需求。这一时期，拉吉普特人成为刹帝利种姓，信仰印度教，主张反对"非暴力"，积极反抗外来入侵的穆斯林。因此拉其普特人和印度教在此时期带有浓厚的民族反侵略色彩，一度成为印度民族主义的象征。另外，拉吉普特人争强好斗的性格特征与佛教思想主张大相径庭，佛教由于缺乏社会力量的理解与支持逐渐走向衰落。随后由于穆斯林的侵犯攻势猛烈最终在印度得到统治地位，随之带来的伊斯兰文化在印度得到广泛传播和普及，佛教愈发遭到更加严重的排挤。同时伊斯兰教为迅速在印度发展普及不断重力打击佛教的生存空间，并强迫印度人信奉伊斯兰教。这些措施最终导致佛教在印度本土上逐渐消失。19世纪末期，一位来自斯里兰卡的名叫达摩波罗的居士到达印度想要瞻仰佛教圣地，但无奈发现印度本土的佛教境况却是一片荒凉，于是暗下决心努力完成印度佛教的复兴发展事业。从此之后，印度重新开始成立佛教团体并开展佛教活动。近几十年来，亚洲等国如中国、缅甸、日本的佛教徒陆续在印度各大佛教圣地建造佛寺。印度佛教重获新生。

（二）佛教的基本观点

缘起论。世间的一切事物皆是由于缘和合两样因素产生，由于是众缘所生，故一切是无自性的，也就是空的。佛教认为，当因缘不具备的时候事物就会自然消失，并将这种现象称为"空"。因缘是缘起论中最重要的因素，因者占主导地位，缘者起辅助作用，当占主导地位和起辅助作用的条件都消失时事物也就不再存在。由于般若注重"缘起"，故缘起论为般若思想的产生与发展奠定了基础。世界并非神创造的，而是由千万种因缘与条件集聚组合形成的，这是佛教的根本道理，也是般若最核心的思想。

克己观念。即克制自己，尤其是克制自己的欲望、行为与意识。克己的过程实际上就是修行的过程，克己的终极目的实际上就是追求涅槃。佛教的克己思想主要表现为戒、定、慧三学；戒是指佛教的戒律，是佛教信徒必须遵守的规则，信徒们通过遵守戒律以达到控制自身欲望的目的；定是指不仅要约束自己的行为，而且更要在内心当中约束自己的意念，化被动为主动；慧是指达到了克己的最高境界，彻底消灭了欲望，认清了轮回，具有了飞升涅槃境界的能力和智慧。

慈悲利他观念。佛教认为人世间一切苦难的根源在于人类自身缺乏慈悲利他的心怀而导致的错误观念与行为。因此佛家提倡要把欢喜快乐的因缘给予众生，让众生得到真正的幸福与快乐；同时把离开痛苦烦恼的因缘给予众生，拔除一切众生的痛苦。正如在《大宝积经》中所述："慈能除断忿恚根栽，慈能永灭一切过失。慈能超越热恼所侵，慈能生长身语心乐。"慈悲是真正对人对己都有利的，利于社会和众生就是在真正地利于自己。

（三）佛教主要神仙及谱系

1. 佛

释迦牟尼常被称为"佛"或"佛陀"，意为"觉""智者"。汉语中没有相对应的词汇，古代的翻译家只好用音译，世俗将"佛"列为神，而它的本意却被淡忘。在汉地佛教（大乘佛教）、藏传佛教（密宗）和云南上座佛教（小乘佛教）三大流派中，对于佛的认识存在差别：上座佛教把释迦牟尼看成是人间的导师，是人不是神；而汉地佛教中把释迦牟尼神化。汉地佛教和藏传佛教中佛的种类繁多，主要有以下几类：

（1）释迦佛。在民间经常也被俗称为"如来佛"。即佛教的创始人释迦牟尼。历史真有其人，他的生活年代与孔子同时。佛教教义中，释迦佛右有文殊菩萨，左立普贤菩萨。

（2）七佛。大乘佛教认为在无限的时间空间里，每个世界，每段时间都有佛教化众生。按时间顺序，分别为毗婆尸佛、尸弃佛、毗舍婆佛、拘楼孙佛、拘那舍佛、迦叶佛、释迦牟尼佛。

（3）竖三世佛。三世之说是佛教因果报应说的理论基础之一。以"一劫"为"一世"，三世佛即燃灯佛、释迦佛和弥勒佛。燃灯佛是过去佛，释迦佛是现在佛，而弥勒佛是未来佛。在中国古代的农民起义中常托言弥勒佛下生。弥勒出世成了救苦救难的福音。

（4）横三世佛。按照地域标准进行划分横三世佛分别是东方净琉璃世界的药师佛、娑婆世界的释迦佛、西方极乐世界的阿弥陀佛。东方净琉璃世界的药师佛与其左右两大帮手左胁侍日光遍照菩萨、右胁侍月光遍照菩萨统称为东方三圣，或药师三尊，西方极乐世界的阿弥陀佛与其左右两大帮手左胁侍观音菩萨、右胁侍大势至菩萨统称为西方三圣，或阿弥陀三尊。中国底层百姓念佛时口念"南无阿弥陀佛"，"南无"是音译，意为皈依。

2. 菩萨

菩萨是梵文音译，意为"觉有情""道众生"，也译为大士、开士等。在佛教中，菩萨的任务是上求觉悟，下化众生，协助佛解救"苦海"中的芸芸众生。佛教认为菩萨数量众多，但中国影响较大的是四大菩萨，即文殊、普贤、观音、地藏。

（1）文殊菩萨。释迦牟尼佛的左胁侍，专司"智慧"，坐骑通常为青狮，佛教画雕塑中并通常手持宝剑。五台山被认为是文殊显灵的道场圣地。

（2）普贤菩萨。释迦牟尼佛的右胁侍，专司"理德"，坐骑通常为六牙白象，峨眉山被认为是普贤显灵的道场圣地。

（3）观音菩萨。观音菩萨是西方极乐世界的阿弥陀佛的左胁侍，通常莲花台上持柳的女性形象，立于其左右的通常是善财童子与龙女。在中国民间，观音菩萨的名气与影响最大，但是许多信徒都不知道观音菩萨经历了一个男到女的演化过程。观音菩萨又有"大慈大悲观世音""送子观音""千手观音"等说法。普陀山被认为是观音显灵的道场圣地。

3. 罗汉

佛教认为每个人因修行的功夫不同，所取得的成就也有高低之分，每一种成就都叫作一种果位。小乘佛教把果位分为四等，罗汉为最高等，获得此等可以摆脱轮回之苦，但是大乘佛教中最高的是佛，其次是菩萨，再其次才是罗汉。

（1）十大弟子。释迦牟尼弟子众多但是最使其骄傲与得意的是十大弟子，分别是：摩诃迦叶、阿难陀、舍利弗、目犍连、须菩提、富楼那、摩诃迦旃延、阿那律陀、优波离、罗睺罗。

（2）十八罗汉。十八罗汉的前身是十六罗汉，曾是创始人释迦牟尼的门生，佛经上说十八罗汉受佛嘱托，常住世间，受世人供养而为众生造福。

（3）五百罗汉。另外一种较流行的说法是有五百罗汉，原五百只是个虚数，只是言其多。后来南宋有位高道素花了不少心血将其名号一一落实。当然没有任何典据，只是附会之谈。

4. 护法神

佛教中护法神是佛教中最为丰富、奇幻的一部分，这些大多来源于印度婆罗门教和民间神话中。他们被吸收进佛门后有了新的来历，并赋予各种神力，列为六道之首，高于人类但是没有走出三界，仍在六道轮回之中。功能与任务是保护佛法。

（1）四大金刚。也作四大天王，即东方持国天王（手持琵琶）、南方增长天王（手杖宝剑）、西方广目天王（手缠赤索）、北方多闻天王（手持保伞）。他们掌管着"风调雨顺"。寄予了中国农民美好的愿望。

（2）托塔李天王与哪吒。可以说这两个人物中国人较为熟悉，甚至被中国道教的神仙体系中吸收，在《封神演义》与《西游记》里偏重于属于道教神仙，《西游记》里托塔李天王是在玉皇大帝下的天兵天将总司令。至于说托塔李天王是李靖那完全是唐末将李靖神化的结果。托塔李天王与哪吒汉化得最为彻底。

二、道教旅游文化

（一）道教起源及基本内容

道教是在中华民族文化的土壤里生根发芽的传统宗教，以中国古代社会宗教信仰为思想基础，并在此之上不断发展演变的一种宗教，在漫长的历史进程中已逐步成为中华民族传统文化的重要组成部分，具有浓厚的民族思想和信仰的文化特征。道教最初的雏形是东汉时期张道陵所创立的"五斗米道"，后至南北朝时期道教的各种宗教形式逐渐发展完善并得以流行。因此道教信徒认为其教创立者之一的张道陵是天师，也称"天师道"。道教最核心的主张就是要人脱离现实，炼丹成仙。

道教最初的思想根源是来源于先秦时期兴盛的鬼神崇拜说、信仰神仙的社会风气以及在两汉时期的黄老传说。可以说道教是在中华传统宗教与哲学的环境中成长起来的。将黄帝、老子作为最高的信仰崇拜并信奉其学说主张是道教最本质的宗教特征。我国的鬼神崇拜风气最早能够追溯至远古时代，在原始社会就已存在，人们认为所有的事物：日月星辰、风雨雷电、山川河岳等都有神灵守护和主宰，因此对一切都心存敬畏，对其毕恭毕敬。自殷周时期以来，人们认为天帝是宇宙万物的最高主宰者，决定自然界和人类社会的存亡与发展，并且坚信人死后肉身虽灭但灵魂不死，要么成神要么变鬼。由于我国古代注重行使巫术之法，凡遇重大事情便习惯通过巫祝使用卜筮请求天帝的指示，后来单纯原始的崇拜鬼神发展到以血缘作为纽带，并和宗法关系紧密结合的祖先崇拜。到周代时进一步发展演变形成了包含天神、人鬼、地祇在内的一整套鬼神系统。这些后来被道教信徒沿袭继承，成为道教多神崇拜的来源。

战国时期，神仙家这类群体应运社会需要产生，秦汉时期人们将神仙家称为方士。他们宣称在渤海湾中有蓬莱、方丈、瀛洲三座神山。这三座神山上有长生不死的灵药，能够寻得并服用之人能够长生不死成为神仙，飞升云汉。但如此神圣之地无法轻易到达，方士们宣称如若顺从他们的指令，学习修炼方术便可以永列仙班，尽情享乐。秦始皇、汉武帝以及当时许多权贵大臣都痴迷于此，穷尽一生寻找长生不老之术。这是道教主张信奉神仙并认为人可修仙的说法来源。西汉初期政权统治者主张宣扬黄老清静之术以治天下，黄老之学由此进入发展的黄金时期。黄老学说带有浓烈的神秘主义，于是神仙方士利用这个因素特征将它赋予宗教性的色彩，意欲使黄老之学和神仙方术两者紧密结合向宗教神学的方向不断演变。

（二）道教崇奉的神灵

道教信奉多神崇拜，一些知名度崇奉的神灵种类繁多，在此简要介绍一些知名度较高的具有影响力者。

道教三清。三清是指元始天尊、灵宝天尊、道德天尊。同时被尊为道教的最高主神，"三清"最早的说法来源于六朝时期，但最初的"三清"一般是对"三清境"的统称，即太清境、玉清境和上清境，分别是神宝君、天宝君、灵宝君三位大神的居住场所。慢慢发展过后"三清"才逐渐作为元始天尊、灵宝天尊、道德天尊的通行代称，而"三清境"亦成为其居住地。

四御。四御是地位和影响力仅次于三清的四位天帝，即北极紫微大帝、南极长生大帝、勾陈上宫天皇大帝、承天效法后土皇地祇。

三官大帝。即司天、地、水的三官，对于其来源的说法众多，一说来源于中国古代社会宗教崇拜自然界中天、地、水，或说起源于五行中金、土、水三气。"三官"在早期道教的内容占据非常重要的位置并有严苛的宗教仪式，南北朝时期，"三官"又与"三元"相配而成"上元天官紫微大帝""中元地官清虚大帝""下元水官洞阴大帝"。据说天官诞生于正月十五日，能赐福；地官诞生于七月十五日，能赦罪；水官诞生于十月十五日，能解厄。因此民间为达到祈福、拔罪和禳灾的目的，分别在这三个日子举办"上元会""中元会"和"下元会"。

第四节　基督教、伊斯兰教旅游文化

一、基督教旅游文化

（一）基督教起源及演变

基督教和佛教、伊斯兰教并称为当今世界的三大宗教，同时更是目前在世界范围内传播普及程度最高、教徒数量最多的第一大宗教。基督教诞生于公元 1 世纪中叶的巴勒斯坦，于 135 年作为犹太教中的一个分支正式分离出来成为独立的宗教。之后基督教不断扩大发展规模，信徒人数不断增加，于 392 年罗马帝国正式宣布将基督教作为国教，在政治力量的支持下基督教逐渐成为彼时欧洲封建社会最为流行的精神思潮。1054 年，基督教分裂为罗马公教和希腊正教，罗马公教即天主教，希腊正教即东正教。16 世纪中叶时公教爆发一场剧烈的宗教改革运动，陆续衍生与罗马公教割裂的新教派，统称"新教"，在中国通常称为"耶稣教"。因此今天我们所说的基督教是天主教、东正教和新教三大教派的总称。

基督教的最高经典是《圣经》。《圣经》中所记载和描述的皆是上帝对教徒的要求与启示，基督信徒们将其作为自己处世行动的规范准则和信仰的最高纲领，认为它是永恒不变的第一真理。《圣经》中一共包含两部分内容，一是《新约全书》，二是《旧约全书》。《新约》中主要记录的是耶稣及其门徒曾经的言行与主张供教徒作为行为参考，而《启示录》则记载了基督教对末日审判的预言。《旧约》原本是犹太教的经典，但耶稣在此基础上对某些事情提出了不同于传统犹太教的见解与看法，并对其做出了详细的解释说明，后来成为基督信徒们确立信仰的重要根据。

（二）基督教基本教义

由于基督教包含天主教、东正教和新教三大教派，每个教派所强调重点与看重的方面皆不相同，因此基督教的教义较为繁杂，但总体来说其基本教义是得到各教派一致承认的。

首先，博爱。耶稣宣扬的博爱包括两个方面，即爱上帝与爱人似己。爱上帝是要求基督教徒们在日常的宗教生活中将上帝作为最重要的侍奉对象，对其必须尽心尽力。基督教不同于希腊与罗马宗教，它是非常严格的一神教，只将上帝耶和华作为最高且唯一的神，同时反对在宗教生活中进行冗杂且不必要的仪式和刻意的哗众取宠。"爱人似己"是基督徒们在日常生活中规范自我的基本行为准则，它主张人们应该不断充实优化自己，同时信奉宽以待人、严于律己。对待事情的态度应该最大程度的忍耐并宽恕，哪怕是与自己敌对的仇人都应抱以"爱"的态度从而达到反对暴力反抗的目的。

其次，相信原罪。基督教宣称人类的创始人亚当和夏娃因为偷食禁果犯下罪恶并继承给其子孙后代，造成人类所有罪恶的根源。每个人自出生之日起便带有这种原罪，再加上违反上帝的意志以及其他与教义相悖的种种本罪。由于人无法对自己身上的罪恶进行自我救赎，所以必须依靠耶稣的拯救。这些观点构成基督教伦理道德观的基础。随后原罪说逐渐演变发展成为西方今日的"罪感文化"，对现在西方人的心理及价值观念影响深远。

最后，相信救赎。人类无法对自身所带有的原罪和本罪进行自我救赎，因此必须依靠上帝派遣的耶稣降世为罪恶的人们牺牲进行拯救，进而成为"赎价"，做人类偿还上帝的债项从而拯救全人类。

（三）基督教的信仰生活

基督教的圣礼是一项非常重要的礼仪，宣称只有耶稣才能亲自订立圣事，并且拥有一套特定形式的宗教礼仪。它通过某些特定可见的宗教形式赋予领受者无法真实感知的基督"宠爱"与"保佑"，只要是诚心诚意的领受者皆能得到。同时圣礼中被基督信徒们认为最为重要的两项仪式是洗礼和圣餐礼。洗礼在普世教会中是一项地位很高的基督教宗教仪式，是基督教入教仪式，一般包括注水洗礼和浸礼两种形式。由于这是耶稣亲自立定的圣事所以能够赦免人们的原罪和本罪，并对其赐予"恩宠"和"印号"，使他们成为基督教徒，从此以后便有领受其他圣事的资格。另外，圣餐礼也被称为主的晚餐，是被普世教会承认的另一重要圣礼。指的是耶稣在被传统贵族反对派抓捕前与忠诚的门徒们所吃的最后一顿晚餐。彼时他将自己的身体用饼代表，自己的血用葡萄汁代替分享给门徒们共食。此后这个传统沿袭下来成为历代教会遵守的礼仪。

基督教的节期也是其信仰生活极为重要的部分。最为著名的节期有圣诞节、受难日、复活节。其中圣诞节被基督教视为一年之中最重要的节日，因为这一天是耶稣的诞生日，为庆贺耶稣的生日将每年的 12 月 25 日定为圣诞日，而此天前夜 12 月 24 日通常称为圣诞夜或平安夜。在圣诞日时教堂一般会举行夜礼拜以庆祝耶稣的降生。受难日是耶稣受难的纪念日。根据《新约圣经》记载耶稣曾被钉十字架死去的这天是犹太教的安息日前一天，因此规定复活节前两天的星期五为受难日。基督教的多数教派都会在这一天举行纪念仪式。复活节是耶稣复活的纪念日。根据《新约圣经》记载，耶稣受难被钉死在十字架上的第三天奇迹复活。后来在325年尼西亚大公会议上规定每年春分后第一个月圆后的第一个星期日，一般在3月22日至4月25日之间是复活节。基督教多数教派举行形式与内容各异的活动来纪念这一天，其中最为流行的是吃复活节蛋，以此象征复活和生命。

二、伊斯兰教旅游文化

（一）伊斯兰教起源及基本内容

伊斯兰教是世界三大宗教之一，与基督教和佛教并列，是世界上宗教影响力最为显著的宗教之一。主要分布于阿拉伯国家以及中非、北非、中亚、西亚、东南亚等区域，甚至有些国家将其奉为国教。6世纪末7世纪初，阿拉伯半岛正处于一个动荡不安的大变革时期，原始的氏族部落瓦解，阶级社会逐渐形成，各方割据，战争频仍。该地区的宗教信仰主要是崇奉自然，同时各个部落地区都坚信有自己专有的守护神。由于内外战火不断，爆发战争的同时也带来了基督教和犹太教等外来宗教文化。为了通过宗教信仰约束人们行为以使阿拉伯重归往昔的和平与安宁，先知穆罕默德顺应时代的要求，提出了"安拉是唯一真神"的口号，并由此继续提出一系列主张。禁止买卖高利贷的行为，创造和平安宁。这无疑适应了当时社会人民渴望和平、反对战争的心理需求。

伊斯兰教与基督教相似，是典型的一神教。坚决反对信仰多神和盲目的偶像崇拜，认为安拉是宇宙世间万物的创造者，只承认安拉是唯一的主宰。它要求信徒们只能将安拉作为自己唯一的信仰崇拜，并且表明多神信仰会使阿拉伯人变得愚昧无知并导致社会道德严重沦丧。强调末日宣判和死后复生的观念是正确的，告诫信仰多神的教徒如若不将安拉作为唯一的信仰则会在末日审判时遭到严厉的处罚，打入火狱。而一心崇奉安拉者则会在死后得到额外的奖励，灵魂进入天堂。伊斯兰教徒的称谓也是由此而来，"顺从"在阿拉伯语里面发音为"穆斯林"，所以伊斯兰教的教徒群体通称为穆斯林。同时，伊斯兰教认为穆斯林应打破亲疏远近和氏族部落的隔阂，只要是忠诚的穆斯林则皆为兄弟亲人，理应联合起来消灭血亲复仇。另外，伊斯兰教坚持禁止买卖高利贷盘剥，教导信徒们多多行善济贫，扶持孤寡贫弱者，并且反对蓄奴，主张释放优待奴隶等。这一系列社会改革的主张非常适应社会底层人民的拥护和信任，因此穆斯林群体规模迅速扩大。

（二）伊斯兰教的基本教义

伊斯兰教最根本的教义是"安拉是唯一的真主，穆罕默德是安拉给我们带来幸福的使者"。伊斯兰教信仰主要有理论和实践两个部分的内容，理论部分是六大信仰，实践部分是穆斯林们遵守的善功和五项宗教功课。

六大信仰是信安拉、信天使、信经典、信先知、信后世、信前定[①]。

信安拉，由于伊斯兰教是非常严谨的一神教，教导信徒们必须坚信世上只有安拉一个神灵，并且它是宇宙万物一切的最高主宰者。是天地间独一无二、主宰和创造一切的至尊权威。因此信安拉成为伊斯兰教信仰最核心的部分，表明了其一神论的本质特征。

信天使，穆斯林们认为天使是真神安拉创造的无形无体，它接受安拉的命令管理地域和天堂，向信徒们传达安拉的指示造福人间。《古兰经》中记载的最为著名的天使有四位，分别是哲布勒伊来、米卡伊来、阿兹拉伊来与伊斯拉非来，所司职责分别是传达安拉命令、降示经典、掌管世俗时事、司死亡和吹末日审判的号角。

信经典，伊斯兰教宣称其宗教经典是《古兰经》，它是一部受过安拉启示的天经。所有的信徒都必须遵守和信仰，不得违反和诋毁。《古兰经》的地位超越一切其他经典，是伊斯兰教所信奉的最高经典，其中内容包括其他一切经典，信徒们应以其参照自己的行为标准。

信先知，经典《古兰经》中记载安拉拥有多位使者，如阿丹、努哈、易卜拉欣、穆萨、尔撒等，究竟有多少位世人并不清楚，事实上只有安拉了解他们的具体数量。所有使者中的最后一位是穆罕默德，同时也是最伟大的先知，被穆斯林奉为安拉最尊贵的使者，肩负着传播安拉指示的光荣使命。伊斯兰教宣称只要是信仰真神安拉的人都应无条件顺从穆罕默德的命令。

信后世，当复生日来临时，所有生命的灵魂都将回归于最初的肉身，根据安拉的指示复活，并等待安拉最后的决定。伊斯兰教教导信徒们做到兼顾两世，提倡穆斯林们既要在现世活着时努力创造幸福美好的生活，也要多做善事积累善功以为未来的后世能有一个圆满的归宿奠定基础。这两种要求相辅相成。由此可见，相信后世能够对人们现世的行为产生影响。

信前定，穆斯林大众和正统派对前定的主张处于宿命论和自由论之间，认为世间的一切都是真神安拉预先安排确定的，没有改变的权利与余地，只有顺从和忍受才符合安拉的意愿。

伊斯兰教的研究学者在研读《古兰经》后伊斯兰教的五项基本功课概括为念、礼、斋、课、朝。伟大先知穆罕默德曾说："伊斯兰建筑于五项基础之上，诚信除安拉外，别无他主，穆罕默德是主的使者，履行拜功，完纳天课，朝觐，封莱麦丹月之斋。"因此是否遵行五功将体现穆斯林虔诚程度。其中"念"为本，"礼"为纲。五项天命互为因果，相辅相成，构成了系统完整的伊斯兰教功修制度[②]。

念功，信仰的确认。即念清真言。"万物非主，唯有真主，穆罕默德是安拉的使

---

① 车华玲.伊斯兰教的六大信仰和五大功课［J］.中学历史教学参考，1994（Z2）：49-50.

② 马贵明.伊斯兰教五大信仰浅释（一）［J］.阿拉伯世界，1985（3）：65-67.

者。"这是表白信仰。只要公开表白一次，表面的名义上就成为一名穆斯林。

礼功，信仰的支柱。每日五次礼拜，每周一次的聚礼拜（主麻拜），一年两次的会礼拜（即古尔邦节和开斋节的礼拜）。礼功促使穆斯林不断反省自身行为正确与否，敦促其坚守初心，避免犯下罪过，在一定程度上可维持社会的安定。

斋功，斋功使穆斯林不断达到清心寡欲的心理状态，以更加接近真主。成年的穆斯林在伊斯兰教历的莱麦丹月，即回历九月时白天需戒饮食和房事一个月。黎明前和日落后方可进餐。

课功，课以洁物，亦称天课。是伊斯兰教对具有一定经济实力的穆斯林所规定的一种功修。伊斯兰宣称世上的一切财富皆是真主安拉的恩赐，因此富有者有接济穷人的义务，必须抽调一定比例的金钱用于慈善事业。

朝功，复命归真。伊斯兰教要求信徒们在一定的时间中前往圣地麦加履行一系列功课活动，即为朝功。教历每年 12 月 8 —10 日是法定的朝觐日期，即正朝。凡身体健康且有一定经济能力的穆斯林在保证安全的情况下，一生到圣地麦加朝觐一次是其必尽的宗教义务。

第五节 印度教、神道教、犹太教旅游文化

一、印度教旅游文化

（一）印度教的起源及教义

印度教是一个吸收综合婆罗门教和佛教信仰教义等多种宗教所产生的新教，约在 8 世纪时正式成立，是目前世界上主要流行的宗教之一。主要分布的区域有印度、巴基斯坦、孟加拉国、尼泊尔等。印度教的伦理观点和信仰教义具有明显的复杂性，有的彼此间甚至相悖。由于印度是个严格划分社会等级的国家，人们被划分为不同的文化阶层和社会等级，因此来自不同阶级的人普遍拥有专属的社会信仰。印度教的基本教义包括主神论、种姓制度、因果报应。以下分别进行简述。

第一，多神崇拜的主神论。由于印度教吸收学习了婆罗门教的教义经验，故继承其信仰梵的传统，赞成这个世上存在造业和轮回的观点并将其广泛宣扬。但与此同时其和婆罗门教的教义也存在差异。主要的差别在于婆罗门是一个完全典型的多神教，但印度教在信仰多神的同时却有自己独特的限制性，即印度教在信仰多神的同时宣称应信奉三位主神，分别是梵天、毗湿奴、湿婆。印度教信徒认为梵天是司创世之神，毗湿奴是司护世之神，湿婆是司毁世之神。另外也将毗湿奴或湿婆立为一个主神，其他神皆在旗下，是二神之一的化身。由此可见印度教是具有独特性的多神教。

第二，种姓制度。印度的种姓制度将人根据高低贵贱的标准划分为四个阶级，分别是婆罗门、刹帝利、吠舍和首陀罗。并且规定不同种姓之间不允许通婚往来，也不准许随意变更已有种姓，各阶级间的界限严格且清楚。居于最高等级的婆罗门主要由印度僧侣及世家贵族构成，他们拥有祭拜神灵的宗教权利以及对宗教经典的特有解释权。第二等级的刹帝利主要由行政与军事贵族构成，没有任何政治特权却拥有征收各项赋税的权利，以商业为主，因此也是四大等级中最为富有的阶级，同时被规定必须生生世世守护婆罗门。第三等级吠舍主要由普通的雅利安人构成，一般从事农牧渔猎业，通过布施和纳税两种形式供奉婆罗门和刹帝利。第四等级的首陀罗是人数最多的阶级，基本上由土著居民构成，其主要职业是佣人和手工业者，这也是被印度社会普遍认为最低贱的职业。以上充分展现印度教宗教生活社会化的本质特征。

第三，因果报应及生死轮回。印度教认为世间的每一个生命都存在自己的灵魂，其在生命消亡之后会再生或者转世，无论善恶皆会得到相应的报应结果。并且这种周而复始的轮回将无穷无尽。如果想要求得灵魂的解脱和超度必须修行到梵我如一的境界，也就是使灵魂与神高度契合进而合二为一。而达到此种境界的方法有三：一是恪守自身行为，无论何时都要遵守宗教戒律，行祭祀的宗教义务；二是通过学习与修行不断提升自身灵魂的高度；三是虔诚信仰，通过对神的忠诚敬仰获得神的青睐与恩宠。

（二）印度教三大主神

梵天被印度教徒们认为是世界的创造者，因此被尊称为"创造之神"。他在印度教中的地位可与中国神话中开天辟地的盘古相比拟。据印度教传言称梵天是由宇宙金卵孵化而来的，在信徒们心中是一个拥有四头四臂、通身粉红的老人形象，梵天在印度教中的地位是至高无上的，他是宇宙万物的最高神灵，代表宇宙的意志。尽管梵天遭受许多来自其他教派信徒的非议与诋毁，但无论如何在印度教的认知中宇宙的一切都源于梵天的梦境，包括其他神灵都是只有在梵天的梦境中才存在的。

毗湿奴被印度教徒们认为是宇宙的保护神。他可化作众多形象体，其中最为知名的是大黑天神克里希纳。根据描述其妻是吉祥天，克里希纳以大鹏金翅鸟为坐骑，威风凛凛。毗湿奴是叙事诗中至高无上的神，同时也是仁慈与宽容的象征，能量巨大，无所不能，致力于维持宇宙的稳定秩序。在印度传说中毗湿奴通常被描述为一个身穿黄袍，肤色为蓝色的潇洒少年，拥有四条手臂。毗湿奴作为印度教的保护神总是化身下凡惩恶扬善、匡扶正义，重建公正的秩序，深受教徒的敬仰与爱戴。

湿婆是公认的毁灭之神，湿婆神的坐骑是牛，这也是为何今天的印度将牛视作神圣代表的缘由。据说湿婆的神力全部来自瑜伽，印度教认为瑜伽是一种苦行的修炼，可以产生力量。印度神话中描述的湿婆皮肤白皙通透，喉咙为蓝色，具有 5 副面庞，4 只手臂与 3 只眼睛。第三只眼睛在他的前额中间，是一件具有杀伤力的武器，当湿婆用它盯住敌人时它能喷火烧死敌人。总之湿婆的主要样貌特征都突出其凶狠暴力的特点。印度教宣称湿婆尽管主司毁灭，但是毁灭能够带来重生与创造，因此他被印度教徒们广泛崇拜。传说湿婆曾分发七束使印度河女神将恒河河水从天降落时免酿成灾害，伤及百姓。这充分体现了湿婆对印度教徒的仁慈悲悯，因此湿婆在印度的影响力非常显著。

二、神道教旅游文化

（一）日本神道的起源及演变

神道教是日本的本土宗教，它的教义内容大多继承了日本皇祖皇宗的遗训，属于信仰多神的泛神教，将自然界的天然生物视为神祇。日本的《国语大辞典》将神道定义解释为日本民族的传统信仰，重视祭祀的多神教。另外，《广辞苑》（第四版）中提到神道是日本固有的民俗信仰，以祖先神的崇拜为中心，古来的民间信仰在外来思想如佛教、儒教的影响下逐渐理论化的宗教。从定义中我们可以看出，神道并不是始终贯穿水稻农耕而一成不变的，而是随着时代的变迁不断摒弃前代的思想理论，吸收下一代新的思想发展起来的。日本的文学博士石田一良把这种现象比喻成"不断更换衣服的偶人"。

最初的神道教并未形成基本教义，也设有规定严格的宗教形式，这样最原始的神道教称为古神道。由于当时日本以农业为本，所以古神道的礼仪也以农耕为主，尤其是春天的祈年祭和秋天的新尝祭备受重视。祭祀时招神灵，供饮食，歌舞作乐，和悦神灵，感谢恩惠求助保佑。大和朝廷统一各氏族，为了巩固统一的国家，神道开始构造皇室谱系，从此日本万事一系的基础便建构起来了。

佛教传入日本后，出现了神道与佛教的融合。神佛融合分成三个阶段：第一阶段是奈良中期由于受"护法神"观念的影响，神道神灵被视为守护佛法的神。第二阶段是奈良时期"诸神解脱"说开始流行，认为神依宿业，可以升到六道的最上位天上，通过修炼佛法能够摆脱轮回之苦。第三阶段是平安初期以后的"本地垂迹"说，主张佛是神的本体，神是佛的权现。

德川时代中国南方的儒教开始流行，这时神道又脱去了佛教的理论衣裳，换上了宋明儒学特别是朱子学的衣裳，出现了林罗山倡导的神儒合一的儒家神道。推崇儒家伦理，强调君臣之道，以忠为最高道德，三种神器象征帝王之道，提倡尊皇思想。

国学兴起后，日本神道又抛弃儒教的外衣，披上国学的衣袍，从而发展出现了国学、神道三教合一的复古神道。他们批判从前的神道对佛教与儒教的依赖程度过高，坚决反对以儒佛的观点思想解释日本古典神道和附会神道。主张通过自主研究古事与日本书记等文献资料的途径以阐明古神道的本意。同时宣称现实世界的最高统治者是天照大神的子孙天皇，日本是天照大神的后裔，国体皇位，至尊无上。伦理纲常中孝道最重要，最大的孝道是忠于天皇、敬神和孝敬父母。

明治时代末期，国家主义抬头，神道再次脱掉了国学、基督教的外衣，披上具有鲜明国家主义的衣裳，由此形成国家神道。他们利用和煽动复古神道中带有极端倾向的反动情绪，大肆宣扬效忠天皇、敬神崇祖的爱国教育以适应军国主义对外发动侵略战争的需求。第二次世界大战日本战败后，1946年元旦裕仁天皇公开发表宣言否认自己的神格地位，盟军总司令也要求日本废除国家神道，自此神道成为民间宗教。但尽管如此时至今日神道教仍是日本社会普及传播程度最高、信仰教徒最多的宗教。

（二）日本神道的本质内涵

一是生活中心主义。在日本神道中，神是产生人及动植物的生命并使其繁衍的神秘力量，祭祀是确认这种神秘力量的宗教礼仪。日本人的祈祷往往是子孙诞生与生产丰收等现实生活的事情。直至今日，日本人向神祈祷的是子孙生育、家庭健康、买卖的繁荣、股票的上涨、议员选举等谋求幸福生活的现世事情。神道教与基督教、佛教等来世教不同，它是现世教，是关于生的宗教，在佛教传入日本之后关于死的祭祀主要通过佛教礼仪来进行。传统日宅兼有神道神龛与佛教祀位，神道神龛多是供奉保护神与天照大神，佛教祀位则是敬拜祖先亡灵。总之，日本神道中的神不在生活之外，而在生活之中，是生活意志的神格化。

二是共同体主义。日本神道中的神与基督教中的上帝这种具有普遍意义的神存在明显的区别，虽然日本神道有800多万个神，但各神之间只是领域范围大小的不同。由于日本是一个四面环海的岛国，岛内群山林立，河流交错。山河之间分布着一块块小平地，各个小平地被山神、河神、海神等守护，防止外人的侵入。这样，神占据一定的地域空间，氏神只是由本地区内的人祭祀，也只给他们带来恩惠好处。日本的神是封闭的共同体神，神的祭祀是强化更新这种共同体团结的仪式。在祭祀这种神的现实生活中，客观上要求个性埋没在共同体意志之中，阻碍埋没共同体意志中的行为是"恶"，促进这种行为的为"善"，因此个体的善恶不是由理想的道德标准来衡量，而是由共同体的意志所决定的。

总之神道教把共同体的意志作为衡量真善美的标准，以上两点便是神道不断更换思想衣裳的本体，是神道复原的本质。日本的神道最初只不过是起源于水稻农耕文化的一种民俗信仰，一般来说民俗信仰在外来宗教佛教、基督教的冲击下逐渐消失或仅存于偏僻的小范围地区。但神道正因为有以上两点原因，不但没有被外来宗教所取代，反而和外来宗教相融合，不断发展完善，形成了自己的理论。

（三）日本神道旅游文化资源

京都。京都是集日本历史古都、佛教中心、神道教圣地、文化艺术摇篮、著名旅游城市、京都府首府于一身的日本神道旅游胜地。位于本州岛中西部，京都在历史上作为日本国都的时间超过1000年，因此享有"千年古都"的美称。京都历史悠久，又被定为国都，因此政治地位卓然，同时也是日本的佛教中心和神道教的圣地，所以拥有各种历史遗址和古代建筑。1950 年，京都被评为国际文化观光城市。市区迄今尚存有 1877 个寺院和神社，平均每一个街区就有一座佛寺。在建筑物、雕刻、绘画、庭院等古文物中被定为国宝的有 211 件，被定为重要文物的达 1646 件。京都著名的佛寺有平安神宫、本愿寺、广隆寺、金阁寺、银阁寺、万福寺、西芳寺、南禅寺、相国寺、龙安寺、三十三间堂、三千院、八阪神社、下鸭神社等。这些著名佛寺，建筑古老，珍藏经典，文物丰富，加之庭院相映，兼具宗教和旅游的双重作用。京都古城最鲜明的建筑特点是由于其在修建时正值中国盛唐时代，中日两国友好交流密切，因此京都仿制长安与洛阳而建。城北中央为皇室所居的宫城，宫城外是作衙署之用的皇城，皇城外则是作为一般官吏、平民居住的都城。京都面积约 20 平方公里，街道纵横，对称相交，形如棋盘，因而日本人总称京都为"洛阳"或"洛城"。

伊势神宫。位于日本三重县伊势市的神社，是日本神社的顶点。总体由内宫、外宫、14 处别宫、43 处摄社、24 处末社、42 处所管社，共计 125 处宫社组成。内宫又称"皇大神宫"，供奉皇室祖先——天照大御神，这项祭祀历史悠久，大约始于 2000 多年前，使伊势神宫成为供皇族祭祀的地方，超越一般神社的规格。建筑样式特别，是"神明造"建筑样式的精华，整体由天然桧木的白木建造，不涂任何漆，原则上每隔 20 年重建一次，被称为"式年迁宫"。这项仪式始于 685 年，中间曾有中断，最近一次为 2013 年第 62 次式年迁宫。自古以来全国多个地方提供迁宫材料时，当地很多神社会举行敬山神、祈祷木料平安运送、内部装饰制作等各种祭祀仪式，可见影响范围之广。内宫依山傍水，森林环绕，因此也是夏日消暑好去处。

三、犹太教旅游文化

（一）犹太教的基本内容

犹太教是最严格的一神教，同时与基督教和伊斯兰教并称为世界三大一神教，并且是三者中历史最古老的宗教，其影响已深植于犹太民族的生活方式及观念信仰中。犹太教的主要教义和诫命源于《托拉》，即《圣经》的前五卷书。其中最重要的教义在于犹太教只承认一位神，就是永恒的上帝。上帝希望世上的人皆能拥有宽容之心，行正义之道。由于上帝根据自己的形象创造了人类，所以每个人都应该受到同等的尊敬与对待。

（二）犹太教伦理的核心主题

犹太教是一种独特的伦理一神教，在犹太教中，宗教信仰、律法制度、伦理道德、文化生活相互渗透，相互结合。犹太教伦理是犹太人维系其社会存在的基本原则之一，亦是犹太人融洽自我生活，使之适应社会发展的重要保障，犹太教伦理系统地规定了犹太人的个人与社会生活准则和行为规范，其核心主题是"爱上帝"与"爱邻人"。这两个伦理主题最早出现在"摩西十诫"里,"摩西十诫"是犹太教教义的核心,是犹太教的最高律法和犹太教伦理的首要纲领。"摩西十诫"的诫条如下:

（1）我是你的上主,你的天主,除我之外,你不可有别的神。

（2）不可为你制作任何类似天上或地上或地下水中之物的雕像,不可叩拜也不可敬奉这些雕像。因为我,上主,你的天主是忌邪的天主。

（3）不可妄呼上主,你的天主的名。

（4）应守安息日为圣日,六日勤劳工作。

（5）当孝敬父母。

（6）不可杀人。

（7）不可奸淫。

（8）不可偷盗。

（9）不可作假证陷害人。

（10）不可贪婪他人的一切。

"摩西十诫"的前4条诫命强调了犹太人对上帝应尽的义务,体现了"爱上帝"的内涵,后6条诫命则规定了犹太人应遵守的个人与社会伦理准则,即"爱邻人"的具体表现。第一条诫命充分表现了犹太教是一神教的特点,突出强调上帝是维系宗教信仰和伦理道德的绝对权威,宣称上帝的唯一性和"爱上帝"是整个犹太教教义的最稳固的根基。这是"摩西十诫"的主纲和起始点,其余各条诫命则是由此向各个领域的延伸,这涵盖了犹太教伦理思想和道德规范的精髓,即"爱邻人"的内容。它们都应该根据人与上帝的关系加以解释,最重要的是要爱、信仰和服从上帝。同时,犹太教的经典《托拉》也突出了"爱上帝"与"爱邻人"的核心主题。《托拉》是犹太教的根本经典和犹太教律法的根源,无论是在宗教信仰、律法制度方面,还是在伦理道德方面都确立了上帝至高无上的原则。

（三）犹太教旅游文化资源

哭墙。哭墙亦称"西墙",是耶路撒冷旧城古代犹太国第二圣殿护墙的一段,犹太教将其视作第一圣地,是犹太人的灵魂家园,千百年来的传统是无论散落在世界何地的犹太人在回到耶路撒冷时便会来到这面石墙前低声祷告,哭诉流亡之苦,故被称为"哭墙"。哭墙是所有流落异乡的犹太人的精神港湾,更是亲眼见证犹太圣殿被两度破坏又经两度重建的坎坷命运。犹太人坚信哭墙上方是上帝的所在,所以规定无论是否身为犹太人只要来到这里必须头戴帽子,因为在其认识中将脑袋直接面对上帝是一种大不敬的行为。如今的哭墙在进入之前所有人需要接受安检,随后可进入小广场,广场的尽头便是哭墙。哭墙前有一道栅栏隔开,根据男左女右的规定分开祷告,来此的游客需入乡随俗,男子戴上派发的小纸帽,女子在离开时必须向后退,不能将后背直接面对哭墙。1981年,哭墙被列入《世界遗产目录》,自此慕名而来的游客络绎不绝,成为一颗闪耀的宗教旅游新星。

雅法老城。位于特拉维夫的西南方向，濒临地中海，是一个已具有4000余年历史的古老港口城市，是世界上历史最为悠久的城市之一。老城里现在大多是艺术家居所、工作室和一些艺术品店，同时成为12星座的代言人，以12星座命名的小巷和12星座的许愿桥。据说在桥上找到自己的星座浮雕，然后轻抚着面向大海许愿，就能成真。沿着错综复杂的小巷，踏着记录千年历史的石板路，在老城里游览，寻找属于自己的小巷，不用担心迷路，每个角落都会有惊喜。老城的中心是一个广场，有游客中心，可以免费获取雅法的地图。游客中心地下有一个小小的博物馆，用文物和4D电影记录着这个小城的历史。在老城的小山顶可以眺望特拉维夫与地中海，景色绝妙，也是典型的特拉维夫地标图。

案例学习：

佛教圣地五台山 [①]

一、五台山概况

五台山是中国佛教寺庙建筑最早的地方之一。自东汉永平年间起，历代修造的寺庙鳞次栉比，佛塔摩天，殿宇巍峨，金碧辉煌，是中国历代建筑荟萃之地。雕塑、石刻、壁画、书法遍及各寺，均具有很高的艺术价值。唐代全盛时期，五台山共有寺庙300余座，经历几次变迁，寺庙建筑遭到破坏。目前台内外尚有寺庙47座。其中佛光寺和南禅寺是中国现存最早的两座木结构建筑。显通寺、塔院寺、菩萨顶、殊像寺、罗睺寺被列为"五台山五大禅处"。台怀镇是寺庙集中分布的地方，是五台山佛事活动和经济生活的中心。相传五台山是文殊师利菩萨讲经弘法的场所。历史上，印度、尼泊尔、朝鲜、日本、蒙古、斯里兰卡等国的佛教信徒，来此朝圣求法的甚多。是当今中国唯一兼有汉地佛教和藏传佛教的佛教道场。每逢盛夏，海内外游人香客前来游览观光、烧香拜佛、络绎不绝。每年6月举行盛大的骡马交易大会，进行物资交流、文艺会演和消夏避暑。

二、品牌营销

（一）佛事活动

传统九大佛事活动：农历七月十五的盂兰盆会、农历七月二十四的龙树菩萨圣诞法会、农历七月三十的地藏菩萨圣诞法会、农历八月二十二的燃灯佛圣诞法会、农历九月十九的观世音菩萨出家纪念法会、农历九月三十的药师琉璃光佛圣诞法会、农历十一月十七日的阿弥陀佛圣诞法会、农历十二月初八的释迦牟尼佛成道法会、正月初一的弥勒

---

① 大地风景BES：宗教旅游案例分析之传统佛教五台山（二），sina.blog.cn

菩萨圣诞法会。

（二）重大节事活动

1. 跳布扎

时间在农历六月十五前后，起源于西藏，是五台山黄教每年举行的重大佛事活动。在活动前一天，寺内喇嘛就开始念护法经，跳金刚舞，在菩萨顶"镇鬼"；十五日，百余名有身份的喇嘛走出菩萨顶，穿街绕巷，最前边架着弥勒菩萨像，其后大喇嘛坐轿，二喇嘛骑马，其余僧众吹奏庙堂音乐，浩浩荡荡地往罗睺寺去"跳神"；十六日，又在菩萨顶"斩鬼"，大、二喇嘛穿戴皇赐服饰，外列僧人头戴面具装扮28宿，就地画圆，按圆行步，并辅以身形手势。通过此活动以驱除邪恶，迎来吉祥安泰。

2. 骡马大会

每年农历六月举办，其间举行大型佛事活动、民间文化活动、骡马牲畜交易大会。朝会活动内容丰富，其主要一项是四方僧侣云集台怀镇做道场、诵经，使五台山充满了神秘的宗教色彩。游人不但参观了五台山的寺庙建筑群，而且欣赏了当地的民俗风情。五台山是中国佛教四大名山之一，自古以来就有兴盛的朝会。随着社会的发展，朝会逐渐演变，从而形成了五台山国际旅游月，为展示佛教圣地五台山的镇山文物提供了广阔的舞台。

3. 五台山佛教文化节

五台山是文殊菩萨的道场，终年香火缭绕、梵音不断，宗教气氛浓厚。每年8月，这里举行盛大的旅游节庆——"五台山佛教文化节"，届时各方宾客和僧众云集，举行盛大的佛事活动、民间文艺活动，盛况空前。

（三）随机性旅游营销活动

"入遗"后的第一个国际旅游月；国庆慢游山西：礼佛吃斋与赏月听钟、五台山推出"851"秋冬旅游特色项目；中国五台山八月将举办"佛光普照四海结缘"大会；佛教音乐成为五台山旅游新亮点。

三、营销成果

（一）五台山2007年接待游客近340万人次，旅游收入逾16亿元

中国佛教圣地五台山传出消息：2007年，五台山旅游接待人数和旅游收入喜获丰收。截至12月31日，五台山2007年全年旅游接待人数和收入比上一年又有增长，接待游客近340万人次，旅游收入超过16亿元人民币。

（二）5月1日五台山接待游客量创新高

五台山和谐幽雅的旅游环境深深吸引着全国各地游客，再加上旅游消费券的发行，为五台山带来了更多的游客，据该景区假日旅游信息中心统计，5月1日当天共接待海内外游客3.62万人次，创"五一"黄金周改为小长假以来最高纪录。

（三）山西五台山佛教文化节旅游月首日签约11亿元

中国五台山第四届佛教文化节暨第十八届国际旅游月于8月22日召开，当天上午即成功签约两个项目，共引资11亿元。第一个项目是五台县驼梁区风力发电场项目，

项目总投资 10 亿元，拟引资 10 亿元。五台县政府县长任建华与河北兴泰发电有限责任公司党委书记赵化民就风力发电项目签约。第二个项目是投资 5000 万元的五台山游客服务中心、投资 7000 万元的旅游市场、投资 500 万元的预备停车场项目，由五台山风景名胜区管理局局长梁有升与山西省旅游集散中心有限公司总经理王珊签约。

本章参考文献：

1. 高科，佘晶晶. 近二十年中国宗教旅游研究述评 [J]. 西南交通大学学报（社会科学版），2010，11（3）：59-65.

2. 陈传康，徐君亮. 陆丰县的海滨旅游资源开发层次结构 [J]. 热带地理，1986（3）：222-231.

3. 保继刚，陈云梅. 宗教旅游开发研究——以广东南华寺为例 [J]. 热带地理，1996（1）：89-96.

4. 谢若龄，吴必虎. 30 年境内外宗教旅游研究综述 [J]. 旅游学刊，2016，31（1）：111-125.

5. 颜亚玉. 宗教旅游论析 [J]. 厦门大学学报（哲学社会科学版），2000（3）：69-73.

6. 王春峰，黄国星. 田阳敢壮山布洛陀信仰的宗教旅游价值 [J]. 广西师范学院学报，2005（2）：27-31.

7. 高科. 国外宗教旅游研究进展及启示 [J]. 旅游研究，2009，1（3）：54-60.

8. 张瑜. 试论古希腊宗教的文化特征 [J]. 文学界（理论版），2011（7）：250-251.

9. 赵林. 论希腊宗教的文化特点 [J]. 宗教学研究，1998（1）：98-103+115.

10. 谢振玲. 古希腊宗教的特点及其对希腊文化的影响 [J]. 边疆经济与文化，2009（2）：116-117.

11. 王傲. 罗马共和时期的宗教与政治 [D]. 湖南科技大学，2017.

12. 聂冰若. 前期罗马帝国宗教研究 [D]. 哈尔滨师范大学，2011.

13. 杨共乐. 早期罗马宗教传统的特点 [J]. 河北学刊，2008（2）：96-98+106.

14. 江华. 试论罗马宗教在过渡时期的嬗变 [J]. 世界宗教研究，1997（1）：127-132.

15. 肖安琪. 碰撞与融合：托勒密时期的古埃及宗教 [D]. 江西师范大学，2014.

16. 郭子林. 宏观把握与微观分析完美结合的《古代埃及宗教》[N]. 团结报，2009-08-27（007）.

17. 吴信如. 佛教各宗大义：佛教的基本教理与修持 [M]. 北京：中国藏学出版社，2004.

18. 董平, 盛宁. 佛法与众生法的协和: 从佛教中国化论人间佛教及其价值取向 [J]. 世界宗教研究, 2016 (5): 38-48.

19. 邓子美, 周菲菲. 人间佛教研究五十年述评 [J]. 西南民族大学学报 (人文社科版), 2015, 36 (6): 65-77.

20. 班班多杰. 汉地佛教与藏传佛教本土化之历史考察 [J]. 中国社会科学, 2004 (5): 151-166+208.

21. 方立天. 中国佛教伦理思想论纲 [J]. 中国社会科学, 1996 (2): 97-111.

22. 卿希泰. 道教研究百年的回顾与展望 [J]. 四川大学学报 (哲学社会科学版), 2006 (4): 45-54.

23. 王莲. 我国道教四大名山 [J]. 新长征, 2006 (22): 60.

24. 詹石窗. 道教生命伦理与现代社会 [J]. 中国哲学史, 2003 (2): 59-65.

25. 刘红娟. 从两宋时期四川地区道教石窟造像看道教神灵信仰特征 [D]. 四川大学, 2005.

26. 石衍丰. 道教的神灵崇拜与中华文化 [J]. 宗教学研究, 1998 (1): 6-13.

27. 王珊. 基督教教义中的生态思想评析 [D]. 大连: 大连理工大学, 2009.

28. 李晓斌. 牺牲、重生与救赎——解读《纳尼亚传奇: 狮子、女巫和魔衣柜》中的基督教教义 [J]. 科教文汇 (上旬刊), 2011 (11): 82-85.

29. 杨杰. 人本与神本基督教起源观探析 [D]. 云南师范大学, 2015.

30. 赵林. 基督教信仰与希腊哲学的思想张力 [J]. 世界哲学, 2016 (1): 115-124+161.

31. 谢炳国. 基督徒的洗礼 [EB/OL]. http://shszx.eastday.com/node2/node22/lhsb/node1477/node1493/userobject1ai7898.html.

32. 贾建平. "凯拉姆" 和伊斯兰教义学 [J]. 中国社会科学院研究生院学报, 2005 (6): 77-83+145.

33. 马秀梅. 伊斯兰教义学及其在中国的传承系统 [J]. 回族研究, 2004 (3): 18-24.

34. 李林. 当代中国伊斯兰教义学研究的问题与反思 [J]. 中国穆斯林, 2011 (3): 18-21.

35. 沙尔玛. 印度教 [M]. 上海: 上海古籍出版社, 2008.

36. 李琼. 印度教与印度民族主义 [J]. 南亚研究季刊, 2004 (4): 68-74+1-2.

37. 朱明忠. 论印度教的特点及在印度社会发展中的作用 [J]. 当代亚太, 2000 (7): 53-61.

38. 王丽莉, 霍艳. 略论日本的神道 [J]. 长春师范学院学报, 2005 (4): 119-120.

39. 色音. 日本神道教的历史与现状 [J]. 世界宗教文化, 2014 (6): 47-51+126.

40. 牛建科. 日本神道教功能试论［J］. 日本研究，2011（1）：116-122.

41. 周燮藩. 犹太教的自我诠释——再论什么是犹太教［J］. 世界宗教研究，2001（1）：85-97+150.

42. 黄陵渝. 论犹太教伦理的核心主题［J］. 世界宗教研究，2001（1）：98-106.

43. 张倩红，张佩佩. 新世纪以来中国学者对于犹太教的研究［J］. 世界宗教研究，2016（4）：173-182.

44. 胡浩. 论犹太教的现世价值［J］. 宗教学研究，2014（3）：256-260.

第 十 章

旅游目的地及接待业的
文化管理

第一节　景区规划中的文化建设

一、旅游景区文化概述

（一）旅游景区的定义

旅游景区是旅游业中一个主要的复杂的组成部分，对这个概念的界定存在一定的困难。苏格兰旅游委员会认为，旅游景区是"一个长久性的旅游目的地。其主要目的是让公众得到消遣的机会，做感兴趣的事情，或受到教育，而不仅仅是一个零售点、一处体育竞赛场地、一场演出或一部电影。游览地点在其开放期间，应不需要预订，公众可随时进入。游览地点不仅能够吸引旅游者和一日游者，而且要对当地居民有吸引力"。中华人民共和国国家标准《旅游区质量等级的划分与评定》（GB/ 17775—1999）中规定：旅游景区是经县级以上（含县级）行政管理部门批准成立，有统一管理机构，范围明确，具有参观、游览、度假、康乐、求知等功能，并提供相应旅游服务设施的独立单位。

由此，我们可以确定，旅游景区应该具有如下条件：第一，具有较集中的旅游吸引物；第二，具有较完善的旅游服务设施、设备；第三，具有完善的公共设施；第四，具有完全的旅游规定性；第五，具有一定的空间尺度；第六，具有统一管理机构和一定的经营功能。

（二）旅游景区文化的内涵

旅游景区文化内涵，是指旅游景区中所包含的丰富的文化因子、积淀的丰富的文化底蕴，它包括作为文化载体的文物古迹、民族服饰、节日庆典、组织制度和行为观念，还包括一种可以感觉但是难以表达的气氛、感情和风格等。景区文化反映的是景区在历史、民族、宗教、建筑和自然等方面的旅游价值。正确而深刻地理解景区文化内涵，并对其进行科学的分类，是我们加强景区文化建设的前提条件，它将使景区文化建设更具有针对性、目的性和实际操作性。

景区文化内涵包括三个层次。最外层是有形的物质文化，如建筑、园林、器物、工具、饮食和服饰等，具有被人感受到的物质形态。中间层次包括制度文化和行为文化两个方面，制度文化是旅游者和旅游经营者处理个人与他人、个体与群体关系的产物，包括旅游活动参与者应遵守的法律、规章及职业道德等约束机制，它是旅游行为的定型化、程序化和道德化，主要由政府、集团和机构等运用强制手段制定和实施。行为文化则主要是指旅游者和旅游经营者在旅游活动中约定俗成的习惯定势行为、礼俗、礼仪、民风、民俗、行为举止和服务方式等。它实际上是旅游者或旅游经营者的个体的自发性行为，是其内在的价值观念、审美情趣和思维方式等因素在其行动中的表现。景区文化内涵的核心层是精神文化或心态文化，它是旅游活动参与者的文化心态及其在观念形态上的表现，包括社会心理和社会意识形态，由价值观念、审美追求、道德情感和思维方式等主体因素构成。

这三者之间的关系是由客体到主体紧密相连、不可或缺的关系。物质文化是景区文化内涵的外在显现或外在的物化，能够为外界所感知，也因它有形，故易于被模仿和仿造。心态文化是景区文化内涵的核心，必须有意识地外化于物态，才能为人所感知，为人所了解，从而使自身的观念、追求、情趣和情感等能引起他人的共鸣。而制度文化和行为文化则是由物态到心态的中间性的过渡环节，具有承上启下的不可替代的作用，对于提高旅游业的经营管理水平、保证服务质量和增强竞争力，也是不可缺少的。旅游服务人员标准、优雅的服务，能使旅游者感到旅游的莫大快乐；旅游者良好的行为举止，既是人类文明的外在表现，也能减少与接待地居民间无谓的冲突。

（三）旅游景区文化的类别

旅游景区文化内涵极为丰富。根据景区旅游资源的性质，可以将景区文化分为自然景观文化和人文景观文化；根据景区旅游吸引物的特点，可以将景区文化分为动态文化和静态文化；根据景区吸引物的有形与否，可以将景区文化分为景观文化和氛围文化；还可以根据景区文化提供者的职能，将景区文化分为服务文化和管理文化。

1.自然景观文化和人文景观文化

从资源的属性讲，景区的旅游资源包括自然资源和人文资源两大类。这两大类资源在一定区域范围的综合表征，称为旅游景观。因此，旅游景观也分作自然景观和人文景观。自然景观的旅游文化是以大自然为载体的审美文化，也可称为物态审美文化，它是人类审美不断升华的必然结果。人文景观文化既区别于自然景观文化，又往往以自然景观文化为创作的素材、背景和陪衬的对象，它是人类长期实践和创造的结果，是人类历史文化的产物和现代文明的结晶，是旅游审美活动的重要组成部分。

2. 动态文化和静态文化

景区内的景观或静或动，处于动与静的交织之中。旅游景区动态文化包含两大类。一类属于自然风景的动态文化，另一类属于人文活动中的动态文化。前者诸如波涛、飞瀑、溪泉、烟霭和云雾的飘动，后者着重指旅游过程中由人的活动提供给游人审美观照的艺术整体，如表演艺术、造型艺术、语言艺术和实用艺术等。景区静态文化是以静态景观为载体的审美文化，从静态的建筑、地质地貌到景区中的设施标牌、文字说明等都属于静态文化的组成部分。

3. 景观文化和氛围文化

景区的景观文化具有重要意义，因为景区是景观文化得以体现的舞台，景区文化则以景观为基本的表现方式来传达给旅游者。但是除了景观文化，景区营造的氛围也在很大程度上影响着景区的形象，甚至与景观文化同样重要。氛围文化是以客观的、有形的自然景物为载体，尤以当地民风、民俗等文化为背景，融入人们丰富多彩的审美情趣而造就的特殊文化气息。特色鲜明的景区氛围文化，具有明显的地域特色和民族特色，具有独特的魅力和吸引力，反映了景区管理者独具的匠心，更容易给旅游者以感染力和文化的熏陶。

4. 服务文化和管理文化

服务文化和管理文化，属于制度文化层面的内容。从景区文化的提供方来看，景区的管理者具有服务和管理的职能。树立什么样的服务理念和管理方针，决定景区文化的趋势和走向。以人为本和无微不至的服务观念，注重小节、关心小事、标新立异和吸引注意力的服务方式，会为景区增色不少，甚至会成为景区引以为豪的独特卖点；而高效高素质的管理方式，注重社会效益、经济效益和生态效益并重的管理文化，也是景区可持续发展的基石。

二、景区文化建设的步骤 [①]

（一）挖掘文脉

1. 自然类景观为主的景区

自然景观的美是通过文化来鉴赏、反映和传播的。自然物一旦成为人们的欣赏对象，就与人类的旅游活动发生以审美关系为主的各种关系，形成自然景观文化，如山水

---

① 王玉成.旅游文化概论［M］.中国旅游出版社，2005.

文化、海洋文化、石林溶洞文化和森林风景文化等，而附着于其上的潜在的历史文化、科学文化、文学审美和附会文化等，却需要进行深入挖掘、整理和充分展示，才能将其潜在的价值转化为现实的旅游产品。对自然景观资源的文化发掘和文化建设，不在于改变其外形特征，而着重于发掘景观本身的文化品位和价值。自然景观资源文化的开发主要应从以下四个方面入手①：

（1）景观审美文化的挖掘。

自然景观的美有形态美、色彩美、声音美、结构美、质感美、嗅觉美和动态美等。其美的本质是美在自然，即客观性。它是自然美的根本特征，是天造地设，不以人的意志为转移的，人们可以感知它、欣赏它，但不能创造它。自然事物的形式千变万化，但是都脱离不了各自的固有本性，并表现出自然的特征。所以，我们在以自然景观为主体的景区的文化建设中，一定要遵循自然规律，注意根据自然美的要求来设计和建造人工建筑。同时，自然景观的美还体现在审美主体的参与过程。例如攀登峻峰陡崖，能使人品味到不同程度的奇险之美，坐在穿越急流险滩的船上也能使人感受到某种程度的奇险之美，坐在索道缆车上观赏脚下的万丈深渊、云烟缭绕的山水林泉，不仅可以感受到山水的自然化育，而且能体验到旅游活动本身的奇险之美。

（2）历史文化内涵的挖掘。

凡风景名胜，大都具有悠久的历史背景和深厚的历史文化内涵，正如白祖诚先生所言："我国最著名的第一流品位的山水和自然景观，也都几乎无不在民族历史进程的不断加工和熏染中被注入了文化的内涵与特色，并因此而大大增加了其审美价值的吸引力。"②

在我国众多的山水胜景中，历史和先贤留下了诸多的故事和遗迹，这些能使我们窥见古代历史的文明，强化我们对历史的认识和思考，培养我们的爱国主义情操。可以说，这些自然景观中的历史文化就是一部巨大的历史书卷，关键是我们如何正确地开发和利用。桂林山水之所以能"甲天下"，绝不仅因为是神奇秀丽的自然风光，还因为是神奇秀丽的自然风光和附丽在它上面的厚重的文化内涵的有机结合。黄山、泰山和峨眉山等之所以吸引众多海内外游人，也绝非仅仅因为各具特色的山水景观能给人以愉悦，还因为它们深厚的文化底蕴和千百年来广为传诵的不朽诗篇能给人以无穷的遐想。

（3）科学文化内涵的挖掘。

旅游景区的科学文化价值，主要体现在它蕴含自然科学知识以及相关的知识。例如钟乳石的形成过程及种类、温泉的来历及利用价值、海洋的形成及变化、动植物的种类及特性、喀斯特地形地貌和丹霞地貌的成因、岩溶洞穴景观及洞穴内千姿百态的钟乳石的形成过程及种类等。各景区如能深入挖掘和整理这些特色文化，根据不同旅游者的需

① 王玉成.旅游文化概论［M］.北京：中国旅游出版社，2005.
② 白祖诚.当前我国旅游大发展中的迫切课题［A］.崔延南.旅游文化新视野［C］.北京：旅游教育出版社，1999.

求，或用文字或由导游人员进行深入浅出的讲解，比到处雷同化的比拟和象形更能激发旅游者的兴趣，同时也满足了旅游者对自然事物认知的需求。

（4）文学审美内涵的挖掘。

自然景观尤其是山水名胜，其文化内涵的另一个层面，是秀美无比的自然风光与历代文人墨客无数之诗词题记、对联匾额和摩崖石刻的交相辉映。我国的许多山水，无景不诗，无诗不妙，诗为景之魂，景乃诗之体，人与美景融为一体，由此营造出诗情画意的文化氛围，给自然山川增添了丰厚的文化底蕴。因此，景区景点的开发建设及宣传包装，应该着力于渲染强化这种独特的文化氛围，通过精心策划和运作，使游人慕名而来，陶醉其间而流连忘返。可以把这些诗词歌赋，用天然奇石刻成碑碣，置于景区观景的最佳处，美文与美景相互辉映，渲染出浓浓的诗情画意，使游客在观赏山水的形态美、动态美、色彩美和结构美的同时，又能欣赏并诵读这些脍炙人口的美文，引发审美思维，达到情景交融的审美境界。

2. 人文景观资源文化内涵的发掘

与自然景观相比，人文景观的文化性更为丰富多样。人文景观是典型的"人化"资源，被深深地打上人类活动的印记，因此它具有明显的历史积淀性、时代精神性和民族文化性。在开发人文景观资源的文化内涵时，应以历史文化为导向，以历史胜迹、文物艺术、宗教文化和民俗风情等为主题，同时注重其科学内涵和科技形式的展示。

（1）历史文化内涵的发掘。

人文景观大多具有史学价值，是直观的历史教科书，是历史的见证，亦是历史的载体。对这些历史承载物的发掘和利用，能使游人了解人类的昨天，从而获得书本上得不到的知识。例如沟通湘漓二水，联系长江与珠江两大水系的广西壮族自治区兴安县的灵渠，它不仅是中国，也是世界上最古老的人工运河之一。它以石砌的铧嘴把湘江水分入漓江，在渠道的水浅流急之处建造"陡门"提高水位，以便船只通行。它的古老和灵巧，令中外专家名士和旅游者叹为观止。如果能打好"秦文化"牌，可以让人们在游览中真切地了解历史，进一步激发爱国主义热情。

（2）名人文化资源的发掘。

本着尊重历史、尊重史实的原则，根据旅游者的需求和创造品牌的需要，发掘整理历史上有广泛影响的名人的遗迹、遗存，采用旅游者喜闻乐见的形式，并进行适当的包装和宣传，使其充分发挥"名人效应"，是使文化资源转化为旅游产品的重要途径之一。名人文化所含内容极其丰富，包括：文人墨客游历之后赋诗、填词、题名、作画、书字、传记，以至著书留下的珍贵的文学艺术遗迹；一些有名的传奇人物和军政名人的遗迹；近代党和国家领导人游历、考察留下的踪迹及评价等。对名人文化的发掘，可根据不同人物的情况和景区的文化需求，采取不同的形式加以利用。例如对有巨大影响力的人物，可以将他们对当地旅游资源的评价或作品用文字形式展示出来，以扩大景区的地位和影响力；对那些具有传奇经历的人物则可将他们的传奇经历、传说故事进行包装，增强景观的神秘性和生动性，从而增强吸引力和诱惑力。

（3）宗教文化内涵的挖掘。

中国宗教文化博大精深，是中国悠久灿烂历史文化的集合点之一。佛教、道教、基督教、伊斯兰教、摩尼教和犹太教等都在我国传播过，其中前四种已经植根于中华大地，因此宗教文化对我国的政治、经济、历史、文化和风土人情等方面都有影响。我国的宗教景观与艺术，随着佛教的传入和道教的形成而产生。到了六朝，佛教名山、道教名山、幽静的寺院道观、高耸的浮屠和雄伟的石窟，广布于全国各地，为旅游活动增添许多庄严、神秘的色彩。我国许多宗教文化浓厚的景区现已成为知名的旅游胜地，如果能认真加以挖掘和整理，以宗教活动、宗教圣地和宗教文化为中心，来策划旅游活动，能使宗教文化资源优势转化为旅游市场优势，增加景区的文化特色。

（4）古建筑文化内涵的发掘。

建筑师们曾这样诠释建筑："建筑是石头的史书"，是"灵感的凝结，历史的注脚，文化地平线上的侧影"。简言之，建筑是物质外显和文化内涵的结合，是某一历史时期社会、政治、经济、文化、道德和审美观的综合写照。一些名建筑还体现建筑师和工匠们为人类造福的理想和人们对某种美好生活的向往。因此，开发建筑文化资源，重点不在建筑本身，而是在其结构和外观背后所蕴藏的深厚文化意味。这种体现在建筑物中的文化，才是人们的审美价值所在，只有把它挖掘出来，并为游客所理解和欣赏，才能使建筑文化转化为独具魅力的旅游产品。

（5）民俗文化资源的发掘。

民俗文化对旅游景观的成名也起着不可忽视的作用。民俗风情本身就是人文旅游景观的一个重要组成部分，它是在一定的地理环境中，在长期的生产与生活中所形成的，并以相延成习的方式代代相传的各种风俗习惯。现在，越来越多的国家把开发民俗风情文化资源作为发展旅游业的一项重要措施。民俗风情文化如果能得到精心的策划和展现，一定能形成具有强烈吸引力的旅游品牌。各地可以建立民俗博物馆，修缮民俗旅游村寨，设计并组织好健康优秀、生动活泼的民族文化性节日活动、民族文艺表演和民族生产与生活情景演示，组织民俗文化展览和民族商品展卖，提供有民族特色的服务等，使他们通过这些活动，在丰富多彩的民俗文化中获得多方面的享受，从而满足其求知、求新和求奇的需要。

（二）树立景区文化形象，打造景区文化产品

随着社会发展，人们外出旅游越来越倾向于对旅游目的地和旅游企业的认可。旅游者对旅游目的地和旅游企业的认可度，往往决定旅游是否成行。因此，景区引入和重视旅游形象就显得更为重要。它是景区文化的综合反映和外部表现，是通过自己的行为、产品和服务在旅游者心目中留下的图景和造型，是旅游者以其直观感受对景区的总体看法和评价。良好的形象策划，是旅游产品和服务精神、文化因素的内在要求，它通过特

色鲜明的形象向旅游者传达规范化、标准化、高品位的旅游产品和服务形象信息，以促进消费者的认同和消费动机的形成。

1.景区文化形象的要求

（1）形象友好。

形象友好，是对一个景区最基本的要求。无论是自然类景区还是人文类景区，不管其文化内涵是否丰厚，如果没有一个友好的形象作前提，任何努力都是白费的。友好的形象体现在许多方面，比如工作人员的服务水平和服务态度、工作程序，对当地社区的友好程度，接待设施是否方便、是否有人文关怀，价格的制定是否人性化，游客在游览过程中是否能体验到以人为本等。

（2）积极向上。

社会在不断发展，景区也要不断进步。景区的形象要反映特色文化，但是同时也应创造先进形象，这主要体现在管理观念的先进性和展示手段的科技化。同时，景区应关注景区外的事项，积极参与社会活动尤其是公益活动，创造一个与时俱进的形象。

（3）绿色健康。

景区的可持续发展取决于经济、社会和环境效益的兼顾。景区可以通过生态项目的设置，项目服务人员的演示、讲解，标志的引导；通过导游倡导生态型消费；通过对外部生态新闻事件的宣传，来创造景区的生态形象。同时，在项目的设置上也要考虑产品的健身养生功能，能使旅游者更好地放松，得到强健的体魄。

（4）动态开放。

文化是一个兼容并蓄的系统，吸融性很强，因此景区的文化系统和文化形象不是封闭禁锢的，它要能够容纳来自各地的旅游者自身的文化，在承受住这种文化冲击的同时尽量展现自身文化的各个层面，以一种大度的姿态迎送络绎不绝的旅游者。

2.景区文化形象的定位

景区形象虽然重要，但是景区形象定位更重要。所谓定位，是指在众多旅游地中，各旅游地由于自身特点和实力的差异，在旅游者心目中处于不同的位置。形象定位，属于景区的经营特色问题，具有以下特征：

（1）重要性。

它能向旅游者提供高价值的利益。旅游者在游览某一有形象特色的景区时，心旷神怡，会感到不虚此行。

（2）优势性。

它使人无法通过其他方式获得同等利益。昆明利用举办世博会的机会，把世博园开辟为固定的景区，成功地突出了自己的春城形象，使其他城市无法与之相比，从而强化了自己"四季如春"的优势地位。

（3）独特性。

以一种与众不同，却能够被目标游客接受的方式提供特色。美国的尼加拉瓜瀑布、我国的黄河壶口瀑布，飞流急下的河水所形成的水雾使人躲避不及，因而产生一种现象。人们不远万里前来观赏瀑布奇观，但是人们接近瀑布后被雾水浸湿衣服，又想远离它，这种景观构成了一种特色。

（4）占先性。

占先性，指旅游业内同行无法轻易地复制此种模式。2001年，北京的鲁迅博物馆、宋庆龄故居、老舍故居和徐悲鸿纪念馆等七家名人故居联合推出"追寻世纪名人"系列纪念和旅游活动。这个策划活动依托于北京的特有优势，是其他地区很难复制的。哈尔滨太阳岛形象的成功定位，也是利用文化资源特有优势的成功例子。

3. 打造景区文化产品

文化是景区的灵魂，但是灵魂不能直接赚钱。景区文化的主题提供了景区开发的核心竞争力，它使得其他竞争者很难模仿。但是文化主题只是为景区进入主要目标市场，指导设计各类旅游产品，满足所认定的目标旅游者群体的需要创造了潜在机会。文化主题只是旅游发展的思路，本身并不能直接获取经济利益。经济利益需要经过具体的市场运作才能实现，而市场的运作需要项目即产品来体现。项目是旅游景区构成吸引力的亮点，包括独特的景观、参与性活动、精彩的表演，也包括独特的氛围、特色餐饮、特色购物、特色交通形式、有趣味的旅游节奏和独特的服务形式等。项目设计是目前各旅游规划单位普遍的弱项，是旅游景区这一"水桶"最短一块板，是衡量各旅游规划单位在旅游景区规划方面实力强弱的主要"标尺"。

（三）营造文化氛围

1. 活化景点，缀以美名

"活化"景点的功能在于增强人们的想象力，达到借助情感的推动，把审美的感知和理解联结起来的目的，从而产生一种理解性的品格和抒情性的品格。主要方法是为景点增加"人化"或"物化"的含义，从而给旅游者以丰富的想象力。我们在旅游活动中不难发现，给旅游景点一个充满人情味的命名就是"活化"景点的最好办法。比如黄山有名的"迎客松""陪客松"和"送客松"，本是植物，但赋予人的情感后，便似乎具有人的思想。此外，一些"物化"的景点也具有一定的吸引力，容易与旅游者产生共鸣。

2. 神化景貌，增其灵性

景区的内涵和文化，需要通过景区工作人员和一定的设施、解说系统，通过景观、项目的设计，才能更好地诠释、体现出来，因此，要注意赋予景区以灵魂、灵性，增添其神采，使景区不再是静态的景观，而成为富有灵性的个体。一方面，可以通过利用当地的传说使景观具有浪漫色彩，例如云南昆明石林中的"阿诗玛"石峰，在一个优美神话故事的衬托下，使游人思绪万千。另一方面，可以利用项目的设计使景区充满文化气息，例如在自然山水景区设置休闲休憩区域，开设茶庄、茶亭，旅游者可以一边喝茶，一边欣赏古雅的乐器表演，还可以参与采茶、制茶、品茶和猜谜等活动，这就为景区增添了宁静悠闲的气氛。

3. "趣"化景区，愉悦性情

"趣"化景区最重要的一环，就是能激起游人的参与意识。如旅游者在四川甘孜藏族自治州、凉山彝族自治州，既可以感受到骑马狂奔的刺激，又能和着旋律优美的乐曲，跳起欢快的"吉祥舞""达体舞"。同时，以旅游地的风土人情为背景，将健康文明又有浓郁地方特色的文化，包括饮食文化、服饰文化等呈现给旅游者，与游客同乐，游客的兴趣一定会大增。此类"生活方式"游，目前在国际上十分流行，这同它的文化魅力是分不开的。

4. "动"化景区，创造动态文化

（1）举办大型的群众性的民族节庆活动。

各民族地方性的民俗节日活动，例如泼水节、风筝节、赛马会、珍珠节、火把节、冰雕节及月下对歌会等，具有典型的地方特色，是极具魅力的旅游景观项目。将这些群众自发的活动加以组织和包装，成组成团，成批成套地表演，或让游客参与，完全可以向外推广，形成"传统节日游""竞赛观赏游"等有社会基础的动态旅游景观项目。

（2）假借宗教仪式，开展丰富多彩的庙会旅游活动。

将传统庙会形式改造更新，纳入旅游活动范畴，使之具备观赏性、参与性、娱乐性和教育性，从而带来旅游商业的兴旺。组织游客参加佛教、道教某些场合的宗教仪式，也是满足人们对文化猎奇心理的一种方式。大多数游人并非虔诚的宗教信徒，他们旅游的目的是欣赏各种宗教环境艺术，感受礼佛活动、宗教音乐和香烟缭绕的神秘气氛，这是一种美学活动。

（3）实行文化艺术团体与旅游业的结合，共同塑造地方文化的整体风格。

文化艺术团体与旅游业结合，两者相互促进，共赢共荣，都可以得到持续不断的发展。即使被称作"街头艺术"的皮影、木偶和杂耍，也可以在景区内扎根生长，为景区创造良好的文化氛围。例如开封的清明上河园、河北吴桥的杂技大世界，引进这些项目，就产生了良好的效果。

（4）设置让游人身临其境的参与项目。

特殊文化风景配以古典民族服装和角色打扮的服务人员，演绎一种动态的旅游景观。或者招纳一些身怀绝技的人员，采用一些集风趣滑稽、有惊无险的绝技表演手法为旅客服务，让他们导游、导吃及导用，则一定会令游客终生难忘。在特定的观光旅途中，工作人员身穿传统服装，扮成车夫、轿夫、船夫或马夫，引导游客体验骑马、骑骆驼、坐轿、搭乌篷船或坐独轮车的感受，使游客更深刻地感受景观的历史背景和环境氛围。

（5）设置城市家居旅馆。

设置城市家居旅馆，让游人参与家居式的生活，也是一种体验式的旅游文化获得。

许多景区利用乡村度假民居,得到普遍的看好。到这些地方住宿,可以享受到村民殷勤有礼的款待,感受到中国百姓热情好客的传统美德,欣赏到淳朴多趣的民风民俗。这与闹市中的星级饭店恰好形成鲜明的对比,对游客的生活内容给予某些调节和补充。

5."现代化"展示景区文化

采用"现代化"的手段与设备设施展现景区文化,是市场的需要和发展的趋势。这里所说的"现代化"包含多种含义。首先,景区应该采用科技含量高的手段,例如博物馆和科技馆、主题公园中可以利用电子触摸屏、数字模拟及动态模拟等,让旅游者通过现代化手段感受、领悟景区文化。美国迪士尼乐园、好莱坞影城,日本的海洋巨蛋,深圳的世界之窗,都因投入大、创意新和科技含量高而取得成功,获得很高的回报。这一点在景区的住宿产品上也是如此,不论是以古文化为主的景区还是自然生态型景区,不能一味追求复古或原始而忽略现代旅游者对舒适和现代生活的基本要求。其次,现代化还指景区文化意境的现代化,也就是"新瓶装旧酒",尽管其文化内涵是一致的,但是其展现方式及其凸显的文化含义和重点却又有了现代意义上的解释。

6.文化表现细节化

文化不仅体现在大的方面,更重要的是要体现在细节上。首先,旅游景区应该在文化表现力上尽量注重细节。无论表现的是山岳的豪迈,还是水体的磅礴,或者是古代遗存的空旷远古,其文化表现都应该是细致精粹的,而不是粗糙的、粗放的;而且这种细致精粹应该体现在景区组成要素的各个方面。在确定一个文化的主基调之后,通过建筑、布景、路径、标志和解说系统的正确处理,加上景区特有的服务体系和服务文化,配合精心设计的小的文化因子,将景区的文化内涵和文化气息发挥到极致,给旅游者创造一个良好的文化旅游氛围。其次,细节的一丝不苟,不仅体现在严谨的工作上,更应该表现在深厚的人文关怀态度上。例如设立宽敞的、高度适当的售票窗口,增设临时售票点,旅游旺季增设停车场,为游客遮阳挡雨、寄存物品、提供热开水,为残疾人提供方便,这些细小服务都会体现景区的人文关怀,提升景区的形象。

三、景区文化建设应注意的问题

(一)加强对旅游之文化本质的认识

很多旅游开发者和经营者对旅游缺乏文化的观念,或是对文化的认识尚肤浅,仅停留在"形"上,而不是在"神"上,因此在景区文化建设上出现偏差。为了满足旅游者的猎奇心理需求,许多地区将代表当地文化特色的东西进行"包装",作为商品向旅游者进行演示。例如傣族的泼水节,本是在特定时间和地点,以传统的内容和形式举行的民族节日,但是现在为了适应旅游的需要,可以随时随地为游人进行表演,极具随意性。这就使旅游者接触不到活生生的本土文化,而其固有的文化特色也在逐渐失去。具有地方特色的传统工艺品,在走向大众市场时,把原来精雕细琢的手工艺品变成粗制滥造的、大批量生产的机器产品。这就造成了传统艺术形式的退化，削弱了它的生命力，严重地破坏了景区的文化形象。

从旅游者的角度出发，旅游是一种文化消费，无论是有意识还是无意识，旅游活动都是为了满足精神上对文化的需求。从这个意义上讲，旅游业传播优秀文化，并不只是加强民族文化影响的需要，它首先是实现游客最根本的旅游目的之需要。上面提到的景区文化建设出现的种种偏差，其产生的根源在于开发者缺乏传播优秀文化这一根本性认识。因此，在旅游建设中，在旅游景区的完善中，都必须首先考虑文化建设，切实坚持文化建设这一核心思想。缺乏这种核心思想，就不能制定出有实质内容的文化建设规划并为之投入，而只是重硬件、轻软件；缺乏这种核心思想，就不能始终如一地突出文化建设，而是庸医式地对待文化建设，头痛医头，脚痛医脚；缺乏这种核心思想，就不能自觉地把文化建设贯穿于旅游工作的全过程，显现于语言文字的表达，蕴含于景观的展示；缺乏这种核心思想，就不能把文化建设切实地纳入队伍建设，只注重文化知识，不注重文化传播的精神。

（二）做好以文化建设为中心的总体规划

近年来，各地的景区较为重视景区文化的建设和包装宣传，将文化内涵放到开发建设的首位，有些地方也注意民族节庆的开发和举办，一些景区还以民族风格表演的形式来增加其文化含量。但是，大部分景区深层次的、优秀的和厚重的文化内涵还是未得到较好的挖掘和利用。即使是景区内的人文景观，也只是重视实物的利用，而忽略内在文化的挖掘，没有把实物与无形的文化有机地结合起来，使得一些人文景观外观形象丰富而内容空洞枯燥。一些旅游景区的文化开发，方向不够科学正确，使得其文化主题定位缺乏鲜明突出的个性特征。一些景区文化含量明显不足，旅游产品档次不高，游客到景区只能走马观花式地看看山水风景和实物，听听神话传说和民间故事。这种浅层次的旅游产品对游客的吸引力自然就不大，旅游者在景区的停留时间短，消费水平低，旅游企业经济效益不佳的不良状况难以改善。更为令人忧虑的是，一些地方还在吃老本，还处在出售旅游资源的阶段，没有在品牌策划、品牌运作上下功夫。

景区要做好旅游总体规划，使景区文化形象与该地区的文脉协调。景区文化形象应以当地的地文、人文内涵和特色为基础，通过项目设置使之更加凸显出来。对于景区文化，形象给予者应该主动做好把这个景区的文化介绍出来的工作，使游客从分享中获得对景区形象的认识。因此项目设置必须符合当地的旅游总体规划，紧扣当地的地文和人文的主流，而不应偏离、湮没主流和特色。苏州呼伦贝尔迪士尼游乐园开业不久就关门，深究其原因，是因为该乐园的高科技卡通娱乐风格与整个苏州城精致古典的风格不符合。

（三）树立旅游经营从业人员作为文化传播者的良好形象

相比于其他行业的市场竞争，我国旅游业的竞争更重视商机的竞争，而不重视文化的竞争。出于功利主义的动机和短期行为的意向，对文化资源进行大规模、突击性的旅游开发，造成了文化的过度商业化。旅游业中的许多文化元素逐渐消失，不仅文化意义发生了变化，甚至其文化价值也逐渐被无视和否定，使旅游业陷于一种"无文"的境地。由于文化本位的缺失，旅游业的经营、从业人员在无序的市场竞争中迷失方向，造成许多影响从业人员形象的不良事件。

旅游商品的价值体现明显区别于其他商品，它既有物质内容又有精神内容，而根本在于精神文化内容。这些精神文化内容是以景观、景点为载体的。要实现其价值，要传播优秀文化，就要切实提高文化传播者的素质，确保优秀文化与游客的交流畅通无阻。而目前许多景区不注重队伍建设，从业者素质偏低，是导致景区文化建设不力的重要原因。经营从业人员在景区文化建设和传播中起着至关重要的作用，他们的思想和认识决定着景区文化建设的基调和方向，他们的行为影响着景区文化的形象。因此，经营从业人员首先应清楚自己的地位，明白自己的职责，认识行业的性质，时时刻刻不忘自己是文化的传播者，自觉地提高自己的修养，规范自己的言行。

第二节　酒店及游客接待中的文化服务

一、旅游者的审美期待

旅游审美心理学告诉我们，当旅游者萌发旅游动机，并通过各种大众媒介开始搜集相关信息和选择旅游目的地时，其审美期待心理也随之进入动态的发展阶段。这种审美期望尽管在开始主要是指向景观对象的审美价值的，但随着旅游目的地的确定与旅游行期的临近，这种期待将会更多地转向旅游接待服务，因为后者直接关系到他们旅游审美需求是否能够如愿以偿。

一般来讲，大多数旅游者是以自我为中心的。他们习惯于从自身的文化修养、审美趣味或生活方式出发，期望在异国他乡所享受到的接待服务能够达到他们所认同的标准和满足他们的合理需求。因此，当他们刚一接触到开往旅游目的地的交通工具，便在期望值、紧张感、陌生感和新奇感等心理因素的驱使下，对旅游接待人员进行全方位的审视和评价，其中审美的倾向表现得尤为突出。因此，作为旅游接待人员——美的使者，一方面要考虑自身的形象建设，另一方面又要考虑旅游者的审美期待心理。一般来说，旅游接待人员作为直接的审美对象，言谈、举止、仪表、仪容、礼节、礼仪和风度等都应达到美的要求。这集中地表现在其仪表、风度与心灵三个方面。

（一）仪表美

从一般的认识规律来看，旅游者在审美活动的全过程中，总是由点及面、由个性到共性、由个人到团体、由局部到全局，渐次认识国家或地区的整个社会风物之美。因此，旅游接待人员作为旅游者直接审视、品评的最初对象，必须自觉地重视自己的仪表，设法给旅游者留下一个美好的第一印象。仪表美通常会产生一种"光环效应"，将旅游者引入初级的审美判断，对随之而来的旅游接待工作和旅游审美活动均会起到积极的诱导作用。概而论之，人的仪表美是其形体美、服饰美与发型美的有机结合。

形体如同色彩一样，是最大众化的审美形式。不言而喻，头大颈短、曲背弓腰、身长腿短、大腹便便或瘦骨嶙峋等，明显违背了美学法则，根本谈不上自然形体美。所以，旅游企业在招聘旅游接待人员时，要对形体美有适度的要求，注意选择那些具备一定自然条件的人员。服饰美是构成仪表美的另一因素，服饰是人的整体形象的文化体现，恰到好处的衣着打扮不仅可以美化自身，也可以取悦别人，给别人一个好心情。"三分长相，七分打扮"，旅游接待人员的服饰美要求服饰得体、和谐、入时，做到端庄、整洁、大方，不必追求有失仪容的奇装异服。发型美作为一门实用造型艺术，它反映着人们的个人修养与艺术品位，是个人形象的核心组成部分之一。旅游接待人员在为自己选择发型时，除了受到个人品位和流行时尚的左右外，还必须对本人的性别、年龄、发质、脸型、身材、职业等因素重点加以考虑，以便取得整体和谐统一的审美效果。由形体、服饰和发型等因素集合而成的每位旅游接待人员的总体仪表美，直接影响着旅游者的审美视觉。旅游接待人员形象仪表的美，会给整个旅游审美活动造成一种积极而欢快的前奏。

（二）风度美

培根曾说："论起美来，状貌之美胜于颜色之美，而适宜并优雅的动作之美又胜于状貌之美。"

这里所谓的"动作之美"，即指风度之美。风度是一个人的性格、气质、文化水平、道德修养的外在写真，是人自身所具有的较为稳定的行为习惯的外在表现形式。即一个人在言谈举止中自然表现出的各种独特的语气、语调、手势、动作等。它是在漫长的社会生活实践中和不同形态的历史文化氛围中逐步形成的，是个人行为举止的综合产物，是社交活动中的无声语言。

虽然风度美在很大程度上反映出人的内在美，但它总是通过外显的行为，如站态、坐态、步态和其他肢体语言等可视因素展现出来的。人们常说"站要有站相，坐要有坐相"，这是对风度美提出的最基本的要求。我们认为，旅游接待人员在同旅游者交谈或讲解时，首先应注意站态。优美的站态能显示个人的自信，并给人留下美好而隽永的印象。站立时既不要两脚并拢，笔直挺硬，也不可双腿叉开过大，双脚随意乱动，双手叉在腰上或环抱在胸前。手势与表情也不宜过于夸张或激烈，不可用手指点人说话，否则令人难以接受。

与站态一样，端庄、优雅的坐态也能表现出一个人的静态美感。如果坐态不端，不仅难看，而且会导致人体畸形变化，损害身材的自然美。因而，旅游接待人员在坐态方面应注意一定的礼仪规范，在实际活动中细心观察，不断总结，追求端正大方、自然舒适的坐姿。步态指的是人在行走的过程中所形成的姿势。步态自始至终都处于动态之中，体现的是人类的运动之美和精神风貌。对步态的总的要求是：轻松、矫健、优美、匀速。虽不一定非要做到古人所要求的"行如风"，至少也要做到不慌不忙、稳重大方。

（三）心灵美

旅游接待人员作为旅游者的直观审美对象，其心灵美也是被关注体察的要点。通常人们习惯于把仪表美和风度美归于"表层"的美，而将心灵美称为"深层"的美，只有这二者的和谐统一方可造就一种"完整的美"。心灵美是人的其他美的真正依托，是人的思想、情感、意志和行为之美的综合表现，是一切美的核心。

旅游接待人员的心灵美主要体现在他们所提供的优质服务上。报纸上曾报道过一位导游员在陪同法国"东方之友"旅游团的整个游览活动中，积极热情、任劳任怨、关心旅游者、讲解认真、语言生动，并为团中的老人多次排忧解难、上搀下扶、无微不至，临别前旅游者感动不已，送他一个装满外汇券和法郎的大信封，但却被他婉言谢绝了。随后，他收到法国旅游团员多封热情洋溢的感谢信，信中对此番在华旅游给予极大的肯定和评价。这样的事例，是对旅游接待人员心灵美的构成及其意义活的说明。国际旅行社系统所提出的"五要五不要"，从表面上看，这是对导游服务的规范要求，实质上是对导游如何塑造心灵美高度而集中的概括。特别是其中对国格人格方面的要求，在社会学意义上可以说是旅游接待人员塑造心灵美的起点。只有讲究国格人格者，才有可能追求自我的完美。

需要指出的是，心灵美尽管与道德伦理有着最直接、最密切的关系，但不能把二者完全等同起来。因为心灵美作为美的一种特殊形态，具有一切美的共同特征——直观性；也就是说，内在的心灵美往往是通过外在的其他美显示出来的。所以，每个旅游接待人员在为旅游者服务和追求个体美化的过程中，要避免重外轻内或重内轻外的偏向，而要力求仪表美、风度美、心灵美的和谐统一，从根本上做到美的服务和优质文明服务。

二、旅游服务艺术的塑造

一个旅游接待人员，要在工作中取得良好的接待效果，使旅游者对你有一个深刻美好的印象，除了应具备的基本功以外，旅游服务艺术则是衡量一个旅游接待人员接待质量的重要标准。既然是艺术，就没有每一个人都能模仿的固定格式，它应该因人而异，因事而异，因场合而异。但有一些共同点，即应该作为我们探讨旅游服务艺术塑造的基本功之一加以重视。[①]

（一）微笑服务艺术

1. 微笑——态度美的"感性显现"

微笑作为一种面部表情，在人与人的相互交往中具有一定的审美心理学意义。当人们问美国著名的希尔顿集团董事长，如何把一家名不见经传的旅馆迅速发展成为遍及美国及五大洲 70 多家豪华宾馆的跨国公司的成功秘诀时，康纳·希尔顿自豪地说是靠"微笑的影响力"。他说："如果缺少服务员的美好微笑，好比花园失去了春日的太阳和风，假如我是顾客，我宁愿住进那虽然只有残旧地毯，却处处见到微笑的旅馆，而不愿走进第一流的设备而见不到微笑的地方。"因此，他经常问下属的一句话便是："你今天对客人微笑了吗？"即使在 20 世纪 30 年代经济大萧条的严峻时刻，希尔顿本人也毫不灰心，一再告诫各级员工："万万不能把心里的愁云摆在脸上。无论饭店本身所遇到的困难如何，希尔顿饭店服务员脸上的微笑是永远属于顾客的阳光。"

2. 微笑的情绪扩散效应

在饭店服务业中，明朗而甜蜜的微笑具有"镜子"的功能，对旅游者起着积极的情绪诱导作用。它一方面会使旅游者感受到服务人员愉快明净的心境和热情欢迎的态度；另一方面会创造出温暖如春的友好气氛，消除旅游者初到异乡的紧张感、陌生感和怯生感，进而使对方产生心理上的安全感、亲近感和愉悦感。这样，旅游者会食而有味，宿而能安，心平气和地观赏、审视周围的人和物，有利于累积美好的回忆。反之，冷漠、生硬或愁闷的面孔则会给旅游者一种初交不善的消极情绪感染，使人望而却步、反感排斥，给整个旅游活动投下阴影；或者诱发旅游者的逆反心理，使其变得百般挑剔，对美好的事物视而不见、听而不闻，致使"良辰美景虚设"，失去旅游活力。

自旅游业兴起以来，微笑服务一直受到广泛的重视，并被当作一种卓有成效的经营手段和优质服务的衡量标准。优质服务是旅游业的生命线。将微笑充分运用于接待服务工作中，可以大大改善服务态度，提高服务质量，使旅游者的需求得到最大限度的满足。

3. 微笑一定要发自内心

微笑既是一种"情绪语言"的传递，故微笑服务还是应强调发自内心，才能感染对

---

① 陈鸣. 实用旅游美学［M］. 广州：华南理工大学出版社，2004.

方。不能简单地理解面带微笑就是微笑服务了，如喜剧电影《满意不满意》里，那位对微笑服务只知其然、不知其所以然的服务员，见人就笑，而且挤眉弄眼，似乎笑得很认真、很卖力，其结果非但没有引起顾客的欣赏与共鸣，反而使顾客怀疑是"神经搭错线"，望而却步。影片中当然有强烈的艺术夸张，但从中却不难领悟，唯有会心的微笑服务，方能笑出魅力，发挥情绪沟通的桥梁作用。

（二）审美信息的传递艺术

众所周知，在旅游审美活动中，由于个人差异与文化距离诸因素的存在，旅游审美信息往往借助中介力量——传递者，也就是掌握审美信息和传递艺术的旅游接待人员，经过相应加工处理再输送给来自不同社会文化群体的旅游者或接收者。传递通道可以是视觉、听觉或其他的感觉系统。概而论之，旅游接待人员传递信息艺术主要涉及服务语言艺术与服务技巧两个方面。

1. 服务语言艺术

著名美学家朱光潜先生说："话说得好就会如实地达意，使听者感到舒适，产生美感。这样的说话就成了艺术。"如此看来，提高旅游接待人员的语言艺术主要应该在"达意"和"舒适"上下一番功夫。"达意"要求发音清楚，用词准确，也就是人们常说的"修辞立诚"，因为这样才会引起旅游者的注意，满足其求知明理的欲望，创造领悟审美信息的基本条件。"舒适"则要求声调柔和悦耳，言词娓娓动听，节奏抑扬顿挫，风格诙谐幽默，情感激越真诚，从而唤起旅游者听觉和情绪上的快感，达到益智添趣、触动审美心理、获得审美满足等多重目的。

2. 服务技巧

（1）旅游接待及导游技巧。旅游服务是包括旅游者的食、住、行、游、购、娱于一身的综合性服务。游览观光是旅游必备的三大支柱之一，"游"不仅需要有值得观赏的自然资源、人文资源，还需要导游得法，讲究接待及导游的技巧。

寓教于游，善于导人。导游服务包括生活服务、讲解服务和思想服务。其中，讲解在导游服务中居于中心地位。导游人员的讲解服务要力求深入浅出，生动形象，博古通今，妙趣横生。这样的导游和讲解，就使大多数处于静态的旅游资源焕发盎然生机，从而使旅游气氛活跃，满足旅游者的观赏要求。

审景度势，巧用"三导"。景，是指景点的多寡和分布，旅游线路的安排；势，则主要是指旅游者的构成和旅游动机。应将二者紧密结合起来考虑，选择更适合的导游技巧。导游技巧一般有顺序导、交错导和重点导。

讲究导游讲解技巧。导游人员讲解技巧是导游艺术的重要组成部分。通过导游人员有声有色地介绍和讲解，旅游者不仅能看到景观的表象，而且能更深刻地感受到所见景物，从中得到美的享受。因而，导游人员务必不断总结经验，善于因地制宜地运用各种导游技巧。

（2）饭店、客房服务基本技巧。对饭店、客房服务，总的要求是使旅游者来得高兴，住得舒适，走得愉快。其服务基本技巧有下述三个方面。

要有较强甚至过目不忘的记忆能力。记忆是人对自己经验的识记、保持和再现的心理过程。饭店业接待服务过程中非常需要记忆技能。这种技能主要应用在三个方面。一是对宾客的情况，比如宾客的姓名、特征、住宿目的、时间以至本人兴趣、爱好、忌讳等要迅速掌握。较快地呼出其姓名并加先生、女士之类的敬称。掌握这些情况，亦可有针对性地为其服务。二是对宾客托办的事情要牢记，而且要及时认真地办妥办好，令宾客满意。三是对本饭店的设备功能、商品服务项目乃至相关地理、交通、历史、旅游景点等均应了解，要成为宾客咨询服务的"百事通"。

服务工作要标准化。整理卫生，要先后有序，整齐划一；安全防范，环环相扣，万无一失；就连斟茶送水都要标准化。如泡茶时，开水倒入水杯至1/3或1/2处为宜；当茶泡至3~5分钟后，再续倒开水至茶杯的3/4或4/5处为宜，切不可倒得过满。

餐厅服务基本技能。饭店、客房服务的某些基本技能同样适用于餐厅服务。饭店本身就具有多功能性，餐厅是其功能之一。当然，餐厅服务还有它的特殊要求，如餐具摆设、铺台、托盘、斟酒、派菜等都有特定要求。

（三）审美行为的协调艺术

在旅游审美活动中，掌握和灵活运用一定的观赏原理对调节旅游审美行为及其效果具有十分重要的作用。这是因为，形态各异的景观只有借助不同的观赏方法才会显示其内在的魅力，才会与人的审美心理结构契合，使人在观赏中进入物我同一的境界，获得审美的共通感。在旅游审美实践中，要想充分地展现旅游景观的美，使旅游者获得最大的审美满足，导游人员应从具有生理心理结构的人的本体出发，学会因地制宜地运用观赏原理，使旅游观赏活动符合旅游者的生理负荷、心理动态和审美习惯。

1. 调节观赏节奏

（1）张弛相济。

常言道："文武之道，一张一弛。"旅游审美活动也应注意这一关系。在组织游览时，要考虑到旅游者的生理适应性，解决好日程安排的紧与松、劳与逸等关系问题。游览活动的一张一弛，一般通过日程安排以及具体的节目安排反映出来，这就要求导游人员根据旅游团队的人员构成，如年龄、体质、要求等，设法使观赏内容丰富多彩，旅游活动松紧相宜，以便达到使人感到轻松自然、不虚此行的目的。当然，游览活动的张弛程度要根据具体对象而定，对于热衷"拼命工作拼命玩"的日本中青年旅游者来讲，较快的观赏节奏就非常适合他们的口味。

（2）缓急有度。

在具体的游览过程中，行进速度的缓急也应有一定的节奏，这对旅游审美效果会产生直接的影响。例如游园，有的人习惯于宏观观赏，即从大处着眼，注意建筑的轮廓或假山池树的布局等；有的人则喜好微观省察，即从小中见大，仔细玩味一幅彩绘、一处盆景等。如果导游人员忽视了个人审美习惯的差异，或像赶羊似的一个劲地催他们快走，或放任自流随其所便，或因为时间宽余而故意散漫松垮，都会对旅游者的正常审美情趣产生消极的作用。所以，导游人员应像乐队的指挥一样，在整体协调和因势利导的基础上，把握好行进速度的节奏变化，对该慢、该快、该停之处，必须做到心中有数，事前做好统筹安排，以便使旅游者在快、慢，稍快、稍慢和静止的节奏变化中，从容自如地享受旅游观赏的乐趣。

（3）快慢相宜。

导游人员的讲解速度快慢也构成观赏节奏。太快，旅游者不是反应不及，就是听不清楚，时间一久，会导致听者注意力分散或精神过度疲劳；太慢，会使人听了上句等下句，容易给人一种零散或迟钝冷场之感。这两种情况均不利于观赏活动的有效进行。在正常情况下，导游讲解的节奏应以不紧不慢、流畅生动为准则，快时不妨用设问作为缓冲，以使节奏有所变化和松弛旅游者过度紧张的听觉神经。要根据景观对象的具体情况来调节讲解速度，通常人文景观的内容复杂，需要传递的信息量大，就可适当快些；相反的，自然景观的直觉性强，需要传递的信息量小，可适当放慢一些，给旅游者留有观赏玩味以及印证的余地，以确保活动的自由性或随意性。

2.选择观赏位置

从旅游审美活动的物理基础来看，景观对象只有在一定的角度或地理位置才能显示其最大魅力。比如，西山晴雪、庐山瀑布、泰山日出等，许多天然的空间构景莫不如此。

（1）合适的观赏距离。

在审美活动中，审美主体需要与审美对象保持一定的距离，审美对象才显得美。这也是人们心理习惯造成的，即审美除掌握空间距离外，还应考虑心理距离。比如，一个曾经遇过海难的人又在航海时遇见大雾，他不但对海上的雾景产生不了美的感觉，反而会感到威胁和恐慌。若是一个初见大海的人，当他看到海雾与帆船时，就会感到这是一种绝美而浪漫的景致。因此，导游人员要善于把握好审美距离，调动旅游者的审美心理因素。

（2）恰当的观赏角度。

观赏角度不同也会产生不同的审美效果。如果角度不对，很可能欣赏不到美。比如，在万寿山下仰视万寿山，便可看到层层殿堂，辉煌夺目，分外壮观，且有"山外青山楼外楼"之感；而从玉泉山居高临下俯瞰万寿山，万寿山则显得只是单调的小山头，就感觉不到它的美了。当然，仅仅告诉旅游者去何处观赏是不够的。若想引人入胜，还必须再费一番心力，如穿插一些与观赏对象密切相关的地理、历史知识以及神话故事等，并在导游过程中，给旅游者留有一定的想象余地，协助他们主动进入角色，诱导他们去自行发现景观的美。

3. 把握观赏时机

对导游人员来说，观赏时机主要还意味着在动态观赏过程中，抓住重点，把握时机，做好现场指导，协调旅游者的审美行为，提高其审美满足感。比如，在乘船顺江而下游三峡的过程中，由于动态性强，常常发生船行景移、时过境迁的现象。其中有的景观只有几秒钟的可见时间，稍纵即逝，使观赏者失之交臂，难以弥补。针对这种情况，导游人员应该做好重点景观的讲解工作。在重点景观出现之前，先对其进行一番生动描述和渲染，然后把握好观赏距离和时间，及时引导旅游者观赏。

总之，"乐导出热诚，善导出佳绩"。导游人员只有注重自身的职业道德与美学修养，发扬"成人之美"的优秀品德，熟练掌握和运用语言艺术与导游艺术，才会创造自我形象、实现自我价值，有效地传递旅游审美信息，协调旅游审美行为，在旅游者与景观之间构筑起沟通审美机缘的桥梁，从而更好地塑造自己的职业形象和更有效地完善自己的服务艺术。

三、酒店服务文化建设

酒店服务的无形性和可变性，决定了酒店在经营发展过程中构建体现自身特点的服务文化的重要性。酒店服务文化，是以酒店接待服务为依托，为消费者提供食、宿、购、娱等服务的一种特殊文化形态，是酒店在为社会提供各种产品和服务过程中所表现出的物质形态和精神形态的统一体。酒店服务文化构建是对酒店、顾客和员工三方关系的协调，使每个利益主体在获得价值的同时，求得一种利益的均衡，反映了酒店整体的共同追求、共同价值观和共同利益。①

（一）服务文化的内涵

酒店服务文化由三个层面的内容构成：第一，精神层面：包括体现共同价值观的服务意识、服务理念等，这是服务文化的灵魂。服务意识是对服务性质、服务质量、服务重要性的直觉反应和理性思考。围绕"以人为本"的服务理念，酒店等服务企业应培育以下几种服务意识：客户至上、诚信至上、真诚贴心、全员参与。第二，物质层面：包括企业的服务形象、硬件设施及服务品牌等，这是服务文化的基础内容。硬件设施包括服务机构的设置、服务设施的完善、消费环境的优化等。服务品牌建设是推进服务文化深入的重点，它建立在顾客的高度信任和忠诚的基础上。第三，制度层面：包括服务机制、服务手段等，这是服务文化建设的重要保障。企业将优秀的服务文化用制度的方式规定下来，形成科学的管理体系和服务机制，将抽象的服务概念和要求变为具体的服务指标，渗透到企业的经营管理当中。现代服务手段的应用和创新有助于提升服务管理的水平和效率。

---

① 萧湘.酒店服务文化的构建［J］.企业改革与管理，2013（7）.

在培育服务文化中，企业应将内部营销与其他支持性的营销活动结合起来，作为培育服务文化的有力手段。所有员工，包括经理、主管、与顾客接触的一线员工、后台支持人员，都必须深刻理解和接受企业目标、战略和战术、产品、服务、外部营销活动和企业流程，明确服务导向，掌握服务技能，提高顾客意识，认清自己承担职责的重要性。企业应注重建立员工与顾客以及其他方面的良好外部关系，创造组织内部和谐的气氛以及员工之间的积极的关系。

（二）明确企业的共同愿景

在酒店服务文化建设中，愿景如同一条强有力的无形纽带，把不同阶层、不同部门的员工凝聚起来，朝着同一个方向努力，并提供精神上的推动力。企业必须提供一个愿景，使服务工作成为有目的、有意义的活动。这实际上意味着要求明确知道企业是干什么的，它做些什么，为什么要这样做和怎样做，谁是他的目标顾客群，"愿景"明确表达了企业的目标和对员工的期望。愿景信息应该被广泛地散布到公司的各阶层，尤其是普通员工。如希尔顿酒店的愿景是"一切尽在希尔顿"，宗旨是"为我们的顾客提供最好的住宿和服务"。团队精神是其重要的企业精神，并将这种理念上升为品牌文化。这种愿景贯彻到每一个员工的思想和行为之中，从而塑造了独特的"微笑"服务形象。希尔顿饭店的每一位员工都被谆谆告诫：要用"微笑服务"为客人创造"宾至如归"的文化氛围。"今天你微笑了吗？"成为落实愿景、检验服务品质的口头禅。

（三）服务文化的顾客导向

构建以顾客价值体验诉求为导向、独具个性的服务文化体系，最根本的是要求坚持顾客本位，以顾客需求为中心，以满足顾客的价值诉求和体验诉求作为酒店进行服务设计、服务提供和员工管理的出发点和归宿。应以顾客对服务所给予的价值体验评价——"满意不满意"，作为对服务品质判断的首要依据和终端标准。应善于从客人的角度评定酒店服务能力。要深入了解：客人认为最重要的东西是什么？最认同的价值是什么？因为，顾客只对自己认为最有价值的东西毫不犹豫地掏腰包。因此，坚持顾客本位或顾客导向，要求我们要不断改善服务品质，使服务内容更具针对性，服务过程有更丰富的情感内涵，服务项目有更多的新颖性和创造性。

在服务文化建设中，应重视员工的作用。酒店最大的财富和赖以成功的决定因素是企业的员工。无论是实施文化战略，达成文化目标，还是提升酒店的服务品质和核心竞争力，最终都要落实到员工的素质培育上来。酒店文化的行为规范、使命和愿景，只有当全体员工彻底地贯彻到行动中才有意义和作用。因此，我们要以期望员工对待顾客的方式来对待员工，以人为本，了解人、尊重人、信任人、关心人，重视每个人的贡献和重要性，关心他们的物质利益、精神需求。要用酒店的经营理念和崇高目标凝聚、激励全体员工，不断提高企业内部服务质量，有效地激发每个人的主动性、积极性和创造能力。

（四）制度建设让文化落地

　　管理制度是服务文化的重要组成部分。服务文化与制度建设之间有着密切的关系，文化蕴含着制度，制度也体现了文化。优秀的服务文化是建立在科学的管理制度的基础之上的，制度管理是刚性管理，服务文化是柔性管理，刚柔并济使得服务企业的管理更趋向于科学化、规范化与合理化。要通过制度建设，将服务文化体现于细节中。力求在数以百计的服务细节和关键时刻做到持久如一，始终体现出对顾客的高度关注。为此，应制定明确标准和规范来保证优质服务水准的实现。对优质服务标准的规定必须简洁明了，这样才具有可操作性，真正让服务文化落到实处。如有的企业规定电话铃响几声之前一定要接听；沃尔玛规定，员工要对三米以内的顾客微笑，还规定员工认真回答顾客的提问，永远不要说"不知道"。要通过奖惩制度使优质服务措施得到巩固和加强。如对表现突出的员工可视贡献大小给予合理化建议奖、持股分红金、破格晋升等。在制度制定过程中，管理者应广泛发动员工参与其中。这样，员工才会在服务工作中更加自觉地执行这些规范。在制度和标准颁布之后，领导者应当以身作则，如果领导者以顾客为先，则上行下效，企业的制度和标准就容易得到员工的自觉遵守。

（五）全员营销支持一线服务

　　构建服务文化是酒店全体员工的共同使命。酒店作为服务组织应该向所有员工传递一个简单的原则："如果你不是在服务顾客，那么你最好服务于某位服务顾客的人"。根据这一组织结构原则，酒店内部每个人都充当着一个服务者的角色，连那些从未见过顾客的后台服务人员和支持人员、行政人员、中高层经理也不例外。著名的 Ritz Canton 连锁酒店使用通俗易懂的语言表达这一原则，即"要照看好那些照看顾客的人。"

　　酒店内的所有成员可以分成一线服务人员、内部服务人员、支持人员三大类。一线服务人员处于服务组织的前台，直接、有计划地与顾客接触。内部服务人员包括服务组织的后台工作人员，他们的工作一般是顾客看不到的，只是偶尔接触顾客。支持人员指服务组织的其他所有成员，包括服务支持人员、行政人员和管理者。建设顾客导向的服务文化的组织应采用倒金字形的组织结构，将顾客和一线服务人员视为经营管理中最重要的角色，置于金字塔的顶端。管理人员对一线服务人员以支持和服务为主要职能，而不是以控制和监督为主。在倒金字塔结构中，一线服务人员努力向顾客提供高品质的服务，后台服务人员和服务支持人员全力支持一线服务人员的工作。而行政及管理人员的职责是为上述员工提供全面的内部服务和支持创造良好的工作环境和工作气氛。倒金字塔形组织结构真正体现出"服务是每一个人的工作"的价值观，并能够确保服务人员发自内心地关心顾客。

案例分析与讨论：

　　××饭店西餐厅，早餐开餐时间。

　　西餐厅服务员小赵迎来了一位年岁较大的欧洲客人。她主动向客人问好，并送上了早餐菜单。老先生订完早餐后，特意告诉小赵，给他送三张餐巾纸。小赵心里有些疑问，为什么吃煎鸡蛋还要餐巾纸，不吃烤面包，而要白面包。小赵便站立在一旁观察老先生是如何进餐的。只见老先生用餐巾纸把煎鸡蛋上的油小心擦掉，又把蛋黄和蛋白用餐刀分开，然后就着白面包把蛋清吃掉。小赵还注意到老先生在吃鸡蛋时没有像其他客人那样在鸡蛋上撒盐。小赵觉得老先生可能是患有某种疾病，才会有这样比较特殊的饮食习惯。

　　第二天早晨，那位老先生又来到了小赵所服务的餐桌旁坐下，这次还没等老先生开口订菜，小赵便主动上前问了一声："您是否还是用和昨天一样的早餐？"老先生点了点头，不一会儿小赵便将与昨天一样的早餐摆在餐桌上，与昨天所不同的是煎鸡蛋只是煎蛋白，而没有蛋黄。老先生见状非常高兴，边用餐边和小赵聊了起来，说了他吃饭为什么有那么多的要求，那是由于他患有顽固的高血压症，医生多次建议他在饮食上要加以注意。老先生以前在别的饭店用餐，他提出的要求常常被服务员忽视，这次住在这家饭店里，虽然刚用过一次早餐，服务员就已记住了他的饮食习惯，所以他非常满意。后来，老先生在离店前又特意来到餐厅与小赵和其他服务员握手告别，并在宾客留言簿上写下了"细心服务，宾至如归"的评语。

　　思考：该案例中的服务员小赵是如何赢得客人的称赞的？做好服务工作应注意哪些问题？

　　资料来源：陈鸣.实用旅游美学[M].广州：华南理工大学出版社，2004.

思考题：

　　1. 试分析旅游景区文化的内涵。

　　2. 旅游景区文化有哪些类别？

　　3. 简述景区文化建设的步骤。

　　4. 如何挖掘人文景观资源文化的内涵？请举例说明。

　　5. 景区文化形象的要求有哪些？

　　6. 选择一个景区，确定其文化主题，设计文化形象。

　　7. 为什么说旅游接待人员也是旅游者的直接审美对象？

　　8. 旅游者对旅游接待人员的审美期待主要表现在哪几个方面？

　　9. 旅游接待人员应具有什么样的服务态度？

　　10. 阐述微笑服务的重要性。

　　11. 导游员在旅游者的审美活动中扮演什么样的角色？

本章参考文献：

1. 王玉成．旅游文化概论［M］．北京：中国旅游出版社，2005.

2. 吴必虎．区域旅游规划原理［M］．北京：中国旅游出版社，2001.

3. 陈启跃．旅游线路设计［M］．上海：上海交通大学出版社，2010.

4. 陈鸣，实用旅游美学［M］．广州：华南理工大学出版社，2004.

5. 马勇，舒伯阳．区域旅游规划：理论·方法·案例［M］.天津：南开大学出版社，1999.

6. 林璧属，郭艺勋．饭店企业文化塑造［M］．北京：旅游教育出版社，2007.

7. 康福田，张晋燕．我国旅游线路设计中的问题及对策［J］.2013（4）：75-76.

8. 李瑞华．酒店管理软实力［M］．武汉：武汉大学出版社，2015.

9. 萧湘．酒店服务文化的构建［J］．企业改革与管理，2013（7）：45-47.

10. 李祗辉．酒店服务与顾客行为：跨文化比较研究［M］．北京：社会科学文献出版社，2010.

11. 罗光华．地域文化在旅游景区规划中的整合运用——以重庆龙水湖景区规划设计为例［J］.热带地理，2004（2）：201-204.

12. 戴磊，刘胜亮．基于展示城市特色文化的旅游景区规划设计［J］.山西建筑，2014（10）：23-26.

13. 冯晓娜，章牧．论旅游线路的文化品味提升：基于非物质文化遗产的视角——以珠三角为例［J］.特区经济，2011（4）：160-162.

14. 杨攀攀．旅游景区设计中文化的运用与打造的研究［D］.西安建筑科技大学，2014.

15. 李明伟．旅游景区提升和文化包装［N］.中国旅游报，2007- 05-11（7）.

16. 谭丽林．桂林景区历史文化的挖掘利用探讨［J］.法制与经济（下半月），2007（7）：127-128.

17. 刘永福．景观规划设计［M］．上海：中国出版集团东方出版中心，2012.

18. 徐晶．民族旅游文化包装创新［J］.包装工程，2013（4）：17-20.

19. 秦学顾．重庆都市旅游的文化价值和文化包装［J］.经济地理，2002（1）：115-118.

20. 戴磊，刘胜亮．基于展示城市特色文化的旅游景区规划设计［J］.山西建筑，2014（10）：23-26.

21. 演克武，李顺．酒店服务文化的解析与构建［J］.企业经济，2011（9）：159-162.

22. 唐伟．基于顾客视角的酒店文化认同及其实证研究［D］.辽宁师范大学，2014.

23. 陈玲．现代酒店服务文化的建设思路［J］.现代企业，2009（6）：49-50.

24.侯兵，陶然，毛卫东.文化生态视野下的精品酒店主题文化定位与价值取向〔J〕.旅游学刊，2016（11）：42–54.

25.赵桂芹.基于文化建设视角的酒店核心竞争力提升研究〔D〕.山东师范大学，2015.

26.韦红梅.试析酒店文化在构建酒店竞争力中的作用〔J〕.度假旅游，2018（2）：39–41.

第十一章

旅游文化的产业化

案例引入：

浙江横店影视城[①]

　　横店影视城，是集影视、旅游、度假、休闲、观光为一体的大型综合性旅游区，以其厚重的文化底蕴和独特的历史场景而被评为国家 5A 级旅游景区。横店影视城创建伊始是为了配合著名导演谢晋拍摄历史巨片《鸦片战争》，自 1996 年以来，横店集团累计投入 30 亿元资金先后兴建了广州街、香港街、明清宫苑、秦王宫、清明上河图、华夏文化园、明清民居博览城、梦幻谷、屏岩洞府、大智禅寺、红军长征博览城、春秋·唐园、圆明新园 13 个跨越几千年历史时空、汇聚南北地域特色的影视拍摄基地和两座超大型的现代化摄影棚。如今横店影视城早已成为全球规模最大的影视拍摄基地，中国唯一的"国家级影视产业实验区"，被美国《好莱坞》杂志称为"中国好莱坞"。

　　随着影视产业规模的日益扩大，横店集团意识到单一地发展影视产业无法使横店影视城的资源实现价值最大化，同时也跟不上时代的发展和大众需求的转变，必须拓展产业链。2001 年，横店集团整合旗下所有影视拍摄基地、星级宾馆和影视拍摄、旅游接待服务相关的 20 余家企业为横店集团浙江影视旅业有限公司。1996—2005 年，共接待剧组 300 多个，共拍摄影视剧近万部（集），2005 年接待游客超过 300 万人次。横店影视城在不同的景区推出"梦幻太极""始皇登基""八旗马战"等文旅演艺体验产品，使游客身临其境，极大地提升了游客的参与度与体验度。截止到 2017 年，横店影视城已

---

　　① 资料来源：https://baike.baidu.com/

累计接待影视剧组 1700 多个，2155 个中外影视作品在横店拍摄，接待游客超 1 亿人次，如今的横店影视城不仅是中国影视文化产业的代表，也是一处独具魅力的超大型影视文化旅游主题公园。

第一节　旅游文化资源的传统开发方式

大众旅游时代，旅游已经成为人们生活的一部分，参与旅游活动也成为人们提升生活品质，追求幸福感的方式之一。因此旅游者的需求正在逐渐呈现出多样化、个性化、品质化的特征。人们在参与旅游活动的时候已经不再满足于"玻璃罩"中的走马观花了，也不再局限于千篇一律的"量贩式"跟团出行。他们更希望按照自己的意愿和喜好选择个性化的出游方式；在旅游中更加注重休闲度、体验度，对旅游目的地的文化表现出更多的兴趣、对旅游文化的体验要求也越来越高。

一、旅游文化资源的概念

旅游文化是包含在旅游客体、旅游媒体和旅游审美活动中的各种物质与精神文化的总和[①]。近些年来各旅游目的地都在积极挖掘其旅游资源中的文化元素，力求将旅游文化资源转化为兼具观赏性、体验性、休闲性于一体的旅游产品。对旅游文化的体验是建立在旅游文化资源上的，那么什么是旅游文化资源呢？

旅游文化资源不仅是文化资源的一个重要分支，同时也是旅游资源的重要内容，具备双重特性。旅游文化资源首先具有文化资源的性质，同时又是旅游资源的重要组成部分，与文化资源不同的是它只局限在旅游资源的范围内。既然"凡能够吸引旅游者产生旅游动机，并可能被利用来开展旅游活动的各种自然、人文客体或其他因素，都可称为旅游资源"。因此可以说：凡能被旅游业利用来开展旅游活动，能够吸引旅游者产生旅游动机，并能满足旅游者对文化需求的各种自然、人文客体或其他因素都可称为旅游文化资源[②]。

综上所述，旅游文化资源既是旅游资源中的一部分，同时又是文化资源的一个分支，所谓文化资源，主要是指凝结着人类文明和智慧的共性知识资源，通常可分为有形文化资源和无形文化资源，所以旅游文化资源通常是指由人类创造的，能够对旅游者产生吸引力，激发旅游者的旅游动机，使旅游者可以获得精神文化满足，为旅游业开发所利用，并能产生经济效益、社会效益、环境效益的事物和因素的总和。

二、旅游文化资源的特征

旅游文化资源含有丰富的文化价值同时又具有一定的经济价值和旅游价值。它展现

---

① 彭华.关于旅游地文化开发的探讨［J］.旅游学刊，1998（3）：43-46.
② 任冠文.文化旅游相关概念辨析［J］.旅游论坛，2009（2）.

出来的产品是有形的，但蕴含的文化却是无形的。与一般旅游资源一样，旅游文化资源具有多样性、生产与消费的同时性等特点。不同的是，旅游文化资源和产品消费的过程，是文化传播和文化互动的过程，也是文化创造丰富的过程，所以旅游文化资源是一种特殊的产品，其特殊性可概括为以下几个方面。

（一）非物质性

与传统的观光游览旅游资源相比，旅游文化资源不总是看得见摸得着的，虽然产品的提供借助于自然资源、人文景观或一定的旅游设施，但其核心却是一种无形的文化，是非物质的东西，旅游者所得到的更多是一种心理感受，或一种服务。例如，长城文化是我们民族文化和精神的重要一部分，旅游者只有亲自登上长城，看到长城的建筑形式、结构，了解在每一处所发生的历史故事，理解长城所蕴含的军事思想，才能切切实实地感受到它的气势雄伟、特色独具。旅游者也只有走进古城内，体验到当地的民俗生活，尝试当地的特色饮食服饰，观看戏剧曲艺，才能对那里的文化有较为深刻的认识和理解。

（二）丰富的历史文化内涵

旅游文化资源是在特定的历史条件和文化背景下形成的，反映了特定时期的地理环境和历史背景，记载了不同历史时期不同地域人民的智慧，有着深厚的历史文化积淀和文化内涵。而且很多旅游文化资源具有浓郁的地方特色和民族特色，因而对于现代人研究当地的历史与文化，了解当地的民俗风情，考察古代人民生活方式、研究古建筑建造艺术等都具有宝贵价值。

（三）稳定性和创新性相结合

旅游文化资源本身具有稳定性和稀缺性，不能无中生有随意捏造，更不能轻易复制。但是文化是可以深刻挖掘的，也是可以传承和创新丰富的，一成不变的旅游文化不是有活力的文化，同样，一成不变的文化旅游产品业也很难满足不断发展的游客需要，只有不断创新，不断丰富文化内涵，才能适应市场需求，才能与时俱进地推动旅游业向前发展。所以旅游文化资源具有稳定性和创新性相结合的特征，有创新、有特色，文化旅游产品才具有吸引力。

三、旅游文化资源的开发模式

（一）旅游文化资源开发的理论基础

1.旅游区位理论

旅游区位论是研究旅游客源地、旅游目的地、旅游交通的空间格局以及地域组织形式的相互关系的理论。旅游区位研究开始于 20 世纪 60 年代前后，克里斯泰勒最先研究了城市中心地和其周边旅游地的配置关系，他将影响旅游活动的区位因素分为 12 项。旅游区位理论在旅游开发中运用还是比较多的，因为区位理论的原理与方法有助于综合分析，并能有效指导实践工作，在划出较为合理的旅游区界线之后，能更准确地确定各旅游区的功能、性质、地位以及未来的发展方向，对地区的资源整合和旅游长远发展有重要的指导意义。

2. 昂谱（RMP）分析理论

吴必虎（1999）提出旅游开发应从旅游资源（Resource）、市场（Market）和产品（Product）三个方面进行评价论证，即昂谱（RMP）分析模式 [①]，如图 11-1 所示。旅游资源包括未开发的原始资源和已开发的旅游资源两部分，资源综合评价是主题立意的基础和前提；市场调研包括游客需求分析和市场竞争合作空间的分析，市场调研是主题选择的导向，是弹性产品和产品选择的导向和依据；在准确把握旅游资源特性和市场状况分析下，通过整合和创新利用旅游地内外因素，考虑外部时空组合，最终设计具有主题鲜明，独特的、个性的旅游产品。

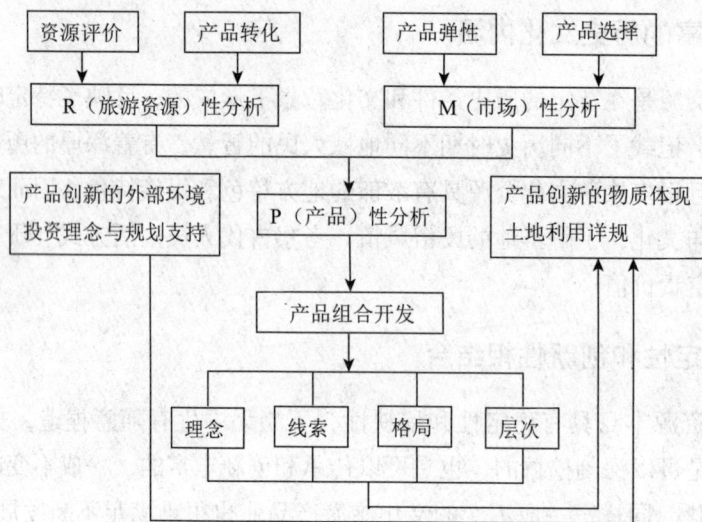

图 11-1　昂谱（RMP）分析理论模型

3. 要素论

在我国旅游学界，多数学者研究对象是从旅游活动的六要素论，即食、住、行、游、娱、购入手的，或是从旅游综合体中界定的三要素——主体、客体、媒体角度进行分析的，这两种提法可以统称为要素论 [10]。要素论的旅游学研究对象都是以过程为主线，以外在支撑体为主要着眼点，"三要素"是旅游活动的支撑体，"六要素"则是旅游

---

① 吴必虎. 区域旅游开发的昂谱（RMP）分析——以河南省洛阳市为例［A］. 青岛市旅游文化学会. 区域旅游开发与崂山风景区可持续发展［C］. 1999：11.

活动的具体内容。

4.SWOT 分析理论

SWOT 分析法又称为态势分析法，即将区域经济活动或企业自身的优势劣势以及面临的外部机会、威胁等各方面因素相结合进行综合分析，明确相应的发展战略的方法。其中 S 代表优势（Strength）、W 代表劣势（Weakness）、O 代表机会（Opportunity）、T 代表威胁（Threat）。在 SWOT 分析中，优劣和劣势分析主要是着眼于区域内部实力，机会和威胁分析则主要着眼于外部环境。进行 SWOT 分析时，需要将内部因素和外部因素一一列出，再分析这些因素是优势还是劣势，

是机会还是威胁，由此得到 SWOT 分析矩阵。最后根据矩阵中不同的组合，选择相应的战略对策。SO 象限应采取积极进取的发展战略，ST 象限应调整战略变被动为主动，WO 象限采用扭转战略利用外部机会来弥补内部劣势，WT 象限采用防御战略。SWOT 分析法应用到区域旅游开发中时，内部主要分析旅游资源的价值、客源市场情况、产品的竞争能力、区位情况、综合接待能力等；外部主要分析宏观政策情况、区域的竞争情况等。

5. 旅游可持续发展理论

旅游可持续发展是可持续发展理论在旅游业中的具体运用。它要求在旅游发展中维护公平，保持和增强未来旅游发展机会的同时，还要满足外来游客和旅游接待地居民的需要，并指导利用各种资源，促使人们在保护文化的完整性、生物多样性和维持生命的同时，完成经济、社会和美学方面的需要。旅游可持续发展理论的核心思想是在统一经济效益、社会效益和生态效益的基础上，既满足个人的旅游需求，又对旅游资源和旅游环境进行保护，使后人享有同等的发展旅游的机会和权利，旅游可持续发展理论以优化旅游活动的行为模式为研究重点，以实现旅游业的长期生存和发展为目标，是指导旅游资源合理开发利用，实现经济、社会、环境协调发展的重要理论。

（二）旅游文化资源开发的传统模式

由于对旅游文化资源的认识不同，开发的模式也多种多样。按照资源的性质和展现方式不同可以分为博物馆模式、主题文化街区模式、主题公园模式、文化旅游村模式、节庆集会模式和主题附会模式。

1. 博物馆模式

通过博物馆把旅游文化资源，用文字、影像、实物、模型等形式展示给游客的模式。博物馆模式，又可以细分为两种情况，一种是在旅游文化资源的原生地建馆，在不移动资源的前提下，保持其原始状态进行展示。如开封朱仙镇的木版年画，在木版年画艺人最为集中的朱仙镇设立了四个木版年画自然保护村，并将木版年画的研究机构、展示馆和经营机构均设置在朱仙镇。另一种是移动旅游文化资源的原始位置，将同一时间段或同一类型的旅游文化资源集中建馆展示。这种形式较为常见，如民间文学、民间戏

曲、歌舞等都可以用博物馆的形式来充分展示。除传统的博物馆模式外，还有时下新兴、流行的"生态博物馆"和"民俗文化博物馆"等展现形式。如：可根据各种文献或历史文献记载或者口头流传的民间故事、民间传说、深入挖掘民族文化资源，以时间段的形式，连续展示地方文脉，不断更新民族文化旅游产品以增强市场感召力。旅游文化博物馆主要是一种静态的保护措施，目前保护内容多为物质形态的文化遗产，而对于非物质文化遗产的保护和展示将是未来的发展趋势。

2. 主题文化街区模式

主题文化街区模式是将街区周围的建筑及其所承载的文化进行开发，这一模式适用于具有一定文化内涵且建筑群在空间上分布比较集中的街区。如青岛八大关、上海的新天地和武汉的"楚河汉街"。其中，上海新天地已被国家文化部命名为"国家文化产业基地"。它是一个把上海独特的石库门建筑旧区改造成国际水平的餐饮、商业、文化、娱乐的休闲文化景区，其创新理念在于用现代手法保护历史文化建筑，对百年历史的石库门建筑外表整旧如旧，内部彻底现代化，既适应了 21 世纪都市人的生活需求，又保留了一个城市的历史风貌，即可识别性。新天地不仅创新地改变了石库门原先的居住功能为商业经营功能，使这些历史建筑既有观赏价值，还具有自我生存和发展的能力，而且创造了一种新的时尚休闲文化生活，来自十多个国家和地区的餐馆、商店、娱乐业投资经营者带来了各国各地区不同的餐饮文化、娱乐文化、休闲文化。新天地作为一个历史文化建筑改造项目，由于创新的理念和文化价值，带动了一个区域的经济发展和土地价值提升，创造良好的经济效益和社会效益，成为闻名中国和世界的采用现代手法保护历史文化建筑的典范，成为一个尝试通过文化建设带动经济发展的成功案例。

武汉的楚河汉街是武汉市大东湖生态水网构建工程的启动工程、纪念辛亥革命 100 周年的核心项目。"楚河"贯穿武汉中央文化区东西，是文化区的灵魂。全长 2.2 公里，连通东湖和沙湖，是国务院批准的武汉市"六湖连通水网治理工程"的首个工程。水面宽度 40~70 米，加上滨河绿化及道路宽度达到 150 米。滨河景观带绿树成荫、步移景换，为武汉市民提供优美的休闲场所。汉街因楚河而生，沿南岸而建，总长 1.5 公里，主体采用民国建筑风格，红灰相间的清水砖墙、精致的砖砌线脚、乌漆大门、铜制门环、雕着巴洛克式卷涡状山花的门楣、石库门头、青砖小道、老旧的木漆窗户，置身其中，仿佛时光倒流。汉街将极具时尚元素的现代建筑和欧式建筑穿插在民国风格建筑中，实现传统与现代的完美融合。除了剧场与电影主题公园，在汉街的中部，有汉街大戏台，其间还点缀着屈原广场、昭君广场、知音广场、药圣广场、太极广场五个文化广场，通过纪念湖北历史文化名人，来展示楚汉文化的魅力。同时，汉街的东西两端配套建设了世界顶级的演艺剧场——"汉秀"剧场和世界唯一的电影文化公园，除此以外杜莎夫人蜡像馆、文华书城、正刚艺术画廊以及五座星级酒店，使得楚河汉街吸引了大量的游客。这种集楚文化、民国文化、现代文化为一体，以旅游文化为核心同时具备购物、游览、休闲、娱乐、美食等多重体验功能的综合性旅游文化街区使得楚河汉街被称为现代"清明上河图"。

3. 主题公园模式

主题公园模式将散布于一定地域范围内的典型旅游文化资源集中于一个主题公园内表现出来，如深圳中国民俗文化村和美国佛罗里达州锦绣中华等。非物质旅游文化资源可能大多缺乏载体，但是具有很强的故事性，根据文化的故事性还可以策划出良好的旅游建设项目或旅游活动项目，如开封府、清明上河园、三国城等就是非常成功的例子。

这一模式的优点是可以让游客用很短的时间、走很少的路程就领略到原本需花很长时间、很长路程才能了解到的旅游文化，其缺点是在复制加工过程中会损失很多原有的旅游文化信息内涵，如果建设态度不够严谨，可能会歪曲旅游文化。

4. 文化旅游村模式

文化旅游村模式是指，以旅客参与或半参与特定环境中的活动为主，让游客在参与当地人歌舞、饮食、竞技、生活、劳作、游戏等活动的过程，观赏历史遗迹，亲身感受当地的世俗风情。例如：西递、宏村、九寨沟等地。该模式适用于相应的旅游文化资源集中于乡村环境中的情况，以文化资源和田园风光为依托开发。它的缺点是把某种文化就地孤立地展示，以个体村落为保护对象，没有考虑村落所处的社区环境，社区环境变化必然影响个体民族村落的变化，对村落的冲击也较大。

5. 节庆集会模式

有些非物质的旅游文化资源需要通过合适的载体来显现，节庆集会模式能够提高文化资源向产品转化的过程中的观赏性和大众参与性。主要有两种情况，一是出于文艺表演的节庆活动，如吴桥国际杂技文化节展示了中国惊险奇绝的传统杂技艺术，每年都吸引了不少中外游客远途而来欣赏；二是民俗风情文化节庆活动，如回族的古尔邦节、圣纪节、开斋节等，在节庆期间都会吸引大量的旅游者。这一模式是适用于对非物质类的旅游文化资源的保护方式。

6. 主题附会模式

将民俗文化主题与某一特定功能的旅游业设施结合起来，形成相得益彰的效果，如苏州网师园夜游活动，阳朔"印象·刘三姐"，登封少林寺的"禅宗音乐大典"等。网师园结束了只白天对外开放的惯例，推出了"古典夜园"活动，利用园内各厅堂分别表现一两段苏州评弹、昆曲等各种类型的地方民俗文化艺术，游客同时可以领略苏州园林在夜景下的意境，很受好评。

旅游文化资源开发的模式多种多样，另一种常见的分类是依据开发理念和开发导向的不同，将其分为四大类，即以资源为导向的开发模式、以市场为导向的开发模式、以产品为导向的开发模式和以体验为导向的开发模式。

7. 资源导向型旅游文化资源开发模式

资源导向型旅游文化资源开发模式所依据拥有的旅游文化资源，而不着重考虑是否有旅游需求、旅游市场。在这种开发理念指导下，开发者对旅游文化资源的特征和价值研究都非常详尽，将已存在的或具有开发潜力的旅游文化资源作为依托，根据资源类型、丰度、规模、文化品位等特点进行分析，最后决定开发什么样的旅游产品。

资源导向型开发模式是最常见也是最传统的旅游文化资源开发模式，这种模式具有成本低、可行性高、开发耗时短等优势。在我国旅游发展初期旅游产品供不应求时，这种开发模式对资源开发利用具有很大指导意义，但由于对市场、政策、开发配套条件等方面考虑相对较少，这种模式也出现很大弊端。例如，资源导向型理念指导下开发出来的旅游产品大多数是传统的初级文化旅游产品，即围绕老天爷赠予的自然遗产资源和老祖宗留下的历史文化遗产进行简单粗糙开发形成的初级产品，这种旅游产品对资源的开发利用程度较低，景区内容单调，产品老化较为严重，随着旅游活动和旅游需求的多样化，这种产品就难具有很大的吸引力。

8. 市场导向型旅游文化资源开发模式

市场导向型旅游文化资源开发模式是市场需要什么就开发什么，即着眼于市场，针对市场需求和市场发展变化规律，确定旅游文化资源开发的主题和内容，对旅游资源进行筛选、加工或再创造，然后设计满足市场需求、受游客欢迎的旅游产品，并将其推向市场，模式为市场—资源—产品—市场。例如，一些娱乐主题公园建设以及专项特种旅游开发就是在这种开发理念指导下兴起的。

市场导向型开发模式强调资源开发与景区规划要以市场研究为核心，以市场的需求分析为前提，相比资源导向型开发模式而言更进一步。但是，并非所有的景区旅游开发都能做到以市场为导向。大多数的景区开发对旅游市场的分析过于概念化和简单化，游离于市场需求的边缘，缺乏对本地旅游市场的细分，更缺乏对旅游市场的准确定位。此外，市场导向型旅游资源开发模式下有可能出现旅游产品供需错位，产品趋同问题突出，内容相互抄袭模仿，产品的稀缺性消失，竞争性加剧，旅游者的旅游体验质量也就降低了。

9. 产品导向型旅游资源开发模式

产品导向型旅游资源开发模式着眼于创造可持续发展的旅游产品，是在目的地旅游文化资源状况和市场需求现状分析的基础上，融进创新性思维，规划开发出富有本地特色的旅游文化产品，并引导旅游者消费旅游产品的一种开发模式。例如20世纪90年代以来，部分带来高额经济效益的人造旅游景观的出现，让旅游经营者和投资商意识到，一些本不具备旅游资源优势的景区，通过精心策划和独特包装设计，也可以开拓一片市场，产生很大的吸引力，也可以使旅游收益从无到有。

该模式走的是"市场—资源"相结合的规划思路，与市场导向型旅游资源开发模式和资源导向型旅游资源开发模式相比考虑更全面、更具有主动性、创新性、强调旅游活动及旅游项目的独特构思和创意设计。

10. 体验导向型旅游资源开发模式

体验导向型旅游资源开发模式以提高游客旅游体验质量为目标，认为资源开发的关键是为游客创造一种满意的、难忘的体验。这种模式产生于体验经济时代，认为获取旅游体验是游客的根本追求，游客在消费旅游产品或服务时获得了难忘的经历，景区投资的旅游设施、设计的娱乐项目才实现其真正价值。此模式的实质是以游客体验为中心，通过旅游文化体验主题化、多样化，构建一个不断更新、丰富且多样的游客体验系统，吸引并鼓励游客亲身参与、切身体验景区推出的活动项目，获得愉悦的、满意的、高质量的旅游体验，进而实现旅游的经济效益、文化效益和社会效益。

体验导向型旅游资源开发模式是旅游资源开发的新模式，强调关注消费者的美好难忘体验，通过对同一资源体验方式和体验层次的变化，创造出不同的体验效果，使景区获得持续发展。这种模式其实是资源导向、市场导向与产品导向型开发模式的综合和创新。实际上，旅游文化资源开发与规划理念是逐步演进、不断成熟和发展的，在实际的旅游文化资源的开发过程中，四种模式通常都有涉及，共同为旅游文化资源的开发服务，只是侧重点有所不同。

第二节　旅游文化资源的创意开发及产业化

旅游文化资源的产业化过程是指通过对旅游文化资源的创意性开发及市场化运作实现旅游文化资源从无形到有形化，从固化到自由流动，使其不仅具备观赏性还具备经济效用和传播效用。当我们从产业化的视角来看待旅游文化资源，那它再也不仅仅只是传统的文化资源的存在，更是一种潜在的经济资源，通过转化成旅游商品的潜在价值，为产业化态势奠定基础。

一、旅游文化资源的创意开发

在国外，创意产业的思想最早可以追溯到著名德国经济史及经济思想家熊彼特，1912年，熊彼特提出了经济增长的原动力是创新，创新的主要内容是知识和信息的不断产生、传播、利用。美国文化经济学家约翰·霍金斯认为创意产业是在知识产权范围内所保护的产品。经济学家罗默曾写道，创新会不断地产生出新的无尽的产品、市场和致富的机会，创意能够成为一个国家新的经济增长的动力机制。英国创意产业特别工作组明确地提出了创意产业的理论，并且将其作为国家的产业政策以及发展策略。他们首次对创意产业进行了明确的界定，"源自个人创意、技巧及才华，通过知识产权的开发和运用，具有创造财富和就业潜力的行业"，创意产业不是以单个独立的产业来思考个人的创作，而是以产业集群的方式出现。英国政府在规定创意产业的范围时，把从业人员多的产业、产量大成长速度高的产业、新颖性和创新性高的产业作为衡量的标准。《英国创意产业路径文件》中将广告、古董市场、手工艺品、电影与录像、设计、时尚设计、艺术和交互式互动软件、建筑艺术、音乐、表演艺术、软件及计算机服务、出版业、广播和电视等行业作为创意产业。

文化产业既是一种特殊的文化形态，又是一种特殊的经济形态。马斯洛的需求层次论认为，当人们不再满足于纯粹的物质层面的需求后，会转而追求物质背后更高层次的符号附加值及精神文化层面的需求。当文化成为资本追逐的对象，文化产业应运而生。目前，文化产业的概念在理论界尚无统一定论。联合国教科文组织在蒙特利尔会议上曾把文化产业定义为"按照工业标准生产、再生产、储存以及分配文化产品和服务的一系列活动"。该定义着重强调"工业标准"。英国政府对文化产业的定义是"那些出自个人的创造性、技能及智慧和通过对知识产权的开发和生产，创造财富和就业机会的活动"，该定义着重强调文化产业的"原创"特点。

我国国家统计局颁布的《文化及相关产业分类2012》将文化及相关产业概念界定为：为社会公众提供文化产品和文化相关产品的生产活动的集合。"产业化"的概念从"产业"发展而来，指具有某种同一属性的企业或组织的集合，带有鲜明的市场性；那么"产业化"也就是说把具有同一属性的集合体转变成按照产业的规则和规律来运作的经济产业的过程。

中国社会科学院张晓明（2005）认为，文化产业发展到一定阶段衍生出文化创意产业，它是经济和社会、文化融合在一起的一个新的阶段。传统产业不断进步，"服务化"形成了文化创意产业，文化逐渐引领科技，创业不断带动文化产生创新。唐建军（2006）提出，文化创意产业是以传统文化产业为基础，不管是何种文化创意活动，都是在一定文化背景下出现，创意不是对传统文化的完全复制，是通过发挥人们的智慧和想象并借助一定的科技手段，在原有的传统文化资源的基础上进行新的创造和提高，所以文化创意产业是不同于传统的文化产业的。

在韩国，基于韩国电视剧、电影所带来的巨大文化影响力，过去大多基于当地自然资源进行项目规划设计的发展策略，逐步转变为依靠上游产业链中的电影、电视产品已形成的全球影响力、吸引力，再根据影视的情节开发、包装旅游景点。如体验韩国传统宫廷料理的"大长今"旅游项目的开发，在电视剧的主要拍摄地首尔以北的MBC文化院，建起了面积达4000平方米的"大长今村"。

近年来，中国文化创意产业有很大发展，尤其是香港、上海、深圳、成都、北京等城市文化创意产业迅速崛起。上海近几年来通过对过去废弃的一些老上海工业建筑的改造和利用，形成了一批具有很高知名度的创意产业园区，如泰康路视觉创意设计基地、昌平路新型广告动漫影视图片生产基地、杨浦区滨江创意产业园、上海8号桥艺术区、天山路上海时尚产业园等，闯出了文化创意产业与城市改造的新路，聚集了一批具有创造力的优秀创意人才。上海大力开展国际电影节、音乐节、艺术节、电视节、各类设计展，在国际上赢得了广泛的声誉，文化创意产业已粗具规模，形成了一定的创意设计方面的集聚效应。北京以"奥运"为契机，推出奥运旅游文化创意演出，以及加强对赛后奥运场馆利用与旅游产业结合的研究，以特色奥运场馆为载体，开展创意国际、国内文化旅游活动和体育赛事旅游活动。丰富和完善奥林匹克公园、奥运场馆及支持设施等奥运核心区域的商务、旅游、休闲功能，吸引旅行社企业、旅游创意机构、国外驻华旅游机构在区域内聚集，形成奥运旅游文化集聚区。另外还有怀柔影视基地、什刹海文化旅游区等，不但提升了休闲经济时代下的传统旅游产品和文化活动，而且开始成为旅游经济发展新的引擎。另外杭州围绕西湖做文章，烟台围绕海滨和葡萄提出创意，而且这些创意都经过了市场的检验，对区域经济的发展起到了推动作用。

二、旅游文化创意产业的产业化

"真正推动 20 世纪 90 年代巨大繁荣的不是充沛的资金投入或高科技创业潮，而是各种喷薄而出的人类的创意。"（保罗·罗默）将创意植入到文化旅游业中，用创意带动文化旅游业的发展，创意产业所具有的创新性、渗透性、高增值力、强辐射力和高科技含量的特征，将为旅游业的可持续发展注入生机和动力。两者的融合发展能拓宽旅游资源范围，延伸旅游产业链条，提升旅游产品文化内涵，是旅游产业实现结构升级的途径。此外，创意作为一个价值模块嵌入旅游业的价值链当中，成为旅游业链上的增值点，其资源消耗低、污染排放小的特性符合生态文明建设的要求。在传统旅游业亟须转变发展方式的背景下，创意产业与文化旅游业的融合发展也是新形势下旅游业创新发展的重要路径。

（一）文化旅游产业与文化创意产业融合的动因

1. 科技的进步与创新

1985 年，波特以 AT&T 在电信业、计算机工业、金融业等领域的合并经营为例，分析得出产业融合将扩大产业边界的结论，并认为技术的进步和创新或技术融合能够改变传统产业的边界，是促成产业融合的主要动因[①]。

文化旅游产业属于旅游业的一部分，因此也具有旅游业的基本特点，即涉及面广，每一个要素中都包含对技术变革天然的适应性。信息技术进步给文化旅游产业的发展带来了众多益处，如旅游形象的传播、当地传统文化的大范围普及等。并且，交通、通信以及电子网络的发展也为文化旅游产业和文化创意产业的融合发展提供了必备条件。科技的进步与创新为文化旅游产业和文化创意产业搭建了融合的平台，通过技术的渗透使得文化旅游产业以文化为基础，产生了新的旅游产品和新的需求市场。

2. 旅游需求

随着社会经济的发展，物质的极大丰富，人类生活水平的提升促使人的消费方式和观念及消费需求发生巨大变化。消费者逐渐从注重物质财富的占有，转变为以消费过程中受到尊重及得到身心上的满足和愉悦的服务性消费。这就意味着，现代社会的消费正呈现出以追求享受和愉悦为主的特征，这种情况下想要满足消费者的需求就必须增加产品中服务

---

① Joseph Schumpeter. The Instability of Capitalism[J]. The Economic Journal, Sep,1928.

所占的比重。正是市场需求的变化推动了文化旅游产业和文化创意产业的融合发展。

随着中国旅游业的高速发展，旅游资源已经跳出名山大川、古迹遗址自然与人文资源的范畴，一些具有影响力的社会文化活动、经济成果甚至工业生产都可以转化为旅游资源，发展成为独特的旅游产品。旅游活动正在从传统的观光向休闲度假向体验参与等多层次的组合转变，即"文化性"和"创新性"的复合；旅游活动不管是从内容还是形式上都在发生着巨大的变化。社会的发展进步使得旅游需求的动态性特征越发显著，也正是这种动态性发展推动着文化旅游市场不断扩大，旅游企业不断创新，旅游产品与服务不断完善和提升，迫使文化旅游产业向更深层次的融合型产业方向转化和发展。

3. 社会环境的改变

社会环境的改变为产业融合提供了外部条件，它主要是指政府对行业管制的放宽。行业管制是形成某一行业进入壁垒的主要因素，任何一个产业从自然垄断到垄断竞争，再到完全竞争的整个过程都离不开政府管制政策的放宽。管制的放宽可以使其他相关产业的业务更容易加入到本产业的竞争中来，从而促进产业融合的实现。

文化旅游产业是一个政策主导型较强的产业，各个地区想要持续发展好文化旅游产业，必须依靠政府的支持，才有可能做大做强。国家相关产业政策的调整和规制的放松，以及各地方政府相继出台的促进和扶持文化旅游及相关产业发展的政策，成为文化旅游产业与创意旅游产业有效融合的润滑剂。

（二）旅游文化创意产业的产业化路径

文化旅游产业与文化创意产业的融合也属于产业融合的范畴，融合的过程中根据实际情况的不同会通过不同的途径进行融合。文化旅游产业本身就是以文化为基础，它与文化创意产业一样都包含了对文化的解读和认识。文化旅游产业强调包含在旅游业中的文化，通过对文化内涵的发掘与传播，将其嵌入旅游产品中去。而文化创意产业不仅强调文化内涵，更加注重创新这一因素，以文化为背景和依托，深度挖掘开发文化的附加值和独特性。由此可见两种产业先天存在一定的融合基础，根据产业融合的模式理论，文化旅游产业与文化创意产业的融合大致可以总结为三种模式。

1. 渗透型融合模式

根据产业融合理论提出的，渗透型融合往往发生在高科技产业与传统产业的交界处。这种融合模式往往是高新技术及其相关产业向其他产业渗透、融合，并形成新的产业。如20世纪90年代以后，信息技术和生物技术对传统产业的融合渗透，产生了机械电子、航空电子、生物电子等新型产业。互联网的发展对传统产业的渗透则产生了众多的新产业，如电子商务、远程教育等。电子商务更是21世纪产业融合的典型代表，电子商务的进一步发展，其技术扩散渗透之后又与旅游业相融合，产生了旅游电子商务。总体来说，渗透型融合模式可以用图11-2来表示。

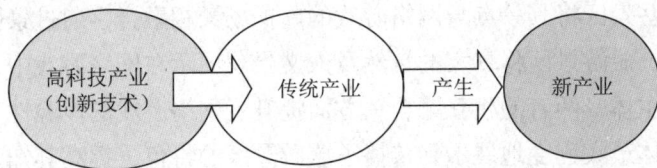

图 11-2 渗透型融合过程示意图

资料来源：郑高明.产业融合——产业经济发展的新趋势［M］.北京：中国经济出版社，2011.

文化旅游产业在一定程度上还是属于传统产业，它只是旅游产业发展过程中产生的一种新的形态，而文化创意产业中科技占据了一定的比例。两者的渗透融合主要表现在两个方面：一方面是文化创意产业向文化旅游产业的渗透，另一方面是文化旅游产业向文化创意产业的渗透。

（1）文化创意产业向文化旅游产业的渗透。

文化创意产业向文化旅游产业的渗透多表现为各种文化创意公司、动漫、影视公司等，借助其文化产品推广传播上的优势以及所占有的市场，通过技术或管理上的创新，或在开拓新市场的需求驱动下突破原有的产业边界，开发出与其主体产品的文化内涵相符合的旅游产品。新的旅游产品包含了两大产业的特点及文化内涵，比较有代表性的是美国的迪士尼乐园、杭州的宋城、开封的清明上河园等主题公园。迪士尼乐园就是借助在影视领域已经被人们广泛认可的米老鼠、唐老鸭以及迪士尼公司出产的经典动画故事为基础，将童话中的场景、人物、故事情节包装成旅游产品。通过科技手段在主题公园中再现动画中的场景，将游客带入一个看得见、摸得着的童话世界，使游客远离现实世界的喧嚣得到一次非同一般的身心体验。这一融合既体现了游乐园的旅游功效，同时也进一步宣传了迪士尼公司的主流文化，提升了消费者对该公司主流文化的认同感也培养了顾客的忠诚度，达到一举两得的效果。

开封的清明上河园则是另一个颇具代表性的案例。该园真实再现了张择端《清明上河图》上的部分场景，并以此为平台，将开封的民间艺术、传统风俗、美食文化，以及四大名著之一《水浒传》的部分故事情节等展现在游客的面前。以清明上河园内实景为背景的大型演出更是利用了先进的电子、声光等技术为游客增加了全新的体验。文化创意产品与文化旅游的完美结合能够提升旅游目的地的体验价值，对打造和传播城市的旅游形象也起到了巨大的作用。这一类旅游产品较之传统的旅游产品明显具有更强的吸引力和发展空间。

（2）文化旅游产业向文化创意产业的渗透。

这一点主要表现在旅游景区与动漫、网游以及影视作品的结合上。随着互联网技术的发展，网络游戏已经大范围地普及，而影视作品更是与我们的生活息息相关。以系列电影《非诚勿扰》为例，杭州的西溪湿地通过与电影《非诚勿扰1》的合作，将电影中的部分故事发生的地点设置在西溪湿地，并且将该景点的部分文化内涵、景区特色借助影视传播给大众，使得西溪湿地从默默无闻到成为全国炙手可热的旅游胜地。

另外还有一些景区将其景点与网络游戏的虚拟场景相融合，通过景区的知名度来打造文化创意产品。旅游景区将真实的自然及人文景观展示在网络游戏中，使网络游戏以其地域作为承载主体，两者的相互融合一方面提升了网络游戏的体验性和内涵，另一方面又借助网络载体最大程度地展示和传播了旅游景区的特色，提高其知名度。例如网络游戏《诛仙》在开发过程中将云南大理的真实场景虚拟化到游戏中去，把大理作为游戏参与者们展开各种活动的平台之一。网络游戏中真实场景的加入增加了游戏参与者体验的真实感，同时景区借助网络游戏的传播渠道开发了潜在市场，双方在没有增加任何投资的前提下，通过产业融合都获得了巨大的利益。

2. 延伸型融合模式

延伸型融合主要是通过产业延伸赋予原有产业新的附加功能，使其具有更强的竞争力，形成融合型的新产业体系。这通常是在原本各自独立产品已经具有互补关系的情况下发生的，所以也可以称为互补型融合。[①]

文化创意产业向文化旅游产业延伸融合的模式实际上已经相对成熟，如张艺谋"印象系列"、禅宗少林音乐大典等表现形式。在政府的支持下，以旅游资源为载体，将文化创作和各种创意元素、科学技术融入自然风景、人文古迹景观的参观等这类传统旅游产品中去，用文化创意的视角来体现文化旅游的内涵。

3. 重构型融合模式

重构型融合模式是指原本各自独立的产品或服务在同一标准原件束或集合下通过重组完全结合为一体的整合过程。重构型融合主要发生在具有紧密联系的产业或同一大类产业内部的几个子产业之间，通过重构型融合而产生的产品或服务往往是不同于原有产品或服务的新型产品或服务。

文化创意产业和旅游业以节庆活动、会议会展、大型体育赛事等作为产业融合的纽带，通过产业活动重组的方式来实现两者的融合发展。如武汉每年一度的"樱花节"就是以节庆会展为平台，吸引大量的游客到来，从而带动当地旅游经济的发展。将节庆会展作为一个吸引物，以此为依托，开发出各种互动式的文化创意体验旅游活动或项目，打造出全新旅游产业形态。这样既提升举办地的旅游形象，吸引了大量的游客，同时推动了两大产业的快速发展。[②]

案例学习：

故宫文创一年卖出 10 个亿，文化大 IP 的创意设计究竟有多重要？

故宫一直是大家印象里最庄重肃穆的存在，代表着中国古代艺术文化的顶峰。然而

---

① 张文军.旅游业和创意产业的融合与发展研究 [D].西安：西北农林科技大学,2009.
② 任斐，贾红丽.文化旅游产业与文化创意产业融合发展研究——以河南为例［R］.2012-2013.

如今连雍正帝都可以比着剪刀手卖萌了，你是不是在想，故宫博物院是不是把"故宫IP文化"玩坏了？

其实事实并非这样，一开始故宫博物院走得可是十分严谨正派的高冷路线，但是这个定位并不成功。顶着"故宫大IP"的帽子设计出来的产品却老套死板，消费者对此既不感兴趣也不买账，故宫博物院曾经也经历过很长一段低迷时间。自从故宫博物院开始转变思路，从"故宫旅游纪念品商店"到"故宫文化创意馆"，不仅是名称的改变，而且体现出故宫文化创意旅游产品的设计和营销思路的转变。

从台北故宫的"朕知道了"纸胶带、翠玉白菜伞，到北京故宫的朝珠耳机、雍正皇帝PS版耍宝卖萌，再到VR版的《清宫美人图》，这些"萌萌哒"的创意设计正在消弭曾经横亘在博物馆与民众之间的鸿沟。经过7年院藏文物清理，25大类180余万件文物藏品得以呈现，成为旅游文化创意产品研发最宝贵的文化资源。深度挖掘丰富的明清皇家文化元素，努力将故宫的建筑、故宫的文物、故宫的历史故事，找到一个符合当代人喜欢的时尚表达载体。研发具有故宫文化内涵，具有鲜明时代特点，贴近于观众实际需求，深受消费者喜爱的故宫元素旅游文化产品。截至目前，故宫博物院已研发了9170种文创产品，每年的销售额超过10亿元。

故宫作为最正宗、最浓厚的"中国风"代表，可以挖掘的中国元素不计其数。故宫博物院在如何运用"故宫大IP"上，从细节之处做设计，深刻挖掘故宫藏品蕴含的文化价值，把故宫传统的文化元素植入时尚新潮的当代工艺品中，让优秀的文化传统与时尚完美地结合，通过文化产品这一载体实现"把故宫带回家"的服务理念。使更多的人通过文化产品来了解和喜爱故宫文化，以及故宫文化所代表的中国传统文化。多年来，故宫博物院旅游文化创意产品研发已经卓有成效，风格多样的旅游文化产品已经蔚然成系列，受到了各个年龄段观众的欢迎。这些蕴含故宫文化元素的旅游纪念品使故宫这样一个传统而古老的旅游目的地焕发出了新的蓬勃生机。

资料来源：https：//www.sohu.com.

第三节　旅游文化资源的数字化及产业化

一、文化产业与数字文化产业

在西方发达国家，文化产业已经成为推动经济社会发展的支柱产业，我国的文化产业概念首次使用是在"十五届五中全会"。由此，文化产业进入国家发展战略视野。数字文化产业的产生是以文化产业为基础的，是将文化产业与现代信息技术、数字化技术相结合而成的概念，各国对于数字文化产业并没有一个统一公认的内涵的界定和外延，大多数国家将其称为"数字内容产业"。

在英国，数字文化产业使用一个较为知名的概念"文化创意产业"，这个概念可以等同于"创意产业"，二者基本上是相通的。英国是文化创意产业的起始地，目前东亚及欧盟等国家的创意产业热基本来源于此。文化创意产业在英国具有较长的历史，英国政府从1991年开始重视创意产业的发展，1997年5月布莱尔出任英国首相，第一件事就是成立了创意产业工作小组，推动英国文化创意产业的发展。英国政府将13项内容收入创意产业的范围中，包括广告、建筑、艺术品和古玩、手工工艺、设计、时尚设计、电影和录像、互动休闲软件、音乐、表演艺术、出版、软件与计算机服务、电视和广播。这13项内容是英国创意产业的核心部分，根据13项内容的不同属性，英国政府进一步把创意产业部门划分为产品、服务以及艺术和工艺三个大类。其中产品大类包括出版、广播和电视、电影和录像、互动休闲软件、时尚设计五个门类；服务类包括软件与计算机游戏、设计、音乐、广告和建筑五个门类；艺术和工艺类包括表演艺术、艺术品和古玩、手工工艺三个门类。各大门类都为英国经济社会的发展起到至关重要的推动作用。

在我国，数字文化产业是"文化产业"的子集，是新时期文化产业发展的核心内容。按照《文化及相关产业分类（2012）》标准，依据联合国教科文组织的《文化统计框架——2009》的分类方法，将文化产业分为两大部分十大类。在这个框架下，数字文化产业是文化产业的子集。我国的文化产业起步较晚，国家统计局将文化产业定义为：为社会公众提供文化、娱乐产品和服务的活动，以及与这些活动有关联的活动的集合。从概念上看，我国的文化产业侧重点在于与文化相关的活动，强调社会价值，而不是由文化带来的市场价值和经济价值。数字文化产业的概念有别于文化产业，相较于国外的数字文化产业，从内涵上来看，我国数字文化产业呈现出以下一些特点：首先，还没有形成一个统一公认的概念或定义，基本上都是引自国外的各种概念，各种概念呈现出纷繁复杂的状态，甚至有些混乱，目前出现的有"信息内容产业""数字内容产业""文化创意产业""文化产业"等概念。但是这些概念的出现，也反映了我国开始重视数字内容产业或创意产业对国家经济和社会发展的积极作用和重要价值。其次，完善的产业链和产业结构有待形成。将旅游文化资源的开发与数字内容产业或创意产业相结合，能够同时完善和延伸旅游产业及数字文化产业的产业链和产业结构。

二、旅游文化资源的数字化

在移动互联网和移动终端大行其道的今天，旅游文化资源的开发只体现在实体产品上是不够的，还需要进一步延伸至数字文化创意产品上。旅游业中文化资源最为集中的地方莫过于博物馆，随着社会经济与文化的变革，博物馆传统的封闭刻板的工作模式受到了极大冲击，旅游使得博物馆的功能和职业范围得以扩展，但是又在一定程度上对博物馆中的文化资源展示和开发提出了更高的要求。

博物馆展览一直是其对大众进行文化输出的首要途径，它的核心价值便是对受众进行辅助教育以及提供文化服务。随着社会和科技的发展，人类社会信息传播与交流的方式也在不断变革，传统的实物展陈方式已不再能满足大众随时随地接受新知识信息的需要。随着数字化时代的到来，数字文化产业为博物馆的旅游文化资源的开发和展示提供了新的技术手段和方式。将数字化技术用于传统文化的解读，打破了展品与游客间的年代隔阂，这种互动参与式展陈手段改变了传统展览方式中文化单向传播的窘境，促进了博物馆与大众的文化交流、文化传播与文化共享，增强了游客的旅游体验。

（一）数字化展品

在移动互联网模式下，多媒体技术的发展为典藏数字资源向受众传播提供了新途径，许多博物馆都重视将典藏数字资源作为与受众沟通的新兴载体进行合理应用，设计开发适合自己的数字典藏 App 产品，提供博物馆展览资讯、高清文物图片、信息推送及分享等多项功能。

作为走在文创领域前端的台北故宫博物院，自 2002 年便将馆藏的各类文物、图像及文本资料等全部实现了数字化展示。新时代下，文物典藏工作的重点就是分门别类地将文物相关图文信息资料成立档案，构建数字化资料库。对于文化收藏的技术层面而言，其工作的重点就是保证文物不受到伤害或老化。除此之外，数字技术也为博物馆展示带来了新可能。以北京故宫博物院为例，2017 年巴黎尚美在故宫举办了《尚之以琼华——始于十八世纪的珍宝艺术展》，并推出了 VR 视频：法式立柱由宫廷豪宅中破土而出，随即芳登广场映入眼帘，镜头切换，华丽精致的钻石鸟于空中盘旋。苍穹转赤，旋即又从时尚之都穿越至悠悠故宫……视频不仅将珍品的细节展露无遗，也为参观者提供了无限的想象空间。

（二）数字博物馆

随着新媒体技术的应用，以手机 App 或网页为载体的新媒介打破了博物馆的传统文化传播方式，使其不再受时间、空间以及地域的局限，经典藏品分门别类进行数字交互设计，以 App 产品的形式提供给用户，游客通过手指与软件的交互就可以获取生动的展品文化背景知识。使受众可以足不出户就可以欣赏高清文物图片，解读文物工艺要点，了解相关故事背景。这样的文创产品既可独自品味艺术瑰宝，又可与朋友分享观感体验；还可以根据传统节日、岁时节气，适时推出相关文物展品，在弘扬旅游文化的同时更具时效性和话题性，每位想看展的受众皆可随时随地联网进行在线观摩学习。

北京故宫博物院充分依托数字博物馆以及手机应用软件平台，让观众在整体上感受故宫文化魅力，从细节上体味故宫文化深度。在"数字故宫社区"这块，故宫积极利用线上平台推广故宫文化创意产品，扩大故宫文创品牌知名度。当下，"数字故宫社区"中的模块内容不断丰富，方式更便捷，传播更畅通，让传统文化有机地融入观众每一天的生活中。观众方便及时地通过平板电脑和手机应用获取故宫文化信息，了解某些文物藏品，已经成为越来越多喜爱故宫文化的观众习惯性的文化生活方式。目前，故宫博物院的 8 款应用产品，取得了平均下载量上百万的显著成绩，既促进了故宫文化的传播，又提供给观众新鲜时尚的富媒体交互体验。以"故宫展览"为例，通过这一 App 用户不仅可以全天候访问线上展厅，进行全景虚拟漫游，全方位浏览展品信息，而且还有导览地图功能，使得现场的游客不怕错过重要展品和迷路。如果游客遇见了某个展品却不知道它所属何处，还可以用"以图搜图"的方式找出它的本尊，并且了解它的信息。

此外，北京故宫博物院及时地建立了有效的软件管理系统，利用这些软件推出文化创意品。让观众能看到立体的书画、当年的舞姿……用社交平台活跃传统文化，让观众可以在多地多时、更加便捷地了解馆藏和展览文化，有传播、有碰撞。建立有效的软件资产管理系统（Software Asset Management，SAM）对文创产业的所有市场参与者都至关重要，软件资产管理已成为文创产业在跨界融合发展道路上不可或缺的保护伞。近年来，故宫文创在国内的文创行业里一枝独秀，主要归功于及时地利用了互联网的软件开发应用，迅速地占领了新一代消费群体的市场。旅游文化产业若要跨界融合发展，绝不能桎梏于当前的文化元素的简单相加的情景中，要从传统的实体产业转向虚拟数字化的产业，进而全方位、宽领域地开发传统文化和提升品牌文化影响力。实践证明，互联网与文化产业的结合能够提升文化创意产品的内涵和品质，塑造文化品牌形象，提高文化市场占有率。

三、旅游目的地的数字化平台建设

旅游文化资源数字化可以推动旅游产业的飞速发展。旅游文化资源的数字化不仅实现了传统旅游向文化旅游乃至文化创意旅游的华丽转变，各个文化景区利用现代化的数字化、可视化技术，将不同地域、不同民族和不同时代的文化遗产全方位地展现在游客面前，使游客仿佛在"时空"的穿越旅行中得到了立体式的视觉盛宴。在旅游文化资源数字化的强力推动下，多种旅游文化资源都能得到前所未有的深层次全面开发，并在文化与科技的融合创新之下构建现代旅游中的虚拟世界，更新了传统的旅游服务方式，并在本质上提高了旅游服务和旅游体验的质量。对于置身数字化技术打造的虚拟世界的游客来说，由于现实旅游依赖于虚拟旅游，虚拟旅游依赖于文化意义链接，因此旅游文化资源的数字化也提升了游客的文化知识水平和文化技术能力。

（一）信息资源共享平台建设

通畅便利的信息资源共享平台，是旅游文化资源数字化平台构建的基础。信息资源共享平台的构建不但能使文化产业内部各种信息得到集中，也使各类文化企业能得到一定程度的集中并促进区域内文化企业的交流与合作，而且能汇集文化创意产业内部大批精英，从而带动"官、产、学、研、用"多个信息主体之间的信息共享与交流，从而为公共文化服务平台的建设提供良好的信息服务条件。再者，信息资源共享平台的构建在于运用现代化的新媒体技术，实现旅游文化资源等相关的文化创意产业信息采集、信息传送和信息共享的现代化，从而汇聚和整合旅游文化资源，提高政府在旅游文化创意产业领域内的公共服务能力，并提高区域内部的旅游文化创意产业信息化的整体发展水平。

（二）技术服务平台建设

旅游目的地旅游文化资源数字化技术服务平台作为数字化公共服务平台的核心组成部分，其主要是根据已经构建完成的文化资源数字化技术体系，完成平台数字化软硬件系统的搭建。其重点建设内容包括动作捕捉系统、三维扫描系统、图形工作站、音效合成系统、三维渲染系统等硬件平台。集成开发面向文化创意、数字旅游特色产业集群的真实感角色生成系统、三维网格渲染系统、移动定位服务系统、虚拟展示系统等软件平台，支撑旅游文化资源数字化技术的创新发展，全面打造具有国际一流技术和完整数字化流程的中高端技术服务平台，为文化创意、数字旅游产业集群提供软硬件设备和技术支持。

（三）旅游文化资源服务平台建设

我国各地区都蕴含着丰富的民族文化资源，这些丰富的文化资源均为文化创意和旅游产业的发展提供了优秀的素材。为了更好地为文化创意企业、数字旅游企业提供优秀的旅游文化资源，旅游目的地迫切需要构建区域文化资源数字化资源服务平台，包括一个区域文化资源库和基于资源库的共享服务系统。如荆楚文化资源服务平台就应当囊括具有湖北地域特征的荆楚民间故事资源库、汉绣、饮食、泥塑等传统手工艺资源库以及荆楚民间音乐、服饰、古建筑等特色资源。每一类型的资源库将覆盖民族文化数字化资源的所有载体形态（文本、图片、音频、视频、三维模型、三维动作等）。针对区域文化资源库的建立以及共享与服务问题，创新各类文化遗产的注册机制，并对各种媒体资源提供目录和索引服务；研究民族文化遗产的信息服务发布技术，充分利用各种载体进行网络文化信息服务；研究适合于示范点建设需要的分布式资源的存储和管理策略，并实现文化资源数据的基本管理功能；研究基于民族文化资源内容的自适应主动服务以及民族文化遗产的数字版权管理，构建区域旅游文化资源共享和服务系统。

第四节　旅游目的地建设和营销中的文化推动力

一、旅游目的地营销的概念

旅游目的地营销是旅游目的地获取竞争优势的重要途径。在整个旅游目的地营销体系中，营销传播是旅游目的地营销组织能够最大程度地施加影响的营销组合要素，一直以来受到旅游业发达国家的高度重视，是旅游目的地在激烈的市场竞争中求取生存和发展的必然选择。随着信息传播技术的变革与发展，以互联网和移动互联网为代表的新媒体改变着人们的生活方式，也给包括旅游业在内的世界各种产业带来了巨大的变化。

旅游目的地拥有各类旅游产品，为旅游者提供完整的旅游体验。旅游者通常把目的地理解为一个集各种服务和产品在一起的旅游品牌，他们在决定去旅游之前会根据自己以往的经历、别人的口碑、媒体的报道、广告宣传以及个人常识在心目中建立一种形象，并对其寄予相应的期望。因此，由旅游者对目的地的认识可见，旅游目的地营销就是要在确定的目标市场上，通过传播、提升、组合旅游目的地的关键要素，改变旅游者的感知，建立旅游目的地形象，提高旅游者满意度，进而影响到消费行为，从而达到引发市场需求、开拓旅游市场的目的。[①]

旅游目的地的形象是目的地营销的关键。鲜明的旅游形象对目标受众和潜在受众认知目的地至关重要。以旅游文化和目的地形象为基础打造的目的地品牌，具有扩展性，可以作为重要的旅游吸引力因素，开拓潜在旅游者群体。

二、文化在旅游目的地建设和营销中的推动力

文化营销是指在旅游目的地建设和营销过程中运用文化资源通过文化理念的设计创造来提升产品及服务的附加值，满足和创造消费者对文化的需求，实现市场交换的一种营销方式。在文化经济一体化的大背景下，通过激发旅游产品和服务内在的文化属性，在旅游目的地品牌战略中渗透文化影响，提高文化含量和品位，才能缔造个性鲜明的旅游目的地品牌。

文化营销作为一种全新的营销思维，能有效建立消费者对产品的价值感知和情感依赖，促进消费者对产品保持忠诚行为，已经成为迎合消费者深层诉求、建立差异化优势、提高核心竞争力的有力手段。而文化因素及文化产业的渗入为旅游目的地建设和营销带来了一系列的好处，主要表现在以下几个方面。

1. 有利于旅游景区的开发

我国的优质旅游资源众多，许多地方都拥有优美的自然风光、优雅的人文环境、具备深厚的文化底蕴，但由于受到历史或其他因素的影响并没有发展成为旅游景区，不被大众所知道，只是"养在深闺人未识"。而这些地方的条件十分符合影视作品对拍摄地的要求，因此通过到当地拍摄影视作品，将当地的自然风光等条件通过影视作品传达给观赏者，这些地方就会逐渐吸引旅游者前来旅游，慢慢地打出知名度，进而发展成为新的旅游景区。

湘西土家族的王村原本是个不知名的小村庄，但随着电影《芙蓉镇》的热映，当地的幽深小巷、土家吊脚楼、青石板长街和淳朴民风等在观赏者心中留下了深刻的印象，吸引越来越多的游客前来旅游，这里逐渐变成了湖南著名的旅游景区；湖北宜昌市东北的远安县青龙村本是个不知名的山村，但在电影《山楂树之恋》上映以后，吸引了许多

---

① 王新国.论旅游目的地营销误区与新策略［J］.旅游学刊，2006，21（8）：45-49.

"山楂迷"前去探寻，逐渐发展成为一个新的旅游景区。

2. 有利于目的地营销主题的塑造

突出旅游目的地的特色主题文化，并借助文学作品和影视剧来打造旅游目的地，营销主题形象也是通过文化推动旅游目的地发展的重要表现之一。这一现象的典型是影视主题公园，影视主题公园依据影视作品而建，根据影视作品的性质而塑造主题，因此主题各色各样，将旅游市场进一步细分，吸引更多的目标游客前来旅游。世界上最早建立的迪士尼乐园，就是以迪士尼公司拍摄的一大堆动画电影为原型而建成，以童话为主题，吸引无数的小朋友到这里旅游。随着电影《哈利·波特》系列的热映，美国奥兰多环球影城度假村建立了以"魔法世界"为主题的公园，该主题公园在建设时再现了电影中的经典场景，以三大游乐项目吸引爱好魔法、喜欢这部影视作品的旅游者前来游玩。我国的影视主题公园也不少，如长春的长影世纪城以特效电影为主题开发旅游娱乐产品，汇集了世界上最先进的特效电影，被誉为"世界特效电影之都"；上海的上海影视乐园以老上海风情为主题，通过建造很多老上海的景观如南京路、上海弄堂等，再现了旧上海的风情，吸引了大批游客到此旅游。

3. 有利于旅游项目的策划

旅游演艺业，集自然美景、人文历史、艺术创作为一体，借助文化内涵和旅游市场的先天优势迅速崛起。许多旅游目的地开拓思路，利用影视作品的制作方式，以大型歌舞表演的形式，在有限的时空条件下，将当地的优美风光和人文历史有机整合，以完整的故事形式向旅游者展示出来，使旅游者获得别样的感受。

近年我国许多旅游地进行的类似策划多不胜数，如昆明的《云南映象》、海南的《椰风海韵》、杭州的《宋城千古情》、丽江的《丽水金沙》等，但最著名的应该属桂林的《印象刘三姐》。这场表演以桂林的山、漓江的水、广袤的苍穹为背景，将刘三姐的山歌、广西的少数民族文化融入其中，分4个章节展现广西人们的辛勤劳作，把广西优美的自然风光和多样的少数民族风情再次推到世人的面前，使观赏者获得精神上的享受。

案例学习：

体验式营销，就是通过看（See）、听（Hear）、用（Use）等参与手段，充分刺激和调动受众的感性因素，为受众重新定义、重新设计一种思考方式的营销方法。这种方法之所以被市场青睐，主要原因也很清晰。通过这一方法，营销企业主能够使受众在消费前、消费时和消费后的"大营销"过程中，积极地将感官、情感、思考、行动、联想等战略体验模块（SEMs）围绕着品牌或产品调动起来。这一过程企业主的营销人员对用户诉求不断进行响应并给予满足，丰富了受众对品牌和产品的联想记忆，为企业与受众创造了不同以往的沟通体验，从而效果极佳。这种营销不仅为受众提供了接触产品、应用产品的机会，也使得品牌或产品附带的隐形价值在受众前进行了非常具象的表达。

这一营销方式，已经被很多企业主融入自身产品与服务的销售场景与环节之中了，近年来，在各种大规模的商业现场（face to face，F2F）会展活动中更是被愈加关注和运用。在企业众多的营销活动中，F2F会展活动是一个整合性服务营销工具，亦可谓集中展示企业"体验式营销"设计水平与实现水平的最佳舞台。随着会展市场的不断进步发展，会展规模的不断扩大，会展技术的不断推陈出新，F2F会展活动已成为企业与受众之间沟通、互动的线下庆典。

一、数字营销活动与体验式营销活动

有人说，营销市场当下已成为数字营销的天下，还有人做出论断：在争夺业务的战场上，F2F会展活动该退出了，数字营销未来将成为助力企业赢得业务寸土寸金的唯一形式。诚然，数字营销的价值在不断得到提升，企业也在不断加大数字营销的预算与投入；在碎片化的媒介环境下，特别是移动端的数字营销，尤其呈现主流态势。在Ad Master公布的《2017数字营销趋势报告》中，80%以上的广告主表示将在2017年继续增加数字营销领域的预算，平均预算的增长率为17%，其中预算增长率预计达到10%以上的品牌高达59%。但这些数据能否说明数字营销已经并最终会吞噬掉其他营销方式的发展空间，比如：体验式营销活动的代表–F2F展会？答案是否定的。尤其当我们着眼于那些以技术产品、技术服务为基础，力求拓展不同行业、不同领域解决方案的B2B企业时，我们就会发现：迫于与越来越明确的市场高效沟通等多方面客观需求，B2B企业主不仅没有忽略F2F会展活动这一形式，反而也在增加更多的资金投入。根据IDC2016年年底发布的报告显示，企业在F2F会展活动中的营销费用增长率从2013年的19.6%增长到了2016年的23.4%；2016年，61%提供云计算、大数据或移动业务的第三方业务平台更是将F2F会展活动作为营销投入的首选。这足以说明，F2F会展活动将仍被重视，仍有大把的机会在营销市场中继续展露其锋芒。体验式营销活动最注重"体验"，当信息技术作为一种工具已全面变革了营销市场乃至每个人的生活时，数字技术本身已悄然化身成为"体验"。换句话说，在一个F2F展会之上，数字化营销设计与体验营销设计不是非此即彼，而已是你中有我，我中有你。如何双剑合璧，在营销盛典上发挥威力，才是目前众多企业主与营销专业公司最紧迫要思考、解决的问题。

二、会展之体验式营销设计面临的三大困境

厘清了两者的关系之后，接下来亟待我们思考的便是：当数字营销极速地改变了营销市场并变身为其中角色之后，我们又该如何描摹F2F会展等各种体验式营销活动目前的状态呢？

目前，随着信息技术的发展，信息量得以指数级爆发，信息的复杂程度不断提高。这些变化高速地提升了受众的媒介素养，他们更擅长屏蔽同质、低刺激的营销信息，难以关注到体验感不足的设计，也就较难对某一品牌或产品留下独特印象。

与此同时，技术发展对信息提供者即营销者的表达要求也提升了。信息在呈现之初就会被要求在感官、情感、思考、行动等各个层面要影响受众。即使是在一条简单的微信推送中，也要包含图片、文字、视频甚至简单互动的多重体现。这绝对要求营销者在设计之初就需考虑所有的影响要素，否则就会是白费气力。

因此，F2F 会展活动中体验式营销设计的三大困境也就出现了：

1. 如何设计体验旅程，加强受众对活动体验的感知？

2. 如何将数字技术为"我"所用，设计品牌或产品的独特体验？

3. 如何整合多种资源与工具进行设计，延续受众的体验与记忆？

三、知名 B2B 信息技术企业的尝试与突破

面对三大困境，我们看到国内一些知名 B2B 企业在不断做出尝试，尤其是信息技术企业，在此方面突破困境、追求更好营销效果的努力颇为凸显。以国内营销市场上 2017 年较活跃的 B2B 信息技术企业为例，这些企业目前提供的产品及解决方案涵盖云计算平台、大数据、人工智能等领域，旨在帮助企业解决数字化转型中出现的问题，助力企业搭乘信息技术红利腾飞。从功能与受益的层面进行分析，这些企业在营销活动中，尽可能地阐述其技术如何助力客户提高研发效能，在如何使业务范围全球化，在如何保护数据安全等，而为了更出色地创造受众的参会体验，这些活跃的信息技术公司则正在从感官、情感、思考、行动及联想等方面积极地调动客户感知，从更多角度切入，以增强客户对产品或解决方案的附加价值。

阿里巴巴是今年信息技术圈的最为活跃者，一年八场云栖大会峰会走遍了大江南北。其中，阿里巴巴杭州场云栖大会，无疑是全年其体验式营销活动的代表作。阿里巴巴借助其技术应用的行业广泛性，借助其技术进化印记的丰富性，在大规模 F2F 会展上充分展示了其真实有效的一面，而这种"真实""有效"正是体验式营销活动打动和吸引受众的最佳要素。除了阿里巴巴利用三大技术体验账号（支付宝账号、钉钉账号、阿里云账号）贯穿会展整合各种展示的良好体验，最为亮眼的是"云栖夜跑"与"虾米音乐节"的设计。举例云栖夜跑：阿里技术平台与智能腕表帮助受众查看跑步参与者的实时数据、对比数据、参跑影集等，帮助客户分析体能情况，用实实在在的技术数据为人们提供情感与行动的品牌促进，增加记忆。在主论坛的展示中，阿里巴巴更是以现场"意外随机断电"的实时展示，用"视觉"刺激受众让其牢记：任何意外都无法摧毁阿里巴巴的技术之可靠。

国内信息技术企业由于业务竞争激烈的客观情况，在营销这件事情上，都意识到体验式营销活动的重要性，在 F2F 会展的体验设计、实施与体验延续上，更都在尽其所能。不过，笔者通过亲历这些会展，还是感觉到国内市场上多数企业的体验式营销设计还有不少提升空间。除了一些已有设计在现场仍存有疏漏，未能通达到"预期"之外，另外一些方面，还似乎多有空白。如：首先，沉浸感方面，各家会展体验设计均缺乏把受众转变成科技转型故事主角的突出设计，多数情况下，受众仍旧"观看感"明显，参与了半天还是"我"在看别人讲，"我"在读别人的故事。其次，感官利用还有空间，在新技术使用中，除了听觉、视觉，涉及其他感官利用的优秀情形还鲜有出现。即使是 VR、AR 等技术，也

大都处于应用场景简陋的水平。最后，在延续体验的传播中，也还缺少新颖的技术应用，能强力刺激受众积极谈论、留言、讨论和分享试用产品与服务的体会等。

距离约瑟夫·派恩（B. Joseph Pine II）和詹姆斯·吉尔·摩（James H. Gilmore）在《哈佛商业评论》中高呼"欢迎来到体验经济时代"已过去将近20年，体验营销在中国营销行业也算发展得较有声色。对于这种F2F会展活动中的体验营销设计，能看出大家在不断做着努力，寻求突破。众所周知，纵使拥有更多精美的创新技术，要想以销售为目标，实现最佳效果的体验营销，都未必容易，它是一个从上到下、从内到外的系统工程。驾驭体验营销这匹骏马，乘数字技术东风奔向未来，远非易事。

资料来源：唐瑾，马睿烽.会展活动中体验式营销设计的困境与突破［J/OL］.现代营销（下旬刊），2018（1）：68-69.

本章参考文献：

1.彭华.关于旅游地文化开发的探讨［J］.旅游学刊，1998（3）：43-46.

2.任冠文.文化旅游相关概念辨析［J］.旅游论坛，2009（2）.

3.赵铭玮.全球化背景下中国文化产业发展战略研究［J］.陕西教育（高教），2015（4）：4.

4.曲晓燕.中国文化产业发展初探［D］.北京：首都经济贸易大学，2004.

5.任媛媛.旅游文化及相关概念思辨［J］.河北大学学报（哲学社会科学版），2012，37（5）：141-144.

6.陈立萍.区域性民间艺术资源产业化开发模式探析［J］.浙江万里学院学报，2016，29（6）：70-74.

7.汤博佳.浅议旅游文化资源的产品开发模式［J］.科技信息，2011（22）：142-143.

8.邓婷.体验经济视角下开封旅游文化资源开发模式研究［D］.秦皇岛：燕山大学，2013.

9.吴必虎.区域旅游开发的昂谱（RMP）分析——以河南省洛阳市为例［A］.中国旅游协会区域旅游开发专业委员会、中国地理学会旅游地理专业委员会、山东旅游协会、崂山风景区管理委员会、青岛大学、青岛石老人国家旅游度假区管委、青岛市旅游文化学会.区域旅游开发与崂山风景区可持续发展［C］.1999.

10.陈冉.文化遗产类体验旅游产品开发研究——以大英县卓筒井旅游区为例［D］.成都：成都理工大学硕士学位论文，2011：11-23.

11.刘凤梅.开封市文化旅游资源开发研究［D］.开封：河南大学硕士学位论文，2011.

12.王晓丽.潮汕文化的旅游开发研究——以潮州市为例［D］.泉州：华侨大学硕

士学位论文，2010.

13. 张晓明. 创意产业的一些基本理解 [J]. 商业时代，2005，7（12）：12-14

14. 唐建军. 关于文化创意产业的几点认识 [J]. 东岳论丛，2006（5）：74-77.

15. 林刚，张小飞. 文化旅游目的地营销研究——基于 IMC 营销模式的构建与分析 [J]. 乐山师范学院学报，2007（10）：92-94.

第 ⊙ 十 ⊙ 二 ⊙ 章

旅游文化的优质化管理

第一节　旅游文化开发的政府管理

一、旅游开发中政府的主导作用

　　长期以来，我国旅游业发展实施了政府主导型战略，各级政府显著加强了对旅游目的地营销的重视程度，在实践中取得了显著成效。实践证明，政府主导型战略符合中国作为发展中国家的国情和我国旅游业发展的实际。发挥政府在旅游目的地营销中的主导作用是实施政府主导型战略的重要方面。所谓政府主导型战略，就是按照旅游业自身的特点和市场经济的基本要求，在以市场为主配置资源的基础上，合理发挥政府的主导作用。需要强调的是，"政府主导型"模式并不是要政府直接介入旅游的日常经营活动。实施政府主导旅游业发展战略不是对市场作用的否定与削弱，而是在以市场为基础配置的前提下实行政府主导。市场经济内在规律决定在旅游市场中，众多参与市场经济活动的旅游企业是其市场主体，政府不可代替这一角色分工（银淑华，2007）。

　　旅游文化开发需要政府各种政策和措施的扶持，按市场化、国际化、效率化原则发挥政府管理职能，建立起与国际惯例接轨、同市场经济接轨的政府运行规则。地方政府主导体现在培育统一市场、塑造市场主体上。政府应将首要的重点放在交通、通信等基础设施建设上来，并通过制定一系列优惠政策，来引导与鼓励旅游文化发展。

二、政府在旅游文化开发中的职能

（一）科学规划职能

陈肖静（2006）认为，科学规划作为政府的基本职能，首先是因为旅游本身涉及面的广泛性和供需之间的常态不均衡性决定的。旅游企业常常对环境有着极大的依赖性，许多因素无法控制，只能依靠政府来平衡。政府在宏观空间和时间序列上解决信息不对称难题，防止片面的供给增长和供给短缺。政府制定开发利用和保护总体规划，包括产业布局规划、交通发展规划、生态环境发展规划、基础设施和服务设施建设规划。在总体规划指导下，组织协调利益方各省（区、市）规划旅游产业管理体系、旅游产业法规体系、旅游产业政策体系、旅游科技创新体系、旅游人力资源开发体系和旅游资源与环境保护体系，以保障旅游产业的可持续发展。旅游发展规划是硬规划与软规划的结合，两者相辅相成，缺一不可。规划做到上下、左右、总（体）专（项）衔接，遵循长远发展与现实利用相结合、资源保护与合理开发相结合、经济效益与社会效益相结合的原则，避免无序开发、重复开发、低效开发、破坏性开发。

（二）市场监控职能

市场监控职能包括旅游行业管理部门行使公共管理、规范市场竞争、维护市场秩序、打击违规行为、保护旅游者权益。旅游文化开发，尤其需要政府的政策引导。政府制定投资政策，对不同旅游文化项目的开发加以鼓励、限制或禁止。各省（区、市）按照国家的规定，结合本地实际，制定各省（区、市）的《旅游管理条例》和相配套的法规性文件，制定和完善旅游文化规划管理、旅游文化建设项目管理、旅游文化教育管理、旅游文化资源开发与保护和社会治安管理等法律法规，如《洛阳市人民政府关于委托龙门文化旅游园区管理委员会行使部分行政职能的规定》《上海市文化领域相对集中行政处罚权办法》，逐步加强依法治旅的力度，实现旅游业的全面管理。同时，出台旅游景区管理、旅行社管理、酒店管理、餐饮与购物场所管理等方面的专业性法规，形成相互配套、相互衔接的旅游法体系。另外，对于目前旅游市场经营管理粗放的现状，政府部门应该制定完善规范的入市标准，限制旅游经营者的入行门槛。旅游企业要对企业管理与从业人员进行专业的培训，录用合格的、优秀的求职者，经过专业的技能与服务培训，使旅游服务人员具备基础的旅游文化知识，为旅游地树立良好的形象，提高游客满意度。对违规经营者和从业者采取不良记录建档立库、公开发布等市场化的方式管理。此外，加大执法力度，组建旅游稽查队伍，加强旅游执法监督检查，建立旅游投诉中心，确保游客的合法权益，维护旅游整体形象。

（三）宏观协调职能

旅游文化开发关系到经济和社会发展，涉及省（区、市）、市、县等各级政府的交通、水利、环保、规划、国土等相关部门，是一项跨地区、综合性很强的系统工程。大跨度的联合开发需要高层次的组织协调。旅游发展委员会对旅游开发进行领导与政策协调，协调旅游业与其他部门和行业的关系、协调旅游业发展过程中地区间的矛盾、协调国际旅游合作关系等。在科学规划、产业布局、横向联合与协作、基础设施建设、人才交流等方面进行宏观协调，在旅游发展信息与动态监控、策划重大旅游节庆活动等方面实现区域联合和产销联合。

（四）公共服务职能

从根本说，管理职能的终点是为企业的运营创造更好的市场环境，实质就是服务性的。服务功能具体体现在以下几个方面：代表旅游目的地省（区、市）发布信息；对市场进行宏观、中观的研究和预测；印制和发放旅游文献资料；培训、配备信息收集传播人员；举办各种针对国内各地和海外市场的广告宣传推销和公共关系活动；争取重大会议、赛事、展览的举办权；促进企业和旅游组织之间的协作；设计省、自治区、直辖市旅游形象、口号，并培育认同意识。

以下列举一些政府在文化开发中所行使的权力。

上海市文化领域相对集中行政处罚权办法

（2004年12月24日上海市人民政府令第42号公布，根据2010年5月28日上海市人民政府令第45号公布的《上海市人民政府关于修改〈上海市文化领域相对集中行政处罚权办法〉的决定》进行修正）

第一条（目的）

为提高本市文化领域行政执法效能，根据《中华人民共和国行政处罚法》和《国务院关于进一步推进相对集中行政处罚工作的决定》以及有关法律、法规的规定，结合本市实际，制定本办法。

第二条（适用范围）

本市文化领域相对集中行政处罚权以及与行政处罚权相关的行政强制权和行政检查权（以下统称行政处罚权）的行使，适用本办法。

第三条（实施和配合部门）

上海市文化市场行政执法总队（以下简称市文化执法总队）是市人民政府直属的行政执法机构，主管全市文化领域综合执法工作，集中行使文化领域行政处罚权。

区县文化综合执法机构是区县人民政府直属的行政执法机构，按照本办法规定的权限在辖区内集中行使文化领域行政处罚权，并接受市文化执法总队的业务指导和监督。

各级文广影视、新闻出版、版权、文物、体育、旅游、公安、工商等行政管理部门应当配合市文化执法总队和区县文化综合执法机构（以下统称"市和区县文化综合执法机构"）做好文化领域相对集中行政处罚权工作。

第四条（相对集中行政处罚权）

市和区县文化综合执法机构集中行使下列行政处罚权：

（一）依据法律、法规和规章规定，原由市和区县文化广播影视行政管理部门行使的行政处罚权；

（二）依据法律、法规和规章规定，原由市新闻出版、市版权行政管理部门和区县负责出版管理的行政部门行使的行政处罚权；

（三）依据法律、法规和规章规定，原由市和区县文物行政管理部门行使的行政处罚权；

（四）依据法律、法规和规章规定，原由市和区县体育行政管理部门行使的行政处罚权；

（五）依据法律、法规和规章规定，原由市和区县旅游行政管理部门行使的行政处罚权；

（六）市人民政府规定的其他方面的行政处罚权。

第五条（市和区县文化综合执法机构的权限分工）

市文化执法总队负责查处在全市有较大影响的违法行为，以及法律、法规、规章规定应当由市级行政执法机关负责查处的违法行为。

区县文化综合执法机构负责查处在本辖区内发生的违法行为。两个或者两个以上的区县文化综合执法机构在查处违法行为时对职权发生争议的，由市文化执法总队确定。对应当由区县文化综合执法机构查处的违法行为，区县文化综合执法机构未予查处的，市文化执法总队可以责令其查处，也可以直接查处。

第六条（其他执法机关的权限限制）

本市文化领域相对集中行政处罚权后，有关的市和区县行政机关以及法律、法规授权的组织不再行使已由市和区县文化综合执法机构集中行使的行政处罚权；仍然行使的，做出的行政处罚决定无效。

第七条（案件移送）

有关行政管理部门在监督检查活动中发现应当由市和区县文化综合执法机构处理的涉嫌违法行为的，应当及时移送处理。市和区县文化综合执法机构在执法检查中发现超出职责范围的涉嫌违法行为的，应当及时移送有关行政管理部门处理。

有关行政管理部门与市和区县文化综合执法机构无正当理由，不得拒绝接受移送的案件，并应当在作出处理决定后，及时通报移送部门。

第八条（举报受理）

市和区县文化综合执法机构应当建立违法行为举报受理制度，并为举报人保密。

对公民、法人或者其他组织举报的违法行为，属职责范围内的，市和区县文化综合执法机构应当及时查处；属职责范围外的，市和区县文化综合执法机构应当及时移送有关部门处理。市和区县文化综合执法机构应当将查处或者移送处理的情况告知举报人。

第九条（信息共享）

市和区县文化综合执法机构与市和区县文广影视、新闻出版、版权、文物、体育、旅游、公安、工商等有关行政管理部门应当加强沟通，实现与文化领域相对集中行政处罚权有关的行政处罚、行政许可以及其他相关信息的共享。

第十条（拒绝、阻碍执法的法律责任）

拒绝、阻碍文化领域综合执法人员依法执行公务，未使用暴力、威胁方式的，由公安机关依照《中华人民共和国治安管理处罚法》进行处罚；使用暴力、威胁方式构成犯罪的，依法追究刑事责任。

第十一条（执法者违法行为的追究）

市和区县文化领域综合执法机构及其综合执法人员应当秉公执法。对滥用职权、玩忽职守、徇私舞弊、索贿受贿的，由所在单位给予行政处分；情节严重构成犯罪的，依法追究刑事责任。

第十二条（复议和诉讼）

当事人对市文化执法总队做出的具体行政行为不服的，可以依据《中华人民共和国行政复议法》的规定，向市人民政府申请行政复议；也可以依据《中华人民共和国行政诉讼法》的规定，直接向人民法院提起诉讼。

当事人对区县文化综合执法机构做出的具体行政行为不服的，可以依据《中华人民共和国行政复议法》的规定，向区县人民政府或者市文化执法总队申请行政复议；也可以依据《中华人民共和国行政诉讼法》的规定，直接向人民法院提起诉讼。

第十三条（施行日期）

本办法自 2005 年 1 月 1 日起施行。1999 年 12 月 29 日上海市人民政府发布的《上海市文化领域行政执法权综合行使暂行规定》同时废止。

洛阳市人民政府关于委托龙门文化旅游园区管理委员会行使部分行政职能的规定

（2008 年 9 月 27 日洛阳市人民政府令第 103 号公布，自 2008 年 11 月 1 日起施行）

第一条　为了进一步加快洛阳龙门文化旅游园区的发展，根据《中华人民共和国行政许可法》、《中华人民共和国行政处罚法》等法律、法规，结合本市实际，制定本规定。

第二条　龙门文化旅游园区包括龙门石窟文物保护区、龙门石窟风景名胜区、龙门村、郜庄村、寺沟村、张沟村、魏湾村、郭寨村、东草店村、西草店村和镇南社区、河东社区。

第三条　洛阳龙门文化旅游园区管理委员会（以下简称龙门园区管委会）作为市人

民政府的派出机构，赋予部分与城市区相同的经济管理权限和社会管理权限，在龙门文化旅游园区范围内履行下列行政管理职责：

（一）依据市城市建设总体规划和经济社会发展规划纲要，编制龙门文化旅游园区建设规划和经济社会发展计划并组织实施；

（二）负责对龙门文化旅游园区的财政及其出资的国有资产进行监督管理；

（三）按照市政府规定权限审批和核准龙门文化旅游园区的内外资企业及项目；

（四）负责龙门文化旅游园区的国土资源、规划、建设、房产、环卫、市政、人防、公用事业、环境保护、园林绿化等工作的管理；

（五）负责龙门文化旅游园区的发展与改革（价格）、统计、审计、商务、人事、劳动和社会保障、安全生产等工作的管理；

（六）负责龙门文化旅游园区的民政、民族宗教事务、计划生育、科技、教育、文化、文物、新闻出版、卫生等工作的管理；

（七）负责龙门文化旅游园区的农业、林业、畜牧、水利、交通、农机等工作的管理；

（八）指导、协调有关部门设在龙门文化旅游园区的派出机构或者分支机构的工作；

（九）其他应当委托龙门园区管委会行使的职责。

第四条　在履行本规定第三条职责过程中所涉及的行政许可等审批权，由依法履行行政审批职能的市政府相关部门按照本规定，委托给龙门园区管委会实施。

第五条　在履行本规定第三条职责过程中所涉及的行政处罚权，由依法履行行政处罚职能的市政府相关部门按照本规定，委托给龙门园区管委会下设的有关管理机构实施。

第六条　市政府相关部门应当遵循有利于加快洛阳龙门文化旅游园区发展的原则，将部分工作急需的基础性行政许可事项、行政处罚事项委托给龙门园区管委会及其有关管理机构。对于重大复杂以及需要全市统一行使等部分不宜委托的事项，仍由原履行职责的部门继续行使。

第七条　委托机关委托实施行政许可和行政处罚，应当和龙门园区管委会及其有关管理机构签订书面委托协议，并将委托实施行政许可和行政处罚的内容、权限、期限等予以公告。

第八条　书面委托协议应当包括下列内容：

（一）委托机关的名称、地址、法定代表人；

（二）受委托单位的名称、地址、法定代表人；

（三）委托行政许可、行政处罚的内容、权限；

（四）委托行政许可、行政处罚的期限；

（五）委托双方的权利与义务以及应当承担的责任；

（六）委托机关、受委托单位的法定代表人签字并加盖单位印章。

第九条　龙门园区管委会及其有关管理机构在委托权限内应当以委托机关的名义实施行政许可和行政处罚，不得再委托其他组织或者个人实施行政许可、行政处罚。

实施行政许可和行政处罚时，应当使用加盖委托机关印章的文书，罚没收入以及收取的相关费用按照罚缴分离和收支两条线的规定缴入国库。

第十条　龙门园区管委会及其有关管理机构的行政执法人员，应当按照规定经过培训、考试考核合格，取得河南省行政执法证后，方可上岗实施委托的行政许可、行政处罚。

第十一条　委托机关应当加强对龙门园区管委会及其有关管理机构实施行政许可、行政处罚情况的监督检查，并对委托实施的后果承担法律责任。

第十二条　龙门园区管委会及其有关管理机构未正确实施行政许可、行政处罚或者超越委托内容、权限、期限实施行政许可、行政处罚的，委托机关应当责令改正；情节严重的，委托机关可以暂停或者收回委托，并向市政府备案。

第十三条　行政许可、行政处罚以外的其他行政权力需要委托实施的，参照本规定执行。

第十四条　本规定自 2008 年 11 月 1 日起施行。

第二节　跨境旅游文化管理

一、跨境旅游的由来和定义

1987 年 11 月，原国家旅游局和对外经贸部批准了丹东市至朝鲜新义州的自费旅游一日游活动。这是我国政府对公民自费边境旅游的最初正式许可。1988—1990 年，以国务院办公厅或国家旅游局的名义下发了文件，先后批准黑龙江、辽宁、吉林和内蒙古等省区的部分边境城市开展边境旅游（于海志，2011）。1997 年 10 月，国家旅游局、外交部、公安部、海关总署联合发布了《边境旅游暂行管理办法》。其中对边境旅游定义为：经批准的旅行社组织和接待中国及毗邻国家的公民，集体从指定的边境口岸的出入境，在双方政府商定的区域和期限内进行的旅游活动。张广瑞（1997）指出，边境旅游指人们通过边境口岸所进行的跨越国境的旅游活动。姚素英（1998）认为，边境旅游是指相邻两国或地区的居民，在双方接壤的对外开放的边境城市或地区相互进行短程旅行游览的行为。《国际旅游发展导论》一书中将边境旅游定义为：相邻国家之间相互开放水陆边境口岸，按照一定的协议和约定，允许相邻国家的居民相互出入边境所进行的旅游活动（罗明义，2002）。白鹏飞（2017）关于跨境旅游的概念界定，从旅行社行业管理的角度，特定目的地的跨境旅游业务被定义为边境旅游，它需经旅游主管部门特许经营。从旅游者的空间移动特点看，途经毗邻两国或三国的边境口岸及海关的旅游活动属于跨国旅游，或称之为跨境旅游。跨境旅游活动既包括从中国口岸出发的出境游，也包括从相邻国家进入中国的入境游，不仅包括口岸及周边地区的对内和对外旅游接待，也包括通过口岸的出境组团旅游。这些定义表达了边境旅游的跨境性特点、旅行社作为组织主体的特点、活动时间和区域的局限性特点等。目前边境旅游概念存在着一个共性问题，即对"边境"与"跨境"区别的模糊理解。边境指邻近边界或国界的区域范围，现代国际社会中的边境通常指国界附近的地方。如我国旅游者在邻国边境地区（出境）或邻国旅游者在我国边境地区（入境）开展的旅游活动。而目前我国对边境旅游的定义均将其默认为国际旅游，因此，目前旅游管理部门和学术界所谓的"边境旅游"，更准确的表达应当是"跨境旅游"，即指相邻国家或地区的居民跨越国（边）境所进行的旅游活动。

二、跨境旅游的特征

跨境旅游是国内旅游的延伸，也是国际旅游的重要组成部分，加之我国边境地区多为少数民族地区，因此，跨境旅游在我国的发展中显现出有别于其他旅游的显著特点。显然，尽管不同的旅游组织机构和研究者对跨境旅游的定义有不同的解读，但有几个基本特征。第一，跨境旅游是一个国家出境旅游的一种特殊形式和重要组成部分；第二，跨境旅游活动主要集中在边境线地区，包含对边境线的跨越；第三，跨境旅游在旅游时间上，可以不包含"过夜"要求；第四，这种出境的旅游活动，受到边境地区相邻两个国家相关政策和法律的约束和限制（葛全胜、钟林生，2014）。

三、跨境旅游文化相关法律法规

（一）《中华人民共和国出境入境管理法》中相关规定

《中华人民共和国出境入境管理法》是为了规范出境入境管理，维护中华人民共和国的主权、安全和社会秩序，促进对外交往和对外开放制定。由全国人民代表大会常务委员会于2012年6月30日发布，自2013年7月1日起施行。

1. 中国公民出境管理

第十二条　中国公民有下列情形之的，不准出境：

（1）未持有效出境入境证件或者拒绝、逃避接受边防检查的。

（2）被判处刑罚尚未执行完毕或者属于刑事案件被告人、犯罪嫌疑人的。

（3）有未了结的民事案件，人民法院决定不准出境的。

（4）因妨害国（边）境管理受到刑事处罚或者因非法出境、非法居留、非法就业被其他国家或者地区遣返，未满不准出境规定年限的。

（5）可能危害国家安全和利益，国务院有关主管部门决定不准出境的。

（6）法律、行政法规规定不准出境的其他情形。

2. 外国人签证管理

第二十一条 外国人有下列情形之一的，不予签发签证：

（1）被处驱逐出境或者被决定遣送出境，未满不准入境规定年限的。

（2）患有严重精神障碍、传染性肺结核病或者有可能对公共卫生造成重大危害的其他染病的。

（3）可能危害中国国家安全和利益、破坏社会公共秩序或者从事其他违法犯罪活动的。

（4）在申请签证过程中弄虚作假或者不能保障在中国境内期间所需费用的。

（5）不能提交签证机关要求提交的相关材料的。

（6）签证机关认为不宜签发签证的其他情形。

对不予签发签证的，签证机关可以不说明理由。

3. 外国人入境管理

第二十五条 外国人有下列情形之一的，不准入境：

（1）未持有效出境入境证件或者拒绝、逃避接受边防检查的。

（2）被处驱逐出境或者被决定遣送出境，未满不准入境规定年限的。

（3）患有严重精神障碍、传染性肺结核病或者有可能对公共卫生造成重大危害的其他传染病的。

（4）可能危害中国国家安全和利益、破坏社会公共秩序或者从事其他违法犯罪活动的。

（5）在申请签证过程中弄虚作假或者不能保障在中国境内期间所需费用的。

（6）入境后可能从事与签证种类不符的活动的。

（7）法律、行政法规规定不准入境的其他情形。

对不准入境的，出入境边防检查机关可以不说明理由。

4. 外国人出境管理

第二十八条 外国人有下列情形之一的，不准出境：

（1）被判处刑罚尚未执行完毕或者属于刑事案件被告人、犯罪嫌疑人的，但是按照中国与外国签订的有关协议，移管被判刑人的除外。

（2）有未了结的民事案件，人民法院决定不准出境的。

（3）拖欠劳动者的劳动报酬，经国务院有关部门或者省、自治区、直辖市人民政府决定不准出境的。

（4）法律、行政法规规定不准出境的其他情形。

外国驻中国的外交代表机构、领事机构成员及享有特权和豁免的其他外国人的出入境管理，其他法律另有规定的，依照其规定。

（二）《中华人民共和国出境入境边防检查条例》中相关规定

根据《中华人民共和国出境入境边防检查条例》第二十八条、第二十九条和第三十条规定，边防检查站可以对出境、入境人员携带的行李物品和交通运输工具载运的货物进行重点检查，边防行李物品、货物的检查具体规定如下：

（1）出境、入境的人员和交通运输工具不得携带、载运法律、行政法规规定的危害国家安全和社会秩序的违禁物品；

（2）任何人不得非法携带属于国家秘密的文件、资料和其他物品出境；

（3）出境、入境的人员携带或者托运枪支、弹药必须遵守有关法律、行政法规的规定，向边防检查站办理携带或者托运手续，未经许可，不得携带、托运枪支、弹药出境、入境。

（三）《中国公民出国旅游管理办法》中相关规定

国家旅游局 2002 年 7 月公布并施行《中国公民出国旅游管理办法》，对中国公民出国旅游管理做了具体规定，规范旅行社组织中国公民出国旅游活动。

第二条　任何单位和个人不得组织中国公民到国务院旅游行政部门公布的出国旅游目的地国家以外的国家旅游；组织中国公民到国务院旅游行政部门公布的出国旅游的目的地国家以外的国家进行涉及体育活动、文化活动等临时性专项旅游的，须经国务院旅游行政部门批准。

第十六条　组团社及其旅游团队领队应当要求境外接待社按照约定的团队活动计划安排旅游活动，并要求其不得组织旅游者参与涉及色情、赌博、毒品内容的活动或者危险性活动，不得擅自改变行程、减少旅游项目，不得强迫或者变相强迫旅游者参加额外付费项目。

第十七条　旅游团队领队应当向旅游者介绍旅游目的地国家的相关法律、风俗习惯以及其他有关注意事项，并尊重旅游者的人格尊严、宗教信仰、民族风俗和生活习惯。

第二十一条　旅游者应当遵守旅游目的地国家的法律，尊重当地的风俗习惯，并服从旅游团队领队的统一管理。

第三十条　组团社或者旅游团队领队违反本办法第十六条的规定，未要求境外接待社不得组织旅游者参与涉及色情、赌博、毒品内容的活动或者危险性活动，未要求其不得擅自改变行程、减少旅游项目、强迫或者变相强迫旅游者参加额外付费项目，或者在境外接待社违反前述要求时未制止的，由旅游行政部门对组团社处组织该旅游团队所收取费用 2 倍以上 5 倍以下的罚款，并暂停其出国旅游业务经营资格，对旅游团队领队暂扣其领队证；造成恶劣影响的，对组团社取消其出国旅游业务经营资格，对旅游团队领队吊销其领队证。

第三十一条　旅游团队领队违反本办法第二十条的规定，与境外接待社、导游及为旅游者提供商品或者服务的其他经营者串通欺骗、胁迫旅游者消费或者向境外接待社、导游和其他为旅游者提供商品或者服务的经营者索要回扣、提成或者收受其财物的，由旅游行政部门责令改正，没收索要的回扣、提成或者收受的财物，并处索要的回扣、提成或者收受的财物价值 2 倍以上 5 倍以下的罚款；情节严重的，并吊销其领队证。

第三节　旅游地村规民约管理

一、村规民约的定义和内涵

"村规民约"是我国传统文化的重要组成部分。村规民约是指村民们依据党的方针政策和国家法律法规，结合当地习俗和实际，为维护本村的社会秩序、社会公共道德、村风民俗、精神文明建设等方面共同制定，每个乡村居民都必须遵守和执行的行为规范。它是大家共同利益的集中体现，是国家法律法规在基层的具体体现，同时也是村民之间的契约。

村规民约作为介于法律与道德之间"准法"的自治规范，是村民共同意志的载体，是村民自治的表现，是村民自我管理、自我教育、自我服务、自我约束的行为准则，具有教育、引导和约束、惩戒作用，对于促进村民自治具有特殊作用（李柔萱、刘云虹，2007）。从国家法的视角看，村规民约作为一种非正式制度，是由民间自动产生，并具有自我实施的效力；从法理的视角讲，深深嵌入乡土社会秩序的村规民约属于一种与国家制定法相对应的民间法的范畴，作为一种具有本土意义的民间规训，在其产生、流传的地域范围内具有法律效力，也是当地社会必须遵守的共同规范。村规民约起源于人类社会以地缘关系为纽带的乡村社区（以村落为主要形态）形成之后协调社区各家族、家庭之间乃至各村民之间的社会关系的超越家庭、家族规范的社区公共规范的客观需要。这种适用于同一乡村社区中各家庭、各家族和各村民的社区公共行为规范，不论其称为"乡约""乡规"还是"族规"，都是村规民约范畴。在旅游发展过程中，村规民约对维护乡村文化传承，解决和协调在旅游开发中出现的集体性问题具有积极的意义。

二、现代村规民约的意义

乡规民约产生于中国传统乡村社会，历史上成文的乡规民约发物于宋，北宋中期陕西蓝田吕氏兄弟制定的《吕氏乡约》（又称《蓝田乡约》），是中国历史上第一部成文的乡规民约。现代村规民约的发展则经历了一个从受到排斥到重视并逐步加强的过程。中华人民共和国成立以后，随着国家法律制度的不断完善，法律对社会生活的覆盖面越来越广泛，即便是偏远的农村也毫无例外地要受国家法的调控和规范。国家法在农村的"渗透"，使得村规民约的存在以及其发挥作用的空间受到极大的约束甚至是限制。但由于我国的乡村社会具有相对独立性和封闭性，这使得国家政权的影响力受到一定程度的制约，同时，国家法自身也存在着缺陷和供给不足的情况，这一切使我们清醒地意识到，在这样一个复杂的多元社会中，为调节各种各样的社会关系，仅靠国家法是不够的，必然需要多元的规范体系。正是这种特殊社会状况使得以村规民约为典型的民间规范的存在及其发挥作用的空间得以恢复（尚前浪、陈刚，2016）。刘旸（2009）指出随着 1982 年《宪法》的颁布实施，国家对于农村治理方式逐渐发生了改变，特别是家庭联产承包责任制和村民自治制度的确立和推行，使得我国乡村社会的发展拥有了很大的自主性。而在随后制定的《村民委员会组织法》（1998）中，不仅对村规民约在乡村社会中的作用给予了充分的肯定，还以立法的形式确定了村规民约的法律地位。《村民委员会组织法》第 20 条规定："村民会议可以制定和修改村民自治章程、村规民约，并报乡、民族乡、镇的人民政府备案。"由此，村规民约进入了快速发展时期。《中华人民共和国村民委员会组织法》是现代村规民约的法律依据。经过 20 年的实践证明，村规民约作为一种社区规范在维护农村的发展与稳定，提高村民的法律意识方面发挥了重要作用，不仅是当前我国农村法制建设的一个有益的补充，还是我国民主法治建设的重要组成部分。以乡规民约作为社区治理的基本制度在全国各地都有很多案例。如浙江武义后陈村制定后陈村《村务管理制度》和后陈村《村务监督制度》两项制度，与原有的《村规民约》一起，印刷装订成册，分发给每一农户，将村庄民主选举、民主决策、民主管理、民主监督四个环节中所涉及的规章制度分别加以规定，很好地促进了社区治理的开展。可见乡规民约是乡民共同遵守的行为规范，借以传承乡村文化、调节着村民关系、化解着社区纠纷、维护着社会秩序稳定。乡规民约有两个基本特性：一是制定的主体是乡民，二是人们共同商量讨论，在相互合意的基础上制定的。这符合韦伯关于"权威"的界定，即乡规民约以村民的意志为依托，具有普遍服从的约束力。乡规民约就是村民"心中的法律"，其深厚的文化传统、浓厚的地方性以及合理的权威性都决定着在当代仍然有着很大的应用价值。

三、村规民约对旅游发展的作用

（一）村规民约能够弥补国家法规无法控制的范围

由于国家立法自身的不足以及立法程序的刚性规定，再加上我国各地区之间社会经济、文化发展的不平衡等因素的影响，国家制定法的触角不可能深入到社会生活的各个角落，法律也不可能对社会生活的各个方面事无巨细地概括无余、包罗万象。在这样的情形下，村规民约就发挥着弥补国家立法不足的作用。首先，针对一些政府顾不上管、法律法规涵盖不了的事项，村规民约则包含了一些针对性很强的条款，有效地维护了当地社区的社会秩序，保护了当地的自然资源。比如，在贵州台江县的台拱镇，为了保护好当地的森林资源，各村寨均制订了一些行之有效的村规民约。如砍风景树每棵罚款

30~100 元；发现火警不报者罚款 50~100 元等。这些民间条约对当地自然资源保护和管理发挥了积极作用。其次，村规民约的执行力比较强。村规民约是村民根据实际需要，在广泛协商的基础上制定，并由全体村民共同遵守的社区规范。由于村规民约得到了大家的认可，再加上人们的内心信念、风俗习惯和社会舆论的力量等因素的共同作用，使得村规民约能得到绝大多数村民的遵守，并能够积极地监督执行。

（二）村规民约能够激发村民积极参与旅游管理

村规民约在激发村民积极参与当地旅游管理方面发挥着重要的作用。村民自治是我国农村的一项基本政治制度。它是指村民通过由村民民主选举产生的村民委员会对本村的公共事务和公益事业等方面进行民主决策、民主管理、民主监督的制度。村规民约则是村民自治制度的重要表现形式。根据《村民委员会组织法》第二十条的规定，村规民约由村民会议制定。村民自然就成为制定村规民约的主体。积极参与到村规民约的制定中，充分尊重村民意愿，听取村民意见，在规划引导、统筹协调、分类指导等方面发挥了村民集体智慧的力量。如果缺乏了村民的积极参与，那么制定出来的村规民约就会成为"一纸空文"。这也就违背了我国实行村民自治制度的初衷。因此，村规民约必须是大多数村民广泛参与的结果。只有依靠村民的广泛参与，村民公约才能持久地发挥作用。

（三）村规民约能够帮助更好地保护旅游生态环境

生态环境是乡村旅游资源的重要组成部分，也是旅游实现可持续发展的重要基础。村民的经营利益的来源是建立在坚持科学保护、合理开发和利用的原则上，坚持旅游发展与生态保护并重。而村民在旅游开发中获益的同时极大可能忽视这些环境保护的原则，而完全以短期利益为目的，做出破坏乡村生态环境的各种行为。所以村规民约对村民破坏旅游环境的行为能够起到一定的约束作用。

（四）村规民约能够促进传统旅游文化的传承

乡村传统文化是乡村旅游的灵魂。不仅要深入挖掘优秀民族民俗文化，不断提升乡村传统文化的魅力和旅游吸引力，促进乡村传统文化资源转变为经济优势，而且更要注重对乡村传统文化的保护和传承。在旅游开发中，村规民约的潜在作用对村民来说远远比硬性的正式法规更具有效力。村规民约的作用还在于形成本地区的一种文化和价值取向氛围，使得我国在开发乡村旅游的摸索的发展道路上继承和发扬乡村优秀传统文化的新路子，真正使乡村旅游成为弘扬优秀乡村传统文化的重要渠道，防止因为开发了旅游而使优秀的传统乡村文化庸俗化。

第四节　旅游文明行为管理

一、文明旅游的定义和内涵

目前国内对文明旅游的定义并未形成较一致的观点。最初，文明旅游是作为一种宣传标准和倡导教育的方式。随着经济的发展和社会的进步，越来越多的人开始关注文明旅游。目前明确提出文明旅游概念的，如杨忠元（2014）认为文明旅游是指游客及旅游服务人员（包括导游、司机等）在旅游过程中遵守旅游的公共秩序，其言行举止符合法律法规和道德行为规范。孙天胜、孙腾婧（2016）认为旅游文明行为是公民道德在其旅游行为中的外化。黄细嘉、李凉（2016）认为文明旅游是旅游主体在参与旅游过程中，具备文明感知、情感、知识、责任的文明行为的综合。当前我国对文明旅游的概念研究尚未上升到学术层面，还处在舆论探讨阶段，因此对文明旅游的概念尚未达成广泛共识。总的来讲，文明旅游指在旅游活动过程中，旅游相关主体的言行举止符合社会的道德和法律规范。

从行为、现象和发展3个视角对我国文明旅游的内涵特征进行了解读，其中，行为视角解读的是狭义的文明旅游，即旅游活动中旅游者符合文明规范的旅游个体行为；现象视角解读的是广义的文明旅游，即旅游发展过程中符合文明规范的旅游利益相关者群体行为特征和行为结果的总体表现；发展视角将文明旅游解读为能够促进和反映社会文明进程的旅游发展理念（罗文斌，2016）。

二、旅游者不文明行为分类

目前，学界关于公民旅游不文明行为的研究已有不少的成果，如蔡雪莉（2008）将我国公民旅游不文明行为归为六大类。

（一）不讲卫生

我国公民第一类旅游不文明行为是不讲卫生。此类问题包括了中央文明办、国家旅游局发布18种不文明行为中的1、2、11等条的内容。即"随处抛丢垃圾、废弃物，随地吐痰、擤鼻涕、吐口香糖，污染公共环境""无视禁烟标志在非吸烟区吸烟，打喷嚏不掩口鼻，危害他人健康""上厕所不冲水，不讲卫生留脏迹"。

（二）不讲秩序

我国公民第二类旅游不文明行为是不讲秩序。此类问题包括了中央文明办、国家旅游局发布 18 种不文明行为中的 3、12 等条的内容。即"坐公交车、乘电梯、购物、买票、参观、就餐时争抢拥挤、插队加塞,不谦让老幼病残孕""排队等候时跨越黄线"。

(三)不懂尊爱

我国公民第三类旅游不文明行为是不懂尊爱。此类问题包括了中央文明办、国家旅游局发布 18 种不文明行为中的 5、6、9、13 等条的内容。即"在教堂、寺庙等宗教场所嬉戏、玩笑,不尊重当地居民风俗""强拉外宾合影,违反规定拍照、录像""在景观文物、服务设施上乱刻乱画,踩踏禁行绿地,攀爬摘折花木""不听劝阻喂食、投打动物,危害动物安全"。

(四)行为粗俗

我国公民第四类旅游不文明行为是行为粗俗。包括了中央文明办、国家旅游局发布 18 种不文明行为中的 4、7、14、15 等条的内容。即"在公共交通工具、宾馆饭店、剧场影院等公共场所高声接打电话、猜拳行令、喧哗吵闹""在他人面前打赤膊、袒胸敞怀,在房间外穿睡衣活动,穿着不合时宜""在大庭广众之下脱去鞋袜,把裤腿卷到膝盖以上、跷'二郎腿',酒足饭饱后毫不掩饰地剔牙,卧室以外穿睡衣或衣冠不整,有碍观瞻""说话脏字连篇,举止粗鲁专横,遇到纠纷或不顺心的事大发脾气,恶语相向,缺乏基本社交修养"。

(五)法制观念淡薄

我国公民第五类旅游不文明行为是法制观念淡薄,道德品质低下。包括了中央文明办、国家旅游局发布 18 种不文明行为中的 8、17 等条的内容。"讲黄色段子、宣扬封建迷信、传播胡编乱造的政治笑话,热衷低级趣味""涉足色情场所、参加赌博活动"。

(六)不守规则

我国公民第六类旅游不文明行为是不守规则。包括了中央文明办、国家旅游局发布 18 种不文明行为中的 10、16、18 等条的内容。即包括"吃自助餐时多拿多占,离开宾馆饭店时取走非赠品,贪占小便宜""在不打折扣的店铺讨价还价""不消费却长时间占据消费区域,享受服务后不付小费"。

三、旅游不文明行为产生的原因

(一)无意识心理状态

少数旅游者不文明行为,是因为自身并没有意识到自己行为所带来的负面影响,因此做出与公共道德相违背的行为。例如,人们对有的游客在禁烟区吸烟、在坐椅上睡大觉、在公共场所大声喧哗、随地吐痰、乱扔垃圾、让小孩随地撒尿等行为反感时，而当事人却处之泰然。

（二）游客道德感弱化

一方面，在旅游过程中，由于旅游活动具备异地性，旅游者离开惯常环境和"熟人"社会的监督，陌生的环境使旅游者自我心理上的约束感随之减轻或消失，从而容易导致行为失范，即由无名性引发无责任感。一些旅游者认为，旅游就是放松，旅游这种休闲场合可以不拘小节，不修边幅，只要自己的个人财产不受损失，就不必去关心或者没有责任去关心公共财产。不讲卫生、不懂礼仪、不守秩序、不遵法规、不爱护环境和公共设施的不文明行为恰恰反映的就是个人的公德和修养。另一方面，因为时间短暂使得他们看不到自己不文明行为带来的严重后果，旅游者缺乏保护旅游目的地的欲望，使得出现不同于平时生活的反差行为，形成不文明行为。

（三）文化习俗的差异

文化习俗的差异也会带来不文明行为的产生。文化习俗源自当地的历史传承与沉积，与个体心理、种群间的内部关系等都有着密切的联系，因此人们有着"十里不同风、百里不同俗"之说。比如在给服务员小费的问题上，由于中西文化的差异，就能产生理解上的误会。中国人认为服务员的热情服务是好客的表现，要是额外给其费用就是看不起人；而西方人却认为给小费是对别人服务和帮助所必需的认可和回报。

由于旅游者对当地风土人情知之甚少，会触犯当地禁忌，引发冲突和矛盾。旅游者在无意识状态下，将固有的思维方式和行为习惯带入旅游目的地。由于环境、教育和个人素质的差异，即文化差异的存在，旅游者与旅游目的地势必会产生冲突和矛盾，行为举止不符合公共秩序，从而产生不文明行为。

（四）旅游法律法规不完善

文明旅游主要依靠道德进行规范，但我国旅游业起步较晚，法律法规方面还不完善。由于监管不力、相关法律法规缺乏可操作性、缺乏相关的处罚条例和不文明旅游行为处罚力度较低，使得对旅游目的地的资源、环境、社会秩序等造成危害的旅游者不文明行为，如在景物、设施上乱涂乱画，景区内乱扔垃圾等没有及时加以制止和控制。

（五）旅游服务管理不到位

我国旅游产业的发展提升旅游文明素质的思考还不成熟，诚信机制需完善；旅游从业人员素质亟待提高。比如现在有些景点游览价值、服务质量不到位收费却奇高；一些景区设施不足，服务不周，卫生打扫不及时；有些导游对游客实行赶羊式的服务，在规定的景点催促游客压缩游览时间，在带领游客购物的时候却能拖就拖；甚至有些时候旅游部门不注意交通工具的维护，发生旅游车在半路抛锚，游客无法及时到达景点的事情。如果遇到上面的情况，游客的心理很容易失衡，而心理失衡也容易使旅游者产生"不合作"心理，做出不文明行为。另外，一些导游素质低下，没有"导向"，已经成了旅游文明的"污染源"。加上诚信机制缺乏，旅游者处处要提防导游人员"欺客""宰客"，无暇顾及不良习惯。

四、旅游文明行为管理措施

（一）国家法律法规保障

文明旅游，既要正面引导，也离不开对负面行为的监督和惩治。近些年，有关部门对不文明的旅游行为，管理和处罚力度一再加大，我国政府部门也相继出台了一系列法律法规，如表 12-1 所示，既为旅游者提供服务，也引导旅游者文明旅游，并且建立了社会监督员制度，对旅游市场秩序、落实《旅游法》和开展文明旅游工作情况进行监督。有效治理旅游不文明现象，还需在法律法规层面加强对不文明行为的惩罚力度，提升违规成本。

表 12-1　旅游文明行为政策法规

年份	时间	实施单位	政策法规
2006	8月	中央文明办和国家旅游局	向全国征集"提升中国公民旅游文明素质十大建议"
	8月	中央精神文明建设指导委员会	发出通知，部署在全国实施"提升中国公民旅游文明素质行动"
	10月	国家旅游局和中央文明办	联合颁布《中国公民出境旅游文明行为指南》《中国公民国内旅游文明行为公约》
2013	3月	全国人大	颁布的《中华人民共和国旅游法》中出台了一些关于文明旅游的条例
2015	3月	国家旅游局	制定了《游客不文明行为记录管理暂行办法》
	4月	国家旅游局	《导游领队引导文明旅游规范》
2016	4月	中国航空运输协会	制定出台了《民航旅客不文明行为记录管理办法（试行）》
	5月	国家旅游局	根据实施情况将其修订为《旅游不文明行为记录管理暂行办法》

相关法律法规如下：

中国公民出境旅游文明行为指南

为了提高公民文明素质，塑造中国公民良好国际形象，中央文明办、国家旅游局2006年10月2日联合颁布了《中国公民出境旅游文明行为指南》。外交部领事司谨提醒每位公民出境旅游时要努力践行《指南》，克服旅游陋习，倡导文明旅游行为。该指南内容如下：

中国公民，出境旅游，注重礼仪，保持尊严。

讲究卫生，爱护环境；衣着得体，请勿喧哗。

尊老爱幼，助人为乐；女士优先，礼貌谦让。

出行办事，遵守时间；排队有序，不越黄线。

文明住宿，不损用品；安静用餐，请勿浪费。

健康娱乐，有益身心；赌博色情，坚决拒绝。

参观游览，遵守规定；习俗禁忌，切勿冒犯。

遇有疑难，咨询领馆；文明出行，一路平安。

资料来源：中华人民共和国中央人民政府网。

旅游局发布中国公民国内旅游文明行为公约

中央文明办、国家旅游局于 2006 年 10 月 2 日公布《旅游局发布中国公民国内旅游文明行为公约》，营造文明、和谐的旅游环境，关系到每位游客的切身利益。做文明游客是我们大家的义务，请遵守以下公约：

1. 维护环境卫生。不随地吐痰和口香糖，不乱扔废弃物，不在禁烟场所吸烟。

2. 遵守公共秩序。不喧哗吵闹，排队遵守秩序，不并行挡道，不在公众场所高声交谈。

3. 保护生态环境。不踩踏绿地，不摘折花木和果实，不追捉、投打、乱喂动物。

4. 保护文物古迹。不在文物古迹上涂刻，不攀爬触摸文物，拍照摄像遵守规定。

5. 爱惜公共设施。不污损客房用品，不损坏公用设施，不贪占小便宜，节约用水用电，用餐不浪费。

6. 尊重别人权利。不强行和外宾合影，不对着别人打喷嚏，不长期占用公共设施，尊重服务人员的劳动，尊重各民族宗教习俗。

7. 讲究以礼待人。衣着整洁得体，不在公共场所袒胸赤膊；礼让老幼病残，礼让女士；不讲粗话。

8. 提倡健康娱乐。抵制封建迷信活动，拒绝黄、赌、毒。

资料来源：中华人民共和国中央人民政府网。

国家旅游局办公室关于印发

《国家旅游局关于旅游不文明行为记录管理暂行办法》的通知

旅办发〔2016〕139号

各省、自治区、直辖市旅游发展委员会、旅游局，新疆生产建设兵团旅游局：

为进一步学习贯彻落实习近平总书记关于文明旅游的重要批示精神，根据《国家旅游局关于游客不文明行为记录管理暂行办法》实施情况，国家旅游局修订形成了《国家旅游局关于旅游不文明行为记录管理暂行办法》，并已经国家旅游局局长办公会审议通过。现印发给你们，请贯彻执行。

国家旅游局

2016年5月26日

国家旅游局关于旅游不文明行为记录管理暂行办法

第一条　为推进旅游诚信建设工作，提升公民文明出游意识，依据《中华人民共和国旅游法》、中央文明委《关于进一步加强文明旅游工作的意见》及相关法律法规和规范性文件，制定本办法。

第二条　中国游客在境内外旅游过程中发生的因违反境内外法律法规、公序良俗，造成严重社会不良影响的行为，纳入"旅游不文明行为记录"。主要包括：

（一）扰乱航空器、车船或者其他公共交通工具秩序；

（二）破坏公共环境卫生、公共设施；

（三）违反旅游目的地社会风俗、民族生活习惯；

（四）损毁、破坏旅游目的地文物古迹；

（五）参与赌博、色情、涉毒活动；

（六）不顾劝阻、警示从事危及自身以及他人人身财产安全的活动；

（七）破坏生态环境，违反野生动植物保护规定；

（八）违反旅游场所规定，严重扰乱旅游秩序；

（九）国务院旅游主管部门认定的造成严重社会不良影响的其他行为。

因监护人存在重大过错导致被监护人发生旅游不文明行为，将监护人纳入"旅游不文明行为记录"。

第三条　从事旅游经营管理与服务的工作人员（以下简称"旅游从业人员"）在从事旅游经营管理和服务过程中因违反法律法规、工作规范、公序良俗、职业道德，造成严重社会不良影响的行为，纳入"旅游不文明行为记录"。主要包括：

（一）价格欺诈、强迫交易、欺骗诱导游客消费；

（二）侮辱、殴打、胁迫游客；

（三）不尊重旅游目的地或游客的宗教信仰、民族习惯、风俗禁忌；

（四）传播低级趣味、宣传迷信思想；

（五）国务院旅游主管部门认定的其他旅游不文明行为。

第四条 "旅游不文明行为记录"信息内容包括：

（一）不文明行为当事人的姓名、性别、户籍省份；

（二）不文明行为的具体表现、不文明行为所造成的影响和后果；

（三）对不文明行为的记录期限。

第五条 国务院旅游主管部门建立全国"旅游不文明行为记录"。省级旅游行政主管部门可设立本行政区域内的"旅游不文明行为记录"。

第六条 地方各级旅游主管部门应联合相关部门、整合社会资源，对本行政区域内发生的、户籍所在地或经常居住地在本行政区域内的人员产生的旅游不文明行为进行调查核实，并及时向上一级旅游主管部门报告。

媒体报道或社会公众举报的旅游不文明行为，由不文明行为发生地的旅游主管部门予以调查核实，当事人居住地或户籍所在地旅游主管部门应予以配合。

发生在境外的旅游不文明行为，由国务院旅游主管部门或当事人户籍所在地或经常居住地旅游主管部门通过外交机构、旅游驻外办事机构等途径进行调查核实。

第七条 各级旅游主管部门对举报人的相关信息应予保密。鼓励和支持社会公众、新闻媒体以及旅游交通、餐饮、购物、娱乐休闲等经营单位向旅游主管部门举报旅游不文明行为。

第八条 "旅游不文明行为记录"形成前应经"旅游不文明行为记录评审委员会"评审通过。旅游不文明行为记录评审委员会由政府部门、法律专家、旅游企业、旅游者代表组成，评审主要事项包括：

（一）不文明行为事件是否应当纳入"旅游不文明行为记录"；

（二）确定"旅游不文明行为记录"的信息保存期限；

（三）"旅游不文明行为记录"是否通报相关部门；

（四）对已经形成的"旅游不文明行为记录"的记录期限进行动态调整。

第九条 "旅游不文明行为记录"信息保存期限为1年至5年，实行动态管理。

（一）旅游不文明行为当事人违反刑法的，信息保存期限为3年至5年；

（二）旅游不文明行为当事人受到行政处罚或法院判决承担责任的，信息保存期限为2年至4年；

（三）旅游不文明行为未受到法律法规处罚，但造成严重社会影响的，信息保存期限为1年至3年。

第十条 "旅游不文明行为记录"形成后，国务院旅游主管部门可将"旅游不文明行为记录"信息向社会公布。

第十一条 "旅游不文明行为记录"形成后，旅游主管部门应当将相关信息通报或送达当事人本人，并告知其有申辩的权利，当事人在接到申辩通知后30个工作日内，有权利进行申辩。旅游主管部门在接到申辩后30个工作日内予以书面回复。申辩理由被采纳的，可依据当事人申辩的理由调整记录期限或取消记录。

当事人申辩期间不影响信息公布。

第十二条 "旅游不文明行为记录"形成后，根据被记录人采取补救措施挽回不良影响的程度、对文明旅游宣传引导的社会效果，经评审委员会审议后可缩短记录期限。

第十三条 国家工作人员故意提供错误信息或篡改、损毁、非法使用、发布"旅游不文明行为记录"信息，按照有关规定对相关责任人员进行行政处分；情节严重的，依法追究法律责任。

第十四条 本办法发布后，"旅游不文明行为记录"依据本办法进行管理。本办法发布前已建立的"游客不文明行为记录"继续有效。

第十五条 本办法自发布之日起实施，由国家旅游局负责解释。国家旅游局于2015年4月发布的《游客不文明行为记录管理暂行办法》于本办法发布之日起停止实施。

中央文明办、外交部、国家旅游局等16个部门成立部际联席会议，每年召开会议，总结工作、分析形势、部署任务，形成了文明委统筹、文明办牵头、相关部门共同推进的领导体制和工作机制。各有关部门将文明旅游工作作为重要任务，结合各自职责，认真落实。外交部将文明旅游工作与中国公民海外利益保护工作有机结合，形成由领事司牵头、新闻司等司局配合、各驻外使领馆和地方外办参与的工作架构。同时，国家旅游局将文明旅游工作列入党组工作重点，专门设立文明旅游建设指导处，推动全行业开展文明旅游工作。国家民航局则与国家旅游局签署《关于加强文明旅游工作、促进行业融合发展的合作协议》，成立旅游民航合作发展推进委员会，共同惩治不文明行为。

为整治不文明旅游行为，加强对旅游市场的管理监督，各有关部门分兵把好护照、组团、出境、交通、落地、行程等出境旅游关口，推动管理重心下移、关口前移。中央台办、公安部、国务院港澳办等部门，把文明旅游教育引导作为办理出入境证照、出境审批以及公民通关的业务流程。国资委组织推动涉外央企，将文明出境纳入外派管理人员和劳务人员行前培训教育体系。国家旅游局实施导游领队文明旅游培训计划，对出境领队进行全员培训。民航局加大对"开应急舱门""机闹"等行为的整治力度。

各有关部门还充分发挥法治在解决不文明旅游行为中的重要作用，为加强管理提供法律依据。比如，重新修订和颁布《旅游法》，明确旅游者和导游领队文明旅游的法律要求；制定实施《游客不文明行为记录管理暂行办法》和民航旅客信用信息记录制度，连续公布四批游客不文明记录名单；指导旅游协会、旅行社协会等行业组织健全完善行业规范，引导从业人员履职尽责。同时，推动文明旅游信用平台建设，探索将旅游企业、导游领队、游客的信用记录逐步纳入社会征信系统。国家旅游局官网"我要投诉举报"平台，增加了对游客"不文明行为"的举报功能；"文明旅游伴我行"微信公众号也增加了"投诉举报"栏目，引导公众对不文明行为及时举报，以便迅速发现问题、解决问题。推进旅游行业文明创建，将文明旅游纳入文明城市、文明村镇、文明单位测评，列入 A 级景区、星级饭店评选标准，用考评机制促进工作落实。

（二）各地方政府旅游文明行为规约补充

各地方政府也纷纷响应中央号召，陆续出台文明旅游规章制度，各地方政府部门也在不断健全完善行业规范，引导从业人员履职尽责，加强行业自律，强化文明出游意识，带动全民文明素质的提高和文明程度的提升。

2014 年，福建省委文明办、省旅游局、省公安厅等部门联合出台《清新福建文明旅游行动方案》，为落实文明旅游建设提出了具体措施。为进一步规范游客的出游行为，福建省还将文明旅游相关内容纳入导游资格考试、培训考核，建立诚信信息咨询平台，健全旅游企业和从业人员违规登记制度和公开查询制度；建立承诺书签订制度，将游客文明旅游承诺书、《中国公民出境旅游文明行为指南》作为旅游合同的附件，在游客报名参团时一并签署。

2015 年，河南制定印发《关于游客不文明行为记录管理暂行办法》《河南省旅游企业约谈工作规定》，在全国率先制定申请经营出境旅游业务旅行社现场检查暂行办法及评分标准，提高出境游旅行社的服务质量。根据《河南省旅游局关于游客不文明行为记录管理暂行办法》，游客在旅游活动中，因违反法律、法规及公序良俗等受到行政处罚、法院判决承担法律责任，或造成严重社会不良影响的行为，将被记录在案，旅游主管部门将通报游客本人，提示其采取补救措施，挽回不良影响，必要时还将向公安、海关、边检、交通、人民银行征信机构通报。目前，此暂行办法已经印发至河南各省辖市和直管县。根据《河南省旅游企业约谈工作规定》，旅游企业有下列情形之一的，旅游行政主管部门即可对企业负责人进行约谈：违反《旅游法》《旅行社条例》等法律法规，扰乱旅游市场秩序的；旅游服务质量和服务等级低于相应服务质量标准（规范）的；存在较大安全隐患的；旅游投诉案件较多，投诉率较高的；对旅游行政主管部门下达的责令整改事项未及时整改到位的；旅游行政主管部门调查认定造成一定不良社会影响的；游客满意度调查得分排在后三位的。除此之外，河南省还制定完成《河南省旅游行业诚信建设"红黑榜"发布制度（征求意见稿）》《河南省文明旅游示范基地建设标准》《河南省文明旅游先进单位选树标准》三项制度，通过"红黑榜"发布、先进典型示范引导等，强化旅游企业诚信建设，规范旅游企业经营行为，提升旅游企业服务理念。通过制度，引导游客在旅游中文明、谦让、礼貌，提升公民的文明出游意识。

2015 年，武汉旅游局成立武汉旅游（巴黎）推广中心。武汉文明旅游联盟与法国 8 家旅行社签署文明旅游协议书，确定这些旅行社接待武汉旅游团时，将委派专人对旅客的不文明行为及时提醒，对文明旅游的模范游客给予奖励。

2018 年，安徽黄山市旅委发布《黄山市旅游行业文明创建三年行动计划（2018—2020 年）》（以下简称《计划》）。《计划》指出，全市旅游系统、旅游行业将围绕开展理想信念教育行动、健全文明旅游工作机制、开展文明旅游宣传创建活动、严把文明出行"六关口"、加大文明旅游市场综合执法整治、深入开展旅游行业诚信体系建设、创新文明旅游舆论宣传行动、完善配套设施提升环境质量、开展志愿服务深化行动及公益倡导文明树新风十个方面重点工作。《计划》明确，深入贯彻实施《旅游法》，扎实开展旅游市场综合治理专项整治行动，加强 A 级景区、星级饭店、旅行社及旅游从业人员管理和业务培训，严厉打击无照经营、价格虚高、以次充好、拉客欺客宰客等行为；加大旅游市场联合执法检查力度，重点打击"黑导""黑车""黑社"、虚假违法广告、不可理喻低价恶性竞争、非法"一日游"等旅游市场顽疾。以诚信建设为主线，按照《黄山市旅游委员会关于建立旅游诚信"红黑名单"制度（试行）》要求，实施信用惩戒，深入推进旅游诚信"红黑名单"。

2018 年，兰州市文明办、市文旅局、公安局、市城管委、市交通委、市生态局、市工商局和市食药监局联合下发《兰州市 2018 年提升市民文明旅游素质实施方案》（以下简称《方案》）。《方案》要求，兰州市有关部门将坚持出境游与国内游两手抓，进一步拓宽监督渠道，在旅游不文明行为的记录采集、追责处罚等方面联手行动，并通过宣传教育、制度规范和有效管理，倡导文明旅游、安全旅游、便捷旅游，引导旅游行业健康发展，着力提升城市文明程度和市民综合素质。

各地方政府充分发挥自身的管理功能，提升市民文明旅游素质，倡导文明习惯、培育礼仪规范，将文明理念不断渗入旅游行业的各个方面，强化公民文明出游意识，提升文明旅游整体形象。

（三）旅游文明宣传活动大力开展

近年来，中央媒体和地方媒体呼应、网上网下联动，制作刊播了一批文明旅游动漫片、提示语和公益广告，介绍了一批好游客、好导游、好领队，传播了各地各部门的新举措和特色活动，对食、住、行、游、购、娱等环节中有悖公德、有伤风俗、有损形象的反面案例集中曝光，舆论导向鲜明、声势有力。外交部联合移动、联通、电信三大运营商在"海外安全提醒短信系统"中增加文明出境游提示，实现了包括南极在内的近 200 个国家和地区"全覆盖"。公安部在出入境办证大厅、机场出境口岸等场所摆放《中国公民出境旅游文明行为指南》，张贴宣传海报，发放文明旅游宣传护照"卡套"。中国铁路总公司在全国铁路动车组列车视频和主要客运车站电子显示屏滚动播放文明旅游公益宣传片，引导人们文明乘车、文明出游。

国家旅游局继 2014 年推出的"垃圾不乱扔 举止讲文明""出门讲礼仪 入乡要随俗"等"十大文明旅游提醒语"之后，又推出"想赢得尊重，先尊重别人""微笑，是全世界的语言""小声一点，才能听到更多"等文明旅游提醒语。国家旅游局开展"中国好导游·中国好游客"推选征集、"文明旅游随手拍""文明旅游背包行""中国公民文明旅游公约大家定"等系列活动，激发了游客的积极性；国资委组织央企开展"文明旅游我最美"主题活动，发挥了榜样示范引领作用。

各地各有关部门也都纷纷开展丰富多彩、寓教于乐的文明旅游主题活动，吸引广大民众、游客特别是青少年学生参与，让人们在参与中了解文明旅游、认同文明旅游、践行文明旅游。在文明旅游宣传和推动工作中，志愿服务成为一大亮点。如今，在主要景区景点、旅游高峰时期，人们经常可以看到一批批旅游志愿者队伍在宣传引导文明旅游，劝阻不文明行为。

在2016年全国旅游工作会议上，国家旅游局向"2015中国好游客·中国好导游"代表颁发了荣誉证书。逐级推选出的1003名"好游客"和1643名"好导游"，树立了我国文明旅游的新风尚，是广大中国游客内心追寻的文明标杆。

2018年，文化和旅游部开展"文明旅游　为中国加分"绿色出行百城联动文明旅游宣传活动，全国100个左右旅游城市结合实际开展文明旅游宣传引导活动，努力把百城联动活动打造成贯穿全年的志愿服务接力赛、遍布全国的文明旅游传播场。活动分为两个阶段，第一阶段以绿色出行为主题，重点围绕旅游活动中珍爱青山绿水，践行生态环境保护，杜绝旅游行为对环境的污染和破坏等方面进行宣传；第二阶段以出行有礼为主题，重点围绕旅游活动中体现中国游客的良好素质和文明形象进行宣传。深圳、哈尔滨、济南、西宁、大庆、襄阳、黄山、广西等全国各地响应号召，围绕"绿色出行　出行有礼"的主题开展宣传活动。活动期间，旅游志愿者和广大游客在新华网"直播台"，上传随手拍的文明旅游照片视频，对旅游中发现的好典型进行褒奖；发现的丑行为进行曝光；同时，配套开展文明旅游宣传推广H5征集和文明游客征集等活动，年底对优秀的H5作品、优秀旅游志愿者和文明游客事迹进行重点宣传。

案例学习：

"一带一路"背景下中越跨境民族文化旅游合作开发问题研究 [①]

一、"一带一路"背景下中越跨境旅游发展及跨境民族文化概况

中越跨境合作由来已久，早在2004年中越两国就提出构建跨境经济合作的"两廊一圈"战略，开启了双方加深跨境合作的历史进程。2013年，国家主席习近平在访问中亚和东南亚各国期间又提出了协同各方共建"丝绸之路经济带"和"21世纪海上丝绸之路"(一带一路)的重大战略决策，这对促进包括越南在内的中亚和东南亚各国协

---

① 钱学礼."一带一路"背景下中越跨境民族文化旅游合作开发问题研究 [J].贵州民族研究，2017(3)：173–177.

同发展意义重大。2015 年 7 月,国务院副总理张高丽访问越南又进一步提出双方要加深"一带一路"与"两廊一圈"战略合作,加强能源、基础设施、跨境旅游等多方面合作,促进双方互利共赢。新时期,继续深化"两廊一圈"对接与合作、坚定不移地推进"一带一路"战略实施是中越两国经济社会协同发展的必然选择。在"两廊一圈"和"一带一路"的战略指导下,双方跨境旅游领域的合作也不断推进。2009 年 12 月,国务院提出建立"中越国际旅游合作区"的构想,这为双方开展边境旅游合作提供了新的契机。随后,双方开展了一系列合作试点并取得了实质性进展,如大新德天跨国瀑布景区、广西凭祥市友谊关景区、中越德天·板约瀑布跨境旅游合作项目等顺利开展并取得丰硕成果。2016 年 1 月,国务院发布《关于支持沿边重点地区开发开放若干政策措施的意见》,文件指出要不断深化与边境国家的旅游合作,支持广西东兴等有条件的地区与边境国家开展跨境旅游合作。随后国务院在已经试点的东兴国家重点开发试验区基础上,提出要进一步推进中国东兴——越南芒街跨境旅游合作区的建设。在国家战略与边境地区区位优势的支持下,跨境旅游合作不断取得新突破,然而在广阔的中越边境上,双方旅游合作空间还有待进一步深入挖掘。如果从文化的角度来审视中越边境旅游发展问题我们发现,中越边境地区的少数民族大都同根同源,文化上具有很强的融通性,形成了一条联系密切的跨境民族文化带。中越两国陆地边界线长达 2353 公里,边境线两侧广泛分布着大量跨居的少数民族,虽然这些少数民族在两国的具体称谓各不相同,但实属同一民族,拥有大体相同甚至完全相同的语言文字、宗教信仰、传统习俗、节庆礼数等。这些跨境的少数民族在传统节日及艺术领域有着极为相似或相同的方面,例如我国壮族与越南岱族、侬族都有"不落夫家"的婚俗;中越双方的瑶族都有盘王节这一传统节日;我国傣族与越南泰族都有"宋干节"。艺术方面,我国壮族的天琴与壮剧在越南岱族、侬族也有类似唱法,岱侬剧在唱法方面也和南路壮剧极为相似,这些丰富多彩的文化及艺术广泛存在于双方边境少数民族内,不仅能够加深双方人民友好交流,对于两国跨境民族文化旅游合作及开发也具有积极的推动作用。

此外,中越边境地区自然景观、名胜古迹、物质与非物质文化遗产也较为丰富,如德天瀑布、浦寨、明仕田园、通灵大峡谷等一系列优美的自然风光;广西的布洛陀文化、壮族民歌、那坡彝族跳弓节、田耕文化;越南的从剧、潮歌剧、筹歌艺术等,其中北宁官贺民歌及歌筹更是被联合国教科文组织列入世界非物质文化遗产。这些丰富珍贵的跨境民族物质及非物质文化资源为双方开展民族文化旅游合作提供了资源基础。双方可以充分借助资源优势加深合作,协调开发与整合边境文化旅游资源,以整体形象对外宣传,构建一个具有国际魅力的跨境民族文化旅游带,进而提升整体旅游市场形象。总而言之,中越跨境地区集聚了两国丰富的自然景观与少数民族文化资源,这为双方协同挖掘特色民族文化资源,通过整体开发、合作共建机制转化为特色旅游资源,进而促进双方开展跨境民族文化旅游合作提供了新的契机。

二、中越跨境民族文化旅游开发的内在基础及动力

（一）内在文化联系的基础深厚

从古至今中越跨境民族地区就是巴蜀文化、滇文化、骆越文化以及东南亚文化的交流地。在历史发展进程中，跨境少数民族开创了包括大石铲文化、顶蛳山文化、龙母文化在内的一系列底蕴深厚的多元文化形态。至今，众多的边境少数民族仍然延续着特色的传统文化，例如我国壮族、侗族和越南的岱族、侬族依然保留着栏文化、铜鼓文化、那文化等，且他们在居住方式上也延续传统，保存"人栖其上，牛羊犬豕畜其下"的传统"干栏"式建筑结构；中越两国的哈尼族以及越南的贡族依然保存着多姿多彩的服装服饰文化。文化是旅游发展的内在动力，中越边境少数民族文化内在的深厚基础和联系为双方合作开发提供了资源和基础性条件。以民族文化根基为基础，构建兼具物质实体与精神内容的跨境民族文化旅游合作机制将为双方旅游业发展带来新的亮点和增长点。

（二）交通便利、区位优势明显、客源市场广阔

广阔中越边境在区位上优势明显，不仅是中国—东盟自由贸易区的中心区域，更是中越合作的重要示范区。中越边境地区公路、铁路、水路交通体系健全，在航运方面也拥有南宁—河内、昆明—河内的航线，并组成三角形的航运网络，区位优势以及便利的交通网络为双方开展旅游合作提供了基础设施条件。从旅游市场来看，中越边境游客数量庞大、结构层次多样化。首先，从国内游客市场来看，广西地区每年接待游客数量不断攀升，早在 2009 年广西全年接待游客数量就突破 1 亿人次大关，2015 年接待游客数量更是突破 3 亿人次，发展迅猛。近年来在国家政策的扶持下泛北部湾地区发展迅速，作为中越边境地区之一的广西旅游业更是加速发展，这也必然带来大量的国内游客前来观光旅游，这些庞大的游客数量基数为中越跨境民族文化旅游提供了广阔的客源市场。其次，广阔的东南亚国际旅游市场也为跨境民族文化旅游带来了巨大的市场空间，东南亚地区向来都是云南、广西国际游客的重要市场之一，随着中国—东盟合作的不断加深，近年来到云南、广西旅游的东南亚游客数量迅速攀升，在此影响下东盟各国游客对云南、广西的旅游意愿不断加强。此外，其他国际游客也逐渐成为中越边境旅游区的重要客源，如美国、日本、韩国游客近年来也正成为中越跨境民族文化旅游重要主体。

（三）开放的发展环境及不断深化的双边合作

近年来，中国与东盟各国不断深化合作，中越两国合作也在不断加深，无论是"两廊一圈"合作的加深还是"一带一路"战略推进，都为双方加深各领域合作提供了宽松的政策环境，双方在跨境旅游领域的合作更是受到高度关注和大力支持，早在 2008 年 4 月，广西就与越南四省达成了《中越边境旅游管理合作备忘录》，旨在加深边境旅游合作，提高边境旅游服务质量，推动边境旅游市场协调发展。2009 年，云南也同越南北部 9 个省市达成了 13 项旅游合作协议和备忘录。2013 年，靖西至越南高平边境旅游线路开通。2014 年，广西以民族文化特色为基础打造了桂北、红水河、中越边境三条旅游带，并以此为依托形成了广西少数民族风情游、世界长寿之乡休闲养生游、中越边

境览胜游三条精品旅游线路。2016年，靖西孟麻—越南北坡红色旅游合作区的加深推进，使得中越边境再次引起国内外旅游市场的关注。双方的共同努力为跨境旅游及民族文化旅游发展奠定了坚实的合作基础，加以政策层面的支持，双方跨境旅游合作愈发紧密。

此外，伴随着中国—东盟自由贸易区的建立，中越两地人员流动更加频繁和便利，目前中越边境地区已经实现了跨境旅游异地办证业务，这极大地方便了跨境游客的出行。越南也不断为中国游客跨境旅游提供便利的外部环境，陆续开通了3个口岸、13个边民互市贸易以及大量的旅游中心。同时，中越人才交流合作也在逐步推进和加深，云南、广西边境地区已与越南相关地区在联合办学、互派留学生以及旅游人才联合培养方面取得重要进展，这为跨境旅游合作开展提供了强大的智力支持。2012年2月，国家旅游局同意在广西设立中国—东盟旅游人才教育培训基地，借此，促进双方加深旅游人才交流与培养工作，鼓励越南旅游从业者前来交流、学习。目前，该项目已经获批成为国家级"中国—东盟旅游人才教育培训基地"，未来必将为中越双方旅游人才培养，乃至双方跨境旅游合作提供新的智力支持。

三、促进中越跨境民族文化旅游合作开发的对策

（一）加强统筹发展意识，强化民族文化融入的内在动力

受边境区位、社会、经济、文化等层面的影响，中越跨境旅游市场发展呈现出规模小、分散性、受季节影响较大以及协同性不强等问题。对文化旅游资源的开发与融入更是缺乏深刻认知，文化资源的统筹开发工作并未全面纳入旅游合作安排。所以，双方政府、旅游主管部门应树立整体发展意识，加强合作的协同性，要从整体层面统筹规划，充分挖掘多样民族文化、民族风情等，并与跨境旅游相结合，合理开发并整合自然资源与民族文化资源。2016年，广西友谊关借助其优美的生态环境、丰富的人文景观、底蕴深厚的民族文化，积极开展中越跨境风情游活动，获得了旅游市场的广泛关注，并重点打造军事探秘游、东盟跨境游、红木文化游、边境风情游旅游"四大品牌"，促进地区旅游产业向文化旅游转型升级，推动"景区旅游"向"全域旅游"发展转变，这对于强化民族文化在跨境旅游中的建设性作用提供了参考借鉴。

（二）完善旅游交通系统，促进边境少数民族文化交流

旅游业是包含食、住、行、娱、购、游于一体的系统产业形态。长久以来，由于身处偏远的边境地区以及少数民族经济发展的滞后，制约了边境地区的交通基础设施建设，对跨境民族文化交流以及文化旅游发展形成了制约。近年来，随着国家对少数民族地区经济发展的重视程度不断提高，边境民族地区与内地交通基础设施不断完善；中越双方合作程度的加深也推动双方在公路、铁路、水路、航空运输等交通领域的发展与完善。这明显有利于双方少数民族间经济文化交流，对于推动双方文化旅游的开展也具有积极的促进作用。所以新时期，更要将交通基础设施完善作为合作开发民族文化旅游的重要依托，要借助重点区域间便捷的交通路线链接边境地区双方重要的文化旅游资源，

加深彼此之间文化沟通，构建跨境旅游发展的新轴线。对于越方而言更要进一步完善边境地区的高速公路、铁路等先进交通基础设施建设。在完善的交通设施推动下，双边少数民族民众的交流必然不断加深，这明显有利于双方加强彼此民族文化的内在融通和共荣发展，并能够培植双方少数民族族群之间的深厚情感，从而推动双方跨境民族文化旅游的顺利开展。

（三）多举措并举打造跨境民族旅游文化精品

中越跨境少数民族文化之间具有较强的相似性与融通性，这为打造民族文化精品提供了有力支撑。因此，跨境民族文化旅游项目的合作开发需要深入了解并研究两地少数民族文化，对特色文化进行筛选与整合，以边境少数民族文化交流活动为创作题材，打造具有边境地域特色的民族文化品牌。举办跨境少数民族传统节庆旅游活动可以作为方式之一。通过以上分析我们知道，两国跨境少数民族之间有很多共同的传统节日庆典活动，如双方瑶族的"盘王节"、我国傣族与越南泰族的"宋干节"，还有壮族"三月三"歌节等一系列丰富多彩的传统节庆活动，可以将这些活动加以包装或者以舞台化的形式向游客展现，提高当地文化旅游的影响力。早在2009年，越南后江省举办了"大米节"、2014年中越边境少数民族共庆京族传统"哈节"等都极具文化特色，吸引了大量国内外游客的广泛关注。此外，可以试点并逐步建立边境少数民族文化展览馆，通过少数民族文化展览馆将双方少数民族饮食、服饰、歌舞、建筑、艺术文化等汇聚起来，让游客更加直观地体验双方少数民族文化形态，提高游客文化参与感及深度体验感，从而获得鲜活的跨境民族文化体验。2009年，越南政府制定了建设少数民族文化旅游村的整体规划，并计划在河内建设面积超过1000公顷的文化旅游村。可以将此项目与跨境民族文化旅游合作开发相结合，从而打造范围广泛、辐射效应强的民族文化旅游带。

（四）深化跨境民族文化旅游合作机制

两国应在互联互通、旅游企业合作以及旅游与民族文化人才培养方面继续深化合作。首先，两国应加大对公路、铁路以及其他边境口岸的开放力度，简化边境口岸通关手续和环节，缩短手续办理时间，促进人员通关便利化、货物运输跨境自由化。其次，要以现有的"中国—东盟旅游人才教育培训基地"为依托，加强双方在旅游人才培养领域的深度合作，跨境民族文化旅游的发展不仅需要高素质的旅游专业人才，更需要精通两国语言与两国少数民族文化的专业人才，所以，在人才培养方面应重点培养其双语能力、中越少数民族文化认知能力以及民族文化的挖掘能力。此外，旅游的顺利开展离不开双方旅游企业的合作，应设立旅游事务沟通与协调机构，促进跨境旅游企业之间顺利开展合作，从而提升跨境民族文化旅游的整体市场竞争力，推动民族文化旅游项目顺利开展和实施。

（五）加大跨境民族文化旅游目的地品牌宣传力度

旅游项目的市场化发展离不开品牌的打造与宣传，要从品牌的高度加强对旅游目的地宣传。具体品牌打造与宣传可以从以下几个方面入手：第一，设计具有地区少数民族文化特色的统一目的地形象标识，并借助各种新媒体工具加大宣传。第二，引入旅游中间商及媒体参与，可以邀请旅游中间商、媒体及旅游开发商前来考察，体验目的地少数民族文化及自然风光并拍摄宣传素材，借此广泛宣传边境少数民族风情、传统节庆、地方特产等特色民族资源，从而提升跨境少数民族文化旅游的市场知名度。第三，合作建立多语言的跨境民族文化旅游专业网站及其他新媒体平台，在网站及媒体平台上充分展示跨境旅游区少数民族文化、旅游线路、产品特色、行程安排等相关信息，并提供在线预订、购买、咨询服务。并将民族文化旅游项目的成果及市场形象通过图片、音频、视频等多种形式在官网与其他媒体平台加以展示，从而提高跨境民族文化旅游区的市场知名度，为旅游目的地树立品牌化的市场形象，逐步推动跨境旅游电子商务发展。

思考题：

1. 政府在旅游文化开发中有哪些职能？
2. 村规民约在旅游发展中有哪些作用？
3. 旅游不文明行为有哪些分类？如何有效地减少旅游不文明行为？

本章参考文献：

1. 白鹏飞. 一带一路视阈下的跨境旅游发展趋势 [J]. 观察思考，2017（10）：120-121.

2. 蔡雪莉. 我国公民旅游不文明行为归类归因研究 [J]. 旅游论坛，2008（6）：353-356.

3. 陈肖静. 西部旅游开发中的政府管理职能研究 [J]. 经济问题，2006（3）：29-30.

4. 葛全胜，钟林生. 中国边境旅游发展报告 [M]. 北京：科学出版社，2014.

5. 胡静. 不文明旅游的"误"与"解" [J]. 旅游学刊，2016，31（8）：10-13.

6. 黄细嘉，李凉. 全域旅游背景下的文明旅游路径依赖 [J]. 旅游学刊，2016（8）：13-15.

7. 李飞. 跨境旅游合作区：探索中的边境旅游发展新模式 [J]. 旅游科学，2013，27（5）：11-21.

8. 李柔萱，刘云虹. 论乡村旅游发展过程中村规民约的有效作用 [J]. 云南农业大学学报，2007（2）：5-9.

9. 刘旸. 村规民约与生态旅游资源的保护 [J]. 特区经济，2009（8）：135-137.

10. 罗明义. 国际旅游发展导论 [M]. 天津：南开大学出版社，2002.

11. 罗文斌. 中国文明旅游的演化历程与多视角解读 [N]. 中国旅游报，2016-

11-22.

12.钱学礼."一带一路"背景下中越跨境民族文化旅游合作开发问题研究［J］.贵州民族研究，2017（3）：173-177.

13.尚前浪，陈刚.社会资本视角下民族地方乡规民约与旅游社区治理——基于泸沽湖落水村的案例分析［J］.贵州社会科学，2016（8）：44-49.

14.孙天胜，孙腾婧.旅游文明与公民道德［N］.中国旅游报，2016-06-29.

15.杨忠元.文明旅游：旅游者的碳足迹［J］.旅游纵览（下半月），2014（4）：24.

16.姚素英.试谈边境旅游及其作用［J］.北京第二外国语学院学报，1998（3）：16-21.

17.银淑华.试论政府的旅游营销职能［J］.北京工商大学学报（社会科学版），2007（4）：62-67.

18.于海志.中国边境旅游发展历程［J］.中国民族，2011（5）：134.

19.张广瑞.中国边境旅游发展的战略选择［M］.北京：经济管理出版社，1997.

　　本书的写作得到了中南财经政法大学 2017 年校级教学研究项目"高校旅游文化产业专门人才'双融入'培养模式创新研究"（YB2017006）的支持，在此表示感谢！

项目策划：段向民
责任编辑：孙妍峰
责任印制：谢　雨
封面设计：何　杰

图书在版编目（CIP）数据

旅游文化基础导论 / 邓爱民，王子超主编． -- 北京：
中国旅游出版社，2019.3（2020.2重印）
中国旅游业普通高等教育应用型规划教材
ISBN 978-7-5032-6175-6

Ⅰ．①旅… Ⅱ．①邓… ②王… Ⅲ．①旅游文化－高
等学校－教材 Ⅳ．① F590-05

中国版本图书馆 CIP 数据核字（2018）第 298428 号

书　　名：旅游文化基础导论

作　　者：邓爱民　王子超　主编
出版发行：中国旅游出版社
　　　　　（北京建国门内大街甲 9 号　邮编：100005）
　　　　　http://www.cttp.net.cn　E-mail:cttp@mct.gov.cn
　　　　　营销中心电话：010-85166536
排　　版：北京旅教文化传播有限公司
经　　销：全国各地新华书店
印　　刷：河北省三河市灵山芝兰印刷有限公司
版　　次：2019 年 3 月第 1 版　2020 年 2 月第 2 次印刷
开　　本：787 毫米 ×1092 毫米　1/16
印　　张：20.5
字　　数：462 千
定　　价：39.80 元
ⅠSＢN　978-7-5032-6175-6